Dr. med. Roswitha Spallek · Mama, magst du mich?

Dr. med. Roswitha Spallek

Mama, magst du mich?

Ein Buch für Eltern und Erziehende
zum besseren Verständnis von Kindern
bis zur Pubertät

Verlag Wilfried Eppe · Bergatreute

Die Deutsche Bibliothek – CIP-Einheitsaufnahme

Spallek, Roswitha:
Mama, magst du mich? : ein Buch für Eltern und Erziehende zum besseren Verständnis von Kindern bis zur Pubertät / Roswitha Spallek. – 3. Aufl. –
Bergatreute : Eppe 1996

ISBN 3-89089-601-4

1. Auflage: Juli 1994
2. Auflage: September 1994
3. Auflage: November 1996

3. Auflage 1996

© 1994 Verlag Wilfried Eppe, Bergatreute

Alle Rechte vorbehalten

Lektorat: Kirsten Mahlke
Satz und Druck: Wilfried Eppe, Bergatreute
Buchbinderische Verarbeitung:
Großbuchbinderei Moser, Ravensburg-Schmalegg

ISBN 3-89089-601-4

*Meinen Kindern
Kim, Raoul und Axel*

Inhaltsverzeichnis

Vorwort 15

KAPITEL 1: *Die seelische Entwicklung des Kindes bis zur Pubertät*
Entwicklung der Beziehung zwischen Mutter und Kind . 19
    1. Die seelische Entwicklung im Mutterleib 19
    2. Die seelische Entwicklung im 1. Lebensjahr . . . 21
        a) Die seelische Entwicklung im 1. Lebenshalbjahr . 21
        b) Die seelische Entwicklung im 2. Lebenshalbjahr . 23
    3. Die seelische Entwicklung im 2. und 3. Lebensjahr . 25
    4. Die seelische Entwicklung im 4. bis 6. Lebensjahr . 27
    5. Die seelische Entwicklung vom 7. Lebensjahr bis
       zur Pubertät 29

KAPITEL 2: *Die sexuelle Entwicklung des Kindes bis zur Pubertät* . 31
    1. Die sexuelle Entwicklung im Mutterleib 31
    2. Die sexuelle Entwicklung im 1. Lebensjahr 32
    3. Die sexuelle Entwicklung im 2. und 3. Lebensjahr . 34
    4. Die sexuelle Entwicklung im 4. bis 6. Lebensjahr . . 39
    5. Die sexuelle Entwicklung im 7. Lebensjahr bis zur
       Pubertät.. 41
    6. Sexuelle Aufklärung 41

KAPITEL 3: *Das Freudsche Instanzenmodell*
ÜBER-ICH – ICH – ES 48

KAPITEL 4: *Abwehrmechanismen* 50

KAPITEL 5: *Die elterliche Liebe als wichtigste Voraussetzung für
eine ungestörte seelische Entwicklung des Kindes* . . . 55

1. Allgemeine Gesichtspunkte 55
2. Mütter verlieren die Liebe zu ihren Kindern, wenn sie diesen ihre Grundbedürfnisse opfern 56
3. Nachlassende Liebe als Ursache für Verhaltensstörungen 57
4. Mütter müssen ihre Grundbedürfnisse verteidigen, um gute Mütter zu sein 58

KAPITEL 6: *Störung der Liebesbeziehung zwischen Mutter und Kind in bestimmten seelischen Entwicklungsphasen, die daraus entstehenden Verhaltensauffälligkeiten und deren Behandlungsmöglichkeiten* 59

1. Vor der Geburt 59
2. Von der Geburt bis zum 12. Lebensmonat 60
   a) 1. Lebensmonat 60
   b) 2. bis 6. Lebensmonat 61
   Die Mutter erkennt die Bedürfnisse des Säuglings nicht 61
   Die Mutter, die auch als Ehefrau und Hausfrau perfekt sein möchte 62
   Am häufigsten führen organische Krankheiten zu Beziehungsstörungen zwischen Mutter und Kind 64
   c) 7. bis 12. Lebensmonat 66
   Die Mutter, die den Machtbestrebungen ihres Kindes nicht gewachsen ist 66
   Beziehungsstörungen, die durch äußere Faktoren und durch Krankheiten entstehen 70
3. 2. und 3. Lebensjahr – Trotzalter 71
   a) Allgemeine Gesichtspunkte 71
   b) Trotzalter und autoritäre Eltern 72
   c) Trotzalter und widerstandslose Eltern 73
   d) Trotzalter und Eltern, die den Zorn ihrer Kinder nicht beachten 74
   e) Verhaltens- und Behandlungsmöglichkeiten bei Kindern in der Trotzphase 74

    4. 4. bis 6. Lebensjahr 76
       a) Altersentsprechende Unruhe als Ursache für
          Beziehungsstörungen 76
       b) Behandlung bzw. Vermeidung dieser Beziehungs-
          störung 78
    5. 7. Lebensjahr bis zur Pubertät 78
       a) Hausaufgaben als Ursache für Beziehungs-
          störungen 78
       b) Behandlung dieser Beziehungsstörung 79

KAPITEL 7: *Störung der Liebesbeziehung zwischen Mutter und Kind, abhängig von der sexuellen Reifephase, mit den daraus entstehenden Verhaltensstörungen und deren Behandlungsmöglichkeiten* 81

    1. 1. Lebensjahr 81
       a) Das Geschlecht des Kindes entspricht nicht dem
          Wunsch 81
       b) Das Kind spielt ständig mit seinen Geschlechts-
          organen 82
    2. 2. und 3. Lebensjahr 82
    3. 4. bis 6. Lebensjahr 84
    4. 7. Lebensjahr bis zur Pubertät 87

KAPITEL 8: *Festhaltetherapie* 88

    1. Eigene Erfahrungen mit der Festhaltetherapie . . . 88
    2. Wie und warum wirkt die Festhaltetherapie . . . 91
       a) Liebe als Voraussetzung für die seelische
          Gesundheit des Kindes 91
       b) Die Festhaltetherapie inaktiviert die Verletzungen
          der kindlichen und mütterlichen Seele, aktiviert
          die verlorengegangene Liebe und reißt die Mauer
          zwischen Mutter und Kind ein 93
       c) Das Kind erlebt die Stärke der Mutter 95
       d) Das Kind erlebt die Liebe seiner Mutter trotz
          eigener Aggressionen 95

    e) Die Festhaltetherapie wirkt auch bei fremden
       Kindern. 96
    f) Bis zu welchem Alter ist die Festhaltetherapie
       wirksam? 97
    g) Erfolgsaussichten der Festhaltetherapie 98
3. Technik des Festhaltens 99
4. Fehler bei der Festhaltetherapie 105
5. Festhalten alleine reicht nicht 107
6. Unterschied zwischen Halten und Festhalten ... 107
7. Kritik an der Festhaltetherapie sollten nur die üben, die mit der Festhaltetherapie vertraut sind 108

KAPITEL 9: *Aggressives Verhalten* 110

1. Allgemeine Gesichtspunkte 110
2. Kindliche Aggression bei widerstandslosen Eltern . 111
3. Kindliche Aggression bei aggressiven oder strengen Eltern 112
4. Kindliche Aggression bei hilflosen Eltern 112
5. Kinder, die nur zu Hause aggressiv sind 113
6. Aggressives Verhalten zwischen Geschwistern .. 114
7. Aggressives Verhalten als Folge von Liebesverlust . 114
8. Aggressives Verhalten muß erlernt werde 117
9. Versteckte Aggressionen 118
10. Verhaltensvorschläge bei kindlichen Aggressionen . 119

KAPITEL 10: *Tagesablauf in einer Familie mit mehreren Kindern*
Lösungsvorschläge zur Bewältigung der Problematik . 121

1. Allgemeine Gesichtspunkte 121
2. Tagesablauf 121
    a) Aufstehen 121
    b) Waschen und Anziehen 122
    c) Frühstück 122
    d) Vormittag 123
    e) Rückkehr aus der Schule und Mittagessen ... 124
    f) Hausaufgaben 125
    g) Nachmittag 125

  h) Abendessen 125
  i) Abend 126
  k) Nacht 127
  l) Alles wiederholt sich 128
 3. Lösungsvorschläge zur Bewältigung der Problematik 128
  a) Aufstehen. 129
  b) Waschen und Anziehen 130
  c) Frühstück 131
  d) Vormittag 132
  e) Rückkehr aus der Schule und Mittagessen . . . 133
  f) Hausaufgaben 134
  g) Nachmittag 134
  h) Abendessen 135
  i) Abend 135
  k) Nacht. 137

KAPITEL 11: *Auch Mütter sind Menschen* 138

 1. Allgemeine Gesichtspunkte 138
 2. Auch Mütter haben Rechte, nicht nur Pflichten . . 140
  a) Recht auf Schlaf und ein eigenes Bett 140
  b) Recht auf Sexualität 142
  c) Recht auf Ruhe und Entspannung 142
  d) Recht auf Selbstverwirklichung und Selbstachtung 142
  e) Recht auf Unverletzlichkeit des Körpers . . . 144
  f) Recht auf Unversehrtheit des Eigentums . . . 146

KAPITEL 12: *Mutter und Beruf* 147

 1. Was müssen Mütter wissen, wenn sie berufstätig sein wollen ? 147
  a) Das Kind braucht neben der Mutter zumindest eine stetige Bezugsperson 147
  b) Das Kind braucht mindestens eine halbe Stunde intensiver Zuwendung am Tag 147
  c) Nicht jede Mutter wird durch die Aufgabe ihrer Berufstätigkeit zur „guten" Mutter. 148

d) Eine berufstätige Mutter kann eine sehr gute
Mutter sein 150
2. Was müssen Mütter beachten und verwirklichen,
wenn sie berufstätig sein wollen? 150

KAPITEL 13: *Auch Eltern machen Fehler* 151

KAPITEL 14: *Urlaub* 153

KAPITEL 15: *Mein Kind ist so ängstlich* 155
1. Allgemeine Gesichtspunkte 155
2. Ursachen der kindlichen Ängste und deren Behandlung 155
a) Ängstlichkeit als Lerneffekt 155
b) Ängstlichkeit als Machtmittel 157
c) Ängstlichkeit als Folge von angsterregenden
Erlebnissen 158
d) Angst vor der Dunkelheit 159

KAPITEL 16: *Mein Kind ist so schüchtern* 161

KAPITEL 17: *Mein Kind ist so anhänglich* 164

KAPITEL 18: *Mein Kind mag nicht schmusen* 167

KAPITEL 19: *Mein Kind ist so unordentlich* 169

KAPITEL 20: *Mein Kind folgt nicht* 173
1. Allgemeine Gesichtspunkte 173
2. Ursachen für die Unfolgsamkeit 173
a) Eltern überfordern das Leistungsvermögen des
Kindes 173
b) Eltern haben falsche Vorstellungen von Erziehung 175
c) Unfolgsamkeit führt dazu, mehr Aufmerksamkeit
zu erhalten und zum Mittelpunkt zu werden . . 176

KAPITEL 21: *Sind Strafen notwendig?* 178

KAPITEL 22: *Sind Schläge in der Erziehung notwendig* 181

KAPITEL 23: *Liebesentzug als Strafe* 183

KAPITEL 24: *Demütigungen* 185

KAPITEL 25: *Mein Kind schlägt mich und andere* 189

KAPITEL 26: *Meine Kinder streiten sich ständig* 192

KAPITEL 27: *Mein Kind erpreßt mich täglich* 196

KAPITEL 28: *Mein Kind benützt so schreckliche Ausdrücke* . . . 198

KAPITEL 29: *Mein Kind spricht nicht mit Fremden, mein Kind verstummt* 199

KAPITEL 30: *Mama, magst du mich?* 203

KAPITEL 31: *Nur ein Mädchen* 205

KAPITEL 32: *Mein Kind ist so undankbar.* 207

KAPITEL 33: *Mein Kind hat so komische Freunde* 209

KAPITEL 34: *Das Erstgeborene* 211

KAPITEL 35: *Das zweite Kind* 217

KAPITEL 36: *Das jüngste Kind* 220

KAPITEL 37: *Zwillinge.* 223

KAPITEL 38: *Körperbehinderung* 234

KAPITEL 39: *Teilleistungsschwäche* 237

KAPITEL 40: *Minimale Hirnfunktionsstörung* 242

KAPITEL 41: *Hyperaktivität* 245

KAPITEL 42: *Schulstreß* 254

KAPITEL 43: *Verweigerung des Schulbesuchs, Psychosoziale Unreife für die Schule* 256

KAPITEL 44: *Verweigerung des Kindergartenbesuches* 258

KAPITEL 45: *Schlafstörungen.* 262

KAPITEL 46: *Nächtliche Angstzustände* 265

KAPITEL 47: *Eßstörungen* 267

Kapitel 48: *Sauberkeitserziehung* 274
Kapitel 49: *Ständiger Harndrang* 277
Kapitel 50: *Einnässen.* 278
Kapitel 51: *Selbstbefriedigung* 286
Kapitel 52: *Nacktheit* 287
Kapitel 53: *Verstopfung* 289
Kapitel 54: *Stuhlessen* 291
Kapitel 55: *Einkoten* 293
Kapitel 56: *Daumenlutschen – Schnuller lutschen* 295
Kapitel 57: *Stottern* 297
Kapitel 58: *Lügen* 301
Kapitel 59: *Stehlen* 303
Kapitel 60: *Weglaufen* 307
Kapitel 61: *Haare ausreißen* 309
Kapitel 62: *Nägelbeißen* 311
Kapitel 63: *Kleidung* 312
Kapitel 64: *Taschengeld* 315
Kapitel 65: *Scheidung der Eltern* 317
Kapitel 66: *Mein Kind wird mit dem Tod konfrontiert* 320
    1. Tod eines Menschen 320
    2. Tod eines Tieres. 326
Kapitel 67: *Arztbesuch* 327
Kapitel 68: *Eltern sollten Hilfen annehmen* 331
Kapitel 69: *„Nachwort"* 334

Literaturverzeichnis 337

Vorwort

Dieses Buch wendet sich an alle Eltern von Kindern bis zur Pubertät, an Lehrer und Erzieher, die mit dieser Altersgruppe arbeiten, sowie an junge Menschen, die sich auf die Elternschaft vorbereiten wollen.
Es ist aus der Erkenntnis heraus entstanden, daß unsere Gesellschaft den Eltern sehr wohl die Erziehung ihrer Kinder überträgt, jedoch nicht dafür sorgt, daß diese wichtige Berufsgruppe für ihren verantwortungsvollen Erziehungsauftrag auch eine entsprechende Ausbildung erhält. Wenn eine Mutter mit ihrem Baby das Krankenhaus verläßt, begleiten sie die besten Wünsche des Personals und eine Kurzanleitung in Babypflege.
Von der seelischen und vor allem sexuellen Entwicklung ihres Kindes weiß sie in der Regel so gut wie nichts. So bleiben die jungen Eltern auf die Erfahrungen ihrer eigenen Erziehung angewiesen oder müssen sich mit der unglaublichen Fülle an Literatur zu diesem Thema auseinandersetzen. Dies führt nach meiner Erfahrung eher zu einer Verunsicherung der Eltern, da die Aussagen verschiedener Autoren oft widersprüchlich und für Laien häufig nur schwer verständlich sind.
Auch Lehrer, Erzieher und die meisten Ärzte befinden sich in keiner besseren Lage, da ihre fachliche Ausbildung viel zu wenig Wissen über die normale seelische und sexuelle Entwicklung des Kindes sowie tiefenpsychologische Zusammenhänge vermittelt.
Auch ich hatte Probleme mit der Erziehung meiner Kinder, obwohl ich zum Zeitpunkt der Geburt meines ersten Kindes meine kinderärztliche Ausbildung schon fast abgeschlossen und zudem noch neun Semester Psychologie studiert hatte.
Ich versuchte sie zu erziehen, wie auch ich erzogen worden war. Dominierend war der Leistungsgedanke. Lob, Zuneigung und Liebe erhielten meine Kinder besonders dann, wenn sie gute Leistungen

erbrachten und ihr Verhalten meinen Vorstellungen entsprach. Bei schlechten Leistungen bestrafte ich sie durch Kritik und Unverständnis, nicht begreifend, daß sie unter ihren schlechten Leistungen ja selbst litten und eher Verständnis und Zuneigung gebraucht hätten. Obwohl ich mir geschworen hatte, meine Kinder gewiß anders zu erziehen, als ich erzogen worden war, legte ich großen Wert auf die alten Erziehungsideale wie Sauberkeit, Ordentlichkeit, Pünktlichkeit, Disziplin, Gehorsam etc.

Meine Kinder wehrten sich mit allen Mitteln dagegen, so wie auch ich mich in meiner Kindheit gegen diese erzieherischen Ansprüche gewehrt hatte. Dies hatte ich nur mit der Zeit vergessen oder mit dem Argument entschuldigt, daß aus mir ja trotzdem ein brauchbarer Mensch geworden sei.

So konnte ich Eltern, die ähnliche Probleme mit ihrem Nachwuchs hatten nur wenig erfolgreiche Ratschläge geben. Diese Eltern blieben mit ihren Problemen allein, da selbst ich als „Zuständige" es nicht besser wußte.

Um diese unbefriedigende Situation zu verändern, begann ich berufsbegleitend ab 1979 eine systematische Ausbildung in Psychotherapie, die ich 1990 abschloß.

Das vorliegende Buch enthält eine Zusammenfassung meiner Erfahrungen als Mutter von drei Kindern, als Kinderärztin und vor allem als Psychotherapeutin.

Es beschreibt die Liebe der Eltern zum Kind als die wichtigste Voraussetzung für eine normale, ungestörte Entwicklung des Kindes. Gleichzeitig aber zeigt es, wie störbar diese Liebe ist, und wie rasch diese Liebe schwächer werden, ja sogar verlorengehen kann, vor allem dann, wenn das Kind die Grundbedürfnisse der Mutter, wie Schlaf, Ruhe, Selbstwertgefühl usw. über längere Zeit empfindlich stört.

Dies führt immer und bei jeder Mutter dazu, daß sie beginnt, ihr Kind anfänglich unbewußt, dann zunehmend auch bewußt abzulehnen. Das Kind aber, das auch eine unbewußte Ablehnung instinktiv spürt, sucht nach einem Ersatz für die nachlassende Liebe und entwickelt Verhaltensstörungen, durch die es dann entweder Macht über die Mutter erhält oder aber sich in den Mittelpunkt spielen kann. Aus dieser Erkenntnis heraus soll dieses Buch Mütter ermutigen, ihre Kinder so zu erziehen, daß sie lernen, die Grundbedürfnisse der Eltern zu respektieren. Nur dann kann eine Mutter eine „gute" Mutter sein, wenn sie selbst zufrieden ist und sich von ihrem Kind nicht ausgelaugt fühlt. Erlaubt sie ihm, sie ständig zu plagen, wird sie automatisch zu einer „schlechten" Mutter, da ihre Liebe zu diesem Kind nachläßt.

Die Erziehung des Kindes soll durch dieses Buch eine andere Wertigkeit erhalten. Für mich bedeutet Erziehung, das Kind zu lehren, die Grundbedürfnisse anderer zu respektieren, allen voran die der Eltern. Das Vermitteln der bisherigen Erziehungsideale, wie Ordentlichkeit, Höflichkeit, Leistungsbereitschaft, Disziplin, Sauberkeit und Pünktlichkeit, geschieht durch unser Vorbild und nicht durch nervtötende Ermahnungen und Schimpfkanonaden. Zudem sind die oben angeführten Eigenschaften keine kindlichen Eigenschaften und daher in der Kindheit ohnehin nur beschränkt vermittel-, anerzieh- und erzwingbar. Sie entwickeln sich nach dem Vorbild der Eltern am Übergang von der Jugend- zur Erwachsenenzeit von selbst.

Das Buch möchte die Tätigkeit der Mütter aufwerten. Es zeigt, wieviel Unglaubliches Mütter leisten. Es soll Mütter selbstbewußter werden lassen, damit sie ihren Kindern in Liebe Grenzen setzen können.

Ein weiterer äußerst wichtiger Aspekt dieses Buches ist die ausführliche Darstellung der Festhaltetherapie, die es ermöglicht, die gestörte Liebesbeziehung zwischen Eltern und Kind innerhalb kurzer Zeit wieder zu normalisieren. Jirina Prekop hat sie durch ihre Bücher bekannt gemacht. Allerdings kam ich nicht über sie zur Festhaltetherapie, sondern durch die Erfahrung mit einem kleinen Patienten meiner Praxis.

Ich habe, wie mir scheint, ein logisches Modell über die Wirksamkeit dieser Therapie entwickelt, mit dem Eltern verstehen können, warum und wie die Festhaltetherapie wirkt. Sie können ihre Angst verlieren, ihrem Kind mit der Festhaltetherapie möglicherweise zu schaden.

Ich betrachte das vorliegende Buch als „Lehrbuch" über die normale und gestörte seelische und sexuelle Entwicklung des Kindes. Gleichzeitig ist es ein „Nachschlagewerk", das in leicht verständlicher Sprache die meisten Verhaltensauffälligkeiten von Kindern beschreibt und aufzeigt, wie sie sich in der Regel entwickeln, und welche Auswirkungen sie vor allem auf die Eltern-Kind-Beziehung haben.

Es will Hilfen geben für den täglichen Erziehungsalltag, damit Eltern und Erziehende die Ursachen für ihre Erziehungsprobleme besser erkennen und damit letztere auch besser behandeln können. Es beantwortet fast alle Fragen, die mir Eltern in den letzten zehn Jahren zu diesem Thema gestellt haben.

Mit dem vorliegenden Buch wird es vielen Eltern möglich sein, die Fehler in ihrer Erziehung zu erkennen und zu beheben. Sie werden in die Lage versetzt, die Entwicklung der Verhaltensauffälligkeiten ihrer Kinder zu verstehen und wirksame Gegenmaßnahmen zu ergreifen.

Das Hauptanliegen dieses Buches ist, die mangelhaften Kenntnisse der Eltern über die normale und gestörte seelische und sexuelle Entwicklung von Kindern zu verbessern und ihnen zu vermitteln, daß Erziehung bedeutet, Kinder zu lehren, die Grundbedürfnisse anderer zu respektieren.

Viele Beziehungsstörungen zwischen Eltern und ihren Kindern resultieren aus der Unkenntnis wichtiger Zusammenhänge und beeinträchtigen oft schon ab dem ersten Lebensjahr in zunehmendem Maße die seelische Gesundheit von Eltern und Kind und damit die seelische Gesundheit unserer Gesellschaft. Unsere Kindergärten und Schulen sind voll von verhaltensauffälligen Kindern. Auch bei Erwachsenen nehmen die seelischen Krankheiten der verschiedensten Art kontinuierlich zu, füllen unsere Arztpraxen und belasten in zunehmendem Maße auch unsere Wirtschaft.

Erst eine systematische Ausbildung von Eltern für ihren verantwortungsvollen Beruf könnte dies ändern. Daher rufe ich die Politiker dieses Landes auf, darauf hinzuwirken, daß eine systematische Ausbildung von Eltern verwirklicht wird, die schon in der Grundschule beginnen sollte. Die Schule hat durch ihren Lehrplan die besten Möglichkeiten, alle künftigen Eltern zu erreichen. Die Sexualkunde ist schon ein sehr lobenswerter Anfang.

―――――― KAPITEL 1 ――――――

Die seelische Entwicklung des Kindes bis zur Pubertät
Entwicklung der Beziehung zwischen Mutter und Kind

Die seelische Entwicklung des Kindes findet immer in der wechselseitigen Beziehung zu den Eltern, besonders zur Mutter, statt. Sie ist abhängig vom Verständnis der Mutter für die verschiedenen seelischen Entwicklungsstadien des Kindes, die ich in der Folge darstellen möchte.

Um die Ausführungen nicht zu kompliziert zu gestalten, möchte ich künftig nur von Mutter und Vater sprechen. Natürlich gilt das im folgenden Ausgeführte für jede Bezugsperson, die an Stelle der Eltern die Pflege des Kindes übernimmt. Bei mehreren Bezugspersonen gilt dies gleichermaßen für alle. Außerdem spreche ich meist nur von der Mutter, da diese in der Regel die Hauptbezugsperson des Kindes ist. Falls der Vater diese Funktion übernimmt, beziehen sich die Ausführungen natürlich auf ihn.

1. Die seelische Entwicklung im Mutterleib

Manche Wissenschaftler halten es durchaus für möglich, daß die biblische Geschichte von der Vertreibung aus dem Paradies eine symbolische Fassung der Geburtsgeschichte ist. Das eigentliche Paradies, so vermuten sie, der einzige Ort, an dem ein Mensch sich je sicher gefühlt hat, frei von Angst aber auch frei von der Notwendigkeit, für sich selbst zu sorgen und für die eigenen Taten Verantwortung zu übernehmen, sei der Körper der Mutter. Diese Vorstellung ist faszinierend, entspricht jedoch sicher nicht ganz den Tatsachen, da bekannt ist, daß sich äußere Einflüsse auch im Mutterleib auf die seelische Entwicklung des Kindes auswirken können.

Die Funktionsfähigkeit mancher Sinne beginnt schon ab der 6. Woche nach der Befruchtung. Ab dieser Zeit kommt es bei Berührung der Gesichtshaut schon zur Beugung von Kopf und Rumpf und ab der 8. Woche zu aktiven Bewegungen der Arme und Beine. Ja, es ist sogar beobachtet worden, daß das Kind ab der 8. Woche am Daumen lutschen kann. Inwieweit dies nur ein Reflex oder schon Ausdruck von Wohlbefinden, also von Gefühlen ist, wird sich wohl nie ganz klären lassen.

Sicher ist, daß das Kind ab der 12. Woche auf Schmerzreize reagiert und ab der 17. Woche auf Schallreize.

Spätestens ab dieser Zeit hört das Kind die Herzschläge und die Stimme der Mutter. Es registriert die Geschwindigkeit der Herzschläge, den Tonfall der Stimme, aber auch die Bewegungen der Mutter, die sich auf die Gebärmutter übertragen.

Außerdem treten verschiedene hormonähnliche Stoffe, die einerseits bei Wohlbefinden der Mutter, andererseits bei Streßsituationen gebildet werden, in den Kreislauf des Kindes über. Man darf annehmen, daß sie dort ähnliche Empfindungen wie bei der Mutter auslösen. Dadurch nimmt das Kind sowohl an den körperlichen Aktivitäten als auch an der seelischen Befindlichkeit der Mutter teil.

An diese vorgeburtlichen Eindrücke kann sich das Kind auch nach der Geburt noch erinnern. Es ist nachgewiesen, daß sich Neugeborene durch die Stimme der Mutter viel leichter beruhigen lassen als durch die Stimme eines Fremden. Das Kind erinnert sich auch an das Sprachmuster der Mutter. Eine Person, die das Kind in der Sprache der Mutter beruhigt, hat mehr Erfolg, als wenn sie dies in einer Fremdsprache tut.

Musik spielt für Ungeborene eine große Rolle. Sie können sie nicht nur hören, sondern lassen sich davon auch seelisch beeinflussen. Bei Orgelmusik von Bach erhöht sich der Herzschlag der Kinder um mindestens 15 Schläge pro Minute.

Auch nach der Geburt erinnert sich das Kind an die bekannte Musik. Spielt man schreienden Neugeborenen vertraute Musik aus ihrer Zeit im Mutterleib vor, lassen sie sich damit wunderbar beruhigen.

Diese Zusammenhänge sind erst in den letzten Jahren erforscht worden. Sie lassen erkennen, daß die seelische und gefühlsmäßige Beziehung vom Kind zur Mutter nicht erst mit der Geburt beginnt, sondern sehr viel früher, möglicherweise schon in den ersten Lebenswochen.

Umgekehrt scheint gesichert, daß die seelische Beziehung der Mutter zum Kind wohl schon damit beginnt, daß die Mutter von der Schwangerschaft erfährt.

2. Die seelische Entwicklung im 1. Lebensjahr

Das gesamte 1. Lebensjahr wird bestimmt von der Lust am Saugen. Daher nannte FREUD diesen Lebensabschnitt auch die „orale Phase" oder Mundphase.

Im 2. Lebenshalbjahr gewinnt, nach der Entwicklung der Zähne, die Lust am Beißen ebenfalls große Bedeutung.

a) Die seelische Entwicklung im 1. Lebenshalbjahr

Der 1. Lebensmonat ist die Zeit der Anpassung an die Außenwelt. Seh-, Hör-, Geruchs- und Geschmackssinn sind bei der Geburt funktionsfähig, müssen jedoch, genauso wie die Atmung, der Kreislauf, die Nahrungsaufnahme und die Verdauung, langsam an die Bedingungen der Außenwelt angepaßt werden.

Daher befindet sich das Kind im ersten Lebensmonat in einer Art Dämmerzustand, in dem es vorwiegend schläft und nur durch Schmerzen, Hunger, unangenehm nasse Windeln oder auch schon den Wunsch nach Zuwendung geweckt wird. Ist der negative Zustand beseitigt, schläft das Kind wieder ein.

Obwohl bei der Geburt alle fünf Sinnesorgane entwickelt sind, ist der Mund des Kindes *das* Organ, mit dem es am sinnvollsten mit der Umwelt in Kontakt treten kann. Die Mundhöhle kann schon schmecken, fühlen, Temperaturen und Schmerz wahrnehmen. Das Saugen vermittelt dem Kind befriedigende und lustvolle Empfindungen.

Auch die Haut ist ein sehr früh funktionsfähiges Organ. Das zärtliche Streicheln und Küssen beruhigt fast jedes Kind. Sein zufriedenes Gesichtchen signalisiert eine angenehme Empfindung. Auf negative Reize, wie Kälte, übermäßige Wärme und Schmerz, reagiert das Kind mit Schreien oder Fluchtbewegungen.

Am Ende des 1. Monats beginnt das Kind aus seinem „Dämmerzustand" zu erwachen und wendet sich der Umwelt zu.
Es beginnt bestimmte Dinge wahrzunehmen, allen voran das Gesicht der lächelnden Mutter. Zwischen der 5. und 8. Lebenswoche beginnt das Kind, das Lächeln der Mutter zu erwidern. Es gelingt ihm, von den vielen noch ungeordneten Eindrücken einen sinnvollen Eindruck zu unterscheiden. Es handelt sich dabei noch nicht um das Erkennen des mütterlichen Gesichtes. Das Kind erwidert auch das Lächeln anderer Menschen, sogar das von Gesichtsattrappen.

Zunächst erlebt das Kind die nährende, streichelnde, tröstende, alle Bedürfnisse befriedigende Mutter als einen Teil seiner selbst. Es liebt diese Mutter, die ihm alles gibt, und damit sich selbst. Beim Stillen oder Füttern betrachtet der Säugling das Gesicht der Mutter sehr genau und nimmt neben der Nahrung auch das Gesicht der Mutter in sich auf. Für den Säugling verschmelzen Nahrung, Bedürfnisbefriedigung und Mutter miteinander.

Dieses Erleben der Einheit mit der Mutter bleibt etwa bis zum 4. bis 6. Lebensmonat bestehen, abhängig vom seelischen Entwicklungsstand des Kindes. In dieser Zeit entwickelt sich das Urvertrauen des Kindes: das Gefühl, daß seine Bedürfnisse erfüllt werden, und es sich darauf verlassen kann, niemals im Stich gelassen zu werden. Da es alle Wünsche erfüllt bekommt, entsteht mit dem Urvertrauen gleichzeitig ein Allmachtsgefühl des Kindes. Werden seine Wünsche jedoch in diesem Lebensabschnitt nicht erfüllt und muß es immer wieder Versagenszustände aushalten, wird seine seelische Entwicklung nachhaltig gestört. Alles, was das Kind in diesem Alter an negativen Dingen erfährt, gelangt ungefiltert in seine Seele und führt zu einem mehr oder minder starken Vertrauensverlust zu seinen Bezugspersonen, was sich bis in die Erwachsenenzeit auswirken kann.

Ab dem 4. bis 6. Monat beginnt das Kind, sich von der Mutter abzugrenzen. Es erkennt sie als einen anderen Körper und fängt an, die Mutter als solche zu lieben, nicht nur in ihrer Eigenschaft als Nahrungsspenderin und Bedürfnisstillerin. Damit beginnt seine Fähigkeit, einen anderen Menschen zu lieben und die Entwicklung seiner Persönlichkeit. Gegen Ende des 1. Lebenshalbjahres werden die Schlafperioden immer seltener, das Kind nimmt immer intensiver an seiner Umwelt teil.

b) Die seelische Entwicklung im 2. Lebenshalbjahr

Dieser Zeitabschnitt ist gekennzeichnet durch die zunehmende Erkenntnis des Kindes, daß es einen eigenen Körper hat, der anders ist als der mütterliche.

Es beginnt, den Körper der Mutter zu untersuchen, faßt ihr in den Mund, die Nase, die Ohren und die Haare und lernt diese Mutter lieben. Je früher das Kind die Mutter als eigenständige Persönlichkeit wahrnehmen kann, desto eher ist es in der Lage, auch andere Gegenstände und Dinge voneinander zu unterscheiden. Je liebevoller die Beziehung der Mutter zum Kind ist, desto früher erkennt das Kind die Mutter und bald auch fremde Dinge. Die Liebe der Mutter fördert so die Entwicklung des Kindes.

Sobald ihm die Verschiedenheit der Körper bewußt ist, macht das Kind erste Schritte in die Unabhängigkeit und beginnt sich allmählich von der Mutter zu lösen.

Zu erkennen ist diese Entwicklung daran, daß das Kind seinen Körper immer häufiger von der Mutter wegstemmt, wohl zunächst in der Absicht zu sehen, wie die Mutter aus der Ferne aussieht und wie sie darauf reagiert. Dies gilt zunächst auch für die weiteren körperlichen Fortschritte wie Kriechen, Krabbeln, Laufen und Klettern.

Obwohl das Kind sich immer wieder körperlich von der Mutter entfernt, bleibt es durch Blickkontakt mit ihr verbunden. Je sicherer und verläßlicher die Beziehung zwischen Mutter und Kind ist, desto früher beginnt dieser Ablösungsprozeß. Bei einer guten Beziehung weiß das Kind, daß die Mutter es auch dann noch liebt, wenn es sich von ihr in seiner Selbstfindung trennt. Dies gilt sowohl für den seelischen als auch für den körperlichen Ablösungsprozeß.

Je häufiger und länger sich ein Kind körperlich von der Mutter entfernen kann, desto stabiler ist seine Beziehung und sein Vertrauen zur Mutter.

Auch die sogenannte „Achtmonatsangst" ist bei den Kindern am geringsten, die eine gute, liebevolle Beziehung zu ihrer Mutter haben. Diese Kinder erkennen wohl auch den Fremden, sehen jedoch keine große Gefahr in ihm, da sie sich in Anwesenheit ihrer Mutter sicher fühlen. Häufig sogar können solche Kinder sich von der Mutter lösen und den Fremden untersuchen. Wenn das Kind jedoch immer an der

Mutter hängt, stimmt die Beziehung nicht. Entweder treibt die Mutter das Kind ständig fort, in der Annahme, es dadurch selbständiger zu machen, oder sie hat Angst vor jedem Schritt des Kindes und vermittelt ihm durch ihre Körpersprache, daß das Wegkriechen von ihr eine äußerst gefährliche und schmerzhafte Sache werden kann.

Das Kind hat eine angeborene Fähigkeit, die Körpersprache des Erwachsenen zu deuten. Wir Erwachsene können die Körpersprache des Kindes dagegen wohl erlernen, sie jedoch nie so gut erfühlen wie die Kinder die unsere.

Daher versteht auch ein junger Säugling die Eltern durch die Körpersprache, selbst wenn er noch weit von der Sprachentwicklung entfernt ist. Die Körpersprache vermittelt ihm den Inhalt des Gesagten. Diese Fähigkeit bleibt ihm noch lange erhalten. Kinder erkennen sehr rasch, wenn Erwachsene lügen oder etwas anderes sagen als denken.

Mit der körperlichen Mobilisierung beginnen auch die Gefahren für das Kind, das nun die verschiedensten Dinge erreichen, anfassen und sich dadurch erheblich verletzen kann.

Außerdem fängt das Kind jetzt zunehmend an, sich mit der Mutter auseinanderzusetzen. Es versucht, durch Schreien nicht nur seine körperlichen Befindlichkeiten (z. B. Hunger) zu verändern, sondern auch andere Bedürfnisse geltend zu machen, wie die nach Gesellschaft, Zuwendung und Beachtung.

Die Bedürfnisse des Kindes können grenzenlos sein, und so muß die Mutter Grenzen setzen und zum erstenmal „Nein" sagen.

Dadurch wird das Kind mit etwas Unfaßbarem konfrontiert. Die geliebte Mutter hat das bisherige Gefühl der Allmacht des Kindes erschüttert. Das Kind ist dieser neuen Situation zunächst schutzlos ausgeliefert, denn es hält dieses „Nein" für einen Liebesentzug und fühlt sich tief verletzt.

Um seine Seele vor Verletzungen durch die Mutter und auch durch andere Personen zu schützen, entwickelt das Kind Abwehrmechanismen, die vergleichbar sind mit den körperlichen Abwehrformen wie Flucht oder Gegenangriff (siehe KAPITEL 4). Das Ergebnis dieser Abwehr des Kindes gegen die Mutter läßt sich in dem Satz zusammenfassen:

„Wenn Du mich nicht so liebst, wie ich es gerne möchte, dann liebe ich Dich auch nicht mehr so sehr."

Dadurch gelingt es dem Kind, den vermeintlichen Liebesentzug besser zu ertragen. Wenn es selbst nicht mehr so sehr liebt, ist es auch nicht so schlimm, weniger geliebt zu werden. Es nabelt sich allmählich seelisch von der Mutter ab.

Das Trotzalter ist jetzt erreicht, in dem das Kind das „Nein" der Mutter nur begrenzt akzeptieren und immer wieder austesten wird, wie weit es gehen kann und wie groß seine Macht ist. Es wird versuchen, sich durchzusetzen. In der Auseinandersetzung mit der Mutter muß es lernen, daß es nicht alles haben kann und Grenzen akzeptieren muß.

Wenn es der Mutter gelingt, dem Kind Grenzen zu setzen und ihm gleichzeitig zu vermitteln, daß sie es dennoch zärtlich liebt, wird das Kind diese Grenzen akzeptieren und an ihnen wachsen.

3. Die seelische Entwicklung im 2. und 3. Lebensjahr

Während die lusterzeugenden Sinneseindrücke des 1. Lebensjahres über den Mund wahrgenommen werden, kommt es in der nächsten Phase zur Verlagerung der Lustempfindungen auf die After- und die Harnröhrenregion.

Daher hat SIEGMUND FREUD diesen Zeitabschnitt „anale Phase" oder Afterphase genannt.

Mit der Reifung des Gehirns, der fortschreitenden geistigen Entwicklung und der aufrechten Haltung, entwickelt sich aus dem Säugling ein eigenständiger Mensch, der sich in wachsendem Maße seiner eigenen Fähigkeiten bewußt wird.

Das Kind verstärkt nun seine Ablösung von der Mutter, indem es seinen Aktionskreis selbst erweitert. Es hat Spaß am Weglaufen und lernt, Nähe und Trennung selbst zu bestimmen. Es fühlt sich von seinen eigenen Fähigkeiten und der Größe der Welt wie berauscht.

Dabei sollte die Mutter zumindest in Hör- oder Sichtkontakt bleiben, um ihrem Kind die Sicherheit zu geben, die es allein aus sich heraus noch nicht entwickelt hat.

Es muß immer das Gefühl haben, daß es bei all seinen gefahrvollen Erkundungen zurück in den sicheren Hafen der Mutterarme laufen kann.

Das Kind ist neugierig auf seine Umgebung und möchte sie erobern. In welchem Ausmaß dies gelingt, hängt ganz entscheidend von der

Mutter ab. Ist diese ängstlich und verfolgt sie die sich entwickelnde Neugier, mit all den körperlichen und geistigen Aktivitäten, voller Angst, wird das Kind gehemmt. Macht sie ihm liebevoll Mut, seine eigenen Fähigkeiten zu erproben, wird sie seine körperliche und seelische Entwicklung fördern.

Das Kind beginnt ein echtes Selbstbewußtsein zu entwickeln. Damit begreift es auch in zunehmendem Maße, daß seine Aktivitäten zu einer körperlichen Trennung von der Mutter führen, auf die es einerseits nicht verzichten möchte, die ihm aber andererseits Angst macht. Diese Trennungsangst tritt von der Mitte bis zum Ende des 2. Lebensjahres auf. Zudem muß das Kind im 2. Lebensjahr in zunehmendem Maße erfahren, daß manche seiner Bedürfnisse nicht oder erst später erfüllt werden. Es muß Grenzen akzeptieren und elterliche Gebote und Verbote beachten lernen. Es muß immer deutlicher erkennen, daß es nicht allmächtig ist, daß auch die Eltern einen eigenen Willen haben, der sich nicht unbedingt mit dem seinen deckt, und daß sich die Eltern nicht ständig mit ihm beschäftigen können.

Die Folge dieser Erkenntnis ist zunächst ohnmächtige Wut, die auch dazu führen kann, daß das Kind all das zerstören will und zum Teil auch zerstört, mit dem sich die Eltern gerade beschäftigen.

Das Kind möchte groß und mächtig sein, wird sich aber immer stärker seiner Abhängigkeit von der Mutter und seiner Angst um diese Mutter bewußt. Es sucht ihre Nähe und Zärtlichkeit. In dieser Phase der Selbstfindung schwankt das Kind zwischen ohnmächtiger Wut gegen die Mutter und zärtlichem Kosen und Anklammerungstendenzen.

Es braucht in dieser Phase die Mutter sehr und ist kaum in der Lage, auch die kürzeste Trennung von ihr zu ertragen.

Strafen in dieser Zeit führen nicht zu einer Förderung der Persönlichkeitsentwicklung. Im Gegenteil, sie können zum Brechen der Persönlichkeit führen und zur Entstehung von willenlosen Geschöpfen.

Das Kind muß schon genug lernen, vor allem, daß es nicht der Mittelpunkt der Welt ist. Auch die Selbstbeherrschung bedarf eines langen, schmerzhaften Lernprozesses, der nur mit der Liebe und dem Verständnis der Eltern gelingen kann, nicht jedoch mit Strafen.

Viele Eltern beginnen oft schon im 2. Lebensjahr mit einer intensiven Reinlichkeitserziehung, wovor ich dringend warnen möchte. Ich werde später noch ausführen, warum.

Im 3. Lebensjahr entwickelt das Kind zunehmend seine körperliche und seelische Selbständigkeit. Die Trennungsängste verlieren sich. Das Kind kann nun längere Zeit ohne die Mutter sein und braucht auch nicht mehr ständig den Blick- oder Hörkontakt mit ihr.

Es spricht von sich nicht mehr in der dritten Person, sondern ist sich seines „Ich" bewußt.

Die Entscheidungs- und Willenskraft nimmt zu. Das Kind versucht, nun selbst zu entscheiden, was es tun möchte. Es beginnt, sich gegen die Eltern, die Geschwister und die Spielgefährten zu wehren.

Der Höhepunkt des Trotzalters ist erreicht.

Läßt man einem Kind in diesem Entwicklungsabschnitt seinen Willen vollständig und erfüllt alle seine Wünsche, tritt die Trotzphase nicht auf. Die Trotzreaktionen werden jedoch um so heftiger, je stärker die Unabhängigkeit des Kindes eingeschränkt wird und je mehr es gegängelt wird.

Das Kind hat ein unbändiges Unabhängigkeitsbestreben und einen ausgeprägten Wissensdurst, der sich auch auf die eigene Vergangenheit bezieht. Es möchte wissen, woher es kommt und wie es war, als es klein war.

Die Zärtlichkeit zu den Eltern nimmt deutlich ab, wahrscheinlich nicht nur durch das Unabhängigkeitsbestreben, sondern auch als Strafe dafür, daß die Eltern versuchen, es einzuschränken.

Im 3. Lebensjahr sollte die Sauberkeitserziehung erfolgen, jedoch ohne Zwang. Die Entwicklung der Darm- und Blasenkontrolle ist ein äußerst schwieriger Vorgang, der um so früher erlernt werden kann, je weiter fortgeschritten die Hirnentwicklung ist und je aufgeschlossener die Eltern diesem Problem gegenüberstehen.

Kann das Kind frei und unbeschwert, das bedeutet nicht schrankenlos, aufwachsen, wird sich sein Gehirn gut entwickeln und es wird früh Darm und Blase kontrollieren können.

4. Die seelische Entwicklung vom 4. bis 6. Lebensjahr

Im 4. Lebensjahr nimmt die Aktivität der Kinder zu. Sie rennen, hopsen, springen, hüpfen, klettern, lernen Fahrradfahren, können mit der Schere umgehen und Schnürsenkel binden. Sie essen sauber und geschickt und können dabei sprechen und zuhören, was sie im dritten Lebensjahr noch nicht konnten. Die Lernfähigkeit, das Interesse an der Umwelt und die Phantasie wachsen. Viele Kinder erfinden in diesem Alter Freunde, mit denen sie stundenlang reden können. Wenn Eltern diesen Gesprächen sehr genau zuhören, können sie vieles über ihre Kinder erfahren.

Das Fragen nimmt nun einen hohen Stellenwert ein. Die Kinder befragen ihre Eltern fast ständig über alle möglichen Dinge, wobei die Frage nach ihrer eigenen Herkunft und der von den kleinen Kindern im Mittelpunkt steht. Offensichtlich ist dies auch die Triebfeder des Fragens, denn in Kulturen, in denen die Kinder sexuell völlig frei aufwachsen, gibt es kein Fragealter.

Viele kleine Mädchen haben in diesem Alter Angst um den Verlust ihrer Brustwarzen. Knaben entwickeln die Angst, ihren Penis zu verlieren.

Für beide Geschlechter gewinnt der Vater an Bedeutung, während die Mutter ihre zentrale Stellung als Bezugsperson verliert.

Allerdings entwickelt sich nun eine echte Liebesbeziehung zwischen den Kindern und ihren Eltern, indem die Tochter mehr den Vater und der Sohn mehr die Mutter liebt. Zur kindlichen Liebe, wie sie zuvor bestand, mischen sich eindeutig sexuelle Gefühle.

Im 5. und 6. Lebensjahr nehmen die Bewegungsfähigkeit und die Aktivitäten der Kinder weiter zu, ebenso die seelische und körperliche Unruhe. Die verschiedensten gegensätzlichen Strebungen stehen nebeneinander. In einem Augenblick ist das Kind noch himmelhochjauchzend, im anderen zu Tode betrübt.

Auf der einen Seite wollen die Kinder von ihren Eltern geliebt und anerkannt werden, auf der anderen Seite beschimpfen sie sie. Das Kind schwankt zwischen dem Stolz auf seine neu erworbenen Fähigkeiten und der Enttäuschung über die eigene Unzulänglichkeit.

In ihrer Enttäuschung können Kinder auch aggressiv werden, ja sogar zuschlagen, auch wenn sie selbst niemals geschlagen worden sind.

Im 5. und 6. Lebensjahr überwinden die meisten Kinder den Wunsch, den Vater oder die Mutter als Sexualpartner zu erobern. Die Kinder begreifen, daß sie ihre Eltern nicht als echte Liebespartner besitzen können. Sie lösen ihre intensive Zuwendung von dem gegengeschlechtlichen und identifizieren sich mit dem gleichgeschlechtlichen Elternteil. Dies ist jedoch nur möglich, wenn das Kind seine Eltern lieben und achten kann.

Mit der Identifikation mit dem gleichgeschlechtlichen Elternteil übernimmt das Kind auch dessen Wertvorstellungen: das Gewissen entsteht. Je größer die Liebe war, die Eltern ihrem Kind entgegengebracht haben, desto feiner und ausgeprägter wird das Gewissen.

Vor der Gewissensbildung war es möglich, Gebote und Verbote der Eltern nur dann zu befolgen, wenn die Eltern durch ihre Anwesenheit dafür sorgten.

Jetzt aber sorgt das Gewissen dafür, daß diese Gebote und Verbote auch befolgt werden, wenn die Eltern nicht anwesend sind. Das Gewissen ist sozusagen die Polizei, die im Kind selbst für Recht und Ordnung sorgt. Befolgt das Kind einmal die Gebote und Verbote der Eltern nicht, entwickelt es Angst, die Eltern könnten es nicht mehr lieben und Schuldgefühle, da es sich nicht an deren Gebote gehalten hat.

Ist die Phase der Gewissensbildung abgeschlossen, hat das Kind die nächste Reifephase – die Latenzperiode – erreicht, die vom 7. Lebensjahr bis zur beginnenden Pubertät dauert.

5. Die seelische Entwicklung vom 7. Lebensjahr bis zur Pubertät

Zwischen dem 7. und 8. Lebensjahr wird die Kleinkinderzeit von der Schulzeit abgelöst.

Die Unruhe und Aggressivität des 5. und 6. Lebensjahres lassen nach, die Bewegungen werden harmonischer, und das Kind wird wirklichkeitsbewußter. Es nimmt die Dinge auch in ihren Einzelheiten wahr und beobachtet sehr genau.

Mit der Einschulung tritt die Aggression der Gruppe, das können auch nur zwei sein, gegen den einzelnen in Erscheinung. In der Regel überstehen die Kindern diese Zeit ohne größere Probleme.

Allerdings ist es für das Kind sehr schmerzhaft zu erkennen, daß Macht und Intelligenz der Eltern nur in seiner Vorstellung bestanden. Vieles hatte es nur ertragen, weil es an die elterliche Allmacht glaubte und gehofft hatte, dadurch ebenso allmächtig zu werden wie sie.

In der Beziehung zu den Eltern entsteht plötzlich eine gewisse Distanz und viele Kinder beginnen, sich ihrer Eltern zu schämen. Einerseits möchte das Kind von seinen Eltern weiterhin geliebt und ernst genommen werden, andererseits verspottet es sie und lehnt sie ab. Seine Gefühle sind gespalten.

Jetzt gesteht es seinen Lehrern und anderen älteren Kindern wesentlich mehr Autorität zu als den Eltern.

Das Kind in diesem Alter hat ein ausgeprägtes Unabhängigkeitsbedürfnis und möchte weder bevormundet, noch gegängelt, noch beschützt werden.

Das 8. Lebensjahr ist ein Jahr der Beruhigung und Entspannung, man spricht auch vom Bastelalter.

Das Kind entwickelt schöpferische Fähigkeiten, hat Geduld und großes handwerkliches Geschick und kann stundenlang beim Lernen, Lesen und Basteln stillsitzen.

Es wird selbstsicherer, kann sich weite Strecken von zu Hause entfernen und erforscht seine Umwelt.

Was es jetzt tut, tut es im Verborgenen. Erlebnisse, Gedanken und Erfahrungen behält es für sich, und seine Eltern erfahren von ihm in dieser Phase am wenigsten.

Die Meinung anderer Kinder und Eltern gewinnt an Bedeutung und wird für das Kind wichtiger als die der eigenen Eltern. Zärtlichkeiten gegenüber Freunden nehmen zu, während sie gegenüber den eigenen Eltern zurückhaltender werden.

Bis zum Beginn der Pubertät bleibt diese Phase der Entspannung und Beruhigung bestehen. Fertigkeiten und schöpferische Fähigkeiten werden trainiert und verbessert.

KAPITEL 2

Die sexuelle Entwicklung des Kindes bis zur Pubertät

Viele Eltern sind völlig verunsichert, ab wann und wie sie ihr Kind sexuell aufklären sollen.

Sie wissen meist nichts über sexuelle Gefühle bei Kindern und sind entsetzt, wenn sie mit der Sexualität ihrer Kinder konfrontiert werden. Daß schon ein Dreijähriger intensiv onaniert, halten die meisten Eltern für abnorm und versuchen dies sofort zu unterbinden.

Zahlreiche Störungen in der Beziehung zu den Eltern und in der späteren Partnerschaft werden durch Fehler bei der Sexualerziehung verursacht.

Daher möchte ich im folgenden die normale Sexualentwicklung des Kindes darstellen, die ich im wesentlichen dem Buch von ERNEST BORNEMAN, „REIFUNGSPHASEN DER KINDHEIT – SEXUELLE ENTWICKLUNGSPSYCHOLOGIE, BAND 1" entnommen habe.

Professor BORNEMAN leitete das bisher umfangreichste Projekt zur Erforschung der Kindersexualität.

1. Die sexuelle Entwicklung im Mutterleib

Das Geschlechtsleben des Kindes beginnt bereits vor seiner Geburt. Die Paarung des väterlichen Samens mit dem mütterlichen Ei legt das Geschlecht des Kindes fest. Bis zur 6./7. Woche sehen die Geschlechtsorgane beider Geschlechter weiblich aus. Danach entwickeln sich beim Jungen durch Absonderung von männlichen Sexualhormonen die typischen männlichen Sexualorgane.

Störungen der sexuellen Entwicklung können genetisch bedingt sein, aber auch durch hormonelle Faktoren, worauf wir meist keinen Einfluß haben.

Dagegen können wir, wie Professor BORNEMAN schreibt, das spätere Geschlechtsleben unseres Kindes durch unser Verhalten während der Schwangerschaft prägen.

Schwere psychische Belastungen der Mutter, z. B. Kränkungen durch den Vater, erzeugen verschiedene Drüsensekrete und andere hormonähnliche Stoffe, die aus dem mütterlichen Blut in das des Kindes gelangen und dort die Körpergröße, das Harnwegsystem, die Geschlechtsorgane, sowie die Funktion der Nebennieren beeinflussen können.

Es sind also nicht nur die von den Eltern ererbten Eigenschaften, die das spätere sexuelle Temperament des Kindes bestimmen, sondern auch die Befindlichkeit der Mutter während der Schwangerschaft. Auch die Freude der Mutter an ihrem Geschlechtsleben während der Schwangerschaft kann die spätere sexuelle Einstellung des Kindes und seine sexuelle Vitalität beeinflussen.

2. Die sexuelle Entwicklung im 1. Lebensjahr

Beim Neugeborenen sind noch keine abgegrenzten erogenen Zonen entwickelt, das heißt Bereiche, die ihm bei Berührung besonders lustvolle Gefühle bereiten.

Die gesamte Haut, seine erste erogene Zone, ist gleichermaßen reizempfindlich. Daher empfindet es Streicheln, Küssen und Kosen als besonders angenehm und reagiert sichtlich positiv.

Ab dem 3./4. Lebensmonat wird die Haut geradezu zu einer Vermittlerin von Lusterlebnissen. Die Kinder lachen, kichern und strahlen sinnliche Befriedigung aus, wenn man sie kitzelt, badet oder streichelt.

Sexualforscher sind der Meinung, daß Streicheln, Küssen und Kosen eine gesunde Sexualentwicklung und gleichzeitig die körperliche und geistige Entwicklung fördern.

Durch Zärtlichkeiten wird die beim Säugling vorhandene erhöhte Muskelspannung verringert, die Voraussetzung dafür, daß das Kind in die nächste Entwicklungsstufe eintreten kann.

Erst als zweite erogene Zone entwickelt sich der Mund, weil die Lippen, der Gaumen und die Zunge des Säuglings durch die Lust der Nahrungsaufnahme vom Gestillt- oder Gefüttertwerden angeregt werden.

Das Kind verschafft sich während des gesamten 1. Lebensjahres durch Saugen Lust und Befriedigung.

Als dritte erogene Zonen entwickeln sich am Ende des ersten Lebensjahres die Afterregion und die Geschlechtsorgane. Zunächst haben die Geschlechtsorgane für den Säugling keine größere Bedeutung als andere Hautbezirke.

Obwohl fast jeder Knabe ab den ersten Lebenstagen Versteifungen seines Gliedes hat, und zwar meist kurz vor dem Wasserlassen und etwa nach einer halben Stunde des Tiefschlafs, hat dies noch nichts mit sexuellen Empfindungen zu tun.

Erst durch das Reinigen und Trockenlegen werden die Geschlechtsorgane und die Afterregion aus der normalen Hautempfindlichkeit herausgelöst und langsam in erogene Zonen verwandelt.

Der Säugling erforscht seinen Körper und versucht herauszufinden, was er alles damit anstellen kann. Auch der Penis ist ein interessantes Forschungsziel.

Die unangepaßten Reaktionen der Pflegepersonen sowie das Aussparen der Geschlechtsregion beim Streicheln und Küssen machen das Kind erst darauf aufmerksam, daß diese Zone „anders" ist als die anderen.

Mädchen und Buben haben sichtlich angenehme Empfindungen beim Spiel mit ihren äußeren Geschlechtsorganen. Das Spiel am Glied ist häufiger, da es besser erreichbar und handlicher ist. Man weiß heute, daß aufmerksame, intelligente Kinder häufiger mit ihren Geschlechtsorganen spielen als weniger intelligente Kinder.

Negative Reaktionen der Eltern auf dieses spielerische Erkunden des eigenen Körpers führen schon sehr frühzeitig zu einer Negativierung des Sexuellen.

Keine Mutter käme auf die Idee, das Kind daran zu hindern, sein Bäuchlein zu streicheln. Sobald der Säugling jedoch im Bereich der Geschlechtsorgane spielt, nimmt sie das Händchen weg und legt es irgendwo anders hin.

Kinder, denen man die Händchen anschnallte, um sie daran zu hindern, an ihren Geschlechtsorganen zu spielen, zeigten eine verzögerte Sexualentwicklung und eine in jeder Hinsicht verminderte Aktivität, bis an ihr Lebensende.

Dies zeigt, wie wichtig eine gesunde Einstellung zur sexuellen Entwicklung des Kindes ist, und daß diese untrennbar mit der übrigen Entwicklung verbunden ist. Jedes menschliche Organ, das eines Tages funktionstüchtig werden soll, muß möglichst früh eingeübt werden. Dies gilt für unsere Geschlechtsorgane genauso wie für unser Gehirn und unser Nervensystem.

Auch die Einstellung der Eltern zu ihrer eigenen Geschlechtlichkeit beeinflußt das spätere kindliche Verhalten. Sind sie einander sowohl körperlich als auch seelisch innig zugewandt, so wird sich das Kind später seinem Partner in derselben Weise zuwenden können.

Hier möchte ich auch noch das Stillen ansprechen, das bei den meisten Müttern zwischendurch sexuelle Gefühle bis zum Orgasmus auslösen kann. Viele Mütter schämen sich deswegen und lehnen ihre Kinder unbewußt ab, weil sie fürchten, daß dies etwas mit Inzest zu tun haben könnte.

Versuchen Sie, dies als natürlich anzusehen und genießen Sie die Lust! Die Brustwarze wird durch Streicheln und Lutschen erregt, unabhängig davon, wer diese Reize auslöst.

Auch das Jungfernhäutchen möchte ich nicht unerwähnt lassen, da die irrige Meinung weit verbreitet ist, alle Mädchen hätten bis zum ersten Geschlechtsverkehr ein unversehrtes Jungfernhäutchen. Nach Professor BORNEMAN haben bei der Geburt nur etwa 90% der Mädchen ein Jungfernhäutchen. Bei weiteren 15% ist es so dünn, daß es innerhalb der ersten Lebensjahre von selbst zerreißt. Bei weiteren 15% zerreißt es ohne erkennbare äußere Einwirkung in späteren Lebensjahren. Das heißt, bis zur Geschlechtsreife haben auch ohne äußere Einwirkung etwa 40% der Mädchen kein Jungfernhäutchen mehr.
Dies zu wissen scheint mir wichtig zu sein, um unseren Töchtern nicht unrecht zu tun, wenn bei einer gynäkologischen Untersuchung festgestellt werden sollte, daß das Jungfernhäutchen nicht mehr vorhanden oder zerrissen ist.

3. Die sexuelle Entwicklung im 2. und 3. Lebensjahr

In diesem Lebensalter wird sich das Kind seiner Geschlechtlichkeit bewußt.

Der Knabe entdeckt meist beim Laufenlernen durch die Reibung und das Schleudern des Penis gegen die Oberschenkel, daß er dort ein Glied hat. Er bemerkt ungewollte Versteifungen seines Gliedes und versucht, sie nun auch willkürlich zu erzeugen.

Auch Mädchen beginnen zwischen dem 16. und 20. Lebensmonat ihre Geschlechtsteile zu untersuchen.

Da den Mädchen schon von Geburt an, meist unbewußt, vermittelt wird, daß sie weniger wert und erwünscht sind als Knaben, entdecken sie, daß ihnen das Glied fehlt. Das erzeugt in dieser Altersstufe Angst, Ärger und Trotz und wird als „Penisneid" bezeichnet.

Erstaunlicherweise machen die Mädchen ihre Mütter und nicht ihre Väter dafür verantwortlich, daß ihnen der Penis fehlt, und beschweren sich, daß ihre Mütter sie nicht auch mit so einem schönen Spielzeug ausgestattet haben.

Hat ein Mädchen einen kleinen Bruder, verlangt es, sein Glied zu sehen und mit ihm zu spielen. Sie hofft, daß ihr das Ding noch wachse.

Der Knabe befürchtet das Gegenteil. Bei der Entdeckung, daß er etwas hat, was Mädchen nicht haben, glaubt er zunächst ebenso, es werde den Mädchen schon wachsen. Wenn er schließlich feststellt, daß dies nicht geschieht, folgert er, daß es ihnen zur Strafe abgeschnitten wurde. Er beginnt zu fürchten, die Eltern könnten ihm das gleiche antun, wenn er nicht brav ist.

Neben diesem als Kastrationsangst bekannten Phänomen zeigt sich in den letzten Jahren bei Knaben zunehmend ein Busen- und Gebärneid.

Wenn das Kind im 2. Lebensjahr die Geschlechtsunterschiede wahrnimmt, wird es in unserer Gesellschaft mit dem rigorosen Verbot konfrontiert, die Geschlechtsorgane des anderen Geschlechts zu erforschen.

Ein Versuch, dies dennoch zu tun, zeigt sich gegen Ende des 2. Lebensjahres in den ersten Papa-und-Mama-Spielen zwischen Jungen und Mädchen.

Die Kinder machen sich ein „Bett", umarmen und küssen sich und strecken manchmal ganz zielbewußt ihre Hände nach den Geschlechtsorganen des anderen aus. Dies geschieht als einfache Imitation der Eltern und anderer Erwachsener und hat noch nichts mit echter Sexualität zu tun.

Im 3. Lebensjahr stellen die Kinder die ersten Fragen nach dem Geschlechtsverkehr und der Fortpflanzung. Sie wollen wissen, was die Eltern tun, wenn sie nachts ihre Schlafzimmertüre zuschließen. Sie wollen wissen, woher die kleinen Kinder kommen, besonders dann, wenn sie gerade ein Geschwisterchen bekommen haben.

Man nennt diesen Lernprozeß kindliche Sexualforschung, denn er stellt den wichtigsten Anstoß zum späteren Denken und Forschen dar. Was sich im späten Kleinkindesalter als sexuelle Neugier zeigt, wird im Erwachsenenalter zum Wissensdrang. Wer im 3. Lebensjahr kein brennendes Interesse an diesen Fragen entwickelt, wird als Erwachsener auch kein brennendes Interesse an Fragen der Forschung und Wissenschaft zeigen.

Das dreijährige Kind forscht aktiv, um seine Kenntnisse von der Sexualität zu verbessern. Es fragt ständig nach seiner Herkunft. Es will wissen, woher es kam, und ob es schon immer ein Mädchen oder Junge war.

Es entwickelt eine große Neugier an den Geschlechtsorganen der Eltern und deren Geschlechtsleben. Es versucht, seine Eltern beim An- und Ausziehen, im Badezimmer und in der Toilette zu beobachten und stellt alle möglichen Fragen über Geburt, Stillen, die mütterliche Brust sowie die weiblichen und männlichen Geschlechtsorgane.

Zunächst haben die Kinder kein Verständnis für Worte aus dem Bereich der Geschlechtlichkeit. Sie fragen aus Wissensdurst, als kindliche Sexualforscher. Erst die Reaktion der Erwachsenen oder älterer Kinder (Gelächter, Entsetzen, Abscheu, Kichern, rote Köpfe) läßt sie vermuten, daß hier etwas Bedeutsames, aber Verbotenes angesprochen wurde.

Bei beiden Geschlechtern bildet sich, als Ergebnis der elterlichen Ablehnung geschlechtlicher Beziehungen der Kinder zueinander, ein wachsendes Interesse am eigenen Körper aus. Das Kind wird sich also seiner eigenen Geschlechtlichkeit nur deswegen so früh bewußt, weil die Eltern seine geschlechtliche Neugier mißbilligen.

Es faßt seine Geschlechtsorgane an, sooft es entkleidet ist und stößt dabei ständig auf ablehnende Blicke oder Ermahnungen der Eltern. Die Selbstbefriedigung gewinnt, dank des elterlichen Verbots, eine übersteigerte Bedeutung und nährt sich von der Vorstellung der elterlichen Geschlechtsorgane und der elterlichen Sexualität. Diese Vorstellungen sind gefährlich für die spätere sexuelle Entwicklung, weil sie nichts mit den zärtlichen Beziehungen der Eltern zu tun haben, sondern von den altersentsprechenden Vorstellungen von Kot und Empfindungen aus der Afterregion beeinflußt werden.

Nach BORNEMAN befriedigen sich Kinder aus sexuell gesünderen Kulturen in diesem Alter nicht selbst, sondern beschränken sich auf die altersüblichen sexuellen Spiele mit Gleichaltrigen. Selbstbefriedigung scheint eine Notlösung zu sein, ein Ersatz für die in Naturvölkern üblichen sexuellen Spiele.

Auch bei uns wollen sich Kinder gegenseitig untersuchen und sexuell miteinander spielen. Erlauben es die Eltern, dann übernehmen dabei meist die Mädchen die Führung, wobei die Jungen ein wenig überrascht und überrumpelt erscheinen.

Professor BORNEMAN weist immer wieder darauf hin, daß sexuelle Störungen im Kindesalter niemals auf eine überstarke, sondern auf eine ungenügende sexuelle Betätigung des Kindes zurückgehen. Er meint, daß es im Kindesalter kein Warnsignal ist, wenn Kinder sexuelle Beziehungen zueinander anknüpfen, sondern im Gegenteil, wenn sie es nicht tun.

Die eigentlich lustvermittelnde Region in diesem Alter sind jedoch nicht die Geschlechtsorgane, sondern der After. Bei der Umstellung von flüssiger auf feste Kost wird der gesamte Darm einer für das Kind völlig neuen Belastung ausgesetzt, die enorme Schmerzen verursachte, wenn diese Region nicht lustvolle Empfindungen vermitteln würde.

Außerdem wird der Kot, das Produkt der Verdauung, ebenfalls mit lustvollen Vorstellungen verknüpft und nimmt daher eine große Bedeutung im Leben des Zweijährigen ein.

Solange die Eltern dies nicht unterbinden, gehört das Kotschmieren und Kotkneten zu den lustvollsten und befriedigendsten Tätigkeiten des zweiten Lebensjahres.

Wird das Kind an dieser Befriedigung gehindert, wird ihm ein hohes Maß seines Selbstvertrauens und seiner künstlerischen Fähigkeiten genommen: Denn das Kind präsentiert mit Stolz sein erstes selbstgemachtes Produkt. Obwohl die Kinder mit ihrem Kot spielen, essen sie ihn nicht. Wenn sie ihn doch einmal in den Mund stecken, spucken sie ihn wieder aus.

Sollte ein Kind seinen Kot mit sichtlichem Genuß essen, so ist der Übergang von der Mund- zur Afterphase mißlungen. Das Kind kann die Lust am Essen und Beißen nur dann überwinden, wenn die Lust am Kotabsetzen wächst.

Im 3. Lebensjahr entdeckt das Kind, daß es die lustvolle Reizung der Afterschleimhaut noch steigern kann, indem es den Stuhl so lange als möglich zurückhält, um ihn dann lustvoll herauszupressen.

Genau wie die Geschlechtsorgane durch verbietendes Verhalten der Eltern interessant werden, wird auch die Afterregion durch Verbote, nämlich die Reinlichkeitserziehung, in höchstem Maße reizvoll.

Die Lust am Zurückhalten des Kots und am lustvollen Herauspressen ist im 2. und 3. Lebensjahr wesentlich größer als die der Selbstbefriedigung an den Geschlechtsorganen.

Das Kind lernt und begreift jetzt, daß es die Mutter zur Verzweiflung bringen kann, wenn es seinen Kot zurückhält. Ja es kann sie sogar zur Raserei bringen, wenn es diesen nicht in den Topf, sondern gleich anschließend auf den Teppich oder ins Bett macht. Dadurch hat das Kind zum erstenmal ganz bewußt eine große Macht, mit der es der Mutter trotzen kann.

Erklärt sich das Kind jedoch bereit, aus Liebe zur Mutter seinen Kot zu opfern, und ihr diesen zum Geschenk zu machen, dann hat das Kind zum erstenmal eine selbstlose, opferbereite Liebe zu einem anderen Menschen gezeigt.

Der seelische Fortschritt in dieser Phase liegt darin, daß sich die orale oder Mundphase so gut wie ausschließlich auf das Nehmen bezieht, die anale oder Afterphase jedoch auf das Geben. Das Kind gibt der geliebten Mutter die erste Eigenproduktion als Geschenk, und zwar dorthin, wo die Mutter es haben möchte, nämlich ins Töpfchen oder in die Toilette.

Bei der Beherrschung des Mastdarms gilt: Je weniger die Eltern darauf bestehen, desto leichter lernt es das Kind.

Mit der aufrechten Haltung nimmt das Urinieren für beide Geschlechter, vor allem für Knaben, eine neue Bedeutung an. Mit 2½ Jahren beginnen dann beide Geschlechter sich ihrer Blasentätigkeit bewußt zu werden. Sie möchten ihren Eltern, ihren Brüdern und Schwestern, ihren Spielkameraden, aber auch Haustieren, bei der Blasenentleerung zusehen. In diesem Alter werden auch die verschiedenen Stellungen beim Urinieren ein Thema.

Mädchen versuchen es auch im Stehen zu machen, Buben auch im Sitzen. Im 3.–4. Jahr pinkeln Buben gerne auch öffentlich, um ihren Penis vorzuzeigen.

Mädchen beginnen im gleichen Alter, sich gewisse Befriedigung zu verschaffen, indem sie beim Harndrang die Beine zusammenpressen und dabei lustvoll den Harn zurückhalten.

Knaben empfinden in der Regel mehr Befriedigung beim Harnlassen, während Mädchen die Lust am Harnzurückhalten genießen.

Zu den lustvollen Betätigungen des 3. Lebensjahres gehört auch das Hineinstecken von Gegenständen in die Harnröhre. Es wird nicht mehr der Penis und die Klitoris gereizt, sondern ganz bewußt die Harnröhre durch Einführen von Gräsern, Stricknadeln, Zahnstochern, Bleistiften, usw., wobei dies sowohl Mädchen als auch Knaben tun.

Auch das Hineinstecken von Gegenständen wie Erbsen, Bohnen, Haarnadeln, Bleistiften und dergleichen in den eigenen After oder den von Spielkameraden wird lustvoll erlebt.

4. Die sexuelle Entwicklung im 4.–6. Lebensjahr

Die Reinlichkeitserziehung ist bei den meisten Kindern im 4. Lebensjahr abgeschlossen.

Sie gelingt jedoch nur, wenn das Kind seine vorherrschenden Lustempfindungen von der Afterzone und der Harnröhre auf seine Geschlechtsorgane übertragen kann.

Daher bezeichnete Freud diese Phase als „phallische Phase", also „Gliedphase".

Mit seinem Sexualforschungsdrang versucht das Kind weiterhin, durch unendliche Fragen hinter das Geheimnis des Ursprungs des Lebens zu kommen. Es schaut den Eltern beim Waschen, Baden, Duschen und auf der Toilette zu. Bei Fremden interessiert es sich brennend für deren Bäder und Toiletten und für die Gegenstände und Kleidungsstücke, die dort herumliegen.

Vor allem der Vater wird jetzt mit Fragen bombardiert über die Art und Weise, wie das Kind aus dem Bauch herauskommt. Die meisten

Kinder in diesem Alter wissen schon, daß der Vater das Kind in den Bauch der Mutter hineinbringt und daß es dann im Bauch der Mutter wächst. Sie wissen allerdings noch nicht genau, wie der Vater es macht und vor allem, wie das Kind wieder aus dem Bauch herauskommt. Daher fragen sie immer wieder nach Einzelheiten über die Geburt. Sie wollen auch wissen, wo der Urin des Mädchens herauskommt und wozu die Hoden da sind.

Sie wollen weiterhin alles über Verlobung, Hochzeit, Ehemann und Ehefrau wissen.

Was ihre gelebte Sexualität anbetrifft, so befriedigen sie sich selbst oft äußerst intensiv.

In den zwischengeschlechtlichen Beziehungen können jetzt echte Sexualhandlungen auftreten. Es geht jetzt nicht mehr um die Erkundung des anderen, sondern um die Befriedigung eigener Bedürfnisse.

Die Vierjährigen denken nicht nur über die Sexualität sondern auch über die Fortpflanzung nach. Sie sehen in dem gegengeschlechtlichen Elternteil den geeigneten Partner.

Das Mädchen bietet dem Vater, der Sohn der Mutter die Ehe an. Sehr häufig hört man in diesem Alter die Frage: „Mami, kann ich dich heiraten, wenn Papi tot ist?", oder die Feststellung: „Papi wir machen Hochzeit, wenn Mami im Krankenhaus ist!"

Die Mädchen kokettieren ganz eindeutig mit dem Vater, die Knaben umwerben die Mutter und zeigen, wenn sie ausgezogen sind, der Mutter ihren Penis, den sie oft mit der Hand ergreifen und gegen die Mutter richten.

Die Eltern, die plötzlich begreifen, daß ihre Kinder sexuelle Regungen haben und diese ausgerechnet gegen sie selbst richten, sind meist erschrocken und tief beunruhigt. Aber auf wen sollten Kinder ihre ersten sexuellen Wünsche richten, wenn nicht auf ihre Eltern?

Die Kinder lieben sie und können noch nicht zwischen Sexualität und Liebe unterscheiden, so daß sie folgerichtig ihre sexuellen Wünsche auf die Eltern beziehen.

Diese Situation wurde von FREUD als Ödipuskomplex bezeichnet. Ödipus stammt aus der griechischen Sage und hat seinen Vater erschlagen und seine Mutter geheiratet, ohne zu wissen, daß es seine Eltern waren.

Im 5. Lebensjahr wächst diese Spannung zwischen Kindern und ihren Eltern noch an. Es ist für Eltern eine sehr schwierige Phase, in der sie ihre Kinder häufig nicht mehr verstehen, aber manchmal auch nicht verstehen wollen. Selbst wenn die Tochter zum Vater sagt: „Gell Papi, wenn Mami stirbt, heiraten wir", und der Sohn zur Mutter: „Hoffentlich stirbt der Vati endlich, damit ich dich heiraten kann", versuchen sie dies nicht als sexuelle Annäherung, sondern als kindliche Einfalt zu deuten. Sie wollen einfach nicht wahrhaben, daß ihre Kinder um ihre Gunst werben, weil es ihnen als Inzest erscheint.

Bei einer gesunden Entwicklung wird im 5. und 6. Lebensjahr der Ödipuskomplex überwunden. Die Kinder erkennen, daß sie die Eltern nicht als Geschlechtspartner erobern können und wenden sich ihren Altersgenossen zu. Sie schauen in die Zukunft und bereiten sich im Spiel mit ihren Freundinnen und Freunden darauf vor.

5. Die sexuelle Entwicklung im 7. Lebensjahr bis zur Pubertät

Die kommenden Jahre bis zur beginnenden Pubertät sind gekennzeichnet durch eine Beruhigung, vor allem der sexuellen Aktivitäten.

Die Kinder treten in die von FREUD benannte „Latenzphase" oder Beruhigungsphase ein.

Die Sexualität hat für die meisten Kinder keinen sehr hohen Stellenwert mehr und macht dadurch Platz für Aktivitäten und Interessen, die mit Schule, Sport und Hobbies zusammenhängen. Einzelne Kinder können jedoch auch weiterhin sehr intensiv onanieren und zeigen großes Interesse für die sexuelle Annäherung an andere.

6. Sexuelle Aufklärung

Die Eltern sollten sich bei der Geburt eines Kindes darüber klar werden, daß sie ein sexuelles Wesen in die Welt gesetzt haben, das sexuelle Bedürfnisse haben wird und diese schon recht früh befriedigen möchte. Sie sollten sich frühzeitig mit der normalen sexuellen Entwicklung von Kindern vertraut machen, damit sie ihrem Kind erlauben können, seine sexuellen Gefühle und Bedürfnisse auch zu leben. Sie sollten sich vor allem darüber klar werden, daß Aufklärung ganz wesentlich von ihrer eigenen Haltung zur Sexualität bestimmt wird. Kinder mit ihrem feinen Empfinden für unsere Körpersprache realisieren schon sehr früh, ob ihre Eltern einander innig zugewandt sind, ob sie selbst Freude am Sex haben oder ob sie in ihrer sexuellen Einstellung verklemmt und verschlossen sind. Je offener sich die Eltern ihren Kindern gegenüber verhalten, desto eher wagen die Kinder alle ihre Fragen, die sie über die Sexualität haben, an die Eltern zu stellen und erhalten ihre Aufklärung nicht auf der Gasse mit dem entsprechenden negativen Unterton.

Bei Vorträgen über Sexualität berichteten mir Eltern immer wieder, daß ihre Kinder ihnen noch nie eine Frage über Sexualität gestellt hätten. Sie meinen, daß ihre Kinder an solchen Dingen nicht interessiert seien und empfinden diese Interesselosigkeit als wohltuend. Sie meinen, daß es mit der Sexualität und Aufklärung noch bis zur Pubertät Zeit habe. Diese Eltern unterliegen alle einem Trugschluß. Auch ihre Kinder sind, wie alle anderen, an der Sexualiät brennend interessiert, haben aber bei den ersten Versuchen, darüber etwas zu erfahren, bemerkt, daß die Eltern über diese Fragen erschrocken waren oder verlegen wurden. Ihr feines Gespür sagte ihnen, daß es besser sei, künftig über diese Dinge nicht mehr zu sprechen, was solche Eltern natürlich als angenehm empfinden.

Ich möchte Ihnen jetzt chronologisch schildern, wie ich mir die sexuelle Aufklärung vorstelle.

Schon im Säuglingsalter sollten Kinder ihre Eltern möglichst oft nackt sehen und mit diesen nackt spielen, sei es in der Badewanne, auf der Terrasse oder im Bett. Dabei sehen die Kinder die äußeren Sexualorgane ihrer Eltern und erleben diese als völlig natürlich. Das Kind kann mit dem Penis des Vaters spielen oder auf ihm herumtätscheln, ebenso mit der Brust der Mutter.

Gleichzeitig sollte die Mutter darauf achten, daß sie ihr Kind überall streichelt und küßt, auch im Bereich der Genitalorgane. Das Kind erlebt dabei, daß sein ganzer Körper geliebt wird. Das Aussparen der Geschlechtsregion beim Streicheln und Küssen macht das Kind erst darauf aufmerksam, daß hier eine Körperzone besteht, die „anders" ist als die anderen.

Spielen Kinder mit ihren Geschlechtsorganen, was zur Erkundung ihres Körper gehört, sollten sich die Eltern darüber freuen mitzuerleben, daß ihre Kinder dabei sichtlich angenehme Empfindungen haben. Jedes menschliche Organ, das eines Tages funktionstüchtig werden soll, muß möglichst früh eingeübt werden.

Im zweiten Lebensjahr beginnt das Kind sich seiner Geschlechtlichkeit bewußt zu werden. Knaben entdecken ihren Penis, Mädchen ihre Klitoris. Außerdem beginnen sie, die Geschlechtsunterschiede zwischen Mädchen und Jungen wahrzunehmen und wollen die Geschlechtsorgane des anderen Geschlechts erforschen. Sie sollten diesem Bestreben Ihrer Kinder nachgeben und ihnen erlauben, die Genitalien des anderen anzusehen und zu erforschen. Was kann schon passieren, wenn ein zweijähriger Junge die Genitalien seiner einjährigen Schwester ansieht und anfaßt oder auch die seiner dreijährigen Schwester und umgekehrt.

Mädchen, die entdeckt haben, daß ihnen das Glied fehlt, spielen besonders gern mit dem Penis ihres Bruders, da sie hoffen, daß ihnen dieser noch wachse. Dies ist Sexualforschung und hat noch nichts mit echter Sexualität zu tun. Sie sollten auch die ersten Papa- und Mama-Spiele zwischen Jungen und Mädchen, die am Ende des zweiten Lebensjahres auftreten, tolerieren.

Im dritten Lebensjahr stellen die Kinder die ersten Fragen nach dem Geschlechtsverkehr und der Fortpflanzung. All diese Fragen sollten Sie wahrheitsgemäß beantworten. Wenn ein Kind fragt, woher die kleinen Kinder kommen, dann sollte es selbstverständlich sein, daß die Eltern ihm erklären, daß diese aus dem Bauch der Mutter kommen. Eine Schwangerschaft der Mutter oder naher Familienangehöriger kann einen guten Beitrag zur sexuellen Aufklärung leisten. Die Mutter kann ihrem Kind zeigen, wie ihr Bauch wächst und daß in ihrem Bauch ein Kind heranwächst. Beim Besuch des Frauenarztes kann sie ihrem Kind sogar anhand des Ultraschallbildes die Größe und die Formen des Kindes zeigen und ihm vermitteln, wie und wo das Kind wächst.

Auch tierische Schwangerschaften können viel zur Aufklärung der Kinder beitragen. In meiner eigenen Familie bekam unsere Zenta, ein Beagle, Nachwuchs. Innerhalb von etwa fünf Stunden kamen acht Welpen zur Welt. Unsere Kinder lagen bei der Hündin und jedesmal wenn sich ein neuer Hund ankündigte, kamen sie ganz aufgeregt zu mir, um mich als Hebamme zu holen. Bei dieser Gelegenheit konnte ich den Kindern alle Einzelheiten über Geburt und Schwangerschaft erklären, auch die Aufgabe von Astor, dem Vater dieser Hunde. Ihre Frage, ob es denn beim Menschen genauso sei, konnte ich im wesentlichen bejahen. Sie hatten die Schwangerschaft von Zenta miterlebt und auch die Geburt, die bei Hunden offensichtlich ohne größere Schmerzen vonstatten geht, so daß sie nicht das Leiden der Mutter sahen, sondern nur die wunderschönen kleinen Hunde, die zur Welt kamen.

Wenn die Kinder wissen wollen, was denn die Eltern in ihrem Schlafzimmer machen, sollte es selbstverständlich sein, daß sie ihnen erklären, daß sie dort nicht nur schlafen, sondern sich auch liebhaben, daß sie sich in den Arm nehmen und küssen. Je nach Alter des Kindes kann man auch erklären, daß der Vater mit seinem Penis in die Mutter eindringt, um dieser noch näher zu sein, weil er sie so innig liebt. Kinder nehmen ohnehin nur das an, was sie von ihrem Alter her verstehen können, so daß es kaum eine verfrühte Aufklärung geben kann. Es ist besser, einem Kind etwas zu früh zu sagen als zu spät, denn die Gasse erledigt sonst diese Aufklärung auf ihre wenig sensible Weise.

Sollte ein Kind einmal in den Geschlechtsakt der Eltern hineinplatzen, wäre es für das Kind sehr verwirrend, wenn die Eltern auseinanderfahren und mit roten Köpfen irgend etwas Unverständliches stammeln würden. Ich denke es wäre vernünftig, dem Kind ohne zu erröten, zu erklären, daß Mama und Papa sich gerade besonders lieb gehabt haben. Fragt das Kind weiter, so ist es sicherlich richtig, wahrheitsgemäß zu antworten. Das Kind schämt sich dabei nicht, es sind wir selbst, die sich aufgrund unserer eigenen geschlechtsfeindlichen Erziehung genieren.

Das dreijährige Kind forscht aktiv, um seine Kenntnisse von der Sexualität zu verbessern. Alle seine Fragen sollten immer wahrheitsgemäß beantwortet werden. Seine große Neugier an den Geschlechtsorganen der Eltern kann leicht befriedigt werden. Ihre Nacktheit gibt dem Kind die Möglichkeit, lebendige Sexualforschung zu betreiben. Lassen Sie Ihr Kind beim An- und Ausziehen, im Badezimmer, beim Duschen, Waschen und in der Toilette zusehen. Öffnen Sie die Toilettentür, wenn Sie meinen, daß Ihr Kind das Bedürfnis hat, Sie zu beobachten. Tun Sie es ganz natürlich, als wäre es das Selbstverständlichste der Welt, daß man zur Toilette geht, was es ja auch ist. Alle Fragen über die Geburt, das Stillen, die mütterliche Brust, sowie die weiblichen und männlichen Geschlechtsorgane sollten Sie wahrheitsgemäß beantworten.

Gelingt es Ihnen, das Kind in seiner Sexualität voll anzunehmen, ihm spielerisch alles zu erklären, so wird sein Interesse am eigenen Körper und seine Selbstbefriedigung im Rahmen bleiben. Das Kind wird sich seiner eigenen Geschlechtlichkeit nur deswegen so früh bewußt, weil die Eltern seine geschlechtliche Neugier mißbilligen. Wie ich in diesem Kapitel schon ausführte, gehört zu den lustvollsten Betätigungen des dritten Lebensjahres das Hineinstecken von Gegenständen in die Harnröhre und den After. Sollten Sie Ihr Kind bei einer solchen Betätigung einmal überraschen, so seien Sie nicht entsetzt, sondern reagieren Sie ganz natürlich, indem Sie ihm sagen, daß Sie wohl verstehen, daß es Lust an dieser Betätigung hat, daß es aber auch gefährlich werden kann, wenn es sich diese Gegenstände zu tief hineinsteckt und sie dann nicht mehr herausbekommt.

Zwischen dem vierten und sechsten Lebensjahr interessiert sich das Kind vor allem dafür, wie das Baby aus dem Bauch herauskommt. Die meisten Kinder in diesem Alter wissen schon, daß der Vater das Kind in den Bauch der Mutter hineinbringt und daß das werdende Kind im Bauch der Mutter wächst. Sie wissen allerdings noch nicht genau, wie der Vater es macht und vor allem, wie das Kind wieder aus dem Bauch herauskommt. Daher fragen sie immer wieder nach Einzelheiten über die Geburt. Sie wollen auch wissen, wo der Urin des Mädchens herauskommt und wozu die Hoden da sind. Für das Kind sind alle diese Fragen wichtig und Sie sollten sie wahrheitsgemäß beantworten.

In den zwischengeschlechtlichen Beziehungen können jetzt echte Sexualhandlungen auftreten. Es geht jetzt nicht mehr um die Erkundung des anderen, sondern um die Befriedigung eigener Bedürfnisse. Sollten Sie Ihre Kinder bei eindeutigen Geschlechtshandlungen antreffen, so versuchen Sie dies ganz natürlich zu sehen. Bereiten Sie sich gedanklich darauf vor, daß Sie jederzeit von einer eindeutigen sexuellen Handlung überrascht werden können. Geraten Sie nicht in Panik. Fragen Sie besser, ob es Spaß macht. Kinder erleiden keine seelischen Schäden durch ihre Sexualität mit Gleichaltrigen, ganz im Gegenteil. Die seelischen Schäden verursachen wir selbst durch unser unangemessenes Verhalten.

Aufklärung beinhaltet auch, mit dem Ödipuskomplex umgehen zu können. Nähert sich uns ein Kind in eindeutiger sexueller Absicht, sollten wir nicht erstarren und das Kind abweisen, sondern ihm vermitteln, daß wir es über alles lieben, daß wir aber auch Mama oder Papa über alles lieben, die vom Alter besser zu uns passen. Raten sie dem Kind, sich einen gleichaltrigen Partner zu suchen.

Ab dem siebten Lebensjahr bis zur Pubertät ist gelebte Sexualiät für Kinder nicht mehr so wichtig. Dennoch haben sie immer wieder Fragen, die wir altersgemäß beantworten sollten. Über die genaue Funktion der Geschlechtsorgane, das Werden des Kindes, seine Entwicklung und dergleichen gibt es heutzutage sehr viele gute Bücher, die wir mit dem Kind gemeinsam erarbeiten könnten. Wichtig erscheint mir allerdings, daß bei allen Gesprächen über Sexualität immer wieder der emotionale Aspekt zur Sprache kommt: Liebe, Zuneigung und Zärtlichkeit.

Eltern, die besonders geschlechtsfeindlich erzogen wurden, werden den vorgeschlagenen Weg der sexuellen Aufklärung kaum gehen können. Diesen Eltern rate ich, spätestens mit Erlernen des Lesens, Bücher zur sexuellen Aufklärung von Kindern zu kaufen. Kinder sollten bei der Lektüre solcher Schriften immer Fragen stellen dürfen, da ihnen viele Dinge nicht bekannt sein werden. Die Eltern sollten solche Bücher zuerst selbst lesen, damit sie sich schon seelisch auf mögliche Fragen ihrer Kinder einstellen können und nicht stottern und erröten müssen, falls diese Fragen dann auch gestellt werden.

Spätestens mit Beginn der Regel und dem ersten Samenausstoß sollten die Eltern mit ihren Kindern darüber reden, daß sie irgendwann einmal einem jungen Mann oder einem Mädchen begegnen werden, mit dem sie schlafen wollen. Sie sollten Ihrem Kind sagen, daß sie dies verstehen können und es auch akzeptieren werden, es aber nicht gutheißen können, wenn es dann gleich zur Zeugung eines Kindes kommt. Informieren Sie Ihre Kinder über Verhütungsmaßnahmen. Wenn Sie sich unsicher fühlen, können Sie Ihren Kindern auch entsprechende Literatur zur Verfügung stellen. Dies ist sicherlich besser, als aus eigener Unsicherheit auf diese Aufklärung zu verzichten. Schildern Sie Ihrem Kind ruhig in äußerst negativen Tönen, wie sich sein Leben verändern wird, wenn es schon frühzeitig ein Kind bekommt. Meist sind die Mädchen davon sehr viel intensiver betroffen, da sie das Kind bekommen und aufziehen müssen. Ich habe in den letzten Jahren erstaunlich viele sehr junge Mütter kennengelernt, deren Kinder ihr ganzes Leben veränderten. Die jungen Väter waren meist bei den ersten Vorsorgeuntersuchungen dabei, dann verschwanden sie, und die Mutter war alleine. Glücklicherweise springen häufig die Großeltern als Retter in der Not ein. Doch dies kann nicht der Sinn einer Schwangerschaft sein, daß alte Menschen zu Vätern und Müttern werden und junge Menschen sich aus ihrer Verantwortung davonschleichen. Es ist sicher verständlich, daß sie es tun, jedoch ist das Kind immer das Leidtragende, vor allem dann, wenn die Großeltern es aus gesundheitlichen Gründen nicht mehr schaffen, das Kind zu versorgen, oder sogar sterben. Selbst wenn die Mutter dann alt genug ist, ihr Kind zu versorgen, hat das Kind den Bezug zu seinen Großeltern und nicht zur Mutter. Es sterben dann seine wirklichen Eltern, und das Kind bleibt mit seinen seelischen Problemen zurück.

Kaufen Sie notfalls selbst Präservative und geben Sie sie Ihrem Kind, damit im Ernstfall Vorsorge getroffen werden kann. Wir wissen alle aus eigener Erfahrung, daß bei den ersten sexuellen Erfahrungen Gefühle überwiegen und nicht der Verstand.

――――――KAPITEL 3――――――

Das Freudsche Instanzenmodell
ÜBER-ICH – ICH – ES

In diesem Buch wird immer wieder über unbewußte Vorgänge gesprochen. Um zu verstehen, was damit gemeint ist, möchte ich kurz auf das von FREUD ausgearbeitete Instanzenmodell eingehen: Danach besteht der Mensch in geistig-seelischer Hinsicht aus drei Instanzen: Dem ÜBER-ICH, dem ICH und dem ES.

Das ÜBER-ICH ist unser Gewissen, das geprägt wird von der elterlichen Erziehung, den Normen der Religion und der Gesellschaft. Am Ende der Kleinkinderzeit beginnt es sich zu entwickeln.

Das Gewissen sagt uns, was richtig und falsch ist, und zwar abhängig von dem, was unsere Eltern, die Gesellschaft und die Religion für richtig und falsch halten und hielten. Es überwacht unsere Gefühle und Taten und läßt uns auch dann das Richtige im Sinne der Gesellschaftsnormen tun, wenn wir nicht Gefahr laufen, entdeckt zu werden.

Es verkörpert sozusagen unser inneres Gesetz und ist gleichzeitig die Polizei, die dafür sorgt, daß die Gesetze befolgt werden. Wenn wir gegen die Gesetze unseres Gewissens verstoßen, entwickeln wir Ängste vor Bestrafung, auch wenn niemand davon weiß.

Das ICH ist der handelnde Mensch, der auf Grund seiner Persönlichkeit, seiner Erziehung, seiner Religion, aber auch seiner persönlichen Gefühle und Schwächen handelt, und dies in vollem Bewußtsein tut.

Zum ICH gehört das Gedächtnis, das Denken, die Wahrnehmung, die Motorik und die Steuerung der Gefühle und der Triebregungen.

Das ICH ist das denkende, planende und vorausschauende System. Es ist fähig zur Angstempfindung und entwickelt schützende Abwehrmaßnahmen gegen Verletzungen unserer Seele, die von außen kommen, aber auch gegen eigene Triebregungen, die nicht mit unserem Gewissen vereinbar sind.

Das ES ist die Instanz, die uns fühlen und lieben läßt, die uns unruhig und glücklich macht, ohne daß wir wissen, warum. Es beinhaltet unsere tiefsten Strebungen nach Glück, Ruhe, Ausgeglichenheit, Entspannung, Liebe, Zuwendung, Wärme und Geborgenheit, kurz, alle Strebungen, die uns froh und glücklich machen sollen.

Nach FREUD steht das ES unter der Herrschaft des Lustprinzips. Es will sofortige und vollständige Triebbefriedigung ohne Rücksicht auf die Wirklichkeit und die Folgen für den Menschen. Aus dem ES kommen jedoch auch Gefühle, die uns seelisch und auch körperlich krank machen können.

Das ES umfaßt das Unbewußte und ist sozusagen der Speicher für alle Verletzungen und Kränkungen, vor allem für solche, die sehr stark waren, und die wir nicht mit dem Verstand und unserer Persönlichkeit verarbeiten konnten.

Diese Verletzungen und Kränkungen werden ins Unbewußte verdrängt und dort peinlich genau registriert.

Solche Verletzungen unserer Seele, die im ES gespeichert werden, spielen in unserem Leben kräftig mit. Das ES läßt zahlreiche Wünsche, Begierden, Triebe, Ab- und Zuneigungen an die Oberfläche kommen, wo sie dann, unbemerkt von unserem Verstand, unsere Entscheidungen und unser Verhalten mitbestimmen.

So kann eine Mutter, die glaubt, ihr Kind zu lieben, dieses in Wirklichkeit heftig ablehnen, da ihr Unbewußtes ihr ständig signalisiert, daß dieses Kind schuld daran ist, daß sie zum Beispiel ihre beruflichen Wünsche und Träume nicht verwirklichen konnte.

KAPITEL 4

Abwehrmechanismen

Wenn wir uns körperlich bedroht fühlen, können wir diese Bedrohung zum Beispiel durch Flucht oder Gegenangriff abwenden. Auch unsere Seele ist ständig bedroht durch Angriffe von außen, die vor allem mit unseren Bedürfnissen nach Liebe, Zuwendung, Geborgenheit, Achtung, Geltung und Selbstverwirklichung zusammenhängen. Wenn diese Bedürfnisse nicht oder nur ungenügend befriedigt werden, entstehen Verletzungen unserer Seele, die uns große Angst bereiten. Diese Angst kennt der junge Säugling noch nicht, da er sich mit der Mutter noch als Einheit fühlt, die all seine Bedürfnisse befriedigt. Unlustempfindungen im eigenen Körper versucht er durch die altersgemäße Methode des Zappelns, Strampelns und Schreiens abzubauen und bringt dabei die Mutter dazu, seine Unlustempfindungen zu beheben. Sobald der Säugling jedoch erkannt hat, daß die Mutter eine eigenständige Person ist, die ihm in zunehmendem Maße Grenzen setzt und seine Bedürfnisse, vor allem nach Zuwendung, nicht mehr in vollem Umfang befriedigt, muß er psychische Schutzmechanismen entwickeln, um die Verletzungen seiner Seele und die damit verbundene Angst abzuwenden. Eine solche Angst wird nicht nur durch andere Menschen erzeugt, sondern sie entsteht auch in uns selbst. Wenn wir erkennen, daß unsere Strebungen und Wünsche „schlecht" sind, also nicht mit den Forderungen der Gesellschaft, der Kirche und unserem Selbstbild übereinstimmen, werden ebenfalls Abwehrmechanismen aktiv. Diese führen auf die verschiedenste Art und Weise dazu, daß wir unsere „schlechten" Gedanken und Wünsche nicht mehr wahrhaben müssen. Wir können sie vergessen, ungeschehen machen, verleugnen, verdrängen, oder sie auf eine andere Weise für unsere Seele und unser Gewissen unschädlich machen.

Im Verlauf des Lebens entwickeln wir Menschen zahlreiche solcher seelischen Abwehrmechanismen, deren wichtigste ich anhand von Beispielen erklären möchte.

Ein Beispiel für die *Einverleibung* zeigt der Säugling, der Hunger hat und nichts zu essen bekommt. Er versucht, sich durch die Vorstellung der Mutterbrust zu befriedigen und kann damit wenigstens vorübergehend sein Unlustgefühl beseitigen.

Bei der *Identifikation* versucht das Kind, sich mit dem Verursacher der Unlustempfindungen gleichzusetzen. Ein Kind, das liebend gerne draußen spielen würde, dies aber nicht darf, hilft sich dadurch über seine Enttäuschung hinweg, daß es sich mit der Mutter, die gerade putzt, identifiziert und anfängt, seine Puppenstube aufzuräumen.

Der Knabe, der während der Zeit des Ödipuskomplexes seine Mutter liebt und seinen Vater haßt, kann diese Situation schließlich nur überwinden, wenn er sich mit seinem Vater identifiziert. Dies bedeutet, daß der Junge die Gebote und Verbote des Vaters als für sich selbst verbindlich annimmt und verinnerlicht. Hier setzt die Bildung des Gewissens, des ÜBER-ICH ein. Die Identifizierung erfolgt aus Liebe. Durch sie wird der Haß auf den Vater überwunden.

Auch beim Rollenspiel kann man diese Identifizierung beobachten. Durch das unter Kindern beliebte Arzt-Spiel, bei dem die Rolle des Arztes spielerisch imitiert wird, kann das Kind die Angst vor dem Arztbesuch abbauen.

Eine weitere im Kindesalter sehr wichtige Abwehrform ist die *Identifikation mit dem Angreifer*.

Ein Kind, das von seinen Eltern immer wieder geschlagen wird und damit deren Lieblosigkeit erlebt, kann diese Situation seelisch nur überstehen, wenn es sich mit den Eltern identifiziert. Das Kind gibt den schlagenden Eltern recht, indem es sich selbst als böses Kind sieht. Auf diese Weise wird es für das Kind möglich, die Eltern weiterhin zu lieben, denn sie werden dadurch für das Kind zu guten, ja sogar liebenden Eltern, die ihr Kind ja nur schlagen, weil sie ein gutes Kind aus ihm machen wollen: Sie meinen es gut mit ihm.

Bei der *Verleugnung* werden Vorgänge und Handlungen, die unsere Seele verletzen könnten, einfach nicht wahrgenommen, nach dem Motto: Was nicht sein darf, kann nicht sein. Unsere Sinne nehmen das Ereignis oder den Vorgang einfach nicht wahr. Ein kleiner Bub, der eine

Scheibe einwirft, leugnet danach heftigst, diese Tat begangen zu haben. Er hat sie verleugnet, das heißt, er hat den gesamten Tatvorgang aus seinem Gedächtnis gestrichen und ist wahrhaftig überzeugt, niemals etwas dergleichen begangen zu haben.

Ein Kleinkind, das über längere Zeit alleine im Krankenhaus sein muß, schaut die Mutter, wenn sie schließlich kommt, vielleicht überhaupt nicht mehr an und tut so, als wäre sie nicht da. Man hat den Eindruck, als wolle es sagen: „Du hast mich so verletzt, indem du mich alleine gelassen hast, daß du für mich gar nicht mehr existierst, denn würde ich dich anschauen würde ich nochmals an all die Ängste und den Kummer erinnert werden."

Die *Abspaltung* bezeichnet eine Trennung des Gefühls vom Gesamtgeschehen und Erleben.

Ein Kind, das seine Mutter bei einem Verkehrsunfall verloren hat, spricht darüber, als hätte ihm das Ganze überhaupt nichts ausgemacht. Die Gefühle der Trauer, der Angst und des tiefen Schmerzes über den Verlust der Mutter, die man bei diesem Bericht erwarten müßte, werden vom Gesamtgeschehen abgespalten. Nur so kann das Kind diese schreckliche Erinnerung seelisch verkraften und überleben.

Bei der *Hineinverlagerung* werden eigene Wünsche und Gedanken, vor allem solche, für die wir uns schämen müßten, in eine andere Person hineinverlagert.

Ein Junge möchte sich an seinem Freund, der ihn verpetzt hat, rächen. Er hat den heftigen Wunsch, diesen Freund zu verprügeln. Als die Mutter ihn dann fragt, warum er nicht mehr mit seinem Freund spiele, antwortet das Kind: „Weil er mich verprügeln möchte!" Das Kind hat seine eigenen aggressiven Gefühle in den Freund hineinverlagert, der seinerseits keinerlei aggressive Gefühle hegt, da er sich schämt, gepetzt zu haben. Ein anderes Kind, das bisher äußerst aggressiv war, kann plötzlich sehr ruhig und furchtsam werden.

Es hat seine eigene Aggression in seine Umgebung hineinverlagert. Es sieht nun überall bedrohliche Menschen, Tiere und Situationen.

Bei der *Verkehrung ins Gegenteil* werden vor allem Gefühle der Aggression und Angst ins Gegenteil verkehrt. So wird ein Kind, das sein neugeborenes Geschwisterchen überhaupt nicht ausstehen kann, plötzlich überfürsorglich, bringt dem Säugling den Schnuller, streichelt ihn und scheint voller Liebe und Zuneigung. Das Kind hat bei den ersten aggressiven Äußerungen und Handlungen gegen das Baby feststellen müssen, daß die Eltern keinerlei Verständnis für seine Gefühle zeigten, sondern es für seine Handlungen bestraften. Aus Angst vor Strafe und Liebesverlust zeigt dieses Kind seinen Eltern nun, wie groß seine Zuneigung zum Baby ist, wofür es dann Lob, Anerkennung und Liebe erhält.

Ein anderes Kind, das äußerst ängstlich war, wird plötzlich ungeheuer mutig. Es klettert auf hohe Bäume, springt aus großer Höhe, nähert sich mutig fremden Hunden und ist nicht wiederzuerkennen. Hier haben Scham, Selbstverachtung und Demütigungen ihre Wirkung getan. Sie haben das Selbstwertgefühl des Kindes so beeinträchtigt, daß seine Ängstlichkeit sich schließlich ins Gegenteil verkehrte.

Bei der *Verschiebung* werden Gefühle negativer oder positiver Art von dem Menschen, auf den sie eigentlich bezogen waren, gelöst und auf einen anderen gerichtet, wo sie angstfreier erlebt werden können.

Der Ärger, den ein Kind mit seinem Lehrer hatte, entlädt sich so zu Hause auf die jüngeren Geschwister. Bei Erwachsenen ist dies nicht anders: Der Verwaltungsangestellte, den sein Chef zusammengestaucht hat, gibt seinen Ärger an den nächsten Untergebenen weiter und tadelt ihn wegen der geringfügigsten Dinge.

Durch *Verdrängung* werden angsterzeugende Vorstellungen oder Erlebnisse sowie Wünsche und Begierden einfach aus dem Bewußtsein ausgeschaltet und ins Unbewußte verdrängt.

Ein Kind möchte so gerne in einen Erlebnispark, dessen Besuch ihm die Eltern versprochen haben. Der Vater erkrankt, und das Kind kann mit seiner Enttäuschung nur dadurch fertig werden, daß es diesen starken Wunsch verdrängt, ihn also gar nicht mehr wahrnimmt. Dies hilft dem Kind vorübergehend, doch der Wunsch in den Erlebnispark zu gehen, flackert zwischendurch immer wieder auf und muß mit immer neuer Energie verdrängt werden.

Ein weiteres Beispiel: Bei einem Ausflug kaufen sich alle Kinder ein Getränk. Ein Kind hat kein Geld mitbekommen und behauptet nun, es habe keinen Durst. Es trinkt auch nicht, obwohl ihm der Freund etwas anbietet. Das Kind, das als einziges kein Taschengeld bekam, hat sein Durstgefühl verdrängt, um sich nicht dem Mitleid der anderen Kinder auszusetzen.

Auch sexuelle Übergriffe Erwachsener auf Kinder werden von diesen in der Regel verdrängt, um weiterhin mit ihnen leben zu können. Erst im Rahmen einer Psychotherapie gelingt es, solche Verletzungen aus der Kindheit wieder bewußt zu machen.

Zurückgehen auf eine frühere Entwicklungsstufe: Das Kind geht in seiner seelischen Entwicklung auf eine frühere, bereits durchlaufene Stufe zurück.

Der Vierjährige, der ein Schwesterchen bekommt, näßt oder kotet wieder ein, obwohl er schon völlig sauber war. Er will wieder aus der Flasche trinken und fällt sogar in die Babysprache zurück. Die Angst, nach der Geburt der Schwester die Liebe seiner Eltern zu verlieren, läßt ihn auf eine tiefere Entwicklungsstufe zurückfallen.

Dabei spielt auch die Vorstellung mit, mehr Zuwendung und Liebe zu bekommen, wenn er sich genauso benimmt wie seine Schwester.

Umwandlung: Von der Gesellschaft niedriger bewertete Strebungen werden in höher bewertete umgewandelt. So ist bekannt, daß viele geniale Werke aus Musik, Malerei und Kunst als Folge verschmähter Liebe entstanden sind: Der unerfüllte Wunsch nach Zuneigung und Liebe wurde in künstlerisches Schaffen umgewandelt.

Aggressive Kinder können ihre vom Elternhaus mißbilligte Angriffslust in sportliche Betätigung umwandeln.

Ungeschehenmachen: Schlechte Gedanken, Wünsche und Vorstellungen können durch bestimmte Handlungen scheinbar ungeschehen gemacht werden.

Vor allem Kinder versuchen, ihre schlechten Gedanken und Wünsche dadurch ungeschehen zu machen, daß sie zum Beispiel ein Gebet sprechen, der Mutter helfen oder besonders artig sind.

KAPITEL 5

Die elterliche Liebe als wichtigste Voraussetzung für eine ungestörte seelische Entwicklung des Kindes

1. Allgemeine Gesichtspunkte

Das wichtigste für jedes Kind ist die Liebe, die es durch die Eltern erfährt.

Liebe bedeutet aber nicht, das Kind zu verwöhnen, zu verhätscheln und ihm alle Wünsche zu erfüllen. Liebe heißt, ein Kind zu einem lebenstüchtigen, glücklichen Erwachsenen zu machen, der in eigener Verantwortung wieder eine Familie gründen kann und den Anforderungen von Familie und Gesellschaft gewachsen ist.

Liebe heißt auch Grenzen setzen, dem Kind Achtung vor anderen Menschen, vor den Eltern und vor sich selbst, sowie vor allen anderen Lebewesen zu vermitteln.

Liebe ist selbstlos, jedoch nicht selbsterniedrigend und selbstverachtend. Eltern, die Liebe so verstehen, werden zu Sklaven ihrer Kinder und verlieren die Liebe zu ihnen.

Liebe verzeiht, selbst wenn sie nicht alles versteht und auch nicht alles gutheißen kann. Liebe ist kritisch, denn nur wenn ich mein Kind so sehe, wie es ist, kann ich es auch so lieben. Wenn ich es so sehe, wie ich es gerne hätte, liebe ich nicht das Kind, sondern mein Wunschbild.

Von der ersten Stunde seines Lebens an ist Liebe das Wichtigste für die gesunde Entwicklung eines Kindes.

Jede Mutter liebt ihr Kind oder beginnt es zu lieben, sobald sie mit dem kleinen hilflosen Wesen umgeht, es füttert, wickelt, badet und merkt, wie sehr das Kind sie braucht. Diese ursprüngliche Liebe kann jedoch durch sehr viele Dinge gestört werden, oft durch das Kind selbst. Es ist schwer oder sogar unmöglich, ein Kind dauerhaft zu lieben, wenn es der Mutter viele ihrer Hoffnungen, wie Berufsausbildung und berufliches Weiterkommen zerstört hat oder die Mutter körperlich und seelisch überlastet.

Aber auch ein heiß herbeigesehntes Kind stellt die Liebe der Mutter auf eine harte Probe, wenn dieses süße kleine Lebewesen keine Nacht durchschläft, ständig schreit, der Mutter kaum einige Stunden Schlaf gönnt und ihr bisheriges Leben völlig verändert.

2. Mütter verlieren die Liebe zu ihren Kindern, wenn sie diesen ihre Grundbedürfnisse opfern

In den letzten Jahren ist mir ein wichtiger Zusammenhang zwischen kindlichem Verhalten und mütterlicher Liebe klargeworden:

Jede Mutter, die von ihrem Kind in ihren Grundbedürfnissen dauerhaft und tiefgreifend gestört wird, beginnt dieses Kind zunächst meist unbewußt, dann aber zunehmend auch bewußt abzulehnen.

Solche Grundbedürfnisse der Mutter sind ausreichender Schlaf, Ruhe und Entspannung, ungestörte Sexualität, Selbstverwirklichung, Selbstachtung sowie Unverletzlichkeit ihres Körpers und ihres Eigentums.

Selbst wenn sie eine überaus positiv motivierte Mutter ist und ihr Kind zunächst über alles liebt, kann sie sich diesen negativen Gefühlen nicht entziehen.

Das ES ist die Ursache für diese fatale, jedoch gesetzmäßig ablaufende Veränderung ihrer Gefühle dem Kind gegenüber.

Es läßt seine auf Lust und Wohlbefinden ausgerichteten Strebungen wirksam werden, die der Mutter unbewußt vermitteln, daß ihr Kind sie an all den Dingen hindert, die sie gerne tun würde.

Ist das Kind krank oder aus anderen Gründen besonders zuwendungsbedürftig, kann das ES vorübergehend vom ÜBER-ICH besänftigt werden. Hält diese Zuwendungsbedürftigkeit jedoch übermäßig lange an, oder kann die Mutter nicht einsehen, warum das Kind diese besondere Zuwendung braucht, wird sie beginnen, das sie weiterhin plagende Kind abzulehnen.

Es handelt sich oft um ganz banale Dinge, die solch eine fatale Entwicklung einleiten: Ein Kind leidet unter einem fieberhaften Infekt mit einer Mittelohrentzündung. Es ist sehr unruhig, quengelig und schreit immer wieder. Die Mutter ist mehrere Nächte, fast rund um die Uhr, mit ihrem kranken Kind beschäftigt. Sie tut es gerne, da sie die Leiden ihres Kindes nachvollziehen kann und ihre Aufgabe darin sieht, ihrem kranken Kind zu helfen und ihm beizustehen.

Schließlich ist das Kind wieder gesund, wie der Kinderarzt durch seine Untersuchung feststellt. Die Mutter erwartet nun von ihrem Kind, daß es wie früher nachts durchschläft und ihr nun auch die wohlverdiente Ruhe und Entspannung gönnt. Dem ist jedoch nicht so! Das Kind hat in der Zeit seiner Krankheit erfahren, wie schön es sein kann, ständig die liebevoll besorgte Mutter um sich zu haben. Da durch die Krankheit auch sein Schlafrhythmus gelitten hat, wacht es nun jede Stunde auf und schreit so lange, bis die Mutter kommt. Anfänglich ist sie noch besorgt, das Kind könnte doch noch Schmerzen haben, aber ein erneuter Arztbesuch zerstreut diese Bedenken. Schließlich beginnt sie, ihr Kind unbewußt, dann jedoch auch bewußt abzulehnen. Das Kind fühlt diese Ablehnung sehr intensiv, da es ein sehr feines Gespür für die Körpersprache der Mutter hat. Die Folge davon ist eine berechtigte Angst um die Liebe der Mutter, die seine Unruhe noch steigert und seine Schlafstörungen verstärkt.

3. Nachlassende Liebe als Ursache für Verhaltensstörungen

Dieser Teufelskreis, der sich auch aus anderen banalen Situationen entwickeln kann, (siehe spätere Kapitel) führt zu einer zunehmenden Unruhe und Unausgeglichenheit des Kindes, die sich nicht nur auf die Nacht beschränkt, sondern sich auch tagsüber bemerkbar macht. Je nach Temperament des Kindes kommt es zu den verschiedensten Verhaltensauffälligkeiten. Es kann hyperaktiv oder aggressiv oder beides gleichzeitig werden, es näßt oder kotet wieder ein oder entwickelt Eßstörungen.

In jedem Fall macht es eine neue, jedoch faszinierende Erfahrung:

Die zunächst ungewollten und aus der Situation der Angst heraus entstandenen Verhaltensstörungen führen dazu, daß die Mutter sich vermehrt mit ihrem Kind beschäftigen muß.

Sowohl Aggressionen als auch Hyperaktivität, Eßstörungen, Einnässen, Einkoten und weitere Verhaltensauffälligkeiten führen immer dazu, daß das Kind verstärkt beachtet wird und zudem noch ein gewisses Gefühl der Macht erlebt. Dieses neue Gefühl der Macht und das Gefühl, ständig im Mittelpunkt zu stehen, werden zu einem Ersatz für die verlorengegangene Liebe der Mutter. Diese „Ersatzgefühle" können erst dann aufgegeben werden, wenn die Liebe der Mutter, die dem Kind am wichtigsten ist, neu belebt wird.

4. Mütter müssen ihre Grundbedürfnisse verteidigen, um gute Mütter zu sein

Die meisten Mütter, die zu mir kommen, haben verhaltensgestörte Kinder. Häufig wundern sie sich darüber sehr, da sie ja alles für ihre Kinder getan zu haben glauben. Sie stünden ohne Murren nachts auf, gönnten sich kaum Ruhe, hätten das Kind jede Nacht bei sich im Bett, wodurch die Sexualität litte, verzichteten sogar auf das abendliche Weggehen und opferten sich geradezu für ihre Kinder auf. Nach dem oben Ausgeführten kann es niemanden wundern, daß diese sich selbst aufgebenden Mütter ihre Kinder, die sie so plagen, unbewußt ablehnen, wodurch die oben beschriebenen Mechanismen wirksam werden.

Diesen Müttern kann ich oft innerhalb kurzer Zeit ihren fatalen Irrtum in bezug auf ihre eigene Opferbereitschaft klarmachen. Ich kann ihnen aufzeigen, daß sie auf diese Art und Weise nie gute Mütter sein können. Erst wenn sie selbst zufrieden sind, indem sie ihre Grundbedürfnisse mit Zähnen und Klauen verteidigen, wird es ihnen gelingen, zu guten Müttern zu werden, da sie ihre Kinder dann lieben können und nicht unbewußt oder sogar bewußt ablehnen müssen.

Zu einer guten Mutter gehört, daß sie ihrem Kind dort Grenzen setzt, wo es an ihre eigene Substanz geht. Dies gilt mit Einschränkungen auch für körperlich oder psychisch kranke Kinder.

KAPITEL 6

Störung der Liebesbeziehung zwischen Mutter und Kind in bestimmten seelischen Entwicklungsphasen, die daraus entstehenden Verhaltensauffälligkeiten und deren Behandlungsmöglichkeiten

Im folgenden möchte ich die Entwicklung von Störungen der Liebesbeziehung zwischen Mutter und Kind aufzeigen, die dadurch entstehen, daß die Mutter ihr Kind nicht annehmen kann, seine Signale mißversteht oder aber die normale seelische Entwicklung des Kindes als krankhaft betrachtet.

Außerdem möchte ich die daraus entstehenden Verhaltensauffälligkeiten sowie deren Behandlung darstellen.

1. *Vor der Geburt*

Die schwerste Beziehungsstörung zwischen Mutter und ungeborenem Kind ist die unerwünschte Schwangerschaft. Wie wir wissen, können psychische Belastungen jeder Art, Kränkungen, Angstzustände, Hektik und Überforderung der Mutter zur Ausschüttung von hormonähnlichen Stoffen führen, die in den Kreislauf des Kindes gelangen und dort die Organentwicklung stören können. Solche hormonähnlichen Stoffe regulieren auch unsere Befindlichkeit. Wir dürfen annehmen, daß sie beim Ungeborenen ähnliches Unwohlsein auslösen wie bei der Mutter. Da das Kind auch schon relativ früh Stimme und Herzschlag der Mutter hört und ihre Bewegungen wahrnimmt, wird ihm die Stimmung der Mutter auch auf diesem Wege vermittelt.

Jede Mutter, die ihr Kind ungewollt austrägt, sollte sich an einen Psychotherapeuten wenden, der ihr hilft, ihre Konflikte zu bearbeiten. Ein Außenstehender ist dazu besser geeignet als ein naher Angehöriger oder Freund und kann dadurch die psychische Belastung der Mutter abbauen.

Auch der Vater des Kindes sollte wenigstens zeitweise an diesen Gesprächen teilnehmen, denn auch seine Einstellung zum Kind wird später dessen ganzes Leben beeinflussen.

Werdende Mütter sollten auch wissen, daß sowohl Alkohol als auch Nikotin durch den Mutterkuchen zum Kind gelangen und dort die Entwicklung des Kindes beeinträchtigen können.

Kleine Mengen Alkohol haben sicherlich keine Auswirkungen auf das Kind, während schon eine Zigarette nachweisbar zu einer Verengung der Gefäße des Kindes und dadurch zu einer gewissen Mangeldurchblutung führt. Diese kurzfristigen Mangeldurchblutungen bei geringem Zigarettenkonsum verkraftet das Ungeborene noch gut, nicht jedoch starken Nikotingenuß der Mutter.

Es kommt zu einer ständigen Mangeldurchblutung des Kindes mit mangelhafter Entwicklung seiner geistigen, seelischen und auch körperlichen Fähigkeiten.

Auch starker Alkoholgenuß der Mutter führt zu Entwicklungsstörungen des Kindes. Neben körperlichen Auffälligkeiten wiegen die geistigen und seelischen Schäden der Kinder besonders schwer. Sie können den Eltern ihr ganzes Leben lang Probleme machen.

Es kommt später zu schlechten Schulleistungen, Verhaltensstörungen, bedingt durch ein schlecht ausgebildetes Anpassungsvermögen und die mangelnde Fähigkeit, Enttäuschungen zu verkraften.

2. Von der Geburt bis zum 12. Lebensmonat

a) 1. Lebensmonat

Im 1. Lebensmonat entstehen wenig Beziehungsstörungen, da der Säugling hauptsächlich auf die Befriedigung seiner lebensnotwendigen Bedürfnisse ausgerichtet ist. Das Kind will die Brust oder die Flasche, will sich sauber, trocken und warm fühlen und genießt die Zärtlichkeiten der Eltern, das Streicheln, Wiegen, Küssen und Kosen. Wir können ein Kind nicht genug küssen, kosen und streicheln, denn der zärtliche Hautkontakt vermittelt dem Kind angenehme Gefühle, die es zufrieden machen.

Wenn ein Kind im 1. Lebensmonat sehr viel schreit, handelt es sich meist um organische, nur sehr selten um psychogene Störungen.

Letztere können jedoch auch einmal bei einem tief gestörten Verhältnis der Mutter zum Kind auftreten, zum Beispiel bei einem Kind, das durch Vergewaltigung gezeugt wurde.

b) 2. bis 6. Lebensmonat

Die Mutter erkennt die Bedürfnisse des Säuglings nicht

Nach dem ersten Monat kann es zu ernsten Beziehungsstörungen kommen, vor allem dann, wenn die Mutter die Bedürfnisse des Säuglings nicht richtig erkennt.

Der Säugling erwartet von seiner Mutter, daß sie auf seine Signale richtig reagiert und weiß, wann er Hunger, Durst, Schmerzen, volle Windeln und das Bedürfnis nach Liebe und Zuwendung hat.

Dies ist für eine Frau, die erstmals Mutter geworden ist, gar nicht einfach. Zwar hat sie schon in den letzten Schwangerschaftsmonaten bestimmte Fähigkeiten entwickelt, ihr Kind ganzheitlich wahrnehmen zu können und seine Bedürfnisse fast instinktiv zu erkennen, doch diese Fähigkeiten müssen erst erprobt und geübt werden.

So verkennen viele Mütter, vor allem bei ihrem ersten Kind, die Signale des Säuglings.

Ein schreiender Säugling wird häufig mit einem hungrigen Säugling gleichgesetzt, vor allem wenn er auch noch aus der angebotenen Flasche oder an der Brust saugt.

Wie ich schon dargestellt habe, saugt der Säugling nicht nur, um Nahrung zu sich zu nehmen, sondern auch um sein Lustbedürfnis zu befriedigen. Das Schreien des Kindes ist also nicht immer eine Aufforderung zum Füttern. Häufig ist es ein Bedürfnis nach Zuwendung und Zärtlichkeit, das jedoch nicht durch die Flasche befriedigt werden kann. Der Säugling ist enttäuscht. Er trinkt wohl an der Brust oder Flasche, weil Saugen für ihn ein lustvolles Erlebnis ist, beginnt dann aber rasch, erneut zu schreien. Das Spiel wiederholt sich.

Wenn die Mutter das wahre Bedürfnis des Kindes nicht erkennt, wird es sich nicht dauerhaft beruhigen lassen, sondern ständig schreien.

Dies führt zum Gefühl des Kindes, die Mutter liebe es nicht genügend, weil sie seine Bedürfnisse nicht befriedigen kann. Die Bildung seines Urvertrauens wird gestört.

Andererseits wird die Mutter durch den ständig schreienden Säugling in ihrem natürlichen Gefühl verunsichert. Sie glaubt, der Säugling sei krank, was ihr der Kinderarzt nicht bestätigen kann, und sie zweifelt an ihrer Befähigung zur Mutterschaft. Sie wird unsicher, ist durch das ständige Schreien übernächtigt und entwickelt langsam aggressive Gefühle gegen ihr eigenes Kind.

Obwohl sie das Kind nun dauernd herumträgt, wird es eher unruhiger. Es fühlt die Verunsicherung und unbewußte Abwehr der Mutter und schreit nun Tag und Nacht.

Die Mutter kommt an die Grenzen ihrer Belastbarkeit, lehnt ihr Kind unbewußt noch mehr ab, und der Teufelskreis schließt sich.

Diese Mutter braucht einen Menschen, der ihr bestätigt, daß ihr Kind gesund ist, und ihr die Ursachen für die Unruhe des Kindes aufzeigt. Sie muß die Zusammenhänge erkennen, damit sie genügend motiviert ist, es mit intensiver Zuwendung zu versuchen. Der Erfolg macht sie sicherer, die unbewußte Ablehnung des Säuglings verschwindet, das Kind wird ruhiger, und der Teufelskreis wird unterbrochen.

Bei unruhigen Kindern empfehle ich jungen Müttern, vor der Flasche immer erst Zärtlichkeit anzubieten.

Sie machen nie etwas falsch, wenn sie das Kind vor dem Füttern küssen, kosen, streicheln und es hin und her wiegen. Beruhigt sich das Kind, dann wissen sie, daß es richtig war. Beruhigt sich das Kind nicht, können sie immer noch Nahrung anbieten. Mit der Zeit wird es auch diesen jungen Müttern gelingen, schon am Schreien zu erkennen, was der kleine Mensch will.

Die Mutter, die auch als Ehefrau und Hausfrau perfekt sein möchte

Eine weitere sehr häufige Ursache für Beziehungsstörungen in diesem Alter sind Mütter, die perfekte Haus- und Ehefrauen, gleichzeitig aber auch perfekte Mütter sein wollen.

Eine Mutter, die ihrem Mann, dessen Familie und sich selbst unter allen Umständen beweisen will, daß sie die Mutterschaft ohne Einschränkung der üblichen Aufgaben schafft, kommt so gut wie immer an die Grenzen ihrer Leistungsfähigkeit.

Es ist einfach nicht möglich, über Wochen und Monate, nie länger als drei bis vier Stunden zu schlafen, den Haushalt und den Ehemann optimal zu versorgen und dann noch eine liebevolle Mutter zu sein.

Etwas muß zu kurz kommen, und das ist in der Regel das Kind. Die Mutter versucht wohl, ihr Kind zärtlich und liebevoll zu umsorgen, steht dabei jedoch ständig unter Zeitdruck, denn sie muß ja noch kochen, putzen, bügeln und waschen. Zudem ist sie nach der Schwangerschaft psychisch auch weniger belastbar als sonst.

Diese innere Spannung und Unruhe spürt das Kind und wird ebenfalls unruhig und schreckhaft. Es schläft weniger, schreit mehr, trinkt hastiger, hat mehr Blähungen oder verweigert sogar das Trinken. Damit nimmt das Unheil seinen Lauf: Die Mutter hat noch weniger Zeit, weil das Kind ständig schreit und noch weniger schläft. Sie trägt es herum, um es zu beruhigen, denkt aber voller Panik daran, daß sie noch nicht gekocht, geputzt und gebügelt hat. Dies wiederum macht sie noch unruhiger, ebenso das Kind, das nun stundenlang schreit und dadurch die Mutter zusätzlich psychisch belastet.

In der Annahme, etwas falsch zu machen oder daß das Kind krank sei, erwartet sie vom Kinderarzt Hilfe, die sie nicht erhält, da dieser nur feststellen kann, daß das Kind völlig gesund ist. Schließlich beginnt sie unbewußt ihr Kind, das sie ja bewußt so sehr liebt, abzulehnen.

Ihr ÜBER-ICH sagt ihr: „Du mußt eine gute Mutter sein, du mußt alles für dein Kind tun." Ihr ES aber sagt ihr, ohne daß sie dies bewußt wahrnimmt: „Du mußt ausruhen, entspannen, schlafen und wieder glücklich sein!"

Im Widerstreit dieser Gefühle siegt nach außen das ÜBER-ICH, nach innen das ES, was schließlich die unbewußte Ablehnung des Kindes bewirkt. Solche Mütter erlebe ich dann völlig „entnervt" in meiner psychotherapeutischen Spechstunde.

Allein die Bestätigung der Gesundheit des Kindes und das Aufzeigen der Zusammenhänge dieser fatalen Entwicklung führen oft innerhalb von Tagen zu einer Normalisierung der Beziehungen zueinander und einer Beruhigung von Mutter und Kind. Oft hilft allein die Aufforderung, sich für das Kind bewußt Zeit zu nehmen, und der Mutter Mut zu machen, alle anderen Dinge zurückzustellen.

Ich fordere solche Mütter auf, ihren Männern zu sagen, daß ihnen das Kind wichtiger ist als Putzen und Kochen und daß sie eben vorübergehend kürzer treten müssen.

Nach meinen Erfahrungen sind Väter viel toleranter und hilfsbereiter, als die jungen Mütter glauben, vor allem nach der Geburt des ersten Kindes, weil sie mit dieser Situation auch noch nicht vertraut und sehr unsicher sind.

Viele Väter erzählen mir, sie hätten gerne geholfen, aber der Stolz der jungen Mutter, die ihrem Mann zeigen wollte, daß sie alles alleine kann und die Situation beherrscht, habe sie davon abgehalten. Ich denke, es ist wichtig, daß Väter auch in die Sorge um den Haushalt und in die Pflege des Kindes eingebunden werden, da sie sonst nie ermessen können, was eine Mutter leistet „mit nur einem Kind und dem bißchen Haushalt". Außerdem werden sie dadurch eine bessere Beziehung zu ihrem Kind aufbauen.

Für das 1. Lebenshalbjahr gilt:

Wichtig ist nur das Kind!

Das Kind erwartet von uns Müttern, daß all seine Bedürfnisse möglichst rasch befriedigt werden, nur dann kann sich ein stabiles Urvertrauen entwickeln.

Wir sollten unser Kind in diesem Lebensabschnitt nie über längere Zeit weinen lassen! Wir sollten es so oft wie möglich küssen, kosen und streicheln und uns von niemandem einreden lassen, daß wir unser Kind damit verwöhnen.

Im 1. Lebenshalbjahr *kann* man ein Kind nicht verwöhnen. Wir können es nur glücklich und zufrieden machen, wodurch auch wir Mütter glücklicher und zufriedener werden.

> Am häufigsten führen organische Krankheiten zu Beziehungsstörungen zwischen Mutter und Kind

In den letzten Jahren habe ich immer wieder schwere Beziehungsstörungen zwischen Mutter und Kind gesehen, deren Ursachen in organischen Krankheiten zu suchen waren.

Die Neurodermitis beispielsweise ist eine solche Erkrankung. Sie beginnt oft schon in den ersten Lebenswochen und führt zu einem meist sehr stark juckenden Ausschlag. Die Kinder werden dadurch sehr unruhig, schlafen schlecht, schreien viel und beeinträchtigen damit dauerhaft und nachhaltig das Grundbedürfnis der Mutter nach Schlaf und Ruhe. Auch wenn die Mutter die organische Ursache dieser Unruhe erkennt und ihrem Kind sehr zugewandt ist, kann sie sich auf lange Sicht ihrer negativen Gefühle gegenüber dem Kind nicht erwehren. Auch sie ist nur ein Mensch, der Schlaf braucht und der schließlich beginnt, den kleinen Plagegeist unbewußt abzulehnen. Das Kind, das diese Ablehnung spürt, wird noch unruhiger und quengeliger, wodurch der schon mehrfach aufgezeigte Teufelskreis entsteht.

Früher betrachtete die Schulmedizin die Neurodermitis als eine vorwiegend psychogene Erkrankung, auch wenn der Volksmund von „Milchschorf" sprach und damit die Neurodermitis eindeutig als allergische Krankheit erkannte. Erst in den letzten Jahren wurden auch von der Schulmedizin vorwiegend allergische Ursachen anerkannt. Dennoch spielen psychogene Ursachen auch in der heutigen Vorstellung eine große Rolle. Nach dem oben Ausgeführten, darf man sich jedoch berechtigterweise fragen, ob diese psychogene Komponente nicht großteils oder sogar ausschließlich aus der Beziehungsstörung zwischen Mutter und Kind resultiert, die aufgrund der organischen Erkrankung des Kindes entstanden ist. Die nachlassende Liebe der Mutter führt im weiteren Verlauf der Erkrankung auch zu Verhaltensauffälligkeiten des Kindes, die die Beziehung zwischen Mutter und Kind noch mehr belasten und die Symptome der Neurodermitis verstärken.

Seitdem ich die Möglichkeit habe, durch ein bestimmtes Verfahren allergische Symptome zu beseitigen, kann ich die Verbesserung der Beziehung zwischen Mutter und Kind parallel zur Beseitigung oder Milderung dieser Symptome verfolgen. Allerdings bleibt häufig ein Restausschlag bestehen, der sich erst nach der Festhaltetherapie wesentlich bessert oder sogar ganz verschwindet. Die ursprünglich organische Erkrankung des Kindes hatte zum Nachlassen der mütterlichen Liebe geführt, die auch nach Ausheilen dieser Erkrankung nicht automatisch wiederkehrt. Erst nach Beseitigung der Störung der Liebesbeziehung zwischen Mutter und Kind durch die Festhaltetherapie kann in vielen Fällen eine dauerhafte Heilung erfolgen.

Auch die sogenannten Dreimonatskoliken, deren Ursache die Schulmedizin noch nicht kennt, führen auf dem gleichen Weg wie die Neurodermitis zu einer Beziehungsstörung zwischen Mutter und Kind. Nach meinen bisherigen Erkenntnissen und Erfahrungen werden auch sie durch Lebensmittelallergien, vor allem durch eine Kuhmilchallergie verursacht. Selbst voll gestillte Kinder können eine Kuhmilchallergie entwickeln, wenn die Mutter Kuhmilchprodukte zu sich nimmt. Dadurch gelangen allergieerzeugende Kuhmilchbestandteile in die Muttermilch. Auch zahlreiche weitere Nahrungsmittel können auf diesem Wege zu einer Allergisierung des Säuglings führen. Als Beweis für eine Allergie als Hauptursache der Dreimonatskoliken betrachte ich die Vielzahl von Patienten, die nach Beseitigung der Kuhmilchallergie bzw. anderer Allergien schlagartig ihre Symptome verloren.

Ich denke, daß ich früher vielen Müttern unrecht getan habe, die sich mit schreienden Säuglingen hilfesuchend an mich wandten. Die Kinder schrien stundenlang und legten häufig nur kurzfristige Erschöpfungspausen ein. Da eine organische Ursache nicht zu finden war und die Mütter durch das anhaltende Schreien des Kindes sehr verunsichert und entnervt waren, stellte ich die Diagnose einer primär psychogenen Störung. Dadurch wurden viele Mütter noch mehr verunsichert, ohne eine wirksame Hilfe zu erhalten. Je länger ich psychotherapeutisch tätig bin, desto häufiger sehe ich Beziehungsstörungen zwischen Eltern und Kindern, die nach dem oben beschriebenen Muster durch eine organische Krankheit verursacht wurden und die häufig erst nach Beseitigung derselben dauerhaft behoben werden können.

Auch andere Krankheiten, wie unerkannte Harnwegsinfektionen oder Mittelohrentzündungen, können zu einer vermehrten Unruhe des Kindes führen wodurch es ebenfalls zu den oben beschriebenen Beziehungsstörungen zwischen Mutter und Kind kommen kann.

c) 7. bis 12. Lebensmonat

Die Mutter, die den Machtbestrebungen ihres Kindes nicht gewachsen ist

Im 1. Lebenshalbjahr war das Kind allmächtig. Jeder Schrei von ihm brachte die Mutter herbei wie den Geist aus der Flasche. Im 2. Lebenshalbjahr möchte das Kind diese Macht weiter ausbauen, zumal es nun auch beginnt, die Mutter zu lieben, und sie ständig um sich haben möchte.

Aus dieser Situation heraus können sich tiefgreifende Beziehungsstörungen entwickeln.

Beim Aufwachen möchte das Kind die Mutter um sich haben, die es, wenn sie etwas ängstlich und unsicher ist, aus dem Bett nehmen und herumtragen wird, wobei es sichtlich zufrieden wieder einschläft. Kaum ist die Mutter im Bett, schreit das Kind schon wieder. Die gleiche Szene wiederholt sich mehrfach. Die Mutter, die eine gute Mutter sein möchte, ergibt sich äußerlich in ihr Schicksal. Sie steht auf und steht auf und steht auf und wird von Tag zu Tag müder und schlechter gelaunt, wagt jedoch nicht, dem Kind Grenzen zu setzen. Aus Angst, dem Kind Schaden zuzufügen, wehrt sie sich nicht. Schließlich entwickelt sie unbewußt aggressive und ablehnende Gefühle gegen ihr Kind, das diese instinktiv wahrnimmt. Da das Kind ja nicht weiß, daß Mütter auch schlafen müssen, kann es die unbewußte, jedoch für das Kind deutlich spürbare Abneigung der Mutter nicht deuten. Es fühlt negative Gefühle, die ihm Angst machen, weswegen es immer häufiger schreit, wodurch ein Teufelskreis entsteht, aus dem die Mutter ohne Hilfe kaum mehr herauskommt. Je häufiger das Kind schreit, dies kann nach meinen Erfahrungen bis zu 15 mal pro Nacht sein, desto größer wird bei der Mutter die unbewußte Ablehnung des Kindes und um so größer wird dessen Angst um die geliebte Mutter.

Das Kind führt der Mutter vor Augen, daß sie unfähig ist, ein Kind so zu versorgen, daß es glücklich und zufrieden ist. Auch der Vater des Kindes macht die Sache in der Regel nicht besser. Er meint, das Kind müsse krank sein. Wenn der Kinderarzt diesen Verdacht nicht bestätigt, kommt er zum Schluß, daß mit seiner Frau irgend etwas nicht stimmt, was diese ja schon selbst vermutet. Wenn der Ehemann dann auch noch aus dem gemeinsamen Schlafzimmer auszieht oder seine Frau auffordert, in das Gäste- oder Kinderzimmer zu ziehen, ist das Unglück perfekt.

So wird diese arme, geplagte Mutter zu einem Häufchen Elend, das nun tatsächlich nicht mehr in der Lage ist, sein Kind optimal zu versorgen. Wenn diese Mutter schließlich ihre Scham und ihre Schuldgefühle überwindet und über ihre Nöte berichtet, kann ein Gespräch zu einer raschen Normalisierung der Beziehung führen. Hier geht es vor allem darum, der Mutter klar zu machen, daß sie dem Säugling keinen Schaden zufügt, wenn sie ihn ab dem zweiten Lebenshalbjahr auch einmal schreien läßt.

Der Säugling schreit, weil er verständlicherweise die Gesellschaft der Mutter herbeirufen möchte. Bis zum 5. bis 6. Lebensmonat hat dies ja auch so funktioniert. Doch er wird reifer, braucht seltener Nahrung und muß langsam die Regeln unserer Leistungsgesellschaft lernen, auch wenn dies im Zusammenhang mit einem Säugling befremdlich klingen mag. Der Vater dieses Kindes muß meist tagsüber zur Arbeit. Die Mutter muß die äußerst umfangreichen Aufgaben einer Hausfrau und Mutter verrichten. Beide brauchen genügend Schlaf, um diesen Aufgaben gerecht zu werden. Das Kind muß lernen, daß die Nacht zum Schlafen da ist. Dies kann es jedoch nur lernen, wenn ihm die Mutter dies vermittelt. Wenn das Kind zum ersten Mal schreit, ist es sicher richtig, wenn die Mutter aufsteht und nachsieht, ob alles in Ordnung ist. Gegebenenfalls sollte sie es noch füttern und wickeln, und liebevoll streicheln und küssen. Schreit es daraufhin nach einer halben Stunde oder Stunde schon wieder, verlangt es in der Regel nach Gesellschaft. Falls die Mutter sehr besorgt ist, kann sie sich nochmals vergewissern, daß alles in Ordnung ist und ihm übers Köpfchen streicheln, um zu signalisieren, wie lieb sie es hat. Danach sollte sie bestimmt, aber liebevoll erklären, daß sie wieder ins Bett geht und daß das Kind schlafen soll. Das Kind erkennt an der Stimme und Haltung der Mutter, was sie meint, und wenn die Mutter sich ihrer Sache sicher ist, wird das Kind weiterschlafen. Sollte es zornig schreien, weil es nun nicht das erreicht hat, was es wollte, so hilft nur, es schreien zu lassen bis es von alleine aufhört. Die Mutter sollte sich nicht hinreißen lassen, das Kind, wenn es länger als einige Minuten schreit, wieder aus dem Bettchen zu nehmen und mit ihm zu spielen.

Es würde daraus lernen, daß es nur lange genug schreien muß, um doch zu erreichen, was es will.

Sollte die Mutter es gar nicht mehr aushalten, kann sie ja nochmals ins Schlafzimmer gehen und dort bleiben, bis ihr Kind unter ihren streichelnden Händen eingeschlafen ist. Sie sollte es nicht aus seinem Bettchen nehmen und schon gar nicht mit ihm schmusen und spielen. Dazu hat sie tagsüber genügend Gelegenheit. Bei Nacht sollte sie ihrem

Kind vermitteln, daß sie es über alles liebt und dennoch nicht bereit ist, ihm ihre gesamte Nachtruhe zu opfern.

Wenn das Kind krank wird, ändert sich die Situation: Dann ist die Mutter gefordert und muß oft Tag und Nacht bereit sein. Viele Mütter berichten, sie hätten schon oft erfolglos versucht, das Kind schreien zu lassen. Es habe so lange geschrien, bis sie es nicht mehr ausgehalten hätten. Sie berichten von stundenlangem Schreien des Säuglings, woran ich nicht glauben kann. Ich glaube eher, daß die Zeitvorstellung durcheinandergerät, wenn man voller Angst und Verzweiflung in seinem Bett sitzt oder liegt und sein geliebtes Kind schreien hört. Das Argument, daß ein Kind Schaden an seiner Seele nähme, wenn man es so behandelt, kann ich aus eigener hundertfacher Erfahrung widerlegen. Das Kind will etwas, nämlich die Anwesenheit der Mutter. Die Mutter sagt „Nein", und das Kind lernt daraus, daß es nicht alles haben kann. Es protestiert natürlich dagegen, doch wenn die Mutter bestimmt bleibt, akzeptiert es diese Grenze. Es lernt außerdem, daß es sich auch ohne Mutter beruhigen kann, wodurch es sich ein bißchen mehr von der Mutter abgrenzt und in seiner seelischen Reife einen Schritt nach vorne macht. Es ist selbständiger geworden und hat ein Stück Persönlichkeit gewonnen. Gibt die Mutter dem Kind jedoch immer nach, wird sie bewußt oder unbewußt aggressive Gefühle gegen es entwickeln. Das Kind, das diese Ablehnung fühlt, wird verunsichert und ängstlich. Dadurch wird ihm die beginnende Ablösung und Abgrenzung von der Mutter, die für eine gesunde Weiterentwicklung unerläßlich ist, erschwert. Ein Kind kann sich nur dann seelisch und körperlich von der Mutter ablösen, wenn es ihrer Zuneigung und Liebe sicher ist. Viele Mütter verneinen in solchen Situationen negative Gefühle gegen ihr Kind.

Diesen Müttern kann ich sehr rasch ihre Gefühle klarmachen, wenn ich sie frage, ob sie beim fünften Gewecktwerden völlig entspannt und gelöst zu ihrem Baby gehen und denken: „Wie schön, daß ich wieder geweckt worden bin und mein geliebtes Kind wieder sehen darf!" oder ob sie völlig verspannt, mehr oder weniger wütend zu ihm gehen und denken: „Mein Gott, warum kann mich dieses Kind nicht einmal eine Nacht schlafen lassen?"

Selbst wenn ihr Verstand diese Situation akzeptiert, ist ihr ES dazu nicht bereit. Ihre Körperhaltung, ihr Gesichtsausdruck und ihre

Stimme drücken ihre wahren Gefühle aus. Das Kind erspürt mit seinen feinen Sensoren die Stimmung der Mutter und wird verunsichert. Dies ist für die weitere Entwicklung des Kindes sicher schädlicher als das gelegentliche Schreienlassen.

Denken wir nur einmal darüber nach, was passieren würde, wenn wir unsere Kinder nie schreien ließen, ihnen alles geben und sie auf Händen tragen würden.

Da solche Kinder nie Schwierigkeiten zu überwinden hätten und sich nie selbst durchsetzen müßten, könnten sie sich auch nicht weiterentwickeln. Wir würden völlig lebensunfähige, vor Angst zitternde, sich vor allem versteckende Wesen erziehen, die nur mit uns und durch uns lebensfähig wären. Wir würden ihnen alle Möglichkeiten der Persönlichkeitsentwicklung, der seelischen – und später der beruflichen – Entwicklung nehmen.

Mehrere solcher Kinder, in der Regel sind es Einzelkinder, habe ich in den vielen Jahren meiner Praxistätigkeit erlebt. Der Anblick ihrer Angst und ihrer Unselbständigkeit machte mich geradezu wütend auf die Mütter, die gelegentlich sogar stolz davon berichteten, daß das Kind sie auf Schritt und Tritt benötige und ohne sie völlig hilflos sei. Sie betrachteten ihre Beziehung als besonders positiv, da die Kinder sie so liebten, daß sie ohne sie überhaupt nicht lebensfähig wären. Solche Mütter haben ihren Erziehungsauftrag meilenweit verfehlt.

Beziehungsstörungen, die durch äußere Faktoren und durch Krankheiten entstehen

Weitere Beziehungsstörungen können entstehen, wenn Kinder akut erkranken, Schmerzen haben oder sogar ins Krankenhaus müssen. Eine ausführliche Darstellung, wie sich zum Beispiel chronische Erkrankungen wie Allergien auf die Mutter-Kind-Beziehung auswirken können, erfolgt auf den Seiten 64–66.

Das Kind kann nicht verstehen, warum es Schmerzen haben und weinen muß und ihm nicht geholfen wird.

Eltern sollten in solchen Situationen großzügig mit Schmerzzäpfchen sein und sich ihren Kindern mehr als sonst zuwenden.

Bei kranken Kindern wird ihre Kraft gefordert. Sie müssen Tag und Nacht bereit sein, um dem Kind Trost zu spenden, Schmerzen zu lindern, Fieber zu senken, es mit Nahrung und Getränken zu versorgen und es bei Schlafstörungen zu unterhalten. In diesen Situationen müssen Mütter ihre Kraft einsetzen, auch wenn es sie fast überfordert.

Aber gerade deswegen sollten sie nicht bereit sein, dasselbe auch zu tun, wenn ihre Kinder gesund sind.

Ihre Kraft wird in außergewöhnlichen Situationen benötigt und sollte nicht verschwendet werden.

Unvermeidbare Krankenhausaufenthalte sind Schicksalsschläge für das Kind, können jedoch in ihren Auswirkungen stark gemildert werden, wenn die Mutter oder der Vater so oft als möglich, am besten ganztags, beim Kind verweilt.

3. 2. und 3. Lebensjahr – Trotzalter

a) Allgemeine Gesichtspunkte

In diesem Alter muß das Kind erkennen, daß die Eltern ihren eigenen Willen haben und nicht jeden seiner Wünsche erfüllen können und wollen.

Voller Wut und Aggression darüber schlägt es zunächst nach allem, was ihm im Wege steht. Ob dies seine Eltern sind oder verschiedene Gegenstände, ist ihm gleichgültig. Es schreit, tobt, schlägt und läßt sich kaum mehr beruhigen. Auch im Verhalten zu anderen Kindern beginnt es, sich zu wehren und entwickelt eine zunehmende geistige und körperliche Selbständigkeit.

Das Kind ist auf dem Wege der Persönlichkeitsentwicklung, also auf dem Wege, eine eigene Meinung und eigene Wünsche zu haben. Letztere sind für das Kind ungeheuer wichtig, und es kann nicht verstehen, warum die Eltern sie nicht befriedigen. Es muß erst lernen zu verzichten, und dazu gehört eine große seelische Kraft, die es noch nicht hat.

Der Zornanfall eines Kindes hat Aufforderungscharakter an die Mutter. Er soll zeigen, wie enttäuscht es ist und wie schlecht es sich fühlt aufgrund der Entscheidung der Mutter.

Gleichzeitig hofft das Kind, die Mutter doch noch zum Nachgeben zu bewegen. Je jünger das Kind ist, um so heftiger und stärker sind seine Wünsche und um so weniger kann es auf deren Befriedigung warten. All diese Dinge müssen Kinder in einem langsamen schmerzhaften Lernprozeß erst lernen. Stellen Sie sich vor, daß Sie selbst einen nur mäßig starken Wunsch haben, zum Beispiel mit ihrem Ehemann essen zu gehen. Sie haben sich darauf gefreut und sich innerlich darauf eingestellt. Plötzlich ruft er an und teilt Ihnen mit, daß er nicht kommen kann, weil der Chef ihm noch eine spezielle Aufgabe übertragen hat. Wenn Sie ehrlich sind, könnten Sie vor Wut platzen. Da stehen Sie in voller „Robe", geschminkt und schön gemacht und müssen sich nun wieder ausziehen und ins Bett gehen.

Sie sind wütend und enttäuscht und würden sich am liebsten so verhalten wie Ihr Kind: nämlich mit Gegenständen um sich schmeißen, schreien und toben. Sie tun es nicht, aber nur deswegen, weil Sie im Laufe von Jahrzehnten die Selbstbeherrschung gelernt haben, die Ihr Kind noch lernen muß. Die typische Beziehungsstörung im 2. und 3. Lebensjahr entsteht aus der Konfrontation der Eltern mit dem Trotz und den Zornanfällen ihres Kindes.

Diese sind für uns Eltern oft nur schwer nachvollziehbar und machen uns oft ärgerlich und aggressiv, da die Stärke des Zornanfalls meist in keinem vernünftigen Verhältnis zu den häufig völlig banalen Ursachen steht.

Folgen wir Eltern in diesen Situationen dem Erziehungsideal früherer Generationen und beantworten ein solches Benehmen mit Strenge, Schlägen oder sogar Liebesentzug, dann können schwere Beziehungsstörungen entstehen.

Wenn wir uns jedoch überhaupt nicht wehren, sondern das Kind machen lassen, entstehen diese Beziehungsstörungen ebenfalls. Im folgenden möchte ich darstellen, wie sich diese Beziehungsstörungen entwickeln.

b) Trotzalter und autoritäre Eltern

Verhalten sich Eltern autoritär, schimpfen mit dem Kind oder schlagen es sogar, wird dieses möglicherweise in seiner Persönlichkeitsentwicklung gehemmt und später dann ein willenloses Geschöpf, ein Duckmäuser.

Oder aber sein Durchsetzungsvermögen ist so stark, daß es den Kampf mit seinen Eltern aufnimmt. Die Wutanfälle nehmen zu, und die kleinste Kleinigkeit bietet Anlaß zu einem neuen Drama. Dabei merken die Kinder, daß sie ihren Müttern mit diesem Verhalten enorm zusetzen können. Die Mutter ist verzweifelt, denn sie kann ihr Kind ja nicht den ganzen Tag tadeln oder sogar schlagen. Sie ist ängstlich besorgt, keinen Anlaß zur Klage zu geben. Sie vermeidet alle Vorschriften, aber das Kind findet selbst dann noch Möglichkeiten, die Mutter mit seinen Zornattacken zu drangsalieren: Der falsch liegende Löffel, die falsche Sorte Wurst oder das aufgeräumte Spielzeug, alles bietet Anlaß für eine erneute Darstellung seines Zorns und seiner Wut. Ursprünglich wollte das Kind nicht trotzig und böse sein, es wollte sich nur durchsetzen im Rahmen seines beginnenden Selbstbewußtseins. Jetzt aber hat es die Erfahrung gemacht, daß es durch seinen Zorn die verlorengehende Macht über seine Mutter wieder zurückgewinnen kann.

Die Mutter wird langsam bereit, dem Kind jeden Wunsch von den Augen abzulesen, vor allem in Anwesenheit von Fremden. Das Kind genießt dies und kostet seine Macht bei jeder Gelegenheit aus. Die Mutter hingegegen, die von ihrem Kind geradezu erpreßt wird und ständig besorgt sein muß, daß kein Außenstehender dieses Benehmen sieht, entwickelt unbewußte Aggressionen gegen ihr Kind und beginnt, es abzulehnen.

Das Kind spürt dies, und dadurch schließt sich der Teufelskreis. Denn jetzt ist es erst recht nicht mehr bereit, sein Benehmen aufzugeben, da der Machtgewinn es sozusagen für den Liebesverlust entschädigt. Die Angst des Kindes, die Liebe der Mutter zu verlieren wird dadurch ausgeglichen, daß es alles bekommt, was es möchte, und ständig im Mittelpunkt steht.

c) Trotzalter und widerstandslose Eltern

Die Eltern, die dem Zorn und den Forderungen des Kindes keinen Widerstand entgegenbringen, kommen nicht umhin, ebenfalls Beziehungsstörungen zu ihrem Kind zu entwickeln.

Zwar braucht das Kind nicht zu zürnen, wenn sie ihm alles gewähren, doch sie selbst machen sich relativ rasch zu seinem Sklaven. Für eine kurze Zeit mag dies ganz schön sein, auf Dauer entwickeln sie jedoch unbewußte oder sogar bewußte Aggressionen gegen ihr Kind, wodurch wiederum die verschiedensten Verhaltensstörungen entstehen können. Auch außerhalb des Familienkreises sind Konflikte vorprogrammiert, da das Kind auch dort keine Grenzen akzeptieren wird.

d) Trotzalter und Eltern, die den Zorn ihrer Kinder nicht beachten

Eltern, die dem Kind Grenzen setzen, sich jedoch bei dessen Wutausbrüchen abwenden oder es in sein Zimmer sperren und so tun, als würden sie den Zorn ihres Kindes gar nicht wahrnehmen, verletzen dessen Gefühle.

Ein Kind möchte in seinem Zorn ernstgenommen und beachtet werden. Es möchte eine Reaktion der Eltern, an der es einerseits seinen Zorn abreagieren kann und andererseits erfährt, warum sein Wunsch nicht erfüllt werden kann. Wenn Eltern, den Zorn der Kinder ignorieren, können die oben beschriebenen Verhaltensauffälligkeiten ebenfalls entstehen.

Entweder beginnen die Kinder noch heftiger zu zornen und zu schreien, um die Aufmerksamkeit der Eltern doch noch zu erregen, oder sie resignieren und passen sich vollständig an, um schließlich zum Duckmäuser zu werden.

e) Verhaltens- und Behandlungsmöglichkeiten bei Kindern in der Trotzphase

An folgendem Beispiel möchte ich Verhaltens- und Behandlungsmöglichkeiten bei der Auseinandersetzung mit einem Wunsch des Kindes aufzeigen.

Nehmen wir an, unser Kind hat den äußerst starken Wunsch, draußen zu spielen. Unser Hinweis, daß es in Strömen regnet, ist ihm völlig gleichgültig.

Wir haben nun zwei Möglichkeiten: Wir können uns und unser Kind anziehen und es seine eigene Erfahrung mit strömendem Regen machen lassen. Es wird entweder hinausgehen und rasch wieder zurückkommen, weil es auch keinen Spaß daran hat, klatschnaß zu werden, dann haben wir Glück gehabt.

Es kann aber auch Spaß daran finden und draußen im Regen weiterspielen. Was nun? Am besten wir ziehen das Kind und uns so an, daß es draußen spielen kann und sich keiner von uns erkältet. Damit haben wir unserem Kind einen erfüllbaren Wunsch befriedigt.

Nehmen wir jedoch an, wir hätten einen Säugling und unser zweijähriger Sohn möchte mit aller Gewalt hinaus. Wir können jedoch weder den Zweijährigen, noch den Säugling alleine lassen.

Was tun? Es wird uns nichts anderes übrigbleiben, als unserem Sohn das Spielen im Freien zu verbieten, mit dem Erfolg, daß er toben und schreien wird und seinen Willen mit Gewalt durchsetzen möchte.

Dies geschieht natürlich auch dann, wenn wir von vornherein seinen Wunsch draußen zu spielen abgelehnt hätten. Das Kind schreit, schmeißt sich auf den Boden, tobt und wirft vielleicht auch noch mit Gegenständen nach uns. Das schlechteste was wir jetzt tun können, ist auch zu schreien oder unserem Sohn den Hintern zu versohlen. Die zweitschlechteste Möglichkeit ist, ihn auf sein Zimmer zu schicken und ihm zu sagen, er dürfe erst wiederkommen, wenn er sich ausgetobt habe.

Die wesentlich bessere Methode ist, ihm in seinem Zorn zuzusehen, mit ihm zu sprechen und ihn in den Arm zu nehmen, wenn er sich beruhigt hat. Die beste Methode ist, ihn gleich in den Arm zu nehmen und ihn an unserer Brust seinen Zorn und seine Wut ausweinen zu lassen. Wir sollten ihn so lange halten, bis er sich beruhigt hat. Dann können wir ihm in aller Ruhe erklären, daß wir, auch wenn wir seinen Zornanfall nicht so gut fanden, ihn dennoch über alles lieben.

Wir sollten unseren Kindern immer die Zusammenhänge erklären, auch wenn wir meinen, sie verstünden sie noch nicht. Kinder verstehen uns Eltern sehr viel früher als wir glauben. Bei diesem Halten des Kindes sollten wir uns jedoch weder schlagen, kratzen noch bespucken lassen. Wenn das Kind solche Absichten zeigt, sollten wir seine Hände festhalten.

Bei diesem Umgang mit dem Zorn unseres Sohnes erreichen wir gleich mehrere Dinge:

1. Er hat das Gefühl, in seinem Zorn, in seiner Not, ernstgenommen zu werden.
2. Er begreift, daß wir ihn lieben, obwohl er sich so benimmt.
3. Er wird seine Wut los, und das in unseren Armen.
4. Während des Haltens werden auch wir unseren Unmut los, denn

ganz ohne eigene Gefühle kann man so einem kleinen Mann in seinem Zorn ja auch nicht zusehen.
5. Nachdem er seinen Zorn ausgelebt hat, können wir ihm sagen, daß wir sein Benehmen nicht so gut fanden, und ihm auch erklären, warum wir so entscheiden mußten. Dadurch lernt das Kind, unsere Entscheidungen zu verstehen und langsam zu akzeptieren.

Dieses Verhalten führt dazu, daß die Zorn- und Trotzanfälle seltener werden und daß sich das Kind schließlich den elterlichen Grenzen unterordnet.
Dies ist jedoch nur dann zu erwarten, wenn dem Kind nur wenige Grenzen gesetzt werden.
Ein Kind in der Trotzphase sollte nicht dauernd durch Verbote und Gebote provoziert werden. Es soll sich auch durchsetzen dürfen, denn nur dadurch kann sich ein gesundes Selbstbewußtsein entwickeln.
Ich rate allen Eltern in dieser Phase, sich bei jedem Gebot und Verbot zu fragen, ob es denn wirklich notwendig ist. Wenn nur die geringsten Zweifel daran bestehen, ist es von beidseitigem Vorteil zu schweigen.
Wir sollten nur wenige Grenzen setzen, die wenigen jedoch, die wir gesetzt haben, sollten wir konsequent verteidigen.

4. 4. bis 6. Lebensjahr

a) Altersentsprechende Unruhe als Ursache für Beziehungsstörungen

Eine typische Beziehungsstörung dieses Alters, ergibt sich aus der innerlichen und äußerlichen Unruhe der Kinder.
Sie hüpfen, hopsen, klettern, lernen Fahrrad fahren und können nicht stillsitzen. Sie haben tausend Aktivitäten im Kopf und in den Beinen und nerven ihre Eltern mit ihrer Unruhe. Sie können weder bei Tisch noch bei Spielen ruhig sitzen, sie schaukeln mit dem Stuhl, ferkeln auf dem Tisch und machen die tollsten Geräusche beim Essen. Obwohl sie den Umgang mit der Gabel und dem Löffel beherrschen, essen sie mit den Fingern.
Die Eltern versuchen nun, durch Ermahnungen, Gebote und Verbote diese Unruhe der Kinder zu unterbinden.

Nach meinen Erfahrungen gelingt dies so gut wie nie. Je häufiger ein Kind zur Ruhe, zum Stillsitzen, zum anständigen Essen ermahnt wird, um so schlimmer wird alles.

Diese ständigen Ermahnungen und Vorwürfe jedoch sind es, die schließlich wieder eine Beziehungsstörung entstehen lassen, und zwar nach dem schon bekannten Muster.

Die Mutter mahnt und weist zurecht, der Vater schimpft und verbietet. Beide werden auf die Unruhe des Kindes geradezu fixiert. Das Kind hört nur noch: „Sitz still, iß anständig, ferkele nicht dauernd herum, bleib sitzen, schaukele nicht mit dem Stuhl, schrei nicht herum, was gibst du denn für Geräusche von dir!" Es wird, je mehr es sich anstrengt, den Regeln der Eltern zu folgen, immer unruhiger und aufgedrehter.

Dies hat zwei Gründe: Der eine ist, daß es für ein Kind in diesem Alter schlichtweg unmöglich ist stillzusitzen, weil ein ungeheurer Bewegungsdrang besteht.

Versuchen wir doch selbst, obwohl wir als Erwachsene wenig Bewegungsdrang verspüren, auf Anordnung still zu sitzen! Wir werden es nicht schaffen, dies über längere Zeit zu tun, weil wir während des Stillsitzens plötzlich alle möglichen Stellen spüren, die entweder jucken, einschlafen oder schmerzen. Wie nun sollte das Kind dieses erstaunliche Kunststück fertigbringen, wenn der ganze Körper und auch der Geist auf Bewegung eingestellt ist.

Je mehr das Kind also seine unwillkürliche Unruhe willentlich zu beeinflussen sucht, desto unruhiger wird es.

Ein weiterer Grund, warum Kinder bei ständigen Ermahnungen immer unruhiger werden, ist der, daß sie merken, daß die Eltern ihnen dann sehr viel mehr Aufmerksamkeit zuwenden.

Welches Kind möchte nicht im Mittelpunkt der Aufmerksamkeit der Eltern stehen. Daher werden die Kinder immer unruhiger, bis die Eltern schließlich an ihnen verzweifeln.

Aus einer normalen kindlichen Aktivität ist eine Hyperaktivität geworden.

Nun nimmt das Schicksal wieder seinen Lauf. Die Eltern schämen sich ihrer Kinder. Sie gehen möglichst nirgendwo hin, weil sie merken, daß ihre Kinder auch andere Menschen nerven. Sie müssen sich gute Ratschläge gefallenlassen, wie sie es besser machen könnten.

Langsam entsteht in ihnen eine unbewußte Abneigung gegen ihre Kinder, die diese fein erspüren und nun ihre Verhaltensauffälligkeiten verstärken, ja möglicherweise auch andere Störungen wie Einnässen, Einkoten u. ä. entwickeln.

b) Behandlung bzw. Vermeidung dieser Beziehungsstörung

Um diese fatale Entwicklung zu vermeiden, sollten wir die kindliche Unruhe einfach akzeptieren.

Sie ist in diesem Alter normal und fast alle Kinder zeigen sie, natürlich in unterschiedlichem Ausmaß, je nach Temperament. Wir sollten sie toben, hüpfen, springen, Fahrrad fahren, bei Tisch mit dem Stuhl wackeln und mit den Fingern essen lassen. Wenn wir uns vor Augen führen, daß das ständige Nörgeln und Ermahnen mit Sicherheit nicht zu einer Abschwächung, sondern fast immer zu einer Verstärkung der Verhaltensauffälligkeiten führt, sollte uns dies nicht sehr schwer fallen. Ist das Kind aber schon verhaltensauffällig geworden, hilft am schnellsten und besten die Festhaltetherapie (siehe KAPITEL 8).

Das Kind wird in unseren Armen begreifen, daß wir es lieben, und diese Erkenntnis verinnerlichen. Es braucht seine Hyperaktivität nicht mehr, um sich in den Mittelpunkt zu stellen, denn die Aufmerksamkeit, die es dadurch erhielt, war ja nur ein Ersatz für entgangene Liebe. Gleichzeitig aber müssen wir auch unsere Haltung ändern. Wir müssen ihm seine altersgemäße Unruhe gestatten, es vermehrt beachten und ständig liebevollen Körperkontakt suchen. So kann das Kind seine Verhaltensauffälligkeiten langsam abbauen.

Aus einem hyperaktiven Kind wird so ein normal aktives Kind.

5. *7. Lebensjahr bis zur Pubertät*

a) Hausaufgaben als Ursache für Beziehungsstörungen

In dieser Zeit sind die meisten Beziehungsstörungen durch die Schule bedingt. Fast alle Mütter sehen in den ersten Jahren der Schulzeit ihre Hauptaufgabe darin, die Kinder zum Lernen und zur Arbeit anzuhalten, was kaum ein Kind begeistern wird.

Obwohl gleich zu Schulbeginn den Eltern mitgeteilt wurde, die Kinder sollten ihre Schulaufgaben in eigener Verantwortung machen, trauen die meisten Mütter ihnen das nicht zu. Sie überwachen ihre Kinder bei den Schulaufgaben und sind meist der Ansicht, die Kinder könnten ein bißchen mehr tun, als nur die aufgegebenen Schulaufgaben.

In all den mütterlichen Köpfen spukt dabei der Gedanke herum, daß nur eine gute Schulausbildung auch einen guten Beruf ermöglicht – und welche Mutter wollte dies nicht für ihr Kind. Ist das Kind in seinen Schulaufgaben recht selbständig und hochintelligent, kann es möglicherweise durch den Nachweis von Leistungen der mütterlichen Obhut entfliehen.

Hat es in der Schule Probleme, auch wenn es sich nur um altersgemäße Schwächen handelt, beginnt der Leidensweg des Kindes.

Täglich gibt es Tränen, weil die Kinder es den Müttern so gut wie nie recht machen können. Die Schrift ist zu schlampig, es gibt zu viele Schreibfehler, die Rechenaufgaben stimmen nicht usw.

Das Kind, das anfänglich für die mütterliche Fürsorge dankbar war, beginnt nun die Schularbeiten, die Schule und auch ein klein wenig die Mutter zu hassen. Es läßt in seinen Leistungen nach.

Jetzt fühlt sich die Mutter erst recht bestätigt und intensiviert ihre Überwachung, ihren Druck und ihre Anforderungen an das Kind.

Das Ergebnis dieser Bemühungen sind tiefe Beziehungsstörungen der Kinder zu ihren Müttern, schulisches Versagen und Verhaltensstörungen.

Kürzlich sagte mir eine Mutter: „Uns macht das Leben gar keinen Spaß mehr, seitdem das Kind in die Schule geht."

Diese Mutter ging genau den Weg, den ich oben beschrieben habe, und es gibt viele solcher Mütter.

b) Behandlung dieser Beziehungsstörung

Am besten zu behandeln ist diese Beziehungsstörung, indem man sofort aufhört, das Kind zu überwachen und unter Druck zu setzen.

Es soll seine Schularbeiten, so gut wie es ihm möglich ist, machen, und erst, wenn es echte Probleme hat, kann ihm die Mutter helfen. Gleichzeitig ist es ungeheuer wichtig, uns selbst zu fragen, ob uns das

Kind oder seine Leistungen wichtiger sind. Wir sollten die Antwort ständig in uns tragen und sie dem Kind durch Zärtlichkeiten und Zuwendung auch vermitteln.

Bei all den Kindern, die ich bisher in einer solchen Situation erlebt habe, wurden die Leistungen und die Freude an der Schule allein durch diese Maßnahme besser. Wenn es dann immer-noch Probleme gab, konnte durch einen Teilleistungsschwächentest fast immer die Ursache herausgefunden und behandelt werden. Wenn die Beziehungsstörung zwischen Mutter und Kind schon weiter fortgeschritten ist, kann die Festhaltetherapie helfen, die Beziehung zwischen Mutter und Kind zu verbessern.

―――――――――――KAPITEL 7―――――――――――

Störung der Liebesbeziehung zwischen Mutter und Kind, abhängig von der sexuellen Reifephase mit den daraus entstehenden Verhaltensstörungen und deren Behandlungsmöglichkeiten

1. 1. Lebensjahr

a) Das Geschlecht des Kindes entspricht nicht dem Wunsch

Die erste, meist lebenslang anhaltende, Beziehungsstörung zwischen Eltern und Kind kann dadurch entstehen, daß ein anderes Geschlecht erwartet wurde. Wie häufig hört man den Ausspruch, wenn man nach dem Geschlecht des Kindes fragt: „Es ist *nur* ein Mädchen." Wie schrecklich muß sich das Kind fühlen, wenn es ein Leben lang das Gefühl haben muß, *nur* ein Mädchen zu sein. Das Mädchen fühlt, daß es nicht das richtige Geschlecht hat und versucht, nun wenigstens durch sein Verhalten, den erwünschten Jungen zu imitieren.

In seltenen Fällen kann es auch umgekehrt sein, daß ein Mädchen gewünscht wurde und ein Junge zur Welt kam.

Auch dieses Kind wird versuchen, wenigstens in seinem Verhalten das erwünschte Mädchen zu imitieren, um damit den Eltern zu gefallen. Was wir damit unseren Kindern antun, kann man nur ermessen, wenn man weiß, mit welchen Problemen schon die normale Entwicklung zur Persönlichkeit und zu einem gesunden sexuellen Selbstbewußtsein belastet ist und wie viele seelische Störungen sich schon daraus ergeben können.

Bei Kindern, die praktisch eine andere Identität annehmen müssen, gestaltet sich die seelische Entwicklung noch viel schwieriger. Sie müssen aus Liebe zu ihren Eltern eine fremde Identität annehmen und auch noch verwirklichen.

Aus solchen Kindern entstehen später relativ häufig Menschen, die ihre sexuellen Neigungen nicht auf einen andersgeschlechtlichen sondern auf einen gleichgeschlechtlichen Partner richten.

Eltern sollten dies wissen, und sich schon vor der Geburt sehr intensiv mit dieser Problematik auseinandersetzen.

Auch wenn es nicht immer gelingen wird, sich über das Geschlecht des Kindes zu freuen, vielleicht gelingt es wenigstens, es anzunehmen.

b) Das Kind spielt ständig mit seinen Geschlechtsorganen

Weitere Beziehungsstörungen entwickeln sich aus der Unkenntnis der normalen sexuellen Entwicklung des Säuglings.

Am Ende des 1. Lebensjahres spielen beide Geschlechter zunehmend an ihren äußeren Geschlechtsorganen. Es ist noch keine sexuelle Betätigung, sondern das Erforschen des eigenen Körpers, was dadurch besonders interessant wird, daß es noch angenehme Gefühle vermittelt.

Alles, was das Kind mit seinem eigenen Körper macht, sollte erlaubt und vor allem vorurteilsfrei betrachtet werden, da es zur normalen Entwicklung des Kindes gehört. Wenn das Kind an seiner Nase zupft und reibt, finden wir dies lustig. Wir sollten es auch lustig finden, wenn unser Kind mit seinen Geschlechtsorganen spielt.

Wenn Sie Ihr Kind streicheln und liebkosen, lassen Sie diese Bezirke nicht aus! Erst das Auslassen dieser Bezirke führt beim Kind zu der Vermutung, daß es damit eine besondere Bewandtnis hat. Streicheln Sie Ihr Kind von oben bis unten und teilen Sie ihm dadurch mit, daß Sie alles an ihm lieben, auch seine Geschlechtsorgane.

2. 2. und 3. Lebensjahr

Im Mittelpunkt des 2. und 3. Lebensjahres steht die Erkenntnis, ein Geschlecht zu haben, das Interesse an seinem eigenen Körper und an dem des anderen Geschlechts.

Wie ich in KAPITEL 2 schon ausgeführt habe, untersuchen die Kinder ihre Geschlechtsteile und die von anderen sehr intensiv und spielen mit ihnen. Buben und Mädchen gleichermaßen befriedigen sich selbst, und es macht ihnen Spaß, obwohl in diesem Alter weniger die äußeren Geschlechtsorgane als vielmehr die After- und Harnröhrenregion mit lustbetonten Empfindungen ausgestattet sind.

Es ist wichtig, daß Eltern dies wissen und es als völlig normales und notwendiges Entwicklungsstadium betrachten. Sie sollten sich in der Vorstellung damit auseinandersetzen, was sie tun werden, wenn sie ins Kinderzimmer kommen und ihre Kinder sexuelle Forschung aneinander betreiben oder sich selbst intensiv befriedigen. Ohne diese gedankliche Vorbereitung werden die meisten Eltern nicht richtig reagieren, da auch sie häufig noch recht geschlechtsfeindlich erzogen worden sind. Man gesteht heutzutage Erwachsenen viele sexuelle Freiheiten zu, die sexuelle Entwicklung des Kindes ist jedoch nach wie vor weitgehend unbekannt.

Die Meinung ist weit verbreitet, daß Kinder noch keine Sexualität hätten oder daß diese widernatürlich sei. Dadurch fällt es uns auch schwer, diese Dinge unvoreingenommen zu betrachten. Die Selbstbefriedigung in diesem Alter ist ein absolut normaler Vorgang, der bei allen Kindern auftritt. Erst durch unsere ablehnende Haltung wird die Selbstbefriedigung richtig interessant und wird intensiver praktiziert.

Wir sollten versuchen, mit der Sexualität unserere Kinder so umzugehen wie mit dem Laufen.

Kein Mensch würde auf die Idee kommen, die ersten Lauflernversuche seines Kindes zu unterbinden. Wie müßte sich ein Kind fühlen, wenn jeder Laufversuch bestraft würde, entweder durch ein entrüstetes Gesicht, durch Festhalten der Füße oder sogar durch Schläge.

Das Kind würde die Welt nicht mehr verstehen. Es hätte den heftigen Drang zu laufen und dürfte es nicht.

Das Kind würde den Eltern gegenüber feindliche Gefühle entwickeln, und das zu Recht.

In ähnlich starkem Maße hat das Kind das Bedürfnis, mit seinen Geschlechtsorganen zu spielen, deren Funktion zu testen und sich gleichzeitig zu befriedigen. Es sind sozusagen die ersten Lauflernversuche auf sexuellem Gebiet. Dies ist ein starkes Bedürfnis, wie alle Bedürfnisse des Kindes in diesem Alter, das Generationen von strengen Eltern und Erziehern nicht zu unterdrücken vermochten.

Wenn die Eltern nun die Händchen des Kindes festhalten, strafend und entrüstet schauen, oder ihm sogar einen Klaps auf die Finger geben, weiß es überhaupt nicht, was dies bedeuten soll. Es hat ein starkes Bedürfnis, möchte es befriedigen, und zwar ohne die geringsten bösen

Gedanken, genauso wie es den Hunger durch Essen befriedigen möchte, und wird dafür bestraft. Die bösen Gedanken kommen ihm erst durch die Strafe. Die Folge davon sind feindliche Gefühle der Kinder den Eltern gegenüber und verschiedene Ängste.

3. 4. bis 6. Lebensjahr

Eine sehr typische Beziehungsstörung in diesem Alter entsteht aus dem Ödipuskomplex. Wie ich schon ausgeführt habe, begehren die Kinder ihre Eltern als Sexualpartner.

Es ist das natürlichste der Welt, daß Kinder ihre Eltern lieben. Da Kinder in diesem Alter Sexualität und Liebe gleichsetzen, richten sie auch ihre Sexualität auf die Eltern. Professor BORNEMAN schreibt, daß dieses Begehren eines erwachsenen oder aber auch gleichaltrigen Sexualpartners in diesem Alter für die spätere Sexualentwicklung des Kindes sehr wichtig sei, da die Kinder sonst später keine reife Sexualität entwickeln könnten. Die meisten Eltern, die wenig über die normale Sexualentwicklung ihrer Kinder wissen, erstarren bei jeder Annäherung des Kindes im wahrsten Sinne des Wortes vor Schreck, vor allem, wenn sie selbst sehr geschlechtsfeindlich erzogen worden sind. Das Kind merkt die Zurückweisung, die es nicht verstehen kann, und wird in seiner Liebe und der Beziehung zu den Eltern verunsichert. Es glaubt, die Eltern liebten es nicht mehr, was meist auch der Wahrheit entspricht.

Die unbewußte Ablehnung des Kindes entsteht aus der Vorstellung, daß das Kind etwas Böses tun will, daß es abnorm in seinen Gefühlen sei, und daß seine Zuwendung zu den Eltern etwas mit Inzest zu tun habe.

Die Ablehnung des Kindes kann gerade in diesem Alter fatale Folgen für sein späteres Selbstwertgefühl als Mann oder Frau haben. Ein Kind, das in dieser Phase von den Eltern abgelehnt wurde, wird sich später nie als vollwertiger Mann oder als vollwertige Frau fühlen, sondern meinen, es sei minderwertig. Knaben können eine Kastrationsangst entwickeln, die durch Bemerkungen, wie „Wenn du nicht endlich aufhörst, an deinem Glied zu spielen, dann schneiden wir es ab!" noch verstärkt wird. Auch Mädchen entwickeln eine Art Kastrationsangst, nämlich die Angst, ihre Brustwarzen zu verlieren.

Diese Kastrationsangst kann bei Kindern schwere Schlafstörungen hervorrufen, da sie fürchten, während des Schlafes kastriert zu werden. Daneben führen auch abfällige Bemerkungen und eine negative Einstellung der Eltern zum Kind zu einer Art psychischer Kastration, die ebenfalls seine Ängste verstärkt.

Professor BORNEMAN schreibt in diesem Zusammenhang folgendes: „Fühlen die Eltern, ihr Sohn sei nicht männlich genug oder ihre Tochter zu wenig fraulich, so merken die Kinder das stets, einerlei ob die Eltern es in Worte fassen oder nicht, und empfinden es als eine Art Kastration.

Auch wenn die Eltern ihren Kindern in dieser Lebensphase klarmachen, daß sie sie für weniger klug, weniger ehrlich oder weniger loyal halten als andere Kinder, schlägt sich diese symbolische Kastration oft im unwillkürlichen Benehmen des Kindes nieder. Es nimmt Zuflucht zu zwanghafter Selbstbefriedigung, zum Bettnässen und Einkoten, zur exzessiven Gefräßigkeit oder zur totalen Nahrungsverweigerung."

Ich halte es für besonders wichtig, daß Eltern über die normale sexuelle Entwicklung eines Kindes informiert werden, damit sie nicht erschrecken müssen, wenn ihr eigenes Kind eine solche normale Entwicklung zeigt.

Wenn das Kind seine Absicht verkündet, den Vater oder die Mutter zu heiraten, wenn der gleichgeschlechtliche Elternteil stirbt, sollten die Eltern dem Kind vermitteln, daß sie seinen Wunsch verstehen und es ebenfalls sehr lieben. Gleichzeitig sollten sie ihm jedoch klarmachen, daß sie schon verheiratet sind und auch nicht wollen, daß Vati oder Mutti stirbt, weil sie ihn oder sie ebenfalls sehr lieben. Das Kind wird begreifen, daß man mehrere Menschen lieben kann, daß Vater und Mutter schon verheiratet sind und es daher diese nicht mehr heiraten kann. Diese Erkenntnis können sie noch unterstützen durch die Feststellung, daß es sich einen eigenen Partner suchen muß.

Die sexuellen Aktivitäten des Kindes sind in diesem Lebensabschnitt äußerst stark und überfordern die Toleranz mancher Eltern, wodurch es wiederum zu Beziehungsstörungen kommen kann.

Das Verbot der Selbstbefriedigung führt nach Professor BORNEMAN zu tiefgreifenden Störungen der seelischen Entwicklung des Kindes.

Er meint, es sei nicht der Verzicht auf die Selbstbefriedigung, die Kinder seelisch krank mache, sondern die Verhinderung ihrer Selbstfindung.

Er schreibt: „Das Kind hat gerade begonnen, sich selbst mit Hilfe seiner Genitalien zu entdecken. Es liebt sie, weil sie ihm Lust bereiten und weil die Lust sein erster Beweis ist, daß es selbständig ist und die Eltern nicht mehr zur Befriedigung seiner Bedürfnisse benötigt. Nun hört es plötzlich, daß das, was ihm soviel Freude und Stolz bereitet, aus unerfindlichen Gründen ‚schlecht' sei. Damit fällt sein ganzes, mühselig aufgebautes neues Weltbild zusammen. Von nun an versteht es eine Zeitlang überhaupt nichts mehr und hält seine Eltern oder Erzieher für schlechte Menschen, die ihm weh tun wollen und denen man nicht mehr vertrauen kann."

Es entwickelt sich eine zwiespältige Beziehung zwischen Eltern und Kind, das einerseits die Eltern liebt, ihnen andererseits aber mißtraut. Außerdem führt diese leibfeindliche Erziehung auch zu späteren Beziehungsstörungen der Kinder zu ihren Eltern.

Wie Professor BORNEMAN schreibt, wenden sich die Kinder gegen ihre Eltern. „Denn die Kinder nehmen eine als „sittlich" verkleidete Erziehung nur allzu ernst, wenn sie im Zeitalter der Gewissensbildung stattfindet.

Wenn die Eltern ihren Kindern beibringen, alles Sexuelle sei unsittlich, dann dürfen sie nicht überrascht sein, wenn die Kinder auch den Geschlechtsverkehr der Eltern als unsittlich empfinden. Ist Sexualität „schlecht", dann benimmt sich der Vater schlecht, der mit der Mutter schlafen will. Dann erniedrigt er sie, indem er sie dazu überredet oder gar zwingt. Dann ist auch die Mutter schlecht, weil sie sich erniedrigt, indem sie sich dem Vater hingibt. Resultat: Das Kind verzeiht seinen Eltern bis an ihr Lebensende nicht, daß sie sich gegen ihre eigenen sittlichen Gebote vergangen haben."

Um dieser Entwicklung vorzubeugen, sollten sich Eltern überhaupt nicht um die Selbstbefriedigung des Kindes kümmern.

Sollten sie einmal ins Schlafzimmer kommen und dort ihr Kind sich selbst befriedigend vorfinden, so sollten sie dies als so selbstverständlich hinnehmen wie das Schnullern.

4. 7. Lebensjahr bis zur Pubertät

Im Bereich der Sexualität gibt es in diesem Alter wenig Probleme, da die Kinder in einer sexuellen Ruhephase sind. Aus diesem Aspekt ergeben sich also keine typischen Beziehungsstörungen.

Doch auch die Kinder, die weiterhin intensiv onanieren oder den geschlechtlichen Kontakt mit anderen suchen, sind normal und sollten niemals dafür bestraft werden.

KAPITEL 8

Festhaltetherapie

1. *Eigene Erfahrungen mit der Festhaltetherapie*

Meine erste Erfahrung mit dem Festhalten stammt aus der Kleinkinderzeit meiner eigenen Kinder:

Immer dann, wenn ich nicht mehr wußte, was ich mit einem meiner zornigen, schreienden, um sich schlagenden Kinder anfangen und wie ich mich verhalten sollte, habe ich es einfach an den Händen festgehalten, bis es sich beruhigt hatte.

Diese Erfahrung kam mir dann auch in meiner Praxis zugute.

In den ersten Tagen meiner Praxistätigkeit, trat mich ein Kind ganz unvermutet ins Gesicht, so daß ich das Gleichgewicht verlor und hinfiel. Ich war ziemlich wütend, zumal der Junge fast sechs Jahre alt war und ich mit einem solchen Angriff während der Untersuchung nicht gerechnet hatte.

Ich wußte zunächst nicht, was ich sagen und tun sollte. Da der Junge jedoch weiterhin um sich trat und schlug, nahm ich seine Hände, beugte mich über das liegende Kind und hielt es so fest. Ich sagte ihm, daß ich ihn solange festhalten würde, bis ich ihn ohne Gefahr für mich untersuchen könnte und fragte ihn immer wieder, warum er mich getreten habe, obwohl ich ihm doch nicht das geringste getan hatte.

Zunächst schrie und wand sich das Kind, dann beschimpfte es mich mit allen möglichen sehr unfeinen Ausdrücken und schließlich, nachdem ich ihn etwa eine halbe Stunde so festgehalten hatte, sagte der Junge mir, daß ich ihn jetzt loslassen könne.

Er meinte: „Jetzt darfst du mich untersuchen, ich tu dir nichts mehr." So war es auch, und wir sind in der Folgezeit die besten Freunde geworden.

In den nächsten Jahren habe ich sehr aggressive Kinder, die sich nicht untersuchen ließen, immer wieder auf diese Weise festgehalten. Die Kinder lagen auf der Liege und wurden von mir an den Händen festgehalten, während ich neben ihnen stand und mich über sie beugte. Je nach Widerstand und körperlichem Einsatz des Kindes, mußte ich mich intensiver über das Kind beugen, um seinen sich windenden Körper mit meinem Körper festzuhalten, wodurch häufig ein recht intensiver Körperkontakt zustande kam.

Immer geschah das gleiche: Die Kinder beruhigten sich, wurden zugänglich, und auch ich hatte nach dem Festhalten keinerlei aggressive Gefühle mehr gegen das Kind.

Wie ich schon im Vorwort angedeutet habe, hatte ich dann ein mich prägendes und meine Therapie stark veränderndes Erlebnis mit einem äußerst aggressiven Kind.

Ein Elternpaar stellte mir seinen gut fünfjährigen Sohn vor. Er terrorisierte seine Familie, ebenso Nachbarn und Verwandte, in einer unglaublichen Weise.

Wie mir die Eltern zur Vorgeschichte angaben, sei der Junge zunächst völlig unauffällig gewesen. Er habe bis zum 4. Lebensjahr eine normale geistige und körperliche Entwicklung durchgemacht. Danach habe er begonnen „Unfug" zu machen.

Zunächst habe er verschiedene, auch dringend benötigte Dinge versteckt. Wenn man ihn dann nach dem Verbleib dieser Gegenstände gefragt habe, behauptete er, nichts davon zu wissen.

Die Eltern berichteten, sie hätten schon alles unternommen. Sie hätten das Kind zeitweise nicht mehr beachtet, worauf es wesentlich schlimmer geworden sei, sie hätten es mit Liebe versucht und mit Schlägen, alles sei ohne Erfolg geblieben. Von Woche zu Woche sei er aggressiver geworden. Er habe während des Essens die Suppe ausgeleert, beim Frühstück den Zucker auf dem Boden verstreut und die Eltern mit Nahrungsmitteln beworfen. Schließlich habe er angefangen, auch wertvolle Dinge zu zerstören. So habe er mit dem Messer das Sofa aufgeschlitzt oder seine eigenen Hosen zerfetzt.

Dies habe er aber nicht nur zu Hause gemacht, sondern auch bei Verwandten, worauf die Familie von allen Verwandten Besuchsverbot erhielt.

Ich sah mir den Jungen an, der mir zunächst gar nicht so schlimm erschien. Dann jedoch informierte er mich darüber, daß er alle an der Wand hängenden Bilder und die übrigen Gegenstände zerschlagen würde, was ich zunächst nicht glauben wollte. Als ich ihn dann in das Wartezimmer schickte, war es zunächst äußerst ruhig, so daß ich annahm, daß meine Autorität ihn von seinem Vorhaben abgehalten hätte. Dann jedoch wurde ich eines Besseren belehrt. Er hatte in aller Ruhe die Bilder von der Wand genommen und diese dann mit einem Schlag auf einem Hocker zertrümmert. Dies war so schnell gegangen, daß ihn niemand daran hatte hindern können.

Als er mir mitteilte, daß er nun auch die Scheibe, die in der Tür eingesetzt war, zertrümmern würde, erfaßten mich Wut und Ärger.

Vor allem motivierte mich die Vorstellung, wie ich als psychotherapeutisch tätige Kinderärztin aussehen würde, wenn der Junge nach einer Therapiestunde bei mir mit blutenden und völlig zerschnittenen Händen die Praxis verlassen würde.

Wie gewohnt hielt ich das Kind an den Händen fest, um ihn an seinem Vorhaben zu hindern. Da der Junge sich kräftig wehrte und nach mir schlug, setzte ich ihn auf meinen Schoß, um ihn besser festhalten zu können. Er schrie und tobte. Ich blieb ruhig und sachlich und erklärte ihm, daß ich ihn festhalten müsse, um ihn daran zu hindern, mir noch den Rest der Einrichtung zu zerschlagen. Ich erklärte ihm, daß ich ihn möge, sein Verhalten jedoch nicht akzeptieren könne.

Wir „kämpften" eine knappe Stunde miteinander, dann waren wir beide völlig erschöpft, jedoch irgendwie glücklich. Wir verspürten eine tiefe Zuneigung zueinander, was in der Erklärung des Kindes gipfelte: „Frau Doktor, ich mag dich, du kannst mich jetzt auch loslassen, ich tue das nie wieder."

Die Eltern berichteten mir einige Tage nach dieser ersten Sitzung, daß ein Wunder geschehen sein müsse, da der Junge sich seit dem Besuch bei mir völlig normal benommen hätte. Er sei wie umgewandelt.

Die Eltern konnten diesen Erfolg stabilisieren, einerseits durch Änderung ihrer eigenen Einstellung zum Kind, andererseits durch Weiterführung dieser „Festhaltetherapie".

Inzwischen ist dieser Junge voll in seine Familie und in die Gesellschaft eingegliedert, wird von allen Verwandten geschätzt, ja sogar wieder geliebt.

Etwa ein halbes Jahr nach diesem für mich sehr eindrucksvollen Erlebnis hörte ich im Rundfunk einen Kommentar über das Buch „DER KLEINE TYRANN" von JIRINA PREKOP, die mit diesem Buch die Festhaltetherapie in Deutschland bekannt gemacht hat.

Nachdem diese Methode offensichtlich international anerkannt war, wurde ich mutiger und setzte sie immer häufiger ein – mit unglaublichen Erfolgen.

Heute fühle ich mich in der Lage, die meisten Verhaltensstörungen im frühen Kindesalter, die durch eine gestörte Liebesbeziehung zwischen Mutter und Kind entstanden sind und für deren Behandlung ich früher Monate bis Jahre gebraucht hatte, in Tagen bis Wochen zu beseitigen bzw. so weit abzubauen, daß die Eltern damit leben können. Dies gelingt einerseits durch die Festhaltetherapie, andererseits durch die Aufklärung der Eltern über die Ursachen und Entstehungsmechanismen der jeweiligen Verhaltensstörung. Wenn Eltern begriffen haben, daß ihre nachlassende Liebe zum Kind eine wesentliche, wenn nicht die Hauptursache für die Entstehung der Verhaltensauffälligkeit des Kindes war und sie auch noch verstehen können, warum ihre Liebe nachgelassen hat, können sie ihr eigenes Verhalten ändern und werden zum wichtigsten Therapeuten für ihr Kind.

2. Wie und warum wirkt die Festhaltetherapie

a) Liebe als Voraussetzung für die seelische Gesundheit des Kindes

Wie ich schon in KAPITEL 5 ausgeführt habe, darf man davon ausgehen, daß viele Verhaltensstörungen und seelischen Erkrankungen im Kindesalter, wahrscheinlich auch spätere, durch Störungen in der Liebesbeziehung zwischen Mutter bzw. Eltern und Kind verursacht werden.

Das Kind nimmt die nachlassende Liebe mit seinem feinen Gespür wahr und empfindet Angst, die Liebe der Eltern, besonders der Mutter zu verlieren.

Je jünger das Kind ist, desto verletzlicher ist es, und um so größer wird diese Angst, da seine Seele noch keine oder nur wenige Schutzmechanismen entwickelt hat. Die Liebe der Eltern ist für das Kind deswegen so wichtig, weil es nur durch diese Liebe leben kann. Im Spiegel des mütterlichen Gesichtes lernt es, Selbstvertrauen aufzubauen.

Eine Mutter, die ihr Kind zärtlich hegt und pflegt und es liebevoll betrachtet, signalisiert ihrem Kind schon sehr früh, daß es wertvoll und liebenswert sein muß, um so behandelt zu werden. Eine Mutter, die ihr Kind lieblos und verachtend behandelt, signalisiert ebenso, daß es nichts wert ist und deshalb so schlecht behandelt werden muß.

Wenn sie sich von ihrem Säugling entweder seelisch oder körperlich ganz abwendet, kann sie ihr Kind sogar umbringen.

Später ist diese Liebe der Eltern der Leitstrahl, der das Kind durch sein Leben führt, und es kann im Bewußtsein dieser Liebe den Kampf mit allen Gefahren des Lebens aufnehmen. Alle Probleme, die das Kind im Verlaufe seiner Entwicklung mit der Selbstfindung, der Abgrenzung gegen andere und seiner Sexualität hat, kann es dauerhaft befriedigend nur mit Hilfe der elterlichen Liebe lösen.

Wenn das Kind auf die Welt kommt, liebt es seine Mutter als Teil seiner selbst. Diese Liebe ist zunächst allumfassend, leidenschaftlich und hemmungslos. Sie ist tiefer als die Liebe der Mutter, da sie noch nicht durch die verschiedensten Abwehrmechanismen und negativen Erfahrungen, die im Unterbewußtsein gespeichert werden, verändert worden ist. Würde diese Liebe des Kindes in dieser Intensität fortbestehen, dann wäre seine Seele allen Verletzungen durch die Mutter und andere Personen schutzlos ausgeliefert. Daher entwickelt das Kind Abwehrmechanismen, die seine Seele vor Verletzungen durch andere schützen sollen (siehe KAPITEL 4).

Das Kind beginnt sozusagen eine Mauer um seine Seele aufzubauen, die dafür sorgt, daß Angriffe von außen abgewehrt werden können, so wie früher Burgen und Städte durch Mauern und Wälle geschützt worden sind.

Diese Abwehrmechanismen führen dazu, daß das Kind die Mutter nicht mehr so sehr liebt und damit auch nicht mehr so darunter leiden muß, wenn es selbst nicht mehr so geliebt wird. Seine Seele wird damit weniger verletzlich.

Dabei bleibt das Kind aber immer ambivalent: Einerseits braucht es die Liebe der Mutter nach wie vor und möchte am liebsten in dieser versinken, andererseits weist es die Liebe der Mutter in den verschiedensten Situationen immer wieder zurück. Man hat den Eindruck, daß das

Kind sich durch Ablehnung der mütterlichen Liebe an der Mutter dafür rächen möchte, daß sie es nicht mehr so liebt wie in den ersten Monaten seines Lebens. Durch diese Ablehnung wird natürlich auch die Mutter verletzt und baut nun ihrerseits eine Mauer gegen das Kind auf, um nicht zu sehr von ihrem Kind verletzt zu werden. In vielen Gesprächen mit Eltern, vor allem mit Müttern habe ich mir oft die Frage gestellt, wessen Seele wohl stärker verletzt worden ist, die des Kindes oder die der Mutter. Es gibt erstaunlich viele Mütter, die sich ihrer ablehnenden Gefühle für ihr Kind durchaus bewußt sind und sehr darunter leiden. Sie suchen nach einem Weg, die Liebe zum Kind wiederzufinden, meist jedoch vergebens. Die Festhaltetherapie ermöglicht dies oft in wenigen Stunden.

b) Die Festhaltetherapie inaktiviert die Verletzungen der kindlichen und mütterlichen Seele, aktiviert die verlorengegangene Liebe und reißt die Mauer zwischen Mutter und Kind ein.

Nun zu den psychischen Vorgängen, die sich bei der Festhaltetherapie abspielen:

Meiner Hypothese nach macht das Festhalten etwas möglich, was bisher nur durch lange Psychotherapien erreicht werden konnte. Sie führt zu einer unterschiedlich umfangreichen Inaktivierung der im Unbewußten gespeicherten Kränkungen und Verletzungen sowohl der kindlichen als auch der mütterlichen und väterlichen Seele.

Um im Bild der Mauer zu bleiben: Bei der Festhaltetherapie wird die Mauer, die das Kind zum Schutz seiner Seele gegen die Eltern aufgebaut hat, eingerissen, aber auch die Mauer, die die Eltern gegen das Kind errichtet haben. Die Festhaltetherapie ist in meinen Augen ein Kampf zwischen Eltern und Kind nur zu dem Zwecke, die Mauer zwischen sich einzureißen. Am Ende der Festhaltetherapie, die auch einmal mehrere Sitzungen umfassen kann, gibt es überhaupt keine Mauer mehr. Mutter und Kind sind gefühlsmäßig auf die Entwicklungsstufe zurückgegangen, in der sie noch eins waren, nämlich auf die Zeit bis zum 4.–6. Lebensmonat des Kindes. Bis dahin hatte das Kind keinerlei Abwehrmechanismen aufgebaut und konnte daher die Nähe der Mutter uneingeschränkt ertragen. Einen Säugling bis etwa zum

4.–6. Lebensmonat kann die Mutter uneingeschränkt an ihren Busen drücken und gegebenenfalls auch den ganzen Tag an ihrem Körper tragen, ohne daß das Kind eine Abwehr zeigt. Die Mutter hat bis dahin das Gefühl, das Kind sei ein Stück von ihr, das Kind, die Mutter sei ein Teil seiner selbst.

Die Mauer, die aufgrund der gegenseitigen Verletzungen entstanden ist, existiert nach der Festhaltetherapie nicht mehr. Ältere Kinder und die Mütter können sich wohl noch an die schmerzvollen Erfahrungen erinnern, sie tun jedoch nicht mehr weh. Diese Inaktivierung der gegenseitigen Verletzungen und Kränkungen braucht nach meinen Erfahrungen unterschiedlich lange Zeit und ist abhängig vom Umfang derselben, das heißt von der Stärke und Höhe der Mauer.

Daher kann bei kleinen Kindern das einmalige Festhalten schon zu einer Normalisierung der Mutter-Kind-Beziehung führen, bei größeren Kindern ist dies ein längerer Prozeß.

Während des Festhaltens schreit das Kind all seine Wut und seinen Zorn über die Verletzung seiner Seele hinaus und wehrt sich heftigst gegen die Umarmungen der Mutter, die es verletzt hat. Diese Verletzungen waren es, die die ursprünglich hemmungslose Liebe des Kindes zu seiner Mutter abgeschwächt haben. Das Kind möchte der Mutter zeigen, daß es ihre Nähe nicht ertragen kann, weil sie es so sehr verletzt hat. Erst am Ende der Festhaltetherapie, wenn die Mauer zwischen Mutter und Kind eingerissen ist, wird es dem Kind möglich, die Mutter wieder uneingeschränkt zu lieben und ihre Nähe anzunehmen. Diese Liebe zeigt sich in den leuchtenden Augen und dem Gesicht des Kindes. Aber auch die Mutter erlebt ein neues Gefühl der Liebe und Zuneigung, die das Kind in deren Augen sehen kann. Da dieses Gefühl echt ist, kann das Kind diese Liebe annehmen und sie verinnerlichen, das heißt, sie tief in seinem Herzen und seiner Seele als wahr begreifen. Beide erleben sich in einem beglückenden Gefühl der gegenseitigen Liebe und Zuneigung, die es dem Kind ermöglicht, seine Verhaltensstörungen abzubauen, da es nun keine Ersatzgefühle mehr für die verlorengegangene Liebe der Mutter braucht. Der Mutter verschafft sie einen neuen Zugang zu ihrem Kind, wodurch auch sie ihr Verhalten und ihre Einstellung zum Kind verändern kann. Die Mutter, die ihr Kind zuvor nicht mehr so sehr liebte, wird ihre verlorengegangene Liebe wiederfinden und sie inniger und tiefer denn je erleben.

c) Das Kind erlebt die Stärke der Mutter

Neben diesen innerseelischen Vorgängen scheinen bei der Festhaltetherapie noch weitere Faktoren mitzuwirken: Das Kind erlebt die Mutter als die Stärkere, die ihm folglich Schutz geben kann und die es „als Leittier" akzeptieren kann. Kinder wollen und brauchen starke Mütter und Väter, die ihnen den Weg zeigen, viel mehr noch als wir Erwachsene, die ja auch in Politik und Wirtschaft nach starken Führungspersönlichkeiten rufen.

Vor allem bei Müttern, die aufgrund ihrer eigenen Ängstlichkeit und Unsicherheit eine Beziehungsstörung zum Kind entwickelten, oder bei Müttern, die zu Sklaven ihrer Kinder geworden sind, scheint das Gefühl der Stärke eine ganz wichtige neue Erfahrung zu sein. Sie sind überrascht über ihre eigene Stärke, sowohl in körperlicher als auch in seelischer Hinsicht. Sie mußten das Kind ja nicht nur festhalten, sondern es auch in seiner sprachlichen und körperlichen Aggressivität aushalten. Daß sie dies alles geschafft haben, gibt ihnen ein neues Selbstbewußtsein. Damit können sie künftig dem Kind besser Grenzen setzen, das diese akzeptieren wird, da es die Stärke der Mutter, verbunden mit einem neuen Gefühl der Liebe und Zuwendung, am eigenen Leib erfahren hat.

d) Das Kind erlebt die Liebe seiner Mutter trotz eigener Aggressionen

Während bisher die Aggressivität des Kindes zu einem Verlust oder zumindest zu einer deutlichen Abschwächung der mütterlichen Liebe geführt hat, macht es jetzt eine völlig neue Erfahrung.

Obwohl es die Mutter beschimpft, schlägt, kratzt, beißt und bespuckt, bleibt diese ruhig und erklärt ihrem Kind, daß sie es trotzdem liebe.

Alle Mütter, die ihre Beziehung zum Kind verbessern wollten und die sich an meine Anleitungen hielten, erlebten die Festhaltetherapie als eine große Bereicherung. Am Ende des Festhaltens empfanden sie eine innige Liebe zu ihrem Kind, obwohl dieses Kind sie zuvor beschimpft hatte. Sie spürten auch, daß ihr Kind die gleichen Gefühle für sie hegte und diese gegenseitige Liebe führte zu einem tiefen Glücksgefühl.

Auch die Aussage der Mutter, daß sie nicht umhin könne, das Kind zu umarmen, weil sie es so liebe, ist für manche Kinder eine überwältigende Erfahrung.

Oft fragen sie in der Schlußphase des Festhaltens noch ganz ungläubig: „Stimmt es denn wirklich, daß du mich so magst, daß du mich garnicht loslassen konntest?"

e) Die Festhaltetherapie wirkt auch bei fremden Kindern

Die Festhaltetherapie ist nicht nur beim eigenen Kind wirksam, sondern auch bei fremden Kindern, was ich mehrfach selbst erlebt habe, da ich vor Jahren in einzelnen speziellen Fällen Kinder selbst festgehalten habe.

Das Kind wehrt sich genauso und wird sowohl körperlich als auch sprachlich ebenso aggressiv. Vermutlich kann es die Verletzungen seiner Seele am Festhaltenden, stellvertretend für die Eltern, abreagieren und inaktivieren, auch wenn dieser mit dem Kind überhaupt nichts zu tun hat.

Bei allen bisher von mir selbst festgehaltenen Kindern wurde ich auf eine Weise beschimpft, die nicht mich als Ärztin, sondern die Mutter treffen sollte.

Aber auch aggressive Gefühle gegen mich als Ärztin und Ängste vor mir kamen zur Sprache, und die Kinder konnten diese durch die Festhaltetherapie abbauen. Meine eigenen aggressiven Gefühle, vor allem gegen Kinder, die mich zuvor getreten oder bespuckt hatten, waren am Ende der Festhaltetherapie verschwunden. Häufig empfand ich für diese fremden Kinder eine tiefe Zuneigung.

Offensichtlich liefen auch in mir, als einer Fremden, die gleichen Vorgänge ab wie bei den Eltern. Hier scheinen die fremden Kinder die Stellvertretung für die eigenen Kinder zu übernehmen. Wie wäre es sonst zu erklären, daß man ein völlig fremdes Kind plötzlich zu lieben glaubt.

Daher kann ich mich n i c h t der Forderung verschiedener Therapeuten anschließen, daß nur Kinder, die man liebt, festgehalten werden können und sollen. Ganz im Gegenteil: Ich bin ich der Meinung und habe dies auch schon vielfach erlebt, daß die Festhaltetherapie gerade bei den Müttern bzw. Eltern, die ihr Kind nicht mehr lieben oder glauben es nicht mehr zu lieben, die größten Erfolge zeigt. Nach der Festhaltetherapie empfinden gerade diese Eltern ein bisher nie gekanntes oder nur in Ansätzen erlebtes Gefühl ihren Kindern gegenüber. Gerade bei diesen Eltern erlebe ich ein unglaubliches Erstaunen über ihre eigenen Gefühle dem bisher nur wenig geliebten Kind gegenüber. Auch bei Adoptivkindern, denen die Eltern häufig gefühlsmäßig sehr zwiespältig gegenüberstehen, kommt es oft zu einer neuen tiefen Liebe, die weder das Kind noch die Eltern in dieser Weise bisher verspürt haben.

f) Bis zu welchen Alter ist die Festhaltetherapie wirksam?

Ich selbst habe Erfahrungen mit der Festhaltetherapie bis zum Alter von etwa 12 Jahren. Insgesamt habe ich in den letzten acht Jahren etwa eintausendachthundert Kinder mit dieser Methode behandelt. Allerdings habe ich Berichte über die Festhaltetherapie von weit über zweitausend Kindern, da die meisten Eltern nicht nur das Kind festhielten, mit dem sie Probleme hatten, sondern auch ihre anderen Kinder, nachdem sie mit ihrem Sorgenkind die Wirksamkeit der Festhaltetherapie erleben konnten.

Da ich das Festhalten bisher als die Behandlung einer Beziehungsstörung zwischen zwei Menschen betrachtete, war für mich das Festhalten auf die Zeit beschränkt, in der eine Person das Kind alleine festhalten konnte.

Daher habe ich bisher die Festhaltetherapie auch nur für Kinder bis zu acht, maximal neun Jahren empfohlen. Seit der ersten Auflage im Juli 1994 habe ich zahlreiche, auch ältere Kinder bis zur *beginnenden Pubertät* mit der Festhaltetherapie behandelt, wobei ich bei der ersten Therapie immer selbst anwesend war, zur psychischen aber auch körperlichen Unterstützung der Mutter. Die Ergebnisse waren meist deutlich weniger überzeugend als bei jüngeren Kindern. Allerdings war dies auch zu erwarten, da sich in den vielen Jahren der gegenseitigen Verletzungen und Demütigungen die Fronten verhärtet hatten, im Bild gesprochen, die Mauer unendlich hoch und dick geworden war. Immer aber gab es einen Ruck in die richtige Richtung. Eine Mutter berichtete mir, daß ihre Tochter sich während der Festhaltetherapie losgerissen hatte und sie danach ernstlich bedrohte. In ihrer Not erklärte sie dem Kind, daß sie es nie wieder festhalten würde, worauf die Tochter ganz energisch darauf bestand, daß die Mutter sie auch weiterhin festhalten müsse. Man sieht daraus, daß die Zwiespältigkeit in der Seele des Kindes mit fortgeschrittenem Alter eher größer als kleiner wird. Das Kind wünschte sich nichts sehnlicher als die Nähe der Mutter, mußte aber aufgrund seiner inneren Abwehr genau gegen diese Mutter kämpfen und sie durch seine Aggressionen verletzen.

g) Erfolgsaussichten der Festhaltetherapie

Da die Festhaltetherapie nur die verlorengegangene Liebe zwischen Kind und Eltern neu belebt und aktiviert, wodurch das Kind in die Lage versetzt wird, seine Verhaltensstörungen aufzugeben, kann sie grundsätzlich auch nur bei den Verhaltensauffälligkeiten wirken, die als Ursache eine Störung der Liebesbeziehung zwischen Eltern und Kind haben.

Bei Verhaltensauffälligkeiten, die primär eine andere Ursache haben, wie Teilleistungsschwächen, minimale Hirnfunktionsstörungen, Aufmerksamkeits-Defizit-Syndrom ist sie als einzige Behandlung unwirksam. Hier müssen andere Methoden, wie Ergotherapie, Krankengymnastik, sonderpädagogische Maßnahmen oder die Behandlung mit Stimulantien eingesetzt werden. Allerdings kommt es bei solchen Kindern aufgrund ihrer Verhaltensstörung so gut wie immer auch zur Störung der Liebesbeziehung zu den Eltern, so daß eine Festhaltetherapie unterstützend zur übrigen Therapie sehr sinnvoll sein kann.

Folgende Verhaltensstörungen und seelische Erkrankungen habe ich bisher erfolgreich mit der Festhaltetherapie behandelt: Schlafstörungen, Aggressivität, Einnässen, Einkoten, Ängste, depressive Verstimmungen, Eßstörungen, Verstopfung, Stottern, Hyperaktivität und zu geringe Aktivität. Auch seelische Erkrankungen, die sich in einer organischen Symptomatik zeigen, z. B. Kopfschmerzen, Bauchschmerzen, Neurodermitis können gut auf die Festhaltetherapie ansprechen.

Je jünger das Kind ist, desto rascher greift die Therapie. Ich kenne zahlreiche Kinder, bei denen eine Sitzung ausreichte, um die Verhaltensstörung zu beseitigen. Dies gilt besonders für Schlafstörungen.

3. Technik des Festhaltens

Bevor Sie mit dem Festhalten beginnen, sollten Sie sicher sein, daß keine Störungen zu erwarten sind. Telefon- oder Türklingeln sollten während des Festhaltens unbeachtet bleiben. Allerdings ist es ratsam, den Mitbewohnern des Hauses, ggfs. auch den Nachbarn mitzuteilen, daß Sie Ihr Kind festhalten wollen. Das Geschrei des Kindes könnte sonst zu Mißverständnissen führen. Falls Sie Nachbarn oder Angehörige haben, die die Festhaltetherapie nicht kennen, wäre es ratsam, diesen das Wichtigste zu erklären.

Andere Kinder sollten nicht im Hause sein, da sie meist den Verlauf des Festhaltens stören. Bei kleinen Kindern, die von einer Person festgehalten werden können, rate ich dazu, mit dem Kind alleine zu sein, da während des Festhaltens oft sehr intime Dinge zur Sprache kommen, die niemand sonst etwas angehen.

Bei größeren Kindern, die nicht von einer Person gehalten werden können, ist sicherlich der Vater der beste Helfer. Allerdings ist es sehr wichtig, daß er sehr genau über die Festhaltetherapie informiert wird, da sonst die Gefahr besteht, daß er den Verlauf der Festhaltetherapie eher hemmen als unterstützen wird.

Es ist auch wichtig, dem Vater zu erklären, daß während des Festhaltens Dinge zur Sprache kommen können, von denen er nichts weiß und die von den Eheleuten erst nach der Festhaltetherapie alleine besprochen werden sollten. Außerdem sollte er darüber informiert werden, daß er beim Betrachten der innigen Zuneigung am Ende des Festhaltens möglicherweise Eifersuchtsgefühle haben wird, damit er sich seelisch darauf einstellen kann. Auch sollte der Vater wissen, daß das Kind während des Festhaltens häufig um Hilfe bittet, daß er jedoch unter keinen Umständen eingreifen darf. Er sollte in diesem Fall dem Kind erklären, daß er keinen Anlaß sieht, dem Kind zu helfen, da die Mutter es ja nur liebhaben möchte und es daher so intensiv an sich drückt, es küßt und streichelt.

Ich empfehle, kleine Kinder wie einen Säugling, den man mit der Flasche füttert, in den Arm zu nehmen.

Da ich Rechtshänderin bin, möchte ich für Rechtshänder genau schildern, wie in diesem Fall die Fixierung des Kindes aussieht (bei Linkshändern ist es genau umgekehrt).

Sie sitzen am besten auf dem Sofa. Die Beine des Kindes liegen zunächst locker zwischen Ihren übereinandergeschlagenen Beinen.

Ihre linke Hand greift von hinten den linken Arm des Kindes. Der rechte Arm des Kindes liegt hinter Ihrem Rücken.

Sie sind Ihrem Kind zugewandt und schauen ihm in die Augen, wobei wichtig ist, daß das Kind Ihrem Blick nicht ausweichen kann. Ihre rechte Hand ist frei, um das Kind zu streicheln oder den Kopf daran zu hindern, sich wegzudrehen.

Größere Kinder können Sie neben sich aufs Sofa oder ins Bett legen, wobei der linke Arm hinter dem Nacken des Kindes liegt und die linke Hand den linken Arm des Kindes hält. Die Beine des Kindes lassen sich am besten mit Ihrem rechten Bein fixieren.

Sie sollten Ihr Kind beim ersten Mal nie aus einer Situation heraus festhalten, in der das Kind gerade böse war, sondern aus einer möglichst entspannten, von innerer Ruhe und Zufriedenheit bestimmten Atmosphäre. Der Grund dieser Empfehlung ist folgender: Sie sollten dem Kind während des Festhaltens nur sagen, daß Sie es lieben und daher mit ihm schmusen, es küssen und kosen wollen. Es sollte kein Zusammenhang zwischen Bösesein und Festhalten bestehen, damit das Kind das Festhalten unter keinen Umständen mit Bestrafung gleichsetzt. Bei Müttern, die entgegen meiner Anweisung, die Kinder beim ersten Mal aus einer aggressiven Situation heraus festhielten, konnte es passieren, daß die Kinder beim nächsten Mal sagten:

„Mama, ich will gleich artig sein, dann brauchst du mich auch nicht festzuhalten."

Das Festhalten soll dem Kind vermitteln, daß die Mutter es unendlich lieb hat und daß sie es aus lauter Liebe einfach halten muß und nicht mehr loslassen kann.

Am Ende der Festhaltetherapie kann das Kind dann diese Liebe auch wirklich sehen und spüren.

Da die Festhaltetherapie, dank JIRINA PREKOP, schon einen großen Bekanntheitsgrad erreicht hat, halte ich es für wichtig, daß das Wort „festhalten" oder „Festhaltetherapie" überhaupt nicht benutzt wird.

Eltern berichteten mir, daß ihr Kind plötzlich darauf hinwies, daß der Freund ebenfalls von seiner Mama festgehalten wurde, weil er immer so böse sei. Dies macht es für die Mutter schwieriger, ihrem Kind zu vermitteln, daß sie es nur aus Liebe umarmt. Daher empfehle ich die Umschreibung des Vorgangs mit: „Ich möchte mit dir schmusen, ich möchte dich ganz fest an mich drücken, ich möchte dich küssen, ich möchte dich streicheln."

Der Ablauf der Festhaltetherapie ist in der Regel wie folgt:
Das Kind spielt gerade. Die Mutter sagt: „Komm, ich möchte ein wenig mit dir schmusen!" und nimmt das Kind in oben beschriebener Weise auf den Schoß. Dabei streichelt sie es und sagt ihm, daß sie es unendlich gern hat.

Das Kind genießt diese Situation sichtlich für kürzere oder längere Zeit. Nach etwa 5 bis 10 Minuten sagt es dann, daß es wieder fort möchte, und die Mutter gibt ihm zu verstehen, daß sie es noch ein Weilchen streicheln und mit ihm schmusen möchte.
Wieder hält das Kind die Situation für einige Minuten aus, jedoch sichtlich unruhiger und unwilliger. Schließlich besteht es darauf, sofort losgelassen zu werden. Die Mutter sagt ihm, daß sie dies nicht könne, da ihre Arme einfach nicht loslassen könnten, weil sie es so liebe.

Jetzt beginnt das Kind sich zu wehren und möchte sich aus der Umarmung lösen. Die Mutter muß nun stärker zugreifen, den linken Arm des Kindes fester halten, und die zuvor nur locker übereinandergeschlagenen Beine fester zusammendrücken. Zunächst wehrt sich das Kind nur körperlich.

Wenn ihm dabei die Trennung von der Mutter nicht gelingt, beginnt es zu schimpfen, zunächst noch mäßig stark, dann werden die Ausdrücke immer heftiger und häßlicher. Die Mutter hört voller Staunen welchen Wortschatz an Schimpfwörtern ihr Kind hat. Unter keinen Umständen sollte die Mutter auf diese Beschimpfungen eingehen, sondern dem Kind weiterhin sagen, daß sie es liebt und es daher auch nicht loslassen kann. Selbst wenn das Kind erklärt, daß es die Mutter haßt, sollte diese ruhig und gelassen bleiben, obwohl eine solche Feststellung sehr weh tut. Sie kann ihrem Kind erklären, daß sie anders empfindet, daß sie, ganz im Gegenteil, das Kind unendlich liebt. Viele Kinder wehren sich nicht nur durch Worte, sondern werden während des Festhaltens äußerst aggressiv.

Sie versuchen die Mutter zu schlagen, zu beißen, zu bespucken, zu zwicken und zu treten.

Die Mutter sollte sich vor diesen aggressiven Handlungen schützen, jedoch das Kind unter keinen Umständen zurechtweisen, gleichgültig wie es sich benimmt. Sie kann dies durch Festhalten der Hände, des Kopfes und der Beine. Dafür hat sie die rechte Hand frei, die das Kind anfänglich streichelt, bei Bedarf jedoch auch festhalten kann.

Es ist nicht der Sinn des Festhaltens, daß sich die Mutter mißhandeln läßt.

Ich empfehle grundsätzlich, auf den linken Oberarm, der vom Mund des Kindes erreicht werden kann, ein Kissen zu legen. Während des Festhaltens kommt es immer wieder zu Phasen des Erschlaffens und des Nachlassens der Gegenwehr, dann jedoch geht es mit frischer Kraft weiter.

Erst wenn sich das Kind endgültig beruhigt hat, völlig entspannt mit leuchtenden Augen im Arm der Mutter liegt, und die Mutter eine tiefe Liebe zu ihrem Kind verspürt und merkt, daß das Kind dieselben Gefühle hat, ist die Therapie beendet, zumindest, was das Festhalten betrifft. Das Kind will nun von der Mutter nicht mehr weg, sondern bleibt auch bei ihr, wenn sie es losläßt. Es möchte noch geküßt, gekost und gestreichelt werden. Es liegt völlig offen und glücklich da. Mutter und Kind können sich jetzt Dinge sagen, die sie zuvor gar nicht gewagt hätten auszusprechen. Diese letzte Phase der Festhaltetherapie sollte noch mindestens eine halbe Stunde dauern, da sie für die gegenseitige Beziehung der wichtigste Teil der gesamten Festhaltetherapie ist. Möglicherweise kann das Kind jetzt auch sagen, warum es ein so aggressives Verhalten gezeigt hat, warum es gelogen hat oder warum es die Mutter in letzter Zeit auf Schritt und Tritt verfolgen mußte.

Häufig fragt das Kind seine Mutter ganz ungläubig, ob sie es denn wirklich so liebte, sogar mehr als das Geschwisterchen. In solchen Situationen empfehle ich Müttern, ihrem Kind zu sagen, daß sie es am meisten lieben. Sollte das Kind diese Aussage der Mutter an das Geschwisterchen weitergeben und dieses dann fragen, ob es stimmt, dann kann die Mutter auch diesem Kind sagen, daß sie es am meisten liebt. Wir können unsere Kinder doch alle am meisten lieben!

Nach meiner Erfahrung sagt ein Kind jedoch nichts weiter. Es empfindet das Festhalten als etwas so Schönes und Intimes, daß es dieses Wissen und diese Erfahrung in der Regel nicht mit anderen teilen möchte.

Viele Mütter berichten, sie seien ausgesprochen erstaunt darüber gewesen, daß das Kind nach der Festhaltetherapie mit keinem anderen darüber gesprochen habe, obwohl es während des Festhaltens damit gedroht hätte, allen zu sagen, was ihm die Mutter angetan hat.

Die Festhaltetherapie sollte so lange wiederholt werden, bis das Kind selbst kommt und die Mutter auffordert, mit ihm zu schmusen. Je jünger das Kind ist, desto eher geschieht dies, meist schon nach ein oder zwei Sitzungen. Nur selten sind vier oder fünf Sitzungen erforderlich. Dann hat das Kind seinen Konflikt mit ihr ausgetragen, die Verletzungen seiner Seele sind inaktiviert worden, und es kann die Mutter nun wieder lieben und ohne Einschränkungen annehmen wie in den ersten Lebensmonaten. Seine Abwehr gegen die Mutter ist inaktiviert, es sucht ihre Nähe und den engen Körperkontakt. Seine Seele braucht die Mutter nicht mehr abzuwehren, sie kann die Mutter voll annehmen.

Natürlich wird es seine Abwehrmechanismen gegen sie später wieder mobilisieren müssen, denn auch nach der Festhaltetherapie werden weder Kind noch Mutter zu Übermenschen.

Extrem selten jedoch wehrt sich das Kind über viele Stunden und zahlreiche Sitzungen. Das Kind kann auch nach Stunden die Mutter nicht annehmen und wehrt sich mit unglaublicher Kraft und Konsequenz. Bei solchen Kindern besteht immer eine tief gestörte Beziehung zur Mutter. Häufig handelt es sich um Kinder mit autistischen Zügen, das heißt Kinder, die aufgrund von organischen oder psychischen Schäden die menschliche Wärme und Nähe nicht annehmen können. Dies gilt jedoch nicht nur für die Mutter, sondern auch für alle anderen Menschen und Lebewesen. Solche Kinder spielen vorwiegend mit leblosem Spielzeug, schauen Menschen nicht in die Augen, sie nehmen diese gar nicht wahr.

Echte Autisten fallen den Eltern schon früh auf durch die völlige Ablehnung der menschlichen Nähe, den völlig fehlenden Augenkontakt und der auffallenden Vorliebe für technisches Spielzeug.

Es gibt jedoch auch Kinder, die auf den ersten Blick völlig normal wirken und trotzdem autistische Züge tragen. Sie schauen den Eltern oder anderen Personen nur kurz und flüchtig in die Augen oder schauen „durch sie hindurch", wehren sich gegen körperliche Nähe meist schon seit früher Kindheit und beschäftigen sich sehr viel lieber mit totem Spielzeug als mit ihren Eltern oder Geschwistern.

Aber gerade bei solchen Kindern ist die Festhaltetherapie besonders wichtig, da nach meiner Erfahrung nur durch sie wieder ein inniger menschlicher Kontakt hergestellt werden kann.

Bei autistischen Kindern empfiehlt JIRINA PREKOP die Festhaltetherapie täglich über mehrere Stunden und dies über Jahre hinweg.

Viele Eltern glauben, daß sie es respektieren müßten, wenn ihre Kinder körperliche Nähe konsequent ablehnen. Solche Eltern sollten wissen, daß sich hinter der Ablehnung körperlicher Nähe nicht eine besonders starke Persönlichkeit verbirgt, sondern immer ein Kind, dessen Seele so verletzt wurde, daß es eine besonders große Mauer bauen mußte, um seine Seele zu schützen. Wenn die Eltern die Ablehnung körperlicher Nähe auch noch respektieren, fühlt sich das Kind in seinem Gefühl, die Eltern liebten es nicht mehr, noch bestärkt. Häufig sind die Eltern solcher Kinder nicht in der Lage, Grenzen zu setzen, wodurch ihre Kinder auch nicht gelernt haben, die Grundbedürfnisse der Eltern zu respektieren. Da solche Eltern von ihren Kindern ständig in ihren Grundbedürfnissen beeinträchtigt werden, beginnen sie zunächst unbewußt ihre Kinder abzulehnen. Daraufhin mobilisieren sich die Abwehrmechanismen des Kindes, das nun seinerseits die Eltern ablehnt.

Bei allen Kindern im Vorschulalter und im frühen Schulalter, die den körperlichen Kontakt mit der Mutter scheuen, oder sich gegen körperliche Nähe wehren, sollte die Festhaltetherapie angewandt werden, und zwar so häufig und so lange, bis das Kind den Körperkontakt mit der Mutter nicht mehr ablehnt, ja ihn sogar sucht.

Während des Festhaltens sollte die Mutter alle Versuche des Kindes sich abzulenken unterbinden. Wenn das Kind ein Bild, eine Fliege oder sonst etwas anschaut und die Mutter auffordert, dies auch zu tun, sollte sie darauf überhaupt nicht eingehen, sondern dem Kind erklären, daß sie mit ihm schmusen und nicht ein Bild betrachten möchte.

Viele Kinder beklagen sich, sie müßten schwitzen, bekämen keine Luft, man würde ihnen weh tun, sie müßten auf die Toilette, hätten schrecklichen Hunger oder Durst. Bei all diesen Ausflüchten sollte die Mutter ruhig erklären, daß das Kind keine Schmerzen haben könne, daß es auch genug Luft bekomme und daß es ruhig in die Hosen machen könne. Sie könne es jedoch einfach nicht loslassen, da sie es so sehr liebe. Sollte das Kind wirklich einmal einnässen oder sogar einkoten, darf dies kein Grund sein, das Festhalten zu beenden. Nach dem Festhalten kann die Mutter das Kind liebevoll sauber machen.

Wie ich oben ausgeführt habe, sollte die Mutter das Kind anfänglich immer aus einer entspannten Situation festhalten, um dem Kind nicht zu vermitteln, daß das Festhalten etwas mit Strafe zu tun hat. Hat die Mutter ihr Kind jedoch schon mehrfach festgehalten, dann kann sie es natürlich auch einmal aus einer Trotzsituation oder aus einer anderen, die gegenseitige Beziehung belastenden, Situation heraus festhalten.
Dies ist in jedem Fall besser, als das Kind zu schlagen oder zu strafen. Die meisten Kinder fragen die Mutter immer wieder, warum sie es denn so intensiv festhalte und nicht loslassen könne. Häufig werden die Mütter bei dieser Frage verlegen und haben Probleme mit der Antwort. Sie sollte sich in keinerlei Diskussionen mit dem Kind einlassen. Es genügt die Feststellung, daß sie einfach ein starkes Gefühl der Liebe empfinde, das es ihr unmöglich mache, loszulassen. Sie kann ihm ja erklären, daß alle Menschen, die sich lieben, sich umarmen und daß diese Umarmung um so intensiver wird, je größer die Liebe ist.

4. Fehler bei der Festhaltetherapie

Immer wieder höre ich von Müttern, die Festhaltetherapie habe bei ihrem Kind nicht gewirkt.

Solche Mütter bestelle ich dann mit ihrem Kind in die Praxis und lasse sie unter meiner Anleitung festhalten.
Dabei hat sich bisher in jedem Fall gezeigt, daß die Festhaltetherapie auch bei diesen Kindern wirksam ist.
Der häufigste Fehler, den Mütter dabei machen, ist, das Kind nur zu halten, aber nicht *fest*zuhalten.
Die Kinder spielen dann mit den Haaren, den Ohren, den Augen und dem Mund der Mutter. Sie ziehen die Mutter an den Haaren, bohren ihre Finger in deren Ohren und Nasenlöcher, und so wird aus der Festhaltetherapie ein Spiel mit dem Gesicht der Mutter. Dabei tun die Kinder den Müttern gelegentlich sogar weh, worauf diese „Aua" schreien, was dem Kind sichtlich gefällt und es motiviert, mit seinem

Spiel fortzufahren. Die Hände des Kindes müssen fixiert werden. Die eine Hand liegt hinter dem Körper der Mutter, die andere Hand wird von der Mutter festgehalten, und zwar ununterbrochen.

Ein weiterer häufiger Fehler ist, daß die Mutter das Kind nicht anschaut. Es ist unbedingt erforderlich, daß die Mutter während der gesamten Festhaltetherapie mit ihrem Kind Blickkontakt hat. Wendet das Kind sein Gesicht ab, muß die Mutter es wieder zu sich zurückdrehen. Die Augen sind der Spiegel der Seele, und nur wenn beide sich ansehen, können die oben beschriebenen seelischen Vorgänge ablaufen. Nur bei autistischen Kindern oder Kindern mit autistischen Zügen gelingt dies nicht. Die Mutter sollte jedoch trotzdem versuchen, den Blick des Kindes einzufangen. Wenn ihr dies in zunehmendem Maße gelingt, ist dies ein sehr hoffnungsvolles Zeichen für den positiven Fortschritt der Therapie.

Häufig lassen sich die Mütter in Diskussionen mit ihren Kindern ein. Das Kind beginnt ein Gespräch und versucht sich so der Mutter zu entziehen. In diesen Fällen soll die Mutter ihrem Kind sagen, daß sie es liebt, küssen und kosen, aber nicht mit ihm diskutieren möchte.

In letzter Zeit habe ich mehrere Kinder erlebt, die sich der Festhaltetherapie durch Einschlafen entzogen. Dies kann zu einer Verschlechterung der Symptomatik führen, da das Kind wohl erfährt, daß die Mutter es gegen seinen Willen festhält, nicht aber den gefühlsmäßigen Höhepunkt der Festhaltetherapie miterlebt. Es weiß dann überhaupt nicht, was mit ihm geschah und wird noch mehr verunsichert.

Wenn ein Kind einschläft, kann es die Mutter entweder wieder liebevoll wecken oder aber es eine kürzere oder längere Zeit schlafen lassen. Immer aber sollte sie nach dem Aufwachen mit der Festhaltetherapie fortfahren. Wenn das Kind regelmäßig einschläft, sollte die Mutter die Festhaltetherapie zu einem Zeitpunkt durchführen, zu dem das Kind ausgeschlafen ist.

Kürzlich erlebte ich eine Mutter, die ihrem Kind ständig sagte, daß es lieb sei. Dies stimmte nun überhaupt nicht, da sie den Jungen zu mir gebracht hatte, weil er geradezu bösartig zerstörerisch war.

Die Mutter hatte meine Information falsch verstanden. Sie sollte ihrem Kind sagen, daß sie es liebe, trotz seiner Zerstörungswut und obwohl es so böse war, nicht aber ihm vermitteln, daß sie seine Aggressivität und sein Verhalten für lieb hielt.

5. Festhalten alleine reicht nicht

Häufig erlebe ich Eltern, die sehr intensive Gefühle bei der Festhaltetherapie entwickeln und gleich nach der Behandlung ein völlig verändertes Kind vorfinden.

Sie sind über diesen Zustand so glücklich und zufrieden, daß sie vergessen, daß die Festhaltetherapie ausschließlich bewirkt, die verlorene Liebe wieder zu aktivieren.

Das Kind kann durch sie die Liebe der Eltern neu erleben und verinnerlichen. Es wird dadurch in die Lage versetzt, seine Verhaltensauffälligkeiten, die ein Ersatz für die verlorengegangene Liebe waren, aufzugeben. Dies kann aber nur dann geschehen, wenn die Eltern auch ihr Verhalten zum Kind, das zu der gestörten Liebesbeziehung geführt hat, ändern.

Das bedeutet aber, daß sich die Eltern vor der Festhaltetherapie darüber klar werden müssen, was ihre Beziehungsstörung zum Kind verursacht hat, und sie müssen bereit sein, ihr Verhalten zu ändern. Nach der Lektüre dieses Buches werden viele Eltern die Zusammenhänge besser erkennen können. Häufig wird es für sie bedeuten, daß sie in der Erziehung weniger, dafür aber klarere Grenzen ziehen müssen. Sie müssen lernen zunächst ihre Grundbedürfnisse zu erkennen, um sie dann gegen ihre Kinder zu verteidigen. Erst wenn das Kind die Grundbedürfnisse seiner Eltern zu respektieren beginnt, kann es von seinen Eltern dauerhaft und innig geliebt werden. Natürlich bedeutet es nicht, daß die Liebe der Eltern zum Kind sofort wieder nachläßt, sobald das Kind einmal die Grundbedürfnisse der Eltern mißachtet. Dies geschieht erst dann, wenn die Beeinträchtigung der elterlichen Grundbedürfnisse dauerhaft und sehr intensiv wird.

In den späteren Kapiteln über die einzelnen Verhaltensauffälligkeiten wird beschrieben, welches Verhalten der Eltern zu der jeweiligen Verhaltensstörung des Kindes geführt hat und damit geändert werden muß, wenn die Festhaltetherapie einen dauerhaften Erfolg haben soll.

6. Unterschied zwischen Halten und Festhalten

Viele Eltern haben mich in der letzten Zeit nach dem Unterschied zwischen Halten und Festhalten gefragt.

Für mich ist die Festhaltetherapie, wie ich sie beschrieben habe, die wichtigste Möglichkeit, die gegenseitige Liebe wieder zu aktivieren, indem die Mauer, die die Seele als Schutzwall aufgebaut hat, eingerissen wird. Sie sollte nur zu diesem Zweck eingesetzt werden und nicht mißbraucht werden als Strafe für das Kind oder um ihm Grenzen zu setzen. Sie führt auch nicht direkt zur Beseitigung von Verhaltensauffälligkeiten, sondern ermöglicht dem Kind, in dem Bewußtsein, wieder geliebt und angenommen zu werden, seine Verhaltensauffälligkeiten aufzugeben, die ja nur ein Ersatz für die verlorengegangene Liebe waren.

Das Halten hat für mich einen völlig anderen Stellenwert. Es gibt uns Eltern und Erziehern die Möglichkeit, Grenzen zu setzen. Eine Hand, die mich schlagen möchte, kann ich solange halten, bis das Kind seine Absicht aufgibt. Ein Kind, das ein anderes schlagen möchte, kann ich solange im Arm halten, bis es mir verspricht, das andere Kind nicht zu schlagen. Eine Kindergärtnerin, die einem äußerst aggressiven Kind nichts entgegensetzen kann als Strafen und Ermahnungen, wird viel erfolgreicher sein, wenn sie das Kind in den Arm nimmt, es hält und es erst dann wieder weiterspielen läßt, wenn es ihr verspricht, die anderen Kinder nicht mehr zu schlagen oder die Möbel nicht mehr zu demolieren. Das Kind wird bei diesem Halten wohl auch toben und schreien, dabei aber die Erfahrung machen, daß sein Fehlverhalten einfach durch Halten unterbunden wird, wobei es selbst bestimmen kann, wann es wieder mitspielen darf.

Wie ich im Kapitel „Festhaltetherapie" schon ausgeführt habe, habe ich dieses Halten schon seit der frühen Kindheit meiner Kinder mit großem Erfolg praktiziert und wende es seit Beginn meiner Praxistätigkeit bei aggressiven Kindern oder Kindern, die keinerlei Grenzen kennen, mit bestem Erfolg an. Ich kenne keine bessere Methode, ein Kind zu lehren, Grenzen, Gebote und Verbote zu akzeptieren.

7. Kritik an der Festhaltetherapie sollten nur die üben,
die mit der Festhaltetherapie vertraut sind

In den letzten Monaten wurde ich wiederholt vor allem von Kinder- und Jugendpsychotherapeuten wegen der Festhaltetherapie angegriffen. Die Argumente sind spärlich, dafür aber um so unsachlicher. Immer wieder höre ich den Vorwurf, bei der Festhaltetherapie würde man den Kindern den Willen brechen. Eine solch absurde Behauptung können nur Menschen aufstellen, die sich noch nie mit der Festhaltetherapie auseinandergesetzt haben und die vor allem noch nie dabei waren, wenn sich Mutter und Kind am Ende der Festhaltetherapie mit glücklichen Gesichtern umarmen. Wenn die Festhaltetherapie den Willen des Kindes brechen würde, wäre es wohl kaum denkbar, daß passive Kinder mit regressiven Symptomen, nach der Festhaltetherapie häufig recht aktiv werden und ihre regressiven Verhaltensauffälligkeiten verlieren.

Relativ häufig kommen in letzter Zeit Eltern zu mir, die nicht mehr bereit sind, ihre Kinder weiterhin mit der Spieltherapie behandeln zu lassen, da sie kaum einen Fortschritt sehen. Solche Eltern berichteten mir, daß ihnen die Therapeuten androhten, sie würden das Kind nie mehr wieder in Therapie nehmen, wenn es mit der Festhaltetherapie behandelt werden würde. Das verunsichert die Eltern nach beiden Seiten. Einerseits wollen sie sich nicht drohen lassen und beenden das Therapieverhältnis mit dem Spieltherapeuten, andererseits sind sie recht ängstlich was die Festhaltetherapie anbetrifft und glauben, ihrem Kinde könnte Böses geschehen. Ich bedauere diese unsachliche Argumentation sehr, zumal sie auf Kosten des Patienten ausgetragen wird. Sie werden von Therapeuten verunsichert, die sich noch nie mit der Festhaltetherapie beschäftigt haben. Ich selbst habe eine tiefenpsychologische Ausbildung und habe früher selbst sehr viele Kinder mit der Spieltherapie behandelt, so daß ich glaube, dieses Therapieverfahren zu kennen. Ich wäre dankbar, wenn diejenigen, die Kritik an der Festhaltetherapie üben, sich auch die Mühe machen würden, sich darüber zumindest grob zu informieren. Die Festhaltetherapie ist grundsätzlich nur dann einsetzbar, wenn die Eltern bereit und in der Lage sind, ihr eigenes Verhalten kritisch zu durchleuchten und dann auch zu ändern, weil nur dann ein dauerhafter Erfolg durch die Festhaltetherapie zu erwarten ist. Dazu brauchen jedoch viele Eltern fachmännische Hilfe, die in der Regel nur niedergelassene Psychotherapeuten leisten können. Daher wäre es wünschenswert, wenn sich mehr Psychotherapeuten mit der Festhaltetherapie beschäftigen würden. Außerdem gibt es zahlreiche psychische Erkrankungen, bei denen die notwendige Psychotherapie mit gutem Erfolg durch die Festhaltetherapie unterstützt werden könnte.

KAPITEL 9
Aggressives Verhalten

1. Allgemeine Gesichtspunkte

Aggressives Verhalten ist angeboren und gehört zum Leben. Es diente ursprünglich der Abwehr von Gefahren und Übergriffen, der Selbstbehauptung in der Gruppe und vor allem der Nahrungssicherung. Die Nahrungssicherung ist heute, zumindest in den Industrieländern, selten Ursache für aggressives Verhalten. Dagegen hat sie als Mittel der Selbstverteidigung und Selbstbehauptung noch immer einen großen Stellenwert. Wenn man Aggressionen im weitesten Sinne betrachtet, so ist jedes „Nein", jedes Grenzensetzen eine aggressive Handlung, da dem anderen nicht erlaubt wird, etwas zu tun, was er gerne möchte. In unserem Verständnis sind aggressive Handlungen Schreien, Schlagen, Spucken, Stoßen und dergleichen.

Auch bei unseren Kindern dient aggressives Verhalten vor allem der Selbstverteidigung und der Selbstbehauptung, der Abgrenzung von anderen und der Persönlichkeitsentwicklung.

Wenn sich das Kind im frühen Säuglingsalter bedroht fühlt, schreit es, strampelt oder schlägt einfach um sich. Später wird die Selbstverteidigung zunehmend gezielter. Die Aufgabe von uns Eltern ist, dem Kind so viele Aggressionen zu erlauben, daß es sich in unserer Gesellschaft behaupten kann. Gleichzeitig müssen wir ihm jedoch vermitteln, daß man seine Aggressionen so weit unter Kontrolle haben muß, daß man den anderen weder verletzt noch gefährdet noch dessen Eigentum zerstört oder beschädigt. Dieser Lernvorgang ist für das Kind sehr schwierig.

In den ersten Jahren des Trotzalters möchte das Kind alles haben, und zwar sofort, und ist dafür auch bereit zu schlagen, zu beißen, zu kratzen oder zu spucken. Je nachdem, welche Erfahrungen das Kind mit seiner Umwelt macht, wenn es solche angeborenen aggressiven Verhaltensweisen zeigt, wird es sich später verhalten.

2. Kindliche Aggression bei widerstandslosen Eltern

Das Kind, das die Erfahrung macht, daß seine aggressiven Verhaltensweisen auf keinen Widerstand stoßen, wird sie beibehalten oder sogar verstärken.

Solche Kinder schlagen ihre Eltern, ihre Geschwister und andere Kinder und werden dadurch ziemlich rasch zu Außenseitern.

Auch die Eltern, die den Aggressionen des Kindes keinen Widerstand entgegensetzen können, beginnen irgendwann, das Kind unbewußt abzulehnen. Dadurch werden die Aggressionen des Kindes noch verstärkt: Es hat Angst um die Liebe seiner Eltern und braucht nun das aggressive Verhalten, um wenigstens im Mittelpunkt zu stehen.

Häufig sind die Eltern solcher Kinder selbst nicht in der Lage, ihre normalen Aggressionen auszuleben und können daher auch dem Kind keinen Widerstand entgegensetzen. Sie wollen allen gefallen, von allen geliebt werden, wollen nicht auffallen, niemandem zu nahe treten und ihre Gefühle verstecken, was ihnen auch häufig gelingt.

Kommen allerdings zu viele Verletzungen und Enttäuschungen auf sie zu, gelingt es ihnen nur anfänglich, diese zu überspielen, später explodieren sie.

Von den Ehefrauen erfahre ich dann, daß der Vater fast alles mit sich machen lasse, wenn es aber zuviel werde, sei er in seiner Wut unberechenbar, und man müsse zusehen, daß man ihm aus dem Weg gehe. Solchen aggressiven Kindern kann mit der Festhaltetherapie oft recht rasch und wirksam geholfen werden. Sie erfahren dabei, daß ihre Eltern sie trotz ihrer Aggressionen lieben und erleben gleichzeitig eine bis dahin unbekannte Stärke der Eltern. Die Eltern erleben während des Festhaltens ihre eigene Stärke, was ihnen hilft, dem Kind Grenzen zu setzen.

Dies ist ungeheuer wichtig, da ein aggressives Kind von seinen Eltern erst dann wieder dauerhaft geliebt werden kann, wenn es seine Aggressionen aufgibt, und das kann es nur, wenn es geliebt wird. Diese Liebe kann aber erst wieder erblühen, wenn die Eltern ihre Grundbedürfnisse wahrnehmen und gegen das Kind verteidigen, d.h. diesem Grenzen setzen.

3. Kindliche Aggression bei aggressiven oder strengen Eltern

Eine weitere Möglichkeit, auf Aggressionen der Kinder zu reagieren, ist zurückzuschlagen.

Wenn dies in einem Alter geschieht, in dem sich das Kind mit seinen angeborenen Aggressionsmöglichkeiten zur Wehr setzt, also noch keine Einsicht in sein Tun hat, kann dies fatale Folgen haben: Entweder es schlägt dann auch in zunehmendem Maße zurück, da es Schlagen als eine Form der gegenseitigen Beziehungen betrachtet und wird dadurch zum Außenseiter.

Oder es gibt seine Aggressivität auf, was fast noch schlimmer ist.

Ein Kind, das durch strenge Erziehungsmaßnahmen nicht aggressiv sein darf, sondern immer nur höflich, freundlich, liebenswürdig und zuvorkommend sein muß, wird zum Duckmäuser und verliert seine Persönlichkeit.

Allerdings führen die ungelebten Aggressionen zu einem massiven Aggressionsstau, der sich in aggressiven Durchbrüchen entlädt. Darunter versteht man der Situation nicht angemessene Reaktionen, die nur begreifbar werden, wenn man weiß, daß das Kind seine normalen Aggressionen nicht abreagieren durfte. Die Kinder nehmen dann plötzlich irgendwelche Gegenstände, schmeißen sie auf den Boden oder werfen sie nach ihren Eltern oder Geschwistern, ohne ihre Gefühle und aggressiven Handlungen kontrollieren zu können. Diese Reaktionen sind bei solchen Menschen ein Leben lang zu finden, da sie keinen andern Weg kennen, ihre Aggressionen auszuleben.

4. Kindliche Aggression bei hilflosen Eltern

Die ersten aggressiven Verhaltensweisen des Säuglings sind für seine Entwicklung und seine Abgrenzung wichtig, sollten aber nicht dazu führen, daß das Kind damit Eltern und Geschwistern ständig weh tut.

Die häufigste Reaktion auf Schlagen, Beißen, Kratzen, Haare reißen ist „Aua" schreien, verbunden mit einem etwas schmerzlichen Lachen. Wenn der Säugling dies immer wieder erfährt, wird er es als „Aua"-Spiel betrachten und dieses Spiel so oft als möglich spielen wollen, weil es ihm Spaß macht.

Wir sollten unseren Kindern, sobald sie es begreifen können, klarmachen, daß Beißen, Schlagen, an den Haaren reißen und Kratzen weh tut. Dies können wir einerseits dadurch, daß wir sie mit ernstem Gesicht energisch an ihrem Tun hindern, z. B. durch Festhalten der schlagenden oder kratzenden Hand, andererseits dadurch, daß wir gegebenenfalls auch einmal an den Haaren des Kindes ziehen oder es beißen.

Das Kind wird sehr rasch begreifen, daß seine Angriffe schmerzhaft sind und diese Tätigkeiten einstellen, sofern sie nur dem Zeitvertreib dienen.

5. Kinder, die nur zu Hause aggressiv sind

Häufig kommen Eltern zu mir, die über ihr aggressives Kind klagen. Es sei in der Schule brav und liebenswürdig, zeige sich beim Nachbarn und bei Freunden ebenfalls freundlich und nett, sei zu Hause jedoch äußerst aggressiv.

Es würde schreien, Türen zuschlagen und sogar mit Gegenständen schmeißen. Trotz intensiver Ermahnungen und auch Strafen der Eltern würde sich nichts ändern.

Aufgrund vielfacher Erfahrung kann ich diesen Eltern nur raten, ihren Kindern dieses aggressive Verhalten zu erlauben. Es tut niemandem weh und erlaubt dem Kind, seine aufgestauten Aggressionen an leblosen Gegenständen loszuwerden. Wo sonst als zu Hause könnte dies am besten geschehen? Nehmen wir einmal den umgekehrten Fall an, den es bei Eltern, die ihre Kinder sehr streng erziehen, durchaus gibt. Das Kind wäre zu Hause freundlich, höflich und liebenswürdig, würde aber in fremden Familien sehr aggressiv sein, alles zerstören, andere Kinder schlagen und die Lehrer in der Schule mit seinem aggressiven, unangepaßten Verhalten zur Verzweiflung bringen. Das wäre für uns doch wesentlich schlimmer. Ich denke, es ist viel besser, wenn ein Kind bei Fremden und in der Schule die Regeln des Zusammenlebens beachtet und seine aufgestauten Aggressionen zu Hause loswerden darf.

Was tut es einer Tür, wenn sie einmal zugeschlagen wird, was tut es einem Tisch, wenn eine kindliche Faust ihn trifft? Ich frage mich auch: Was tut es uns, wenn ein Kind eine Tasse oder einen Teller voller Wut auf dem Boden zerschmeißt?

Hinterher tut es dem Kind meist leid, es ist jedoch ein großes Stück seiner Aggression losgeworden.

6. Aggressives Verhalten zwischen Geschwistern

Viele Eltern klagen besonders über Aggressionen und den ständigen Streit zwischen Geschwistern.

Die Erfahrung zeigt, daß aggressive Handlungen und Streitereien am intensivsten sind, wenn sich die Eltern in den Streit der Kinder einmischen.

Einerseits fühlen sich diese meist falsch beurteilt, denn wir Eltern erwischen mit unserer Kritik meist den Falschen. Andererseits machen Zuschauer den Streit erst interessant. Lassen Sie Ihre Kinder nach Herzenslust streiten, und Sie werden erleben, daß die Intensität und die Dauer der Streitereien deutlich nachlassen.

7. Aggressives Verhalten als Folge von Liebesverlust

Wie ich schon ausgeführt habe, kann die nachlassende Liebe der Eltern zu den verschiedensten Verhaltensstörungen führen, wobei aggressives Verhalten ganz oben steht.

Der Entstehungsmechanismus ist immer derselbe. Aus den verschiedensten Gründen beginnen die Eltern ihr Kind weniger zu lieben. Die Folge davon ist, daß sich das Kind einen Ersatz für die verlorene Liebe sucht und ihn in aggressivem Verhalten findet.

Das Kind merkt, daß es durch seine Aggressivität zum Mittelpunkt wird, denn wer könnte ein überaus aggressives Kind übersehen?

Beobachten Sie sich selbst einmal!

Das Kind, das in Ihrer Familie am aggressivsten ist, wird schon von vorneherein am meisten beachtet, da man immer erwartet, daß irgend etwas passiert. Es ist wohl eine negative, dafür aber intensive Zuwendung, da man dieses Kind nie aus den Augen lassen kann.

Im folgenden möchte ich an einem Kinderschicksal aus meiner Praxis die Entwicklung einer übermäßigen Aggressivität aufzeigen:

Ein 5½ jähriger Junge wurde mir wegen seines äußerst aggressiven Verhaltens vorgestellt (es handelt sich um das Kind, dessen Behandlung mit der Festhaltetherapie für mich zum Schlüsselerlebnis wurde).

Wie ich aus der Vorgeschichte entnehmen konnte, war etwa ein Jahr zuvor eine Schwester zur Welt gekommen, die von der ganzen Familie sehr geliebt und verwöhnt wurde, da sie ein ausgesprochen hübsches Kind mit einem sonnigen Gemüt war. Der Junge, der plötzlich merkte, daß er nicht mehr im Mittelpunkt der Familie stand, begann, zunächst nur durch „Unarten", auf sich aufmerksam zu machen. Er versteckte ganz einfach Dinge, darunter auch das Fläschchen des Säuglings, aber auch die Nahrung und Kleidungsstücke. Später begann er, das Verstecken auf andere Gegenstände auszudehnen. Immer, wenn etwas fehlte, erinnerte man sich an den Knaben, und es fehlte laufend etwas. Der Junge hatte es durch diesen Trick erreicht, wieder mehr im Mittelpunkt zu stehen, wenn auch in negativem Sinne. Hier kam das Prinzip vieler Verhaltensauffälligkeiten zum Tragen: „Wenn du mich schon nicht *lieben* kannst, dann hasse mich, aber du sollst mich *beachten!*"

Diese Beachtung dient als Ersatzbefriedigung für die verlorene Liebe.

Als die Eltern schließlich merkten, daß der Junge alles versteckte, versteckten sie ihrerseits die wichtigen Dinge und schlossen sie ein. So war dem Buben die Möglichkeit genommen, sich mit relativ harmlosen Dingen in den Mittelpunkt zu stellen. Er mußte zu schärferen Geschützen greifen und begann, die Eltern während des Essens zu tyrannisieren. Er leerte die Teller auf dem Boden aus, schmiß mit Nahrung um sich, streute Salz und Zucker aus und war nun erneut negativer Mittelpunkt. Als die Eltern beschlossen, den Jungen nicht mehr zu beachten, trotz der schrecklichen Dinge, die er tat, griff er zum äußersten: Er zerschnitt die Polster der Möbel, leerte Farbe auf den Teppich, zerschnitt seine eigenen Hosen und auch die der Eltern. Dies tat er auch bei Freunden und Verwandten, so daß die Familie überall Besuchsverbot erhielt.

Wenn man ihn fragte, warum er das tue, konnte er nur sagen, er wisse es nicht und täte es nie wieder, um gleich danach wieder mit der Zerstörung seiner Umgebung fortzufahren.

In dieser Situation kamen die Eltern zu mir.

Das Kind, das durch seine Verhaltensauffälligkeiten und seine Aggressionen nur auf sich aufmerksam machen wollte, war schließlich durch das Ausmaß seiner Zerstörungswut völlig ins Abseits geraten. Niemand mochte den Jungen mehr, nicht einmal seine Eltern. Sie betrachteten ihn als Ungeheuer, und ich merkte, daß sie das Kind am liebsten in ein Heim für Schwererziehbare gegeben hätten.

Als das Kind in meiner Praxis begann, ebenfalls alles zu zerstören, versuchte ich, es durch Festhalten zu bändigen. Während des Festhaltens begann ich plötzlich positive Gefühle für das Kind zu empfinden. Anfangs tat mir der Junge nur leid, dann begann ich, ihn zu mögen, und schließlich fühlte ich eine ungeheure Zuneigung zu diesem fremden Jungen, der mir am Ende der Sitzung mitteilte, daß auch er mich möge. Wie mir die Mutter einige Tage danach mitteilte, hatte sich der Junge nach dem Besuch bei mir völlig unauffällig benommen. Das Gefühl geliebt zu werden, hatte dem Jungen die Kraft gegeben, auf seine aggressiven Verhaltensweisen zu verzichten. Nach den vielen Monaten, in denen er nur Ablehnung und Unverständnis erfahren hatte, war ausgerechnet ich diejenige, die ihm zum ersten Mal wieder echte Zuneigung, ja fast Liebe entgegenbrachte. Wir spürten beide, daß wir uns mochten, und ich hatte den Eindruck, als fließe diese Zuneigung wie ein Strom von mir zum Kind und umgekehrt. Ich konnte dieses fließende positive Gefühl fast greifen. Sein aggressives Verhalten hatte ihn in den Mittelpunkt der gesamten Großfamilie gestellt, die ihm wohl keine Liebe und Zuneigung mehr entgegenbrachte, ihn jedoch ständig beachten mußte. Dies jedoch war nur ein Ersatz für die Liebe und Zuneigung, die er nach der Geburt seiner Schwester nicht mehr erhalten hatte.

Ich erklärte den Eltern die Ursache der Verhaltensstörung und konnte ihnen begreiflich machen, daß das Kind nur aufgrund seiner Angst, die Liebe und Zuwendung der Eltern zu verlieren, so aggressiv geworden war. Die Eltern konnten mit Hilfe dieses Wissens und der Festhaltetherapie dem Jungen vermitteln, daß sie ihn noch immer liebten, und er konnte seine krankhaften Aggressionen dauerhaft aufgeben.

Inzwischen ist der Junge in seinem Verhalten völlig unauffällig. Er besucht eine weiterführende Schule mit sehr gutem Erfolg und macht seinen Eltern viel Freude.

Dieses Beispiel läßt sich auf die verschiedensten Kinder übertragen. Auch in der Gruppe, sei es im Kindergarten oder in der Schule, ist Aggressivität fast immer ein Zeichen für zu geringe Zuwendung. Ein Kind, das geliebt wird, braucht die übermäßige Aggression gegen andere Kinder, die Kindergärtnerin oder den Lehrer nicht.

8. Erlaubtes aggressives Verhalten muß erlernt werden

Ganz wichtig für die Erziehung des Kindes ist die Vorbildfunktion der Eltern. Sie müssen dem Kind zeigen, wie es mit seinen Aggressionen umgehen kann, und welche aggressiven Handlungen erlaubt sind. Es ist notwendig unseren Kindern zu zeigen, daß auch wir schreien und Türen schlagen können, um damit unsere Aggressionen abzubauen. Das Kind wird dies nicht negativ, sondern eher positiv sehen. Es sieht, was an aggressivem Verhalten akzeptiert wird, und kann sich dann ebenso verhalten. Es wird seine Wut und seine Aggressionen an toten Gegenständen los und muß sie nicht gegen andere Menschen richten.

Eltern sollten authentisch sein, das heißt sich so geben, wie sie sich fühlen, auch mit ihren Aggressionen.

Dem Kind zu sagen: „Ich könnte dir den Hintern versohlen, so wütend hast du mich gemacht, aber da ich dich liebe, tue ich es nicht", ist nicht schlimm.

Viel schlimmer ist es, wahnsinnig wütend zu sein, genau die oben beschriebenen Gefühle zu hegen, dann aber dem Kind lächelnd gegenüberzutreten und ihm zu sagen: „Das macht doch nichts." Solche Mütter tun dies in einer falsch verstandenen Mutterrolle.

Sie glauben, eine gute Mutter müsse immer lieb und nett sein, alles verzeihen, alles ertragen und dürfe nie aggressiv gegen das kleine, süße, unschuldige Wesen sein. Mütter, die niemals aggressiv, sondern immer nur freundlich und nett sind, vermitteln ihrem Kind ein völlig falsches Bild vom Menschen und verunsichern es.

Das Kind, das durchaus weiß, daß es die Mutter geärgert hat, erlebt nun eine nach außen freundliche Mutter, empfindet aber mit seinen feinen Sensoren ihre aggressive Stimmung und wird in seiner Beziehung zur Mutter verunsichert. Es merkt, daß die Mutter lügt und fragt sich, warum.

Es lernt, daß Lügen offensichtlich zum Leben gehören und übernimmt diese Verhaltensweisen auch im Umgang mit anderen.

Dies führt dazu, daß wieder ein Mensch heranwächst, der seine Gefühle nicht leben darf und seine Mitmenschen und später auch wieder seine Kinder belügt, indem er ihnen etwas vorspielt.

9. Versteckte Aggressionen

Der Mensch ist von Haus aus aggressiv. Auch Mütter, die so tun, als seien sie nur hilfreich, gut und lieb, sind es. Sie zeigen ihre Aggressionen nur in anderer Weise, die häufig nicht als Aggressionen erkannt werden.

Unerkannte Aggressionen finden sich häufig hinter logisch klingenden Verboten: Eine Mutter, die ihrem Kind jegliche Süßigkeit verweigert mit dem Argument, die Zähne gingen sonst kaputt, ist gegen dieses Kind äußerst aggressiv, denn es ist eine angeborene Eigenschaft, süße Dinge zu mögen. Ausnahmen gibt es natürlich.

Durch die edle Motivation, nämlich die Zähne zu schützen und die Gesundheit des Kindes zu verbessern oder zu erhalten, können solche Mütter ihre Aggressionen an ihren Kindern, ohne es selbst zu merken, ausleben.

Auch die Mütter, die sich auf Vollwertkost, häufig auch noch fleischfrei umgestellt haben, können sehr aggressiv gegen ihre Kinder sein, wenn diese Geisteshaltung keine Ausnahmen zuläßt. Ich höre immer wieder von Lehrern, daß solche Kinder in der Pause anderen Kindern das Pausenbrot wegnehmen, um genüßlich die mit Wurst und Käse belegten Brötchen zu verspeisen. Ein gesundes Kind möchte eine Ernährung, die auch seinen Geschmacksnerven entgegenkommt.

Ein weiterer wichtiger Faktor spielt dabei eine Rolle: Wenn alle anderen Kinder genauso ernährt würden wie diese Kinder, wüßten sie gar nicht, daß es noch andere Dinge gibt.

Da jedoch die meisten Kinder eine gesunde Mischkost erhalten, die auch Wurst, Fleisch, Süßigkeiten, Weißbrot und Brötchen umfaßt, werden diese zu erstrebenswerten Gütern, sobald das Kind einmal davon gekostet hat. Die Kinder sehnen sich danach, ohne diese Wünsche von ihren Müttern erfüllt zu bekommen und leiden sehr darunter. Sie fühlen sich als Außenseiter. Den Eltern dieser Kinder kommt nicht einmal entfernt der Gedanke, daß die Verweigerung der Dinge, die andere erhalten und genießen, eine schwere Aggression gegen ihre Kinder ist. So können sie ihre Aggressionen voll auskosten, denn obwohl sie das Leiden ihres Kindes sehen, begründen sie ihre Haltung verstandesmäßig mit der Pflicht, die Gesundheit des Kindes zu verbessern oder zu erhalten. Das eben ausgeführte gilt natürlich nur für die Mütter, die keine Ausnahmen von der Regel zulassen, die ihre verweigernde Haltung absolut konsequent verfolgen. Mütter, die der Gesundheit der Kinder wegen eine Vollwertkost anstreben, die jedoch auch den Bedürfnissen des Kindes nach Gaumenfreuden entgegenkommen, sind nicht gemeint.

10. Verhaltensvorschläge bei kindlichen Aggressionen

Wenn das Kind in einem Zorn- oder Wutanfall oder zur Selbstverteidigung zuschlägt, vor allem im frühen Kleinkindesalter, sollten wir ihm sehr viel Nachsicht entgegenbringen.

Es hat angeborene aggressive Verhaltensweisen aber keine angeborenen *Wohl*verhaltensweisen. Diese müssen erst in einem langen, schwierigen und auch schmerzhaften Entwicklungsprozeß erlernt werden.

Ich denke, daß es in solchen Situationen ausreicht, wenn wir die schlagende Hand oder das ganze Kind festhalten und ihm ruhig, aber bestimmt erklären, daß wir sein aggressives Verhalten nicht mögen, es selbst jedoch nach wie vor lieben.

Wenn das Kind schreit, stampft, auf den Tisch schlägt oder sein Spielzeug hinschmeißt, sollten wir dem Kind dies zugestehen, denn es soll die Wut ausleben, um sie zu überwinden. Dieses aggressive Verhalten schadet niemandem, führt jedoch zu einer enormen Entlastung des aggressiven Reservoirs. Ganz wichtig erscheint mir, daß Eltern begreifen, daß aggressives Verhalten zum Leben gehört.

Ein Kind, das keine Aggressionen hat, wird sich im Leben nicht behaupten können und untergehen.

Ich persönlich bin der Meinung, daß all das zugelassen werden sollte, was niemand anderen verletzt.

Wenn ein Kind jedoch zu weit geht und anderen Kindern Schmerzen zufügt oder sie sogar verletzt, ist es wichtig, zunächst nicht das aggressive Kind zu beachten, sondern das angegriffene Kind. Fast immer möchte das aggressive Kind durch seine Aggressionen in den Mittelpunkt gestellt werden. Gelingt ihm dies nicht, erreicht es ganz im Gegenteil, daß das angegriffene Kind mehr beachtet wird, macht es eine neue Erfahrung: Es erlebt, daß es trotz seiner Aggressivität nicht beachtet wird, sondern dafür gesorgt hat, daß das angegriffene Kind mehr Beachtung findet, was ganz und gar nicht in seinem Interesse liegt. Das aggressive Kind wird über kurz oder lang auf seine Aggressionen verzichten.

Allerdings ist es wichtig, daß das aggressive Kind außerhalb der aggressiven Verhaltensweisen besonders intensive Zuwendung erfährt. Es ist wichtig, ihm zu sagen, daß man es mag oder liebt, je nachdem ob es eine Erzieherin oder die Mutter ist, daß man aber nicht verstehen kann, warum das Kind so aggressiv sein muß. Es muß erkennen, daß seine Aggressionen dazu geführt haben, daß man sich um das angegriffene Kind vermehrt kümmern mußte, da es ja verletzt wurde oder Schmerzen aushalten mußte.

Das aggressive Kind wird registrieren, daß der Schuß nach hinten losging.

– KAPITEL 10 –

Tagesablauf in einer Familie mit mehreren Kindern Lösungsvorschläge zur Bewältigung der Problematik

1. Allgemeine Gesichtspunkte

Viele Eltern beklagen sich nicht über spezielle Unarten ihrer Kinder, sondern darüber, daß der gesamte Tagesauflauf ein Problem, ein einziges Chaos sei.

Sie wollen wissen, ob dies in anderen Familien ähnlich ist und wie sie damit umgehen sollen.

Nach den Schilderungen verschiedenster Eltern, spielen sich in den Familien die gleichen oder ähnliche Szenen und Dramen ab. Daher möchte ich die typischen Verhaltensweisen von Eltern und Kindern schildern und vermute, daß sich die meisten Eltern zumindest in einzelnen Situationen wiedererkennen.

Anschließend möchte ich Lösungsvorschläge zur Bewältigung der Problematik machen.

2. Tagesablauf

a) Aufstehen

Beginnen wir mit unserer Darstellung chronologisch am frühen Morgen: Die Kinder werden von der Mutter geweckt und stehen nicht auf. Sie weckt sie ein zweites Mal, ein drittes Mal, ein viertes Mal. Die Kinder genießen es, ständig geweckt zu werden, um sich dann wieder wohlig zu strecken, in der absoluten Gewißheit, daß die Mutter schon dafür sorgen wird, daß sie noch zeitig genug aufstehen werden. Schließlich wird die Mutter böse und fängt an zu schimpfen, worauf sich die Kinder langsam und träge aus ihrem Bett erheben und dann auch noch Bemerkungen machen wie: „Du brauchst doch nicht gleich anfangen zu schimpfen und zu schreien."

Die Mutter ist ärgerlich, fühlt sich provoziert und gleichzeitig auch etwas beschämt, weil sie sich fragt, ob die Kinder mit ihrer Kritik nicht doch recht haben.

b) Waschen und Anziehen

Die Situation im Bad ähnelt der Aufstehsituation. Trotz der Ermahnung, schneller zu machen, spielen die Kinder mit der Zahnpasta, waschen oder duschen sich im Zeitlupentempo, ziehen sich genauso langsam an und lehnen dann auch noch die Kleidung, die die Mutter vorbereitet hat, ab: Der Rock ist zu eng, die Bluse zu grell, die Hose ist zu weit, die blaue Hose paßt von der Farbe nicht, die Socken sind zu klein, die Unterwäsche zu kratzig und der Pullover zu warm.

Da die Zeit bis zum Kindergarten- oder Schulbeginn oder bis zur Abfahrt des Busses immer knapper wird, gestaltet sich die Situation immer angespannter und hektischer.

Die Mutter erklärt den Kindern, daß die erwünschte Hose oder der Rock gerade gewaschen und nicht gebügelt sei und empfiehlt, die blaue Hose oder den grünen Rock anzuziehen.

Sie bietet neue Unterwäsche an, neue Socken, neue Blusen und schließlich, nachdem die Mutter den Tränen nahe ist, erklären sich die Kinder mit der nun neu zusammengestellten Kleidung einverstanden. Durch den Zeitdruck zieht die Mutter nun die Kinder an, was ihren Ärger verstärkt, denn sie wären durchaus in der Lage, sich selbst anzuziehen. Anschließend beginnt der Kampf ums Frühstück.

c) Frühstück

Die Kinder beginnen die Frühstücksrunde mit dem Hinweis, sie hätten keinen Hunger und möchten nicht essen.

Die Mutter versucht nun mit allen möglichen Argumenten, sie zum Essen zu bewegen. Sie sollten doch wenigstens ein kleines Häppchen essen oder zumindest etwas Milch oder Kakao trinken. Der Schulstreß sei doch nur durchzuhalten, wenn man etwas im Magen habe.

Schließlich stellen die Kinder fest, daß die Mutter sie immer zwinge, etwas zu essen, obwohl ihnen danach schlecht sei und schieben sich angewidert ein Stück Brot in den Mund oder trinken einen Schluck Milch. Dies empfindet die Mutter erneut als Provokation, denn an einem Schluck Milch oder einem Stückchen Brot sei noch niemand gestorben. Ihre Laune ist endgültig am Tiefpunkt angelangt. Inzwischen ist die Zeit knapp geworden und die Mutter drängt die Kinder, endlich aus dem Haus zu gehen, damit sie doch noch pünktlich an der Bushaltestelle oder in der Schule ankommen.

Doch jetzt fällt einem Kind ein, daß es heute das Mathebuch oder ein bestimmtes Lesebuch braucht. Wie könnte es anders sein, genau dieses Buch ist nicht auffindbar. Schließlich entdeckt es die Mutter im Schulranzen, denn das Kind hatte es tags zuvor schon eingepackt. Erleichtert verabschieden sich Mutter und Kinder, gerade noch rechtzeitig, um nicht zu spät zu kommen.

d) Vormittag

An der Bushaltestelle oder im Schulhof angekommen erleben die Kinder andere Kinder, die, wie sie selbst, schon am Morgen aggressiv sind, toben und lärmen.

Während des ganzen Vormittags müssen sich die Kinder dem Schulalltag unterordnen. Sie müssen Klassenarbeiten schreiben, erleben die verschiedensten Enttäuschungen über Noten, mit Freunden, Mitschülern und auch mit Lehrern.

Im Laufe des Vormittags nimmt ihre aggressive Grundstimmung zu, und sie können sich nur noch mit Mühe beherrschen.

Auch die Stimmung der Mutter ist schlecht, nur mit dem Unterschied, daß sie sich im Verlaufe des Vormittags verbessert. Anfänglich ist sie noch wütend über das Verhalten der Kinder, quält sich aber gleichzeitig mit der Frage, ob sie sich richtig verhalten hat. Bis zum Mittag ist ihr Ärger schließlich verraucht, und sie freut sich auf die Rückkehr ihrer Kinder.

e) Rückkehr aus der Schule und Mittagessen

Doch schon bei der Rückkehr der Kinder aus der Schule, muß sie sich erneut ärgern, da alle Schulränzen, Anoraks, Mäntel und Jacken einfach in die Diele geschmissen werden.
Außerdem beginnen sie heftig miteinander zu streiten, kaum daß sie im Hause sind. Die Ruhe des Vormittags ist vorbei.

Die Kinder reagieren den Frust der Schule zu Hause ab und werden gegeneinander und auch gegen die Mutter aggressiv. Wenn diese fragt: „Wie war es in der Schule?" erhält sie die patzige Antwort: „Wie soll es schon gewesen sein?" oder „Was geht das dich denn an!"

Wenn die Mutter Glück hat, sind die Kinder hungrig und das Gekochte schmeckt ihnen. Wenn sie Pech hat, ziehen die Kinder ein langes Gesicht, lästern über das Essen, und sie hört Ausdrücke wie: „So einen Fraß kann man doch gar nicht essen!" Die Mutter versucht dann erneut, die Kinder zu überreden, wenigstens ein bißchen zu essen, vielleicht ein bißchen Fleisch oder etwas Gemüse oder etwas von den Kartoffeln mit Soße.

Schließlich lassen sich die Kinder herab, wenigstens einige Löffel zu essen, mit einem Gesicht, als wolle die Mutter sie vergiften.

Zudem streiten sich die Kinder während der gesamten Mahlzeit, ferkeln mit dem Essen, schaukeln mit den Stühlen oder sitzen mit hochgezogenen Beinen auf der Eckbank.

Die Mutter, die den Vormittag über gekocht, gebügelt, gewaschen und geputzt hat, sich schließlich sogar auf ihre Kinder gefreut hat, ist nun wieder völlig entnervt. Keiner findet ein Wort des Lobes oder der Anerkennung. Stattdessen nörgelt jeder herum, kneift den andern, heult, schreit, erzählt Dinge über die „Scheißschule", und der Vater, den dies alles ebenfalls nervt, beginnt zu schreien, was die Situation nicht besser macht. Nach dem Essen geht der Streit gleich weiter.

Die Mutter erwartet von ihren Kindern, daß sie ihr beim Tischabräumen helfen. Jeder hat nun tausend Ausreden, warum es der andere tun sollte, bis die Mutter wütend erklärt, sie würde alles alleine machen, was die Kinder auch gerne akzeptieren. Auch danach gibt es keinen Frieden. Die Kinder zanken sich weiter und beziehen sooft es geht die Mutter in die Streitereien mit ein. Sie soll Stellung nehmen, ob der eine oder der andere recht hat, ob man dies oder jenes nur so machen kann, und so geht es fort.

f) Hausaufgaben

Schließlich besteht die Mutter darauf, daß nun jeder seine Hausaufgaben macht. Aber auch dabei kehrt die ersehnte Ruhe nicht ein. Ständig steht eins der Kinder im Türrahmen und beschwert sich, daß der andere es dauernd störe, ihm eine lange Nase schneide oder seinen Kassettenrekorder auf volle Lautstärke aufgedreht habe. Die Schlichtungsversuche halten nicht lange vor, und das Streiten geht weiter. Zudem kommen sie mit ihren Schulaufgaben nicht klar, weil die „blöden Lehrer" ständig nur Aufgaben aufgeben, die sie gar nicht erklärt haben.

Schließlich entscheidet sich die Mutter, den Kindern bei den Hausaufgaben zu helfen, doch nun behaupten sie, daß es so, wie die Mutter es mache, ganz sicher nicht stimme.

g) Nachmittag

Nachdem die Schulaufgaben erledigt sind, dürfen die Kinder endlich, je nach Witterung, entweder draußen oder drinnen spielen.

Ist das Wetter schlecht, gehen die Rangeleien und Streitereien den ganzen Tag weiter und die Mutter kommt langsam aber sicher an die Grenzen ihrer Belastbarkeit.

Ist es schön, vereinbart die Mutter mit den Kindern eine Zeit, zu der sie zurück sein sollen. Doch um diese Zeit erscheint keines ihrer Kinder. Die Mutter wartet und ärgert sich mit ihrem auf dem Tisch stehenden Abendessen, ebenso der von der Arbeit zurückgekehrte Vater.

Wenn dieser dann auch noch darauf hinweist, daß er seine Kinder äußerst ungezogen finde, und daß die Kinder vom Nachbarn oder von Verwandten doch ganz anders seien, ist die Mutter kurz davor zu explodieren.

Schließlich trudeln die Kinder ein. Jeder von ihnen hat eine andere Ausrede für die Unabwendbarkeit seiner Verspätung.

h) Abendessen

Die Probleme setzen sich bei Tisch fort: Nachdem die Mutter recht unfreundlich auf die Ausreden der Kinder reagiert hat, setzen sie sich mißmutig an den Tisch. Sie beklagen, daß die Kinder des Nachbarn weiterspielen durften und sie als einzige so früh nach Hause mußten. Das Abendessen ist nicht nach ihrem Geschmack. Die Wurst ist zu salzig, der Käse zu scharf, das Brot zu trocken und die Brötchen zu weich. Erneut redet ihnen die Mutter gut zu, wenigstens ein bißchen zu essen, wenigstens etwas Salat, Joghurt oder den angemachten Quark, der heute besonders lecker sei. Schließlich essen die Kinder etwas, was aber von der Menge her in keiner Weise den Vorstellungen der Mutter entspricht.

Natürlich gibt es auch dicke Kinder, bei denen es gerade umgekehrt ist. Die Mutter sollte, nach Anweisung des Arztes, darauf achten, daß das Kind nur kalorienarme Nahrungsmittel zu sich nimmt. Aber genau diese Speisen mag das Kind nicht. Die Auseinandersetzung gipfelt schließlich darin, daß das Kind feststellt, man möge es überhaupt nicht mehr, da man es verhungern lasse.

Zudem streiten sich die Kinder wieder, schaukeln mit ihren Stühlen, nehmen die Salami mit den Fingern statt mit der Gabel und schmatzen, wobei es scheint, als ob jedes das andere überbieten möchte.

Die ohnehin den ganzen Tag im Streß stehende Mutter ist völlig entnervt.

i) Abend

Nach dem Abendessen beginnt der intensivste Kampf des Tages, nämlich der, die Kinder ins Bett zu bringen.

Erst nach mehrmaligen Aufforderungen läßt sich das eine oder andere Kind erweichen, ins Bad zu gehen und sich auszuziehen. Nach etwa einer Stunde haben sie endlich ihren Schlafanzug an, sind gewaschen und bereit, mit der Mutter den Kampf weiterzuführen. Bis sie schließlich alle im Bett sind, muß die Mutter sich noch wacker schlagen.

Zunächst müssen sie noch die Zähne putzen, dann nochmals auf die Toilette, um sich danach nochmals die Hände zu waschen. Plötzlich haben sie noch einen Bärenhunger und schrecklichen Durst und müssen sich nach dem Essen oder Trinken, der Mutter zuliebe, nochmals die Zähne putzen.

Abschließend müssen sie erneut aufs Klo, waschen sich nochmals die Hände, und dann endlich darf die Mutter vorlesen und sich mit einem Gutenachtkuß verabschieden.

Wenn sie Glück hat, ist dies das Ende der Vorstellung. Es kann jedoch auch lustig so weitergehen mit Essen, Trinken, Toilettengang, Händewaschen und Zähneputzen.

Während die Mutter sie tagsüber mehrfach ermahnen muß, sich die Zähne zu putzen, oder sich nach der Toilette die Hände zu waschen, ist dies jetzt auf einmal eine unbedingte Notwendigkeit. Die Mutter, die nichts sehnlicher wünscht, als sich hinsetzen zu dürfen, um sich zu entspannen, ist auch weiterhin in Aktion.

Dem einen Kind fällt ein, daß es der Mutter noch dringend etwas sagen muß, dem anderen, daß es eine bestimmte Hausarbeit für die Schule vergessen hat, dem dritten, daß sein Sportzeug noch gewaschen werden muß, weil es beim Fußballspielen im Regen völlig verdreckt wurde.

Die arme, geplagte Mutter muß zu guter Letzt noch vom Vater hören, daß er sich den Abend anders vorgestellt hätte. Bei einem Gläschen Wein und einer schönen Fernsehsendung hätte man sich einen gemütlichen Abend machen können. Schließlich nimmt der Vater die Dinge in die Hand und erklärt den Kindern energisch, daß sie ins Bett zu gehen und dort zu bleiben hätten, was die Kinder auch sofort tun.

Doch spätestens zehn Minuten später muß einer dringend aufs Klo und fragt ganz „verzweifelt", ob er denn das nicht mehr dürfe. Kurz darauf erscheint der nächste und hat Durst.

Offensichtlich hat auch die väterliche Autorität nicht viel bewirkt.

k) Nacht

Wenn nun alle Kinder im Bett sind und endgültig dort zu bleiben scheinen, ist der Tag für die Mutter noch nicht zu Ende: Das eine Kind hat einen schlechten Traum, wacht auf und weint. Das zweite beginnt zu husten und bekommt Fieber und das dritte wacht wegen der Unruhe der anderen auf und beklagt sich. Die Mutter muß nachts mehrfach aufstehen.

Um ihren Mann zu schützen, der am nächsten Tag wieder arbeiten muß, versucht sie bei ihren nächtlichen Aktivitäten sehr leise zu sein.

Sie gibt dem einen Hustensaft, mißt Fieber, gibt ein Fieberzäpfchen und beruhigt die anderen.

Wenn sie wieder ins Bett geht, schläft sie nur sehr oberflächlich, immer gewärtig, daß vor allem das kranke Kind sie brauchen könnte. Am nächsten Tag ist sie müde und übernächtigt. Während der Vater am Morgen ausgeschlafen zu seiner Arbeit geht, beginnt die Mutter müde und matt ihren aufreibenden Arbeitstag.

1) Alles wiederholt sich

Für die Mutter wiederholt sich der dargestellte Tagesablauf, dem sie nach dieser Nacht noch weniger gewachsen ist.

Zwischendurch schreit sie ihre Kinder an, gelegentlich rutscht ihr die Hand aus, und sie beginnt, sich langsam selbst nicht mehr zu mögen. Auch gegen ihre Kinder entwickelt sie unbewußte Aggressionen, die diese spüren, woraus verschiedene Verhaltensstörungen entstehen können.

Schließlich kommt es bei der Mutter, als Folge von Schuldgefühlen, zu noch größeren Zugeständnissen. Sie kann noch schlechter Grenzen setzen und wird so zum Sklaven ihrer Kinder. Ihre unbewußte Abneigung gegen diese wächst und damit deren Verhaltensauffälligkeiten, und schließlich entstehen schwere Beziehungsstörungen zwischen Mutter und Kindern, die alles noch verschlimmern.

Aus diesem Teufelskreis kommt die Mutter ohne Hilfe oft nicht mehr heraus. Selbst bei nur einem Kind kann die Belastung der Mutter ähnlich groß, wenn nicht sogar noch größer sein.

3. Lösungsvorschläge zur Bewältigung der Problematik

Im folgenden möchte ich Verhaltensweisen darstellen, die zu einer wesentlichen Verbesserung der gegenseitigen Beziehungen führen können.

Sie haben sich in vielen Familien bewährt und oft zu einem besseren gegenseitigen Verständnis beigetragen, das half, den oben dargestellten Teufelskreis zu durchbrechen.

Ich gebe hier eine Zusammenfassung von jahrelangen Erfahrungen mit den Problemen hilfesuchender Eltern und den Erfolgen der vorgeschlagenen Lösungsmöglichkeiten.

a) Aufstehen

Jedes Kind, das nicht aufsteht, obwohl die Mutter es mehrfach ermahnt, wird sich völlig anders verhalten, wenn sich auch die Mutter anders verhält. Statt das Kind fünfmal zu wecken und dabei immer ungeduldiger zu werden, empfehle ich, nach dem zweiten Mal zu sagen: „So jetzt komme ich nicht mehr, wenn du nicht aufstehen möchtest, dann bleib' halt liegen."

Das Kind, das bisher gewohnt war, von der Mutter mehrfach geweckt zu werden und das, dank der mütterlichen Beharrlichkeit, immer noch rechtzeitig in die Schule kam, wird dies zunächst nicht glauben können.

Die Wirklichkeit belehrt es jedoch eines anderen: Die Mutter kommt nicht mehr, es wacht dann schließlich verspätet auf und kommt möglicherweise nicht mehr rechtzeitig in die Schule oder in den Kindergarten.

Das Kind wird die Mutter heftig beschimpfen.

Wenn die Mutter ihm dabei ruhig erklärt, daß sie künftig immer so verfahren werde, da sie nicht mehr bereit sei, sich jeden Morgen mit ihrem Kind zu streiten, wird das Kind dies akzeptieren. In der Schule oder im Kindergarten wird das zu spät kommende Kind vom Lehrer oder den Erzieherinnen getadelt, und die Mitschüler lachen es auch noch aus und machen dumme Bemerkungen.

Dieses Erlebnis des Kindes ist meist recht nachhaltig. Die Mutter wird nun mit dem Wecken keine Probleme mehr haben.

Manche Eltern lehnen dieses Vorgehen ab, da sie meinen, sie seien dafür verantwortlich, daß das Kind rechtzeitig in die Schule komme, und eine Verspätung sei ihnen peinlich. Ich denke, daß der tägliche morgendliche Ärger mit dem Aufstehen die Mutter-Kind-Beziehung wesentlich mehr belastet als die einmalige Erfahrung des Kindes durch das Zuspätkommen.

Außerdem wird es dadurch in kleinen persönlichen Bereichen zu Eigenverantwortlichkeit erzogen.

b) Waschen und Anziehen

Das morgendliche Waschen und Zähneputzen ist ebenso problemlos wie das Aufstehen des Kindes, wenn man es richtig anpackt.

In der Regel werden sich die Kinder am Abend waschen oder duschen, so daß sie morgens nicht vor Schmutz starren und das Waschen mehr eine symbolische Handlung ist. Wenn sich das Kind nicht waschen und auch seine Zähne nicht putzen möchte, so sollte die Mutter nicht wieder das Spiel: „Ich werde schon dafür sorgen, daß du dich wäschst und die Zähne putzt!" spielen, sondern die Dinge ganz gelassen angehen.

Was passiert denn, wenn sich das Kind weder wäscht noch die Zähne putzt? Überhaupt nichts! Es wird vielleicht ein wenig aus dem Mund riechen und sich weniger frisch fühlen, was ihm ohnehin egal ist. Falls Mitschüler es auf seinen Mund- oder Körpergeruch ansprechen, kann dies nur positive Auswirkungen haben, da das Kind dadurch stärker motiviert wird, seine Zähne zu putzen und sich zu waschen. Wenn die Mutter ihrem Kind sagt, daß es seine Sache sei, ob es sich waschen und seine Zähne putzen möchte oder nicht, legt sie dessen Widerstand gegen diese Tätigkeiten lahm. Nur das Nichtbefolgen elterlicher Anweisungen wird interessant, da das Kind dadurch provozieren und seine Macht demonstrieren kann. Lange Diskussionen oder ständiges Ermahnen führen zum Gegenteil des Erwünschten. Das Kind wird zum Mittelpunkt der mütterlichen Aufmerksamkeit und genießt es. Es sieht daher keinerlei Veranlassung, etwas zu ändern.

Häufig erlebe ich Mütter, die schließlich ihre Schulkinder eigenhändig waschen und ihnen die Hand beim Zähneputzen führen. Welches Kind könnte einer solchen Bedienung widerstehen und die notwenigen Handgriffe selber machen?

Auch das Anziehen der Kinder sollte von Müttern viel lockerer betrachtet werden. Die meisten Kinder wissen ganz genau, was sie anziehen wollen, zumeist jedoch nicht die von der Mutter bereitgelegte Kleidung. Warum dürfen unsere Kinder nicht mit den Kleidern in die Schule gehen, die ihnen gefallen?

Immer wieder glauben Eltern, daß ihre Kinder dann im Winter mit Sandalen und im Sommer mit Winterstiefeln in die Schule gehen würden. Ich kann nur raten, es darauf ankommen zu lassen, da dies ein einmaliges Ereignis bleiben dürfte.

Die anderen Kinder würden das Kind hänseln und auslachen. Warum wollen wir die intensive erzieherische Kraft von Mitschülern nicht für unsere Zwecke ausnützen? Das Kind würde außerdem eine wertvolle Erfahrung machen: Es hat sich gegen den Willen der Mutter durchgesetzt und dabei einsehen müssen, daß sie recht hatte.

Kinder müssen ihre eigenen Erfahrungen machen. Wir können ihnen dabei wohl hilfreich und verständnisvoll zur Seite stehen, sie aber nicht zwingen, aus unserem eigenen Erfahrungsschatz zu lernen.

Kinder sollten in absolut eigener Regie entscheiden, was sie anziehen wollen. Unsere Vorstellung von schöner und zeitgemäßer Kleidung entspricht nicht der von Kindern.

Ein junger Mann mit ausgefransten Hosen, die auch noch zu kurz sind, einem zu weiten T-Shirt, das fast bis an die Knie reicht, einem Pullover unter dem das T-Shirt meilenweit hervorleuchtet, entspricht gewißlich nicht unserer Vorstellung von einem gut gekleideten Knaben. Der Junge selbst findet sich aber absolut chic gekleidet, weil die anderen das gleiche anhaben.

Wir sollten daran denken, daß Kinder nur das tragen möchten, was auch die anderen tragen. Das Kind möchte nicht Außenseiter sein, sondern sich voll der Gruppe anpassen. Alles was die Gruppe tut ist „in".

c) Frühstück

Auch das Frühstück läßt sich völlig problemlos gestalten: Das Kind soll und kann essen, was es will, kann es aber auch bleiben lassen. Kommentarlos sollte die Mutter dies akzeptieren. Die meisten Kinder wollen zum Frühstück nichts essen und behaupten, ihnen würde schlecht, wenn sie essen müßten. Außerdem behaupten sie, daß sie sich dann im Unterricht nicht mehr richtig konzentrieren könnten und sich den ganzen Morgen unwohl fühlten.

Da die Mehrzahl der Kinder dies behauptet, kann es nicht Zufall oder Berechnung sein. Es hängt wahrscheinlich mit dem Streß und der Hektik unserer Zeit zusammen, die dazu führen, daß der für Streß besonders anfällige Magen am Morgen noch keine Nahrung vertragen kann.

Wenn die Kinder in der großen Pause ohne Übelkeit Milch trinken und ein Brot mit großem Appetit verzehren, erscheint mir dies die bessere Alternative. Die Vorstellung, daß ein Kind, das nichts im Magen hat, nicht lernen und arbeiten kann, ist mit Sicherheit nicht aufrechtzuerhalten. Unser Körper ist so konstruiert, daß er auch eine längere Pause in der Nahrungszufuhr ohne Probleme ausgleichen kann.

Ernährungswissenschaftler bestätigen, daß ein Frühstück bei Kindern nicht erzwungen werden sollte, da es keine nachweisbaren Vorteile hat. Wenn Kinder entgegen dem üblichen Trend doch frühstücken wollen, sollte das Frühstück möglichst keine zuckerhaltigen Nahrungsmittel enthalten (gesüßte Cornflakes, Schokonußcreme). Das große Zuckerangebot läßt den Blutzucker massiv ansteigen, was zu einer überschießenden Insulinproduktion führt, wodurch der Blutzuckerspiegel dann anschließend übermäßig gesenkt wird. In dieser Phase des Blutzuckertiefpunkts werden die Kinder unruhig, aggressiv, und ihre Aufmerksamkeit und ihr Leistungsvermögen lassen stark nach. Da dieser Blutzuckerabfall in die Schulstunden hineinfällt, kann die Zusammensetzung des Frühstücks Verhaltensstörungen und Schulschwierigkeiten verursachen. Auch das Pausenbrot sollte keine zuckerhaltigen Aufstriche enthalten. Milchschnitten sind ebenfalls wenig geeignet, da sie sehr viel Zucker enthalten.

d) Vormittag

Auf den Verlauf des Vormittags hat die Mutter in der Regel keinen Einfluß, da er von den Lehrern, den Mitschülern und dem eigenen Kind in ihren gegenseitigen Beziehungen gestaltet wird.

Die Mutter kann jedoch durch Entspannung der morgendlichen Situation zu Hause und durch das entsprechende Nahrungsangebot wesentlich dazu beitragen, daß das Kind wohlgelaunt und aggressionsarm in die Schule kommt und dort auch so bleibt. Es kann dann den Streß der Schule besser aushalten, besser damit umgehen und kommt dann mit wesentlich weniger Aggressionen nach Hause, was wiederum den gegenseitigen Beziehungen zugute kommt.

e) Rückkehr aus der Schule und Mittagessen

In der Regel kommt das Kind frustriert von der Schule nach Hause zurück. Wenn es dann sowohl seinen Schulranzen als auch seine Jacke einfach irgendwo in die Diele schmeißt, ist dies nicht Ausdruck einer Aggression gegen die Mutter, sondern eine Möglichkeit, den Frust der Schule loszuwerden.

Die meisten Mütter fangen dabei an zu schimpfen und bauen einen neuen Frust des Kindes auf. Da fast alle Eltern über diese Unart der Kinder berichten, scheint dieses Hinschmeißen der Sachen notwendig zu sein, um sich sozusagen symbolisch von der Schule zu lösen. Das Kind bekundet damit, daß es die Nase voll hat von der Schule.

Da Schimpfen und Schreien so gut wie nie eine Änderung dieses Verhaltens bewirken, können wir ruhig davon ausgehen, daß dies auch so bleiben wird. Durch Schimpfen helfen wir dem Kind sicher nicht, mit seinem angestauten Frust und seinen Aggressionen fertigzuwerden.

Ich halte es jedoch für sehr sinnvoll, in der Diele eine Ecke mit Sofa oder Stühlen einzurichten, auf die die Kinder ihre Schultaschen und Bekleidungsstücke schmeißen können.

Für das Mittagessen gilt das gleiche wie für das Frühstück: Jedes Kind sollte selbst entscheiden dürfen, ob, was und wieviel es essen möchte. Wenn das Nichtessen, das Nichtgenugessen und das zu einseitige Essen immer mit Kritik verbunden ist, wird das Kind diese Gewohnheiten weiter pflegen. Es tut dies einerseits, um im Mittelpunkt zu stehen, andererseits um auch die Mutter ein bißchen zu ärgern, die das Kind ja auch immer wieder ärgert. Sie sollten Ihr Kind auch nicht zwingen, seinen Teller leer zu essen, auch wenn es sich selbst zu viel aufgeladen hat, denn die Augen sind oft größer als der Magen.

Erinnern Sie sich an Ihre eigene Kindheit, als Sie voller Abscheu und mit dem Erbrechen kämpfend den Teller leeressen und die Speisen hinunterwürgen mußten. Sie sollten Ihren Kindern dies ersparen.

Wenn ein Kind keinen Appetit hat, werden Sie diesen mit Sicherheit nicht steigern, wenn Sie es zum Essen zwingen. Je weniger Sie sich darum kümmern, was und wieviel es ißt, desto besser wird sein Appetit werden.

f) Hausaufgaben

Auch die nachmittäglichen Schularbeiten, die oft unter viel Druck, Zwang und gegenseitigen Aggressionen zustande kommen, verlieren rasch an Schrecken, wenn sich die Eltern heraushalten.

Viele Eltern erklären mir, daß dann die Schularbeiten überhaupt nicht gemacht würden oder so schlampig seien, daß sie dies nicht zulassen könnten.

Ich glaube das einfach nicht, weil ich inzwischen in vielen Familien gegenteilige Erfahrungen gemacht habe.

Der ständige Druck und die Reibereien führen dazu, daß die Kinder keine Lust mehr haben, sich bei den Schularbeiten zu bemühen, da sie es der Mutter ja ohnehin nicht recht machen können. Sobald dieser Druck wegfällt, sind sie völlig neu motiviert, haben wieder Spaß an den Schularbeiten und ihre schulischen Leistungen werden besser.

Sollte das Kind seine Schularbeiten tatsächlich sehr schlampig und schlecht machen, so wirkt der Tadel des Lehrers viel intensiver als der ständige Druck der Mutter.

Sie sollten Ihren Kindern beratend und nicht bedrohend und schimpfend zur Seite stehen.

g) Nachmittag

Spielen die Kinder bei schlechtem Wetter im Haus, können Sie auch hierbei die gegenseitigen Aggressionen und Streitereien der Kinder deutlich vermindern, indem Sie sich völlig heraushalten.

Ein Kind möchte bei jedem Streit recht bekommen, vor allem von den Eltern. Wenn diese eine Schiedsrichterfunktion ablehnen, wird das Streiten wesentlich weniger interessant und verliert seinen Reiz. Außerdem kann ein Streit ohne Einmischung der Eltern zu Ende geführt werden und damit aufhören. Bei Einmischung der Eltern gärt er weiter und kommt kurz danach wieder zum Ausbruch.

Bei schönem Wetter können Sie sich viel Ärger ersparen, wenn Sie sich sagen lassen, wohin Ihr Kind geht, und dann dort anrufen, um die andere Mutter zu bitten, Ihr Kind nach Hause zu schicken.

Kinder haben kein Gefühl für die Zeit und vergessen sich im Spiel. Es ist keine böse Absicht, sondern eine kindliche Eigenheit. Auch wir vergessen bei einem interessanten Skat- oder Schachspiel die Zeit. Warum erwarten wir von unseren Kindern mehr, als wir selbst leisten können?

h) Abendessen

Hier gilt das gleiche wie für das Frühstück und das Mittagessen. Ein gesundes Kind wird nie an vollen Tischen verhungern, und Sie können jedes Essen des Kindes angenehm und lustbetont gestalten, wenn Sie sich absolut nicht einmischen.

Lassen Sie Ihr Kind essen, was und wieviel es möchte!

i) Abend

Die Phase des Zubettgehens läßt sich für alle Beteiligten entspannen, wenn Sie ein strenges Ritual einführen, an das sich das Kind gewöhnen und nach dem es seinen Zeitablauf planen kann.

Wenn das Kind sehr lange braucht, bis es endlich im Bett ist, so sollte das Ritual entspechend früher anfangen.

Ihre Entscheidungen und Anweisungen sollten klar sein und nicht Raum für lange Diskussionen lassen. Erst duschen, waschen oder baden, dann Sandmännchen, dann ins Bett, dann vorlesen, dann nochmals aufs Klo, dann zudecken, dann Gute-Nacht-Küßchen geben und Licht löschen.

In eine Diskussion, wie lange das Kind noch aufbleiben darf, sollten Sie sich nie einlassen, sondern klar den Ablauf des Rituals befolgen. Daß die meisten Kinder alle möglichen Tricks versuchen, um doch noch wachbleiben zu dürfen, ist verständlich, noch verständlicher finde ich aber die unnachgiebige Haltung der Mutter. Sie hat sich abends etwas Ruhe verdient und sollte darauf bestehen.

Das beste Argument für das zeitige Schlafengehen bei älteren Kindern ist der Hinweis, daß sie am nächsten Tag für die Schule oder den Kindergarten ausgeschlafen sein müssen.

Natürlich kann man an Wochenenden und in den Ferien Ausnahmen machen, jedoch möglichst nie, um eigene Bedürfnisse zu befriedigen. Ich erlebe es immer wieder, daß Kinder sehr zeitig ins Bett müssen, doch wenn die Eltern abends weggehen wollen und keinen Babysitter finden oder sich diesen sparen wollen, nehmen sie die Kinder mit.

Plötzlich dürfen, ja müssen die Kinder bis 22 Uhr oder sogar noch länger aufbleiben. Solche Eltern machen sich bei ihren Kindern unglaubwürdig, was diese den Eltern auch gelegentlich vorwerfen. Wichtig ist bei der gesamten Erziehung, glaubwürdig zu bleiben.

Eltern, die fünfmal in der Woche die gewohnte Zeremonie einhalten, dann jedoch die Kinder zweimal wöchentlich zwingen, bis Mitternacht beim Kegeln oder bei Freunden auszuhalten, brauchen sich nicht zu wundern, daß ihre Kinder gesetzte Grenzen nicht mehr akzeptieren. Ein Babysitter kann das Ritual auch ohne Nachteil für unsere Autorität durchlöchern und gibt uns die Möglichkeit, sich bei Freunden ohne quengelnde Kinder zu unterhalten.

Wenn größere Kinder nach dem Ritual immer wieder kommen, sollten wir sie einfach ignorieren. Haben sie Hunger oder Durst, sollen sie sich in der Küche bedienen. Müssen sie auf die Toilette, können sie dies auch alleine erledigen. Haben sie etwas für die Schule vergessen, sollen sie es selber suchen. Wir sollten uns in diesen Dingen konsequent verweigern. Unsere Kinder werden dann relativ rasch merken, daß diese Aktivitäten nur in elterlicher Gesellschaft Spaß machen und rasch auf sie verzichten.

So können wir schließlich unseren Abend in Ruhe genießen und am nächsten Tag wieder fit sein.

Bei kleineren Kindern müssen wir natürlich helfen.

Es genügt aber, zwei Brötchen zu schmieren, den Sprudel auf den Nachttisch zu stellen und dann gute Nacht zu sagen. Kommt das Kind trotzdem immer wieder ins Wohnzimmer, ist es sicherlich erlaubt, damit zu drohen, die Wohnzimmertüre zuzuschließen. Ich denke, wir dürfen unseren Kindern ruhig sagen, daß wir Ruhe haben wollen und nicht bereit sind, die ganze Nacht herumzulaufen. Gleichzeitig sollten wir ihnen jedoch auch sagen, daß wir sie dennoch über alles lieben.

Manche Kinder verfallen auf den Trick, alle zehn Minuten im Wohnzimmer zu stehen, um den Eltern mitzuteilen, daß sie nicht einschlafen können. Hier genügt meist der Hinweis, daß dies gar nicht nötig ist.

Wenn wir ihnen ruhig und sachlich erklären, daß entspanntes Liegen auch zur Erholung führt, hat das Kind nicht mehr die Möglichkeit, sich über seine Schlaflosigkeit zu beklagen. Wenn es schließlich erkannt hat, daß es auch so nicht zum Zuge kommt, wird es rasch einschlafen.

k) Nacht

Kranke oder seelisch irritierte Kinder bedürfen der Hilfe der Mutter. In dieser Situation wird jede Mutter ihr Kind ohne Aggressionen liebevoll versorgen und wenn es sein muß auch zehnmal aufstehen.

Immer dann jedoch, wenn die Mutter die nächtlichen Ruhestörungen weder mit dem Verstand noch mit dem Gefühl begreifen kann, wird sie meist unbewußt aggressiv gegen ihr Kind und beginnt, es abzulehnen. Dies führt, wie ich schon mehrfach dargestellt habe, zu mehr oder weniger tiefgreifenden Beziehungsstörungen zum Kind, die von der Mutter willentlich nicht beeinflußbar sind, da sie sich ihrer ablehnenden Gefühle nicht bewußt wird.

Es ist sozusagen ein Naturgesetz, daß sich die unbewußten, auf Wohlbefinden ausgerichteten Strebungen des ES durchsetzen. Diese Zusammenhänge müssen Mütter kennen, damit sie sich ohne schlechtes Gewissen, gegen drangsalierende Forderungen ihrer Kinder zur Wehr setzen können.

Mütter müssen begreifen, daß sie nur dann eine wirklich gute Beziehung zu ihrem Kind aufbauen können, wenn es ihre Grundbedürfnisse achtet. Diese Achtung ist nicht angeboren, sondern muß dem Kind, auch wenn es für dieses schmerzlich ist, vermittelt werden.

Daher muß die Mutter lernen, dem Wunsch ihres gesunden Kindes nach ihrer ständigen oder wiederholten Anwesenheit bei Nacht, zu widerstehen. Sie muß ihm klarmachen, daß sie schlafen möchte und daher nicht gewillt ist, ihm Gesellschaft zu leisten oder sogar mit ihm zu spielen. Sie muß lernen „Nein" zu sagen, auch wenn ihr ÜBER-ICH ihr vermittelt, daß „gute Mütter" immer „Ja" sagen.

Weiteres dazu im KAPITEL 11: „AUCH MÜTTER SIND MENSCHEN."

―――――――― Kapitel 11 ――――――――

Auch Mütter sind Menschen

1. Allgemeine Gesichtspunkte

In den letzten Jahren fiel mir zunehmend auf, daß sich Mütter Unglaubliches zumuten und gefallenlassen, in der Annahme, daß sie nur dadurch gute Mütter seien.

An verschiedenen Stellen dieses Buches habe ich schon darauf hingewiesen, daß eine Mutter nur dann all die Eigenschaften einer guten Mutter zur Geltung bringen kann, wenn sie ausgeruht und glücklich ist. Die von Haus aus beste Mutter kann keine gute Mutter sein, wenn sie todmüde und unglücklich ist.

Eine Mutter, die den ganzen Tag gestreßt wird und sich nachts nicht ausruhen kann, die ihren Kindern keine Grenzen setzt und sich ihnen damit völlig ausliefert, kann keine gute Mutter sein.

Unbewußt wird sie ihre eigenen Kinder ablehnen, die ihr nicht erlauben, ein glückliches, zufriedenes und selbstbewußtes Leben zu führen. Diese aus dem ES kommenden ablehnenden Gefühle beeinflussen das ICH und führen zu unbewußten Schuldgefühlen, da das ÜBER-ICH fordert, daß Kinder geliebt werden müssen. Die Mutter fühlt instinktiv, daß ihre Liebe nachläßt, und sie strengt sich noch mehr an, ihren Kindern zumindest nach außen hin gerecht zu werden.

Dies führt dazu, daß sie noch nachgiebiger wird und noch weniger Grenzen setzen kann. Obwohl die Kinder nun fast alles dürfen und bekommen, spüren sie, daß ihre Mutter sie weniger liebt, auch wenn dies der Mutter nicht bewußt ist. Als Ersatz für die nachlassende Mutterliebe brauchen sie ein anderes starkes Gefühl. Es kann das Gefühl der Macht sein oder das Gefühl, im Mittelpunkt zu stehen. Solche Gefühle können am besten durch Verhaltensstörungen erreicht werden.

Ein Kind, das einkotet oder unter einer starken Verstopfung leidet, übt eine unglaubliche Macht auf die Mutter aus. Sie ist ständig darum bemüht, das Kind zu bewegen, seinen Stuhl in die Toilette zu entleeren oder ihn überhaupt herzugeben. Bei der Nahrungsverweigerung spürt sie die Macht des Kindes noch stärker, denn jetzt geht es um die Gesundheit, ja sogar um das Leben des Kindes.

Die Mutter tut buchstäblich alles, um das Kind zur Nahrungsaufnahme zu bewegen und wird dadurch geradezu zum Sklaven ihres Kindes.

Hyperaktivität und aggressives Verhalten sind typische Beispiele dafür, wie Kinder sich in den Mittelpunkt der Aufmerksamkeit ihrer Mütter stellen können. Welche Mutter eines aggressiven Kindes würde es wagen, ihr Kind auch nur einen Augenblick aus den Augen zu verlieren? Es könnte in dieser Zeit andere Kinder oder sich selbst verletzen oder die verschiedensten Gegenstände zerschlagen. Auch ein hyperaktives Kind steht ständig im Mittelpunkt der mütterlichen Aufmerksamkeit: Sie muß ja ständig damit rechnen, daß ihr Kind auf Tische, Fenstersimse oder Schränke klettert und dabei sich selbst und andere verletzen kann oder die Einrichtung zu Bruch gehen läßt.

Solche Kinder zwingen ihre Mütter, sie vermehrt zu beachten, auch wenn ihr Verhalten dazu führt, daß die Mutter sie noch mehr ablehnt und noch weniger liebt.

Als Ersatz für die verlorengegangene Liebe handeln sie nach dem Motto: „Wenn du mich nicht mehr genügend lieben kannst, sollst du mich zumindest genügend beachten!"

Da das ES einer eigenen Gesetzmäßigkeit unterliegt, die nur auf Wohlbefinden und Lustgewinn ausgerichtet ist und sich nicht dem ÜBER-ICH und dem ICH unterordnen läßt, kann sich eine Mutter gegen eine solche Entwicklung auch nicht wehren. Fast gesetzmäßig wird sie ablehnende Gefühle gegen ihr Kind entwickeln, wenn dieses ihre Grundbedürfnisse übermäßig einschränkt.

Daher muß eine Mutter, die eine gute, liebende Mutter sein will, ihrem Kind Grenzen setzen und es dazu bringen, ihre natürlichen Bedürfnisse zu respektieren, um sich selbst davor zu schützen, ihr Kind abzulehnen.

Zu diesen natürlichen Bedürfnissen gehören der nächtliche Schlaf, das eigene Bett, eine ungestörte Sexualität, wenigstens etwas Ruhe und Entspannung, Selbstverwirklichung und Selbstachtung, die Unverletzlichkeit ihres Körpers und die Unversehrtheit ihres Eigentums.

2. Auch Mütter haben Rechte, nicht nur Pflichten

a) Recht auf Schlaf und ein eigenes Bett

Jeder Mensch in unserer Gesellschaft hat das Recht auf sein eigenes Bett. Früher bewirkte die Not der Familien, daß sich die zahlreichen Familienangehörigen die wenigen Betten teilen mußten, so daß mehrere Personen in einem Bett schliefen. Heutzutage sind diese beengten Zustände glücklicherweise vorbei.

Mütter sollten sich über diesen Fortschritt der Zivilisation freuen und ihr Bett für sich alleine in Anspruch nehmen.

Viele Mütter begründen ihre Unfähigkeit, ihr Kind aus dem eigenen Bett zu bringen damit, daß Tiere ja auch in Rudeln zusammenschlafen würden. Dies mag für Tiere gelten und wäre auch für Menschen wünschenswert, wenn wir nicht im Gegensatz zu Tieren geregelte Schlaf- und Arbeitszeiten hätten.

Mütter sind für ihre Kinder tagsüber immer und auch nachts häufig da, vor allem wenn sie krank sind oder sonst ein Problem haben. Diesen Einsatz vermögen sie auf Dauer nur zu leisten, wenn sie nachts schlafen dürfen, denn tagsüber ergibt sich dafür kaum eine Gelegenheit.

Niemand wird mir glaubhaft machen können, daß ein Kind, das im Bett der Mutter schläft, dieser erlaubt, so ruhig und entspannt zu schlafen, als wenn sie alleine wäre.

Das Kind dreht sich, stöhnt, schwitzt, deckt sich auf, und die Mutter ist ständig damit beschäftigt, das Kind in die richtige Richtung zu legen, es zu- oder aufzudecken.

Liebe, die darin besteht, das Kind im eigenen Bett schlafen zu lassen, ist eine mißverstandene Liebe.

Man kann einem Kind nicht Liebe geben oder das Gefühl vermitteln, geliebt zu werden, indem man es bei sich schlafen läßt. Ganz im Gegenteil: Die Mutter beginnt ihr Kind, das sie keine Nacht entspannt schlafen läßt, unbewußt abzulehnen, wodurch sie in den oben geschilderten Teufelskreis gerät mit den daraus resultierenden Verhaltensauffälligkeiten.

Im Schlaf braucht das Kind die Mutter nicht. Es wird ruhig und entspannt schlafen können, wenn es weiß, daß seine Mutter es liebt und es sich auf den nächsten Tag mit einer gutgelaunten Mutter freuen kann. Nur Kinder, die sich der Liebe der Mutter nicht sicher sind, drängen beständig in deren Bett, um sich zumindest ihrer körperlichen Anwesenheit zu vergewissern. Daher ist das *ständig* oder überwiegend im Bett der Mutter schlafende Kind immer ein Hinweis auf eine Störung der Liebesbeziehung zwischen Mutter und Kind.

Ausnahmen gibt es natürlich auch hier: Bei Säuglingen im ersten Lebenshalbjahr kann es für die Mutter eine enorme Beruhigung sein, wenn der Säugling neben ihr schläft, am besten im eigenen Bettchen. Vor allem Mütter, die ihr erstes Kind bekommen haben, sind unsicher und ängstlich. Wenn ihr Kind neben ihnen liegt, sind sie ruhiger, sie hören und sehen es und können es jederzeit ohne großen Aufwand stillen.

Eine weitere Ausnahme sind kranke Kinder. Hier kann es für die Mutter sogar eine Entlastung bedeuten, wenn sie das Kind zur besseren Überwachung der Krankheitssymptomatik in ihr Bett nimmt, oder noch besser, das Kinderbett neben ihr Bett stellt. Oft führt die Krankheit der Kinder dazu, daß Mütter über mehrere Tage ununterbrochen gefordert werden und einen unglaublichen Einsatz leisten müssen. Dieser Streß wird ohne unbewußte oder bewußte Aggressionen angenommen, weil hier das höhere Gut der Gesundheit eines Kindes auf dem Spiel steht, dem Strebungen nach Schlaf und Ruhe untergeordnet werden.

Da sehr viele Mütter ihre Kinder mehr oder weniger lange in ihren Betten schlafen lassen, werden sich zahlreiche Mütter über dieses Kapitel aufregen.

Im Rahmen von Vorträgen und Diskussionen habe ich mich mit solchen Müttern unterhalten. Häufig wurde ich falsch verstanden. Eine gestörte Liebesbeziehung zwischen Mutter und Kind ist nur dann anzunehmen, wenn das Kind *dauerhaft* und kompromißlos ins Bett der Mutter drängt. Das gelegentlich im Bett der Mutter schlafende Kind ist damit nicht gemeint. Das Bett der Eltern sollte ein Ort für Zärtlichkeiten, Spiele und Tröstungen sein, nicht jedoch für beengtes und unruhiges Schlafen zu dritt, gelegentlich auch zu viert und fünft, je nach Zahl der Kinder.

b) Recht auf Sexualität

Ein weiterer Grund, warum Kinder nicht dauerhaft in das elterliche Bett gehören, ist das verbriefte Recht der Eltern auf Sexualität.

Sie gehört zu jedem gesunden Menschen und führt, wenn sie unterbunden wird, zu psychischen Störungen.

Wenn Eltern, um miteinander zu schlafen, ins Wohn- oder Kinderzimmer umziehen müssen, um dort husch, husch den Sexualakt zu absolvieren, müssen sie sich doch selbst der Absurdität dieser Situation bewußt werden.

Wo bleibt denn hier die Selbstachtung und die für den Partner? Ich denke, wir sollten uns und unseren Ehepartner sowie unsere Liebesbeziehung, die ja zur Zeugung des Kindes geführt hat, so wichtig nehmen, daß wir auf unserem Recht bestehen dürfen, uns in der Abgeschiedenheit unseres Schlafzimmers zu lieben. Daß dieses Recht bei einem kranken Kind eingeschränkt wird, ist selbstverständlich.

c) Recht auf Ruhe und Entspannung

Mütter sollten sich von ihrer Familie nicht so beherrschen lassen, daß sie keine Minute mehr für sich selbst finden. Auch im Verlaufe des Tages wird es vor allem bei älteren Kindern möglich sein, eine kleine Ruhepause einzulegen, in der sie die Zeitung lesen oder auch einmal eine halbe Stunde schlafen kann. Dies ist in der Regel nur eine Frage der Organisation. Bei kleinen Kindern könnte die Mutter die Schlafenszeiten ihrer Kinder ebenfalls für eine Ruhepause nützen, statt in dieser Zeit zu putzen, zu bügeln und zu flicken.

Am Abend wird es fast immer möglich sein, daß sie sich etwas Ruhe gönnt. Sie sollte so mutig sein, ihre Kinder liebevoll, aber bestimmt, ins Bett zu bringen und sich nicht auf deren „Nichtschlafenkönnenspiele" einlassen (siehe auch Kapitel 10). Wenn ihre Kinder krank sind, kann sie sich diesen dann abends und nachts mit doppelter Kraft widmen.

d) Recht auf Selbstverwirklichung und Selbstachtung

Da der Beruf der Mutter nur selten Anerkennung und Lob einbringt, brauchen gerade Mütter eine Freizeitbeschäftigung, in der sie sich selbst verwirklichen können. Sei es daß sie lesen, Vorträge, Konzerte oder die Oper besuchen oder sich sportlich betätigen.

Ob sie nun mehr Bildung erwerben oder sich im Sport mit anderen messen, es wird immer zu einem besseren Selbstwertgefühl führen. Sie werden in Gesprächen kompetenter und finden in der sportlichen Betätigung nicht nur Freude, sondern auch neue Bekanntschaften und Aufgaben.

Jede Mutter sollte sich das Recht nehmen, gelegentlich oder auch regelmäßig auszugehen.

Ehemänner nehmen sich dieses Recht, das jedem Partner zusteht, in der Regel ganz selbstverständlich. Sie gehen zum Stammtisch, spielen Fußball, Handball, Skat oder Doppelkopf. Die meisten Ehemänner reagieren völlig fassungslos, wenn ihnen ihre Frauen verkünden, daß sie am Abend etwas vorhaben. Das abendliche Ausgehen und Sporttreiben scheint in unserer Gesellschaft vorwiegend Männern zuzustehen. Frauen sollen zu Hause bleiben, auf die Kinder aufpassen, fernsehen oder schlafengehen.

Die Begründung der Ehemänner: Sie müßten ja tagsüber arbeiten und hätten abends ein Recht auf etwas Abwechslung und Entspannung. Nach Meinung der meisten Ehemänner haben Frauen, die Hausfrauen sind, ein ungeheuer schönes Leben. Sie müssen nicht zur Arbeit gehen, dürfen den ganzen Tag zu Hause sein, brauchen kein Geld zu verdienen und sollten dafür dankbar und glücklich sein.

Wer aber den Tagesablauf einer Mutter sieht, muß feststellen, daß eine berufliche Betätigung dagegen geradezu ein Lusterlebnis sein kann. Die Mutter arbeitet den ganzen Tag, muß putzen, kochen, bügeln, waschen, aufräumen, Schularbeiten überwachen und sich mit ihren Kindern auseinandersetzen. Sie steht den ganzen Tag im Streß, der sich dann nachts noch fortsetzen kann, wenn die Kinder krank sind oder nicht schlafen können. Dabei erntet sie von keiner Seite Lob oder Anerkennung.

Wir Frauen sollten unseren Männern sehr viel selbstbewußter gegenübertreten und uns nicht degradieren lassen zu einem Hausmütterchen, das dafür auch noch dankbar sein und alle eigenen Bedürfnisse zurückstellen muß. Sie sollte lernen, nicht nur die Familie zu achten, sondern auch sich selbst. Sie muß sich selbst wichtig nehmen, nur dann werden es auch die Kinder und der Ehemann tun.

e) Recht auf Unverletzlichkeit des Körpers

Ein weiteres Recht, auf dem die Mutter bestehen sollte, ist ihre eigene Unverletzlichkeit.

Ich erlebe in meiner Praxis erstaunlich häufig, daß vier- bis fünfjährige, teilweise auch ältere Kinder, ihren Müttern einfach eine Backpfeife geben, sie mit der Faust ins Gesicht schlagen, sie bespucken, beißen, an den Haaren ziehen oder treten. Bei ganz jungen Kindern, die noch keine Einsicht in ihre Handlungen haben, muß dies toleriert werden.

Dennoch kann die Mutter dem Kind schon frühzeitig vermitteln, daß es weh tut, indem sie das Kind ebenfalls und zwar zur gleichen Zeit an den Haaren zieht oder zurückbeißt.

Wie kann ein Kind erfahren, daß etwas weh tut, wenn die Mutter, die an den Haaren gezogen oder gebissen wird, dabei nur „Aua" schreit. Das Kind denkt, es sei ein Spiel und wird dieses „Aua"-Spiel immer wieder spielen wollen.

Kindern jedoch, die schon genau wissen, daß sie ihre Mütter damit verletzen und ihnen weh tun, sollten diese Mütter ganz energisch Grenzen setzen und sich nicht zum Aggressionsobjekt ihrer Kinder machen lassen.

Wenn ich solche Mütter frage, warum sie das Schlagen und Beißen ihres Kindes zulassen, bekomme ich mit schöner Regelmäßigkeit die Antwort: „Was soll ich denn machen, ich habe dem Kind schon oft verboten, mich zu schlagen, jedoch ohne Erfolg."

Das mindeste, was eine solche Mutter tun könnte, wäre die schlagende Hand oder den Kopf des Kindes festzuhalten, um das Kind am Schlagen oder am Beißen zu hindern.

Wenn sie dann auch noch sehr energisch und ernst dem Kind das Schlagen und Beißen verbietet und es erst wieder losläßt, wenn es keine Anstalten mehr macht, sein ursprüngliches Vorhaben auszuführen, zeigt sie ihm, daß sie sich selbst ernst nimmt und sich nicht zu seinem Aggressionsobjekt machen lassen möchte. Sie sollte ihrem Kind vermitteln, daß es seine Aggressionen durch Stampfen, Schreien, Türenschlagen und auf den Tisch schlagen loswerden darf, nicht jedoch durch tätliche Angriffe auf sie oder andere Familienangehörige.

Ich lehne Schläge als Erziehungsmittel ab, aber in seltenen Fällen wird man nicht umhin können, einem Kind, von dem man eine Backpfeife bekommen hat, diese zurückzugeben, um ihm überhaupt erst zu zeigen, daß es weh tut und daß es erniedrigend und demütigend ist, eine solche zu erhalten.

In meiner Praxis ich habe schon mehrfach Kinder erlebt, die mich schlagen, treten oder bespucken wollten.

Wenn ich das rechtzeitig registrierte, habe ich den Kindern gesagt, daß ich zurückschlagen, zurückspucken und zurücktreten würde, was die meisten Kinder davon abhielt, ihre Drohung wahrzumachen.

Ich erinnere mich an ein Kind, das damit drohte, mich anzuspucken. Ich erklärte ihm darauf, daß ich zurückspucken würde, falls es seine Drohung wahrmachte. Das Kind spuckte mir mitten ins Gesicht, und ich spuckte zurück, mit dem Erfolg, daß es mich zunächst völlig entgeistert anstarrte, dann anfing zu weinen und sich bei seiner Mutter bitterlich beklagte. Die Mutter selbst war völlig hilflos. Sie hätte mich wahrscheinlich am liebsten auch bespuckt, da ich ihrem geliebten Kind etwas so Unerhörtes angetan hatte. Ich besprach mit der Mutter anschließend die Situation, wobei sich herausstellte, daß auch sie dauernd von ihrem Kind bespuckt wurde und sich nie zur Wehr gesetzt hatte.

Die Erfahrung mit mir gab ihr den Mut, sich anschließend auch zu wehren. Dieses Kind kam etwa eine Woche später wieder in die Praxis und erklärte mir zuallererst, daß es mich nicht mehr anspucken würde. Das Kind hatte aus dieser Erfahrung gelernt. Es hatte realisiert, daß Angespucktwerden nicht schön ist.

Kürzlich erlebte ich eine Mutter, die in die Praxis kam mit der Frage, was sie tun könne, um ihren 22 Monate alten Sohn am Beißen zu hindern. Er beiße nicht nur sie, sondern auch die Geschwister und andere Kinder, und niemand möge mehr mit ihm spielen.

Während die Mutter mir davon berichtete, biß das Kind sie in den Arm, und sie schrie „aua", was den Kleinen sichtlich erfreute. Ich bat sie, schnell zurückzubeißen, was sie auch tat. Offensichtlich war die Mutter auf diese Aufforderung nicht vorbereitet und konnte daher die Stärke des Bisses nicht regulieren. Sie biß kräftig zu.

Auch hier schaute der Kleine die Mutter völlig entsetzt an und fing an zu weinen. Ich erklärte dem geistig und sprachlich gut entwickelten

Knaben, daß er nicht mehr beißen dürfe, da die Mutter ihn nun jedesmal zurückbeißen würde. Er hat die Lehre aus dieser Erfahrung gezogen und stellte das Beißen ein.

f) Recht auf Unversehrtheit des Eigentums

Auch sollte die Mutter ihr Eigentum und das Eigentum der Familie schützen und es nicht der Zerstörungswut ihrer Kinder preisgeben.
Ich denke, daß die Familie ein Recht darauf hat, den Radio- und Fernsehapparat, sowie das Stereogerät funktionsfähig zu erhalten. Auch sollte die Mutter Dinge von persönlicher Bedeutung schützen.
Bei kleinen Kindern besteht der Schutz darin, diese Dinge für die Kinder unerreichbar aufzustellen. Bei älteren Kindern muß die elterliche Autorität Grenzen setzen.
Bei Kleinkindern ist dies noch nicht möglich, denn je intensiver etwas verboten wird, desto mächtiger wird der Wunsch, es zu haben oder zu tun. Da das Kind noch kein Gewissen entwickelt hat, das es auch in Abwesenheit der Mutter daran hindert, das Verbotene zu tun, wird es das Verbot der Eltern immer wieder durchbrechen.
Eltern können erst ab dem 5. Lebensjahr des Kindes damit rechnen, daß Gebote und Verbote auch in ihrer Abwesenheit eingehalten werden. Bis dahin müssen sie das Einhalten noch persönlich überwachen, oder wenn dies nicht möglich ist, keine Gebote und Verbote aussprechen.
Eltern sollten von ihren Kindern nicht mehr erwarten, als diese auf Grund ihres Alters leisten können. Ein Kleinkind, das, sobald die Mutter aus dem Zimmer ist, das Verbotene tut, ist völlig normal und altersentsprechend entwickelt.
Eine Mutter, die meint, es müsse sich an ihre Verbote halten, unterliegt einem Wunschdenken.

Kapitel 12

Mutter und Beruf

1. Was müssen Mütter wissen, wenn sie berufstätig sein wollen?

a) Das Kind braucht neben der Mutter zumindest *eine* stetige Bezugsperson

Zahlreiche Mütter wollen auch nach der Schwangerschaft berufstätig bleiben.

Dagegen ist nichts einzuwenden, wenn sie dieses Bestreben mit den Bedürfnissen des Kindes in Einklang bringen können.

Das Hauptbedürfnis des Kindes bis zum vollendeten 3. Lebensjahr ist eine oder mehrere stetige Bezugspersonen. Hat das Kind zwei, drei oder sogar vier Bezugspersonen, die sich auch noch intensiv mit dem Kind beschäftigen, ist es nicht schlimm, wenn eine oder mehrere davon nicht anwesend sind.

Früher lebten sowohl im Haushalt der Städter als auch in ländlichen Familien neben der Familie häufig noch eine oder mehrere Angestellte, Großeltern oder unverheiratete Verwandte. Die Kinder blieben in solchen Familien seelisch stabil, auch wenn sich die Mutter über längere Zeit entfernte, da diese Kinder immer eine vertraute Bezugsperson hatten.

b) Das Kind braucht mindestens eine halbe Stunde intensiver Zuwendung am Tag

Neben dem Bedürfnis nach einer stetigen Bezugsperson hat das Kind noch das Bedürfnis, daß diese Bezugsperson sich ihm intensiv zuwendet, auch wenn es nur eine halbe oder eine Stunde am Tage ist.

Unter intensiver Zuwendung verstehe ich körperliche Nähe wie Küssen und Kosen, aber auch aktives Spiel mit dem Kind wie Fangenspielen, Versteckenspielen, mit dem Kind bauen und basteln.

Die Anwesenheit der Bezugsperson allein ist nicht ausreichend, um eine vertrauensvolle Beziehung zwischen ihr und dem Kind herzustellen.

Die Kibbuzim in Israel zeigen, daß Kinder seelisch stabil bleiben können, auch wenn ihre Mütter ganztägig arbeiten. In einem Kibbuz leben mehrere Familien. Eine der Mütter bleibt zu Hause und versorgt die Kinder, während die anderen Mütter zur Arbeit gehen. In der Mittagspause und abends widmet sich dann die eigene Mutter ihrem Kind ganz intensiv. Diese Art der Kinderbetreuung führt nicht zu einer Beziehungsstörung zwischen Mutter und Kind oder zu anderen psychischen Auffälligkeiten, da das Kind seine Mutter jeden Tag intensiv genießen kann und in deren Abwesenheit von einer bekannten Bezugsperson versorgt wird.

c) Nicht jede Mutter wird durch Aufgabe ihrer Berufstätigkeit zur „guten Mutter"

Im folgenden möchte ich die Problematik einer hilfesuchenden Mutter schildern, die ihren Beruf aufgegeben hatte, um sich ihren Kindern voll und ganz widmen zu können.

Sie kam völlig ratlos und verzweifelt zu mir, da ihre Kinder zunehmend aggressiv und hyperaktiv geworden waren und sie nicht begreifen konnte, warum gerade ihre Kinder solche Verhaltensauffälligkeiten entwickelt hatten.

Sie sei immer zu Hause gewesen und habe sogar ihren Beruf geopfert, um immer für ihre Kinder da zu sein.

Der Ausdruck „geopfert" ließ mich schon vermuten, was die Ursache für die Verhaltensauffälligkeiten der Kinder war. Diese Mutter hatte den ehrlichen Willen, alles für ihre Kinder zu tun, und hatte daher auch ihren Beruf „geopfert". Dieses Opfer hatte sie zunächst gerne gebracht, da ihr ihre idealistischen Vorstellungen von Kindern und Kindererziehung suggerierten, daß ihre Kinder ihr das honorieren würden. Sie stellte sich vor, daß ihr „Opfer" dazu führen würde, daß sich ihre Kinder störungsfrei zu gut angepaßten, folgsamen Kindern entwickeln würden, auf die sie stolz sein konnte.

Doch es kam ganz anders. Die Kinder entwickelten sich völlig normal, jedoch nicht den Vorstellungen der Mutter entsprechend. Sie waren weder folgsam noch angepaßt und zeigten besonders heftige Trotzreaktionen, da die Mutter ihnen zu viele Grenzen setzte. Diesen überstarken Trotzreaktionen der kleinen Persönlichkeiten war die Mutter in keiner Weise gewachsen. Sie brachten sie häufig bis an den Rand ihrer Belastbarkeit. Dazu kam noch, daß sie an die Stelle ihres Berufes, der ihr Achtung, Geld und Anerkennung eingebracht hatte, eine immer gleichbleibende Hausfrauenarbeit ohne Höhepunkte eingehandelt hatte. Außerdem zeigte niemand Anerkennung für ihre Arbeit, weder die Kinder noch der Ehemann. Der Ehemann war sogar der Meinung, daß seine Frau es ja besonders gut habe, da sie ja nicht arbeiten müsse und den ganzen Tag zu Hause verbringen dürfe.

Diese Mutter wurde mißmutig und fühlte sich ausgenutzt. Sie war wohl den ganzen Tag zu Hause, hatte sich aber bis zum Abend durch Kochen, Bügeln, Nähen und Putzen völlig erschöpft. Sie fühlte sich abends wie ausgelaugt und hatte nicht mehr die Kraft für eine intensive Zuwendung zu ihren Kindern, die sie durch ihr Verhalten ständig ärgerten und reizten.

Wie ich oben ausführte, reicht die alleinige Anwesenheit der Mutter nicht aus, um eine gute Beziehung zu den Kindern herzustellen. Sie muß sich wenigstens für eine halbe Stunde täglich intensiv mit ihren Kindern beschäftigen.

Obwohl sie immer wieder versuchte, mit ihren Kindern zu spielen, um ihre Pflicht zu tun und um den Bitten der Kinder nachzugeben, langweilten und ermüdeten sie diese Spiele und sie war mit ihren Gedanken nicht bei der Sache. Die Kinder spürten ihre geistige Abwesenheit, und das Spiel wurde für sie unbefriedigend.

Die Kinder fühlten, daß sie ihrer Mutter nicht mehr so wichtig waren, ja zeitweise geradezu lästig wurden. Sie suchten Zuflucht in Verhaltensauffälligkeiten, die sie zumindest in den Mittelpunkt der Aufmerksamkeit ihrer Mutter stellten und ihnen Ersatz boten für die nachlassende Liebe der Mutter.

Damit schloß sich der Teufelskreis. Die Mutter lehnte ihre Kinder nun noch mehr ab, wodurch auch deren Verhaltensauffälligkeiten zunahmen. So wurde aus einer ursprünglich höchst motivierten „guten" Mutter eine „schlechte" Mutter.

Dieses Beispiel soll zeigen, daß eine Mutter nicht nur dadurch eine gute Mutter wird, daß sie auf eine berufliche Tätigkeit verzichtet, zu Hause bleibt und sich ihren Kindern voll widmet.

d) Eine berufstätige Mutter kann eine sehr gute Mutter sein

Die meisten Mütter, die tagsüber arbeiten und abends nach Hause kommen, sehnen sich nach ihrem Kind, vermischt mit einem kleinen Fünkchen schlechten Gewissens und wenden sich daher ihrem Kind am Abend besonders intensiv zu.

Dadurch sind sie mit ihrem Herzen bei der Sache, und das Kind empfindet diese Zuwendung als äußerst positiv und beglückend.

2. Was müssen Mütter beachten und verwirklichen, wenn sie berufstätig sein wollen?

Aus obigen Ausführungen geht hervor, daß Mütter, die berufstätig sein wollen, zwei Dinge beachten müssen: Sie müssen ihren Kindern eine verläßliche, dauerhafte Bezugsperson geben und sich ihren Kindern zumindest eine halbe Stunde am Tag intensiv zuwenden.

Es ist jedoch unbedingt erforderlich, daß die Personen, die die Kinder dann betreuen auch echte Bezugspersonen sind.

Dies bedeutet, daß sie einen engen liebevollen Kontakt mit dem Kind aufbauen und pflegen müssen und zwar schon vor der Berufstätigkeit der Mutter. Sie müssen vom Kind voll akzeptiert werden. Eine Mutter, die ihr Kind tagsüber in der Obhut einer liebevollen zweiten Bezugsperson läßt, die abends nach Hause kommt und sich dann ihrem Kind intensiv zuwendet, braucht sich keine Sorgen um psychische Schäden ihres Kindes zu machen. Sie braucht daher auch keinerlei Schuldgefühle zu entwickeln. Beachtet eine Mutter diese zwei Vorbedingungen nicht und läßt ihr Kind bei fremden Menschen, auch wenn es Verwandte sind, die das Kind kaum kennt, so wird dessen Vertrauen zur Mutter schwer gestört, und es wird dies seiner Mutter nie verzeihen.

KAPITEL 13

Auch Eltern machen Fehler

Viele Eltern sind der Meinung, daß sie ihre Fehler nicht zeigen und zugeben dürften, da sie als Eltern fehlerfrei sein müßten.

Es ist sicher richtig, daß wir unsere Kinder am besten durch unser Vorbild und am wenigsten durch Schreien, Schimpfen und Bestrafungen erziehen können.

Als Vorbild sollten wir jedoch vor allem ehrlich und aufrichtig sein und unseren Kindern nicht einen vollkommenen Menschen, den es nicht geben kann, vorspielen.

Zu unseren Fehlern sollten wir aus drei Gründen stehen:

1. Weil Kinder mit ihrem feinen Gespür für die Körpersprache unser Schauspiel eines fehlerlosen Menschen ohnehin durchschauen würden und feststellen müßten, daß wir sie und die Umwelt ständig belügen. Sie erkennen am Gesicht der Eltern, an der Haltung ihrer Hände, am Ausdruck ihrer Augen, daß ein Widerspruch besteht zwischen dem, was die Eltern sagen und dem, was sie in Wirklichkeit denken und fühlen.
Ein solches Vorbild hätte seine Vorbildfunktion verfehlt.
2. Wenn wir Eltern unsere Fehler zugeben und dazu stehen, dann ermutigen wir unsere Kinder ebenfalls, zu ihren Fehlern zu stehen. Damit ermöglichen wir ihnen, sich mit diesen auseinanderzusetzen und sich um eine Verbesserung oder sogar um eine Beseitigung dieser Fehler zu bemühen.
3. Kinder mit fehlerlosen Eltern müssen zwangsläufig ein Minderwertigkeitsgefühl entwickeln. Sie können ihre Eltern in ihrer Vollkommenheit nie erreichen. Zudem verunsichern solche Eltern ihre Kinder, da diese instinktiv spüren, daß die Vollkommenheit nicht echt ist.

Solche innerlich verunsicherten und von Minderwertigkeitsgefühlen geplagten Kinder werden später nie zu ehrlichen, offenen, aufrechten und selbstbewußten Erwachsenen werden.

Ich möchte mich in diesem Buch dafür stark machen, daß wir Eltern mutig zu unseren Fehlern, zu unseren positiven und negativen Eigenschaften und Gefühlen stehen sollten.

Wenn wir rauchen oder auch einmal zuviel trinken, sollten wir unserem Kind vermitteln, daß auch wir nur Menschen sind. Dies ist sicher sehr viel besser, als wenn wir versuchen, aus dem Rauchen eine Tugend zu machen oder das Trinken zu bagatellisieren.

Wenn wir wütend sind, sollten wir diese Wut zeigen, sei es, daß wir schreien, auf den Tisch schlagen oder Türen schmeißen. Nur wenn wir das tun, ermöglichen wir auch unseren Kindern, ihre Wut auf diese Weise loszuwerden.

Wenn wir traurig sind, sollten wir unsere Trauer ruhig zeigen, auch die Tränen, die wir dabei vergießen.

Wir ermutigen dadurch unsere Kinder, ihre Trauer und ihre Enttäuschungen über eine in die Brüche gegangene Freundschaft, Demütigungen und Verletzungen ebenfalls zu zeigen. Verletzungen ihrer Seele können dadurch sehr viel rascher heilen.

Wenn wir sie jedoch zwingen, sich nach außen „cool" zu geben, das heißt ihre Gefühle weder zu zeigen noch zu leben, müssen sie Verletzungen ihrer Seele ins Unbewußte verdrängen, von wo aus sie unkontrolliert weiterwirken können.

Auch wenn wir aggressive Gefühle gegen unsere Kinder hegen und sie zeigen, kann ein Kind diese Gefühle verstehen, da es selbst solche aggressiven Gefühle gegen uns oder andere kennt.

Allerdings sollten wir unseren Kindern bei allen Auseinandersetzungen vermitteln, daß wir sie lieben, auch wenn sie uns ärgern, uns wütend, aggressiv und böse machen.

Solche Gefühlsregungen beeinflussen nicht dauerhaft unsere Gefühle unseren Kindern gegenüber. Sie wirken wie Gewitter, nach denen die Atmosphäre wieder gereinigt ist. Grundsätzlich sollten wir im Umgang mit unseren Kindern authentisch sein, das heißt uns so geben, wie wir uns fühlen.

Kapitel 14

Urlaub

Immer wieder erlebe ich, daß Eltern ohne die geringsten Schuldgefühle in den Urlaub fahren und ihre Kleinkinder zu den Großeltern oder anderen Verwandten bringen, die die Kinder kaum kennen. Dabei sind sich diese Eltern nicht bewußt, daß eine mehrwöchige Trennung von der Mutter, wenn sie die alleinige Bezugsperson ist, zu allerschwersten psychischen Störungen des Kindes und einer tiefgreifenden Verletzung der kindlichen Seele führen kann. Es steht fest, daß ein Kind bis zum vollendeten 3. Lebensjahr, nicht länger als einige Stunden von seiner einzigen Bezugsperson getrennt werden kann, ohne psychische Schäden zu erleiden. Der Kindergartenbesuch ist daher erst ab dem 4. Lebensjahr vertretbar. Erst dann sind die Kinder reif genug, sich über längere Zeit von der Mutter zu trennen.

In den früheren Großfamilien gab es solche Probleme nicht, da das Kind immer mehrere Bezugspersonen hatte, die sich gegenseitig ersetzen konnten.

In unseren Kleinfamilien, in denen nur die Eltern und das Kind leben, muß die Mutter als einzige Bezugsperson bis zum 3. Lebensjahr immer verfügbar sein, wenn sich das Kind von seiner Mutter nicht verstoßen und verlassen fühlen soll.

Wird es über längere Zeit bei einer nicht vertrauten Person gelassen, auch wenn es die eigene Großmutter ist, verliert es das Vertrauen zur Mutter, wird mißtrauisch und ablehnend und bleibt es oft bis ins Erwachsenenalter. Auch der spätere Partner wird darunter noch zu leiden haben.

Ich denke, dies zu wissen ist für Eltern ungeheuer wichtig, um ihrem Kind nicht unrecht zu tun.

Stellen Sie sich vor, Sie wären im Urlaub, würden diesen aus vollem Herzen genießen, während Ihr Kind sich nach Ihnen verzehren, ständig weinen und sich völlig verlassen und verstoßen fühlen würde.

Diese Vorstellung und das Wissen um die Zusammenhänge sollte bewirken, daß verantwortungsvolle Eltern entweder auf ihren Urlaub verzichten oder das Kind mitnehmen.

Denken Sie auch einmal daran, wie schön der Urlaub mit den Kindern sein könnte. In dieser Zeit können Sie sich besonders intensiv mit Ihren Kindern beschäftigen und Dinge unternehmen, für die Sie sonst keine Zeit haben.

Ab dem 4. Lebensjahr kann das Kind, wenn es psychisch reif und stabil ist, bei einer guten Bekannten, einer Tante oder den Großeltern gelassen werden. Dies ist ohne psychische Schäden auch in diesem Alter nur dann möglich, wenn das Kind mit diesen Menschen vertraut ist und sich voll angenommen fühlt.

Kapitel 15

Mein Kind ist so ängstlich

1. Allgemeine Gesichtspunkte

Grundsätzlich ist Angst eine wertvolle angeborene Eigenschaft, die uns vor Gefahren schützt.

Sie ist wichtig und muß erhalten bleiben. Ein Kind, das keine Angst vor Hunden hat, läuft Gefahr von einem solchen schwer verletzt zu werden. Ein Kind, das keine Angst vor unsicherem Boden hat, läuft Gefahr, in einem Sumpfloch zu versinken. Ein Kind, das keine Angst vor fremden Menschen hat, läuft Gefahr, in die Hand eines Gewaltverbrechers zu geraten.

Diese Angst, die unser Leben schützt, ist nicht Thema dieses Kapitels. Es sind vielmehr die verschiedensten Ängste, die nichts mit Selbstschutz zu tun haben, und die von uns Erwachsenen häufig auch nicht nachempfunden werden können.

2. Ursachen der kindlichen Ängste und deren Behandlung

a) Ängstlichkeit als Lerneffekt

Ängstlichkeit kann geradezu erlernt werden. Ängstliche Kinder haben so gut wie immer ängstliche Mütter, die ihre Angst auf das Kind übertragen, indem sie ihm durch ihre Haltung vermitteln, daß eine Situation angsterregend sei. Nehmen wir an, eine Mutter hat selbst große Angst vor dem Arzt oder dem Zahnarzt. Wenn sie ihr Kind nun zum Arzt oder Zahnarzt bringt, wird ihre eigene unbewußte Haltung dem Kind vermitteln, daß es Angst haben muß.

Ein anderes Beispiel: Eine Mutter hat Angst vor Katzen. Jedesmal wenn sie eine Katze sieht, erstarrt sie vor Angst.

Das Kind bemerkt dies und wird ebenfalls beim Anblick von Katzen starr vor Angst, obwohl es noch nie eine schlechte Erfahrung mit diesen Tieren gemacht hat.

Eine Erfahrung aus meiner eigenen Familie hat mir vor vielen Jahren gezeigt, wie intensiv das Vorbild wirkt:

Meine Mutter, die meine Kinder betreute, hatte panische Angst vor Mäusen. Als nun mein kleiner Sohn eine Maus gefangen hatte und sie der Großmutter stolz präsentierte, reagierte diese mit Flucht und Schreien. Völlig entsetzt ließ das Kind die Maus fallen und rannte ebenfalls in panischer Angst davon.

Es dauerte Monate, bis mein Mann und ich das Kind davon überzeugen konnten, daß Mäuse keine Menschenfresser sind. Genauso entwickelt sich die weitverbreitete Spinnenangst, die sonst gar nicht zu erklären wäre, da eine Spinne völlig harmlos ist. Das gilt natürlich auch für Hunde und andere Tiere.

Die wirksamste Methode der Behandlung von Kindern mit ängstlichen Müttern wäre die psychotherapeutische Behandlung der Mutter. Meist sind dieser die eigenen Ängste nicht bewußt, und es kann schon helfen, sie ihr bewußt zu machen. Diese effektivste Behandlungsmethode scheitert jedoch meist daran, daß die Mutter keinen genügend großen Leidensdruck hat, um einer solchen Behandlung zuzustimmen.

Natürlich kann die Behandlung auch beim Kind ansetzen. Allerdings nimmt man damit eine sehr viel längere Behandlungsdauer in Kauf, da die ängstliche Mutter die therapeutischen Erfolge immer wieder zunichte machen wird. Es kann Jahre dauern, bis ein Kind so viel eigene Selbstsicherheit und Durchsetzungvermögen aufgebaut hat, daß es auch den Ängsten der Mutter trotzen kann.

Die Behandlung der Mutter wäre also wesentlich effektiver. Einerseits könnte sie ihre eigenen Ängste abbauen und dadurch nicht nur dem ängstlichen Kind helfen, sondern auch sich selbst und damit allen folgenden und schon vorhandenen Kindern.

b) Ängstlichkeit als Machtmittel

Es gibt zahlreiche Kinder, die ihre Angst ganz bewußt einsetzen, um die Mutter zu erpressen oder sich gegen die Mutter durchzusetzen.

Welche Mutter könnte ihrem Kind widerstehen, wenn es verzweifelt ruft: „Ich habe Angst!"

Solche „Ängste" entstehen aus der Erfahrung intelligenter Kinder, daß das Wort „Angst" die Mutter ungeheuer schnell aktiviert.

Auslöser können oft ganz banale Situationen sein. Die Mutter setzt das Kind für einen Augenblick ab, um sich einer anderen Beschäftigung zuzuwenden. Das Kind schreit: „Angst", und schon hat die Mutter es wieder im Arm. Wenn ein Kind diese Erfahrung immer wieder macht, wird es logischerweise daraus schließen, daß das Wort „Angst" ein magisches Wort ist, mit dem es die Mutter immer wieder in seine Nähe zurücktreiben kann.

Wenn Mütter auf dieses Wort wiederholt in der gleichen übersteigerten Weise reagieren, vermitteln sie ihrem Kind, daß sie an die Angst des Kindes glauben, wodurch dieses schließlich selbst daran glaubt. Dadurch hat das Kind zunächst die Mutter, schließlich die ganze Familie im Griff. Mütter, die diesen Zusammenhang nicht erkennen, werden zu Sklaven ihrer Kinder.

Vor vielen Jahren habe ich einen 14jährigen Jungen kennengelernt, der seiner Mutter noch nie erlaubt hat, abends aus dem Haus zu gehen. Wenn sie doch einmal Anstalten machte, dies zu tun, begann er zu schreien: „Ich habe Angst" und wenn das nicht half, schmiß er sich auf den Boden, tobte und schrie und zwang so seine Mutter, zu Hause zu bleiben. Wenn man sich das Gesicht des Kindes, seine Haltung und seine Gestik bei der Schilderung der abendlichen Dramen ansah, konnte man ihm seine Angst nicht abnehmen.

Auch wenn man seine sonstigen Aktivitäten betrachtete, wurde klar, daß er seine angebliche Angst benutzte, um die Mutter zu erpressen. Der Junge selbst blieb häufig bis in den späten Abend weg, teilte seinen Eltern auch nicht mit, wohin er gehen und wann er wieder kommen wird. Sobald er aber ins Haus kam und seine Mutter nicht antraf, begann er zu toben und zu schreien. Die Anwesenheit des Vaters genügte ihm nicht.

In solchen extremen Fällen entwickeln sich im Verlaufe von Jahren zwischen Mutter und Kind tiefgreifende Beziehungsstörungen, die dazu führen, daß das Kind von seiner Verhaltensstörung nicht mehr loskommt. Eine Mutter, die über Jahre von ihrem Kind in dieser Art und Weise erpresst wird, muß langsam, aber sicher aggressive Gefühle gegen dieses Kind entwickeln. Das Kind spürt diese, der Mutter meist unbewußten, aggressiven Gefühle und entwickelt schließlich eine tiefsitzende Angst, die Liebe der Mutter zu verlieren. Die Forderung, daß die Mutter immer zu Hause sein müsse, ist dann der Versuch, sich zumindest der Person der Mutter zu versichern. Außerdem gibt sie dem Kind das Gefühl der Macht, als Ersatzbefriedigung für deren verlorengegangene Liebe.

In therapeutischen Gesprächen geht es besonders darum, den Eltern die Zusammenhänge zu erklären: Sie müssen erkennen, daß die als Machtmittel eingesetzte Angst ihres Kindes dazu führt, daß sie ihr Kind unbewußt noch mehr ablehnen und damit die Verhaltensauffälligkeiten ihres Kindes noch verstärken.

Man muß ihnen Mut machen, sich gegen ihr Kind zur Wehr zu setzen und sich nicht durch das Wort „Angst" erpressen zu lassen. Hier hat sich die Festhaltetherapie besonders bewährt:

Durch sie kann das Kind die Liebe der Eltern verinnerlichen, fühlt sich wieder angenommen und kann auf die Macht, als Ersatz für die Liebe der Eltern, verzichten.

Den Eltern vermittelt sie durch die Erfahrung der eigenen Stärke, daß sie es wagen können, sich zu wehren. Wenn sie lernen, das Wort „Angst" einfach zu ignorieren, sich ihrem Kind jedoch gleichzeitig besonders intensiv zuzuwenden, wird dieses die „Angst" nicht mehr brauchen, um sich durchzusetzen und sich in den Mittelpunkt zu stellen.

Wenn sich jedoch die Eltern-Kind-Beziehung schon zu sehr verhärtet hat, kann oft nur eine psychotherapeutische Behandlung zum Erfolg führen.

c) Ängstlichkeit als Folge von angsterregenden Erlebnissen

Natürlich gibt es auch Angstzustände bei Kindern, die weder durch eine ängstliche Mutter bedingt sind noch als Machtmittel dienen.

Solche Ängste können entstehen als Folge von angsterregenden Erlebnissen, die nicht genügend verarbeitet werden konnten und die dann bewußt oder unbewußt weiterwirken.

So kann ein Autounfall, ein Krankenhausaufenthalt, der Tod eines nahen Verwandten oder Freundes, aber auch eine laut und aggressiv geführte Auseinandersetzung zwischen den Eltern große Angst erzeugen. Sie überschattet die gesamten Aktivitäten der Kinder und führt schließlich dazu, daß ihre Durchsetzungs- und Leistungsfähigkeit leidet, wodurch sie weitere Ängste entwickeln.

Eltern, die in ihrem Erziehungsstil sehr streng oder sogar aggressiv sind, lassen in ihrem Kind ebenfalls zahlreiche Ängste entstehen, vor allem die Angst vor Liebesverlust.

Auch unbedachte Äußerungen von Erwachsenen können heftige Ängste in Kindern hervorrufen. In vielen Familien werden unfolgsame Kinder noch mit dem bösen Mann, Knecht Ruprecht oder sogar mit dem Arzt bedroht.

Bei der Behandlung von Ängsten, die durch angstmachende Erlebnisse entstanden sind, ist es wichtig, diese Erlebnisse bewußt zu machen und sie dann mit dem Kind aufzuarbeiten.

Psychotherapeutische Methoden machen es möglich, auch solche Ereignisse aufzuspüren, die aus dem Bewußtsein des Kindes verdrängt wurden, allerdings ist in solchen Fällen eine psychotherapeutische Behandlung durch den Fachmann erforderlich.

d) Angst vor der Dunkelheit

Die Angst vor der Dunkelheit ist im Kindesalter weitverbreitet. Vermutlich rührt sie daher, daß Wirklichkeit und Fantasie beim Kleinkind häufig verschmelzen. In der Dunkelheit wird es für das Kind noch schwieriger, seine angstvollen Fantasien als unwirklich zu erkennen, so daß es ihnen hilflos ausgeliefert ist.

Auch ein böser Traum kann nach dem Aufwachen in der Fantasie des Kindes weiterleben, wenn es sich in der Dunkelheit nicht an seiner vertrauten Umgebung orientieren kann.

Diese Angst ist am einfachsten zu behandeln: Falls sie nicht schon zu weiteren Ängsten und Beziehungsstörungen zu den Eltern geführt hat, genügt es, im Zimmer des Kindes Licht anzulassen.

Es sollte ein gedämpftes Licht sein, das den gesamten Raum schattenfrei ausleuchtet, so daß sich das Kind beim Aufwachen sofort orientieren kann.

Für Kleinkinder ist diese Beleuchtung zur Vorbeugung von Dunkelangst grundsätzlich zu empfehlen. Eine Steckdosenlampe kann die Ängste noch verstärken, da das Kind beim Aufwachen ein grünes oder gelbes „Auge" sieht. Wacht es aus einem Angsttraum auf, in dem es beispielsweise einen Tiger gesehen hat, wirkt es nicht gerade beruhigend, wenn ihm dann plötzlich ein im Dunkeln aufleuchtendes Auge entgegenstrahlt.

Sollte ein Kind jedoch den Wunsch haben, im Dunkeln zu schlafen, so ist dies ein gutes Zeichen für die Stabilität seiner Persönlichkeit und sollte natürlich respektiert werden.

―――――― KAPITEL 16 ――――――

Mein Kind ist so schüchtern

Immer wieder berichten mir Eltern, daß ihr Kind in fremder Umgebung äußerst schüchtern sei.

Zu Hause würde man nichts davon bemerken, im Gegenteil sei es sehr lebhaft und gelegentlich sogar recht aggressiv.

Kaum sei man jedoch bei Fremden, würde das Kind kein Wort mehr von sich geben, auf einem Stühlchen sitzen, sich nicht rühren und sich auch nicht mehr am Spiel der anderen beteiligen. Dies setze sich auch im Kindergarten und in der Schule fort. Allerdings habe man den Eindruck, daß es geistig voll dabei sei und die Vorgänge sehr genau beobachte.

Nach meinen Erfahrungen handelt es sich bei diesen Kindern meist um die Erstgeborenen oder die letzten Kinder in einer längeren Geschwisterreihe. Vor allem die ersten Kinder sind der Augapfel und Stolz ihrer Eltern, werden gehegt und gepflegt und auch in ihren Aktivitäten genau beobachtet.

Sie sollen vor allem durch gutes Benehmen auch anderen so positiv erscheinen wie den Eltern, also frühzeitig höflich und zuvorkommend sein, „dankeschön" und „bitteschön" sagen und sich nicht mit anderen raufen.

Solche Eigenschaften, die zu Hause nicht so wichtig sind, sind in fremder Umgebung äußerst wichtig und werden den Kindern regelrecht andressiert.

Da solche Anforderungen den kleinen Menschen, der sich seiner selbst noch sehr unsicher ist und erst noch eine Persönlichkeit entwickeln muß, völlig überfordern, beginnt das Kind zu resignieren. Die ständigen Ermahnungen und Vorschriften der Eltern führen schließlich dazu, daß sich das Kind in fremder Umgebung verweigert. Für sein

Selbstwertgefühl ist es besser, nichts zu sagen und zu tun, als vor Fremden immer wieder ermahnt und getadelt zu werden.

Ähnliches gilt für das Nesthäkchen.

Während die Eltern bei den dazwischen geborenen Kindern in ihrer Erziehung recht großzügig waren, wird das jüngste Kind erneut Mittelpunkt ihres Stolzes. Ist der Abstand zwischen den Kindern nicht sehr groß, kann das jüngste Kind dieser fatalen Entwicklung entgehen. Liegt jedoch viel Zeit dazwischen, wird das Nesthäkchen in der gesamten Bekannt- und Verwandtschaft vorgezeigt, und man möchte natürlich auch, daß es sich entsprechend benimmt, wodurch es in die gleiche Situation gerät wie das Erstgeborene.

Die Therapie dieser Schüchternheit besteht zunächst darin, daß die Mutter ihrem Kind vermittelt, wie lieb sie es hat, auch wenn es schüchtern ist. Am besten gelingt dies durch die Festhaltetherapie.

Das Kind hat nämlich während der Zeit seiner Schüchternheit erfahren, daß sich die Eltern seiner schämten oder zumindest ungehalten waren über seine Schüchternheit.

Dadurch sind in ihm Ängste entstanden, die Liebe der Eltern zu verlieren. Solche Ängste führen natürlich nicht zu einer Verbesserung, sondern zu einer Verschlechterung der Situation.

Vor einigen Jahren habe ich ein kleines Mädchen kennengelernt, das so schüchtern war, daß es niemals ohne Mutter aus dem Haus ging. Es ging grundsätzlich nicht in andere Häuser und in den Kindergarten nur in Begleitung der Mutter und gab auch dort kein Wort von sich. Die Mutter verzweifelte fast und versuchte alles, um es weniger schüchtern zu machen.

Sie empfand es geradezu als Provokation, daß sich das äußerst intelligente Kind bei Fremden so verhielt, als sei es geistig zurückgeblieben. Es reagierte auf keine Aufforderung, gab kein Wort von sich und saß immer nur reaktionslos da.

Diese Mutter wurde durch die Schüchternheit des Kindes in ihrem Selbstwertgefühl geradezu verletzt, da es ihr ständig vor Augen hielt, daß in ihrer Erziehung wohl etwas nicht stimmte.

Nach der Festhaltetherapie, die diese Mutter erst nach längerer Überredung wagte, änderte sich das Verhalten des Kindes urplötzlich: Gleich nach dem Festhalten bat das Kind, zu seiner Freundin gehen zu dürfen, die bisher immer nur ins Haus gekommen war, und die es noch niemals besucht hatte.

Diese plötzliche Selbständigkeit konnte die Mutter noch dadurch unterstützen, daß sie diese Aktivitäten ganz positiv bewertete. Nachdem ich der Mutter die Zusammenhänge erklärt hatte, konnte sie einen weiteren wichtigen Beitrag zur Behandlung des Kindes leisten, indem sie es niemals mehr in der Öffentlichkeit kritisierte, sondern es lobte und seine Fähigkeiten herausstellte.

Nach etwa drei Monaten hatte es seine Schüchternheit verloren. Es benahm sich im Kindergarten völlig unauffällig und ist inzwischen eine engagierte Schülerin geworden.

Kapitel 17

Mein Kind ist so anhänglich

Immer wieder bitten Mütter um Hilfe, weil sie die Anhänglichkeit ihres Kindes nicht mehr ertragen können.

Sie berichten, daß ihr Kind sie keinen Augenblick alleine lasse. Sie könnten weder alleine ins Bad, noch auf die Toilette, noch ins Bett, geschweige denn in den Garten oder Keller gehen. Fast alle Mütter gestehen, daß sie ihr Kind ursprünglich über alles geliebt hätten. Durch seine übermäßige Anhänglichkeit hätten sie jedoch zunehmend aggressive Gefühle gegen es entwickelt, was ihnen Angst mache und Schuldgefühle erzeuge.

Grundsätzlich kann man feststellen, daß Kinder, die an ihren Müttern kleben, immer Angst um deren Zuneigung oder um sie selbst haben. Es ist nicht eine besonders starke Liebe zur Mutter, die dazu führt, daß das Kind die Mutter auf Schritt und Tritt verfolgt, sondern es ist die Angst um sie oder ihre Liebe. Es muß sich ständig vergewissern, daß die Mutter noch da ist und sich ihm zuwendet, sei es auch im negativen Sinne. Daher führt eine ablehnende Haltung der Mutter nicht zu einem Nachlassen der Anhänglichkeit, sondern zu einer Verstärkung, da die Angst vor Liebesverlust scheinbar bestätigt wird.

Solche Ängste können aus banalen Ursachen entstehen.

Ich habe vor Jahren einmal erlebt, wie extrem ein Kind darauf reagierte, daß es nach dem Kindergarten einige Minuten auf die Mutter warten mußte. Diese hatte sich einfach in der Zeit vertan.

Während des Wartens müssen heftige Ängste im Kind entstanden sein. Entweder hatte es die Befürchtung, die Mutter könnte einen Unfall gehabt haben oder sie könnte es einfach, des jüngeren Geschwisterchens wegen, vergessen haben.

Nach dieser an sich nicht sehr eindrucksvollen Situation, begann das Kind, die Mutter ständig zu verfolgen. Zunächst noch mit Abstand, dann hielt das Kind die Mutter ständig fest, entweder an der Hand oder an der Kleidung. Die Mutter konnte ohne das Kind nirgendwo hingehen, nicht einmal mehr auf die Toilette. Verständlicherweise begann die Mutter, das Verhalten des Kindes und schließlich auch das Kind unerträglich zu finden.

Das Kind suchte daraufhin noch engeren Körperkontakt, da es die Ablehnung der Mutter spürte und ging nun nur noch mit der Mutter ins Bett. Dieses Verhalten verschlechterte noch die gegenseitigen Beziehungen. Erst durch die Festhaltetherapie gelang es, diesen Teufelskreis zu durchbrechen.

Die Mutter konnte durch sie ihre Liebe zum Kind neu entdecken, und das Kind konnte diese neu erwachte Liebe fühlen und verinnerlichen. Am Ende der Festhaltetherapie berichtete das Kind sogar über seine Ängste um die Mutter, und beide konnten endlich darüber sprechen.

Nachdem die Mutter begriffen hatte, daß die Ablehnung des Kindes zu einer Zunahme seiner Ängste und damit seiner Anhänglichkeit geführt hatte, gelang es ihr, sich ihm bewußt vermehrt zuzuwenden.

Dieses konnte sich dadurch wieder von der Mutter lösen und selbständiger werden.

Häufiger als solche banalen Ursachen führen Störungen in der Familienstruktur zu einer krankhaften Anhänglichkeit des Kindes Vor allem sind es Ehekonflikte, die Geburt eines Geschwisterchens, die plötzliche Berufstätigkeit der Mutter aber auch Verfehlungen der Kinder, die zu übertriebenen Strafen der Eltern geführt hatten.

Bei all diesen Störungen wirkt die Festhaltetherapie ganz überzeugend, da sie dem Kind vermitteln kann, daß die Eltern es nach wie vor lieben, und seine tiefen Ängste um deren Liebe unbegründet sind.

Allerdings wird die Anhänglichkeit des Kindes durch die Festhaltetherapie alleine nicht dauerhaft beseitigt werden können, wenn die Eltern nicht versuchen, die Ursachen für die kindlichen Ängste zu beseitigen oder zumindest abzuschwächen. Dazu gehören zum Beispiel Eheprobleme. Falls die eheliche Zerrüttung schon so weit fortgeschritten ist, daß eine Scheidung ins Auge gefaßt wird, muß dem Kind die Sicherheit gegeben werden, daß ihm die Eltern auch nach der Scheidung in Liebe zugetan sein werden.

Ist die Geburt eines Geschwisterchens die Ursache für die Anhänglichkeit des Kindes, können ihm die Eltern durch besonders intensive Zuwendung vermitteln, daß sie es nach wie vor lieben. Durch Einbeziehung in die Pflege des Neugeborenen kann das Kind selbst begreifen, daß die vermehrte Beschäftigung mit dem Neugeborenen nicht durch eine übermäßig große Liebe der Eltern zu ihm bedingt ist, sondern vorwiegend durch dessen Hilflosigkeit und Pflegebedürftigkeit.

Die Berufstätigkeit der Mutter sollte überdacht werden und sofern möglich, sollten die Bedürfnisse des Kindes vorrangig beachtet werden (siehe KAPITEL 12).

Auch übertriebene Reaktionen der Eltern auf Verfehlungen des Kindes sollten angesprochen und dadurch Ängste um die Liebe der Eltern ausgeräumt werden.

Kapitel 18

Mein Kind mag nicht schmusen

Wir dürfen davon ausgehen, daß jedes Kind von seinen Eltern geliebt werden möchte, daß dies sogar eine unabdingbare Vorraussetzung für seine gesunde körperliche und seelische Entwicklung ist. Im Kleinkindes- und frühen Schulalter gehören Schmusen, Küssen, Kosen und Streicheln zu den Aktivitäten, die die elterliche Zuneigung und Liebe ausdrücken.

Das Kind braucht diese Zärtlichkeiten und den Körperkontakt mit seinen Eltern, da ihm die ideelle Liebe nicht genügt.

Es möchte innig umarmt und körperlich geliebt werden, da die Körpersprache ihm vermittelt, wie stark oder intensiv die Liebe der Eltern ist.

Daß dies nicht nur bei Kindern so ist, zeigt die reife Liebe zwischen Mann und Frau, die ohne körperliche Berührung und Zärtlichkeiten nicht denkbar wäre.

Stellen Sie sich vor, Ihr Partner hätte Sie immer nur ganz liebevoll angesehen, Ihnen versichert, daß er Sie unendlich liebt, Sie aber körperlich nie berührt. Sie wären wahrscheinlich nicht lange zusammen geblieben.

Da alle Kinder ausnahmslos geliebt werden wollen, kann die Verweigerung des Schmusens nicht Eigenheit eines Kindes sein. Es handelt sich dabei *immer* um die Bestrafung der Eltern für zu geringe Liebe oder zu starke Einschränkungen der seelischen, körperlichen oder sexuellen Aktivitäten des Kindes.

Um seine Seele vor zu großer Verletzung zu schützen, muß es in diesen Situationen Abwehrmechanismen mobilisieren. Diese bewirken, daß es seine Eltern auch nicht mehr so sehr liebt und ihnen demonstrativ körperliche Nähe verweigert (siehe Kapitel 1). Die Verweigerung des Schmusens, vor allem im Kleinkindesalter, ist daher immer ein

Warnsignal für die Eltern, daß in ihrer Beziehung zum Kind etwas nicht stimmt.

Durch die Festhaltetherapie gelingt es ihnen zumindest, dem Kind zu vermitteln, daß sie es noch immer lieben, die Verletzungen der kindlichen Seele werden inaktiviert, wodurch das Kind seine Eltern wieder voll annehmen kann.

Wenn es den Eltern dann auch noch gelingt, herauszufinden, was in ihrer Beziehung zum Kind nicht stimmt, notfalls mit Hilfe eines Psychotherapeuten und sie ihre Beziehungsstörungen (siehe KAPITEL 6 und 7) beheben können, wird das Kind ihre Zärtlichkeiten wieder zulassen und sie genießen.

KAPITEL 19

Mein Kind ist so unordentlich

Ordnung und Ordungsliebe gehören *nicht* zu den Eigenschaften eines Kindes.
Fast alle Eltern, die in meine psychotherapeutische Sprechstunde kommen, beklagen sich über die Unordentlichkeit ihrer Kinder, auch wenn sie ursprünglich wegen eines ganz anderen Problems gekommen sind. Offensichtlich ist Ordnung für Eltern ein zentrales und sehr wichtiges Thema.
Ich selbst habe dies früher auch für sehr wichtig gehalten und meine Kinder über Jahre damit gequält, daß ich sie zur Ordnung erziehen wollte. Es ist mir nicht gelungen. Sie sind unordentlich geblieben, zumindest bis in das späte Jugendalter hinein.
In den letzten Jahren habe ich mir darüber sehr viele Gedanken gemacht, und mir ist folgendes klargeworden: Kinder sind von ihrer Natur her unordentlich. Es gelingt uns daher nicht, ihre natürliche Unordnung zu verändern, weder durch Schimpfen und Schreien, noch durch Strafen. Kurzfristig mögen diese Maßnahmen einen Erfolg zeigen, langfristig jedoch sind sie erfolglos.
Wenn wir davon ausgehen, daß das normal ist, was die Mehrheit macht oder empfindet, muß die Unordnung der Kinder einfach normal sein, da mindestens 95% von ihnen unordentlich sind. Ich wage zu behaupten, daß auch die restlichen 5% unordentlich wären, wenn sie sich dem Zwang der Eltern nicht gebeugt hätten. Wenn nun Unordnung im Kindesalter normal ist, so frage ich mich, warum wir ständig versuchen ein normales Kind „unnormal" zu machen, indem wir es zur Ordnung zwingen.
Ich höre von den meisten Müttern, daß sie tagtäglich mit ihren Kindern um die Ordnung ringen. Wenn ich sie dann frage, ob das ständige Schimpfen und Schreien einen Erfolg gehabt hätte, so ist die übereinstimmende Antwort: „NEIN".

Doch dann sei die Frage erlaubt: Warum tun wir Mütter dies? Warum vergiften wir die häusliche Atmosphäre durch Schimpfen und Schreien, wenn wir dadurch doch nichts erreichen?

Die meisten Mütter rechtfertigen ihre Haltung dadurch, daß sie hoffen, doch noch erfolgreich zu sein. Nach meinen Erfahrungen jedoch ist diese Hoffnung für das frühe und mittlere Kindesalter wirklichkeitsfremd.

Ich denke sogar, daß die Ordentlichkeit von Kindern überhaupt nicht anzustreben ist. Viele Beobachtungen zeigen, daß eine frühe Ordnungsliebe, unter dem Druck und der Autorität der Eltern entstanden, dazu führt, daß die schöpferischen Fähigkeiten des Kindes verlorengehen.

Als ich dies erkannt hatte, habe ich Mütter, die über die Unordentlichkeit ihrer Kinder klagten, gefragt, ob sie denn selbst als Kind ordentlich gewesen seien.

Die meisten Mütter antworteten mir spontan, daß ihre Mütter ihnen wegen ihrer Unordentlichkeit eine düstere Zukunft prophezeit hätten.

Mir selbst ging es ähnlich: Meine Mutter hat mir vorausgesagt, daß mein Haushalt später im Chaos versinken würde, was nie eingetroffen ist. Am Übergang von der Jugendzeit zum Erwachsenenalter bin ich ordentlich geworden.

Die gleiche Entwicklung beobachte ich nun an meinen Kindern und deren Freunden.

Die Ordnungsliebe scheint eine Eigenschaft zu sein, die erst im späten Jugendalter reift und durch beginnende Partnerbeziehungen beschleunigt wird.

Während Mütter bis dahin trotz intensiver Bemühungen erfolglos blieben, kommt es mit Beginn des Erwachsenenalters und unter dem Einfluß von Freunden und Bekannten dazu, daß unsere Kinder ohne Ermahnungen und Auseinandersetzungen plötzlich ordentlich werden. Wir sollten die kindliche Unordentlichkeit akzeptieren. Um jedoch auch uns gerecht zu werden, schlage ich vor, einen Kompromiß auszuhandeln. Ein solcher Kompromiß könnte so aussehen: Mutter und Kind einigen sich darauf, daß einmal pro Woche das Zimmer des Kindes gemeinsam aufgeräumt wird. Den Rest der Woche läßt die Mutter sowohl das Kind als auch dessen Zimmer in Ruhe. Das gemeinsame Aufräumen scheint mir wichtig, da die meisten Kinder nach dem Aufräumen der Mutter behaupten, sie könnten nichts mehr finden, da die Mutter es weggeräumt oder sogar weggeschmissen hätte.

Viele Eltern berichten mir, daß sie es vor allem störe, wenn die Kinder im Wohnzimmer so unordentlich seien.

Sie denken dabei vor allem an die Nachbarn, die plötzlich vorbeikommen und diese schreckliche Unordnung sehen könnten.

Warum haben wir denn nicht den Mut, unserem Nachbarn zu sagen, daß wir unordentliche Kinder haben und nicht bereit sind, deswegen den ganzen Tag mit ihnen zu streiten?

Unser Bekenntnis zur Unordnung würde die Nachbarn ermutigen, auch ihren Kindern die gleichen Freiheiten zu geben, und die gesamte Familiensituation würde sich entspannen.

Ich denke, dann könnte uns erspart bleiben, daß unsere Kinder später nur mit Schrecken an ihre Kindheit zurückdenken können. Junge Erwachsene berichten mir dies immer wieder: Ihre Eltern, vor allem die Mutter, habe sie mit ihrer Ordnungsliebe geradezu verfolgt und tyrannisiert. Es habe schon in der Frühe damit begonnen, daß es Streit gab um das ordentliche Verlassen des Bades, das ordentliche Entnehmen der Kleider aus dem Kleiderschrank, das ordentliche Sitzen am Frühstückstisch, die ordentliche Kleidung, die ordentlich aufgeräumte Schultasche und das ordentliche Aufräumen der Kleidung. Nach der Rückkehr von der Schule sei es so weitergegangen. Es sei gestritten worden um die Ordnung im Zimmer, das ordentliche Aufgabenmachen, das ordentliche Spielen und vor allem das ordentliche Wegräumen der Spielsachen.

Manche, psychisch weniger stabile Kinder geben ihre Persönlichkeit und ihren Widerstand auf, unterwerfen sich den Forderungen der Eltern und werden ordentlich.

Diese Kinder verlieren entweder ihre schöpferischen Fähigkeiten und bleiben auch als Erwachsene ordentlich, oder sie warten nur auf ihre eigene Selbständigkeit, um dann erneut in der Unordnung zu versinken.

Fast alle unordentlichen Erwachsenen waren ordentliche Kinder und umgekehrt. Man muß offensichtlich die Unordnung lange genug genossen haben, um irgendwann einmal ordentlich zu werden. Immer wieder berichten mir Mütter, daß sie sehr unordentlich seien und diese Eigenschaft geradezu genießen würden, im Gegensatz zu ihren

Ehemännern. Wenn man solche Mütter dann über ihre Kindheit befragt, so stellt sich heraus, daß sie als Kinder zur Ordnung gezwungen wurden und darunter sehr gelitten hätten.

Wenn wir Mütter all die Energie, die wir dafür aufwenden, unsere Kinder zur Ordnung zu erziehen, für Spiel und Spaß aufwenden würden, hätten wir ein ungeheures Energiereservoir für solche schönen Dinge.

KAPITEL 20

Mein Kind folgt nicht

1. Allgemeine Gesichtspunkte

Unfolgsamkeit der Kinder führt sehr viele Eltern in meine psychotherapeutische Sprechstunde.

Sie beklagen, daß ihre Anweisungen, Gebote und Verbote nicht oder nur sehr unzureichend befolgt würden.

Bei der Durchleuchtung des Verhaltens von Eltern und Kindern, muß ich immer wieder feststellen, daß Eltern eine völlig falsche Vorstellung davon haben, was Kinder leisten können.

Da sie auch häufig über die seelische Entwicklung des Kindes wenig wissen, verlangen sie vom Kind Folgsamkeit, für die dieses aufgrund seiner erreichten Entwicklungsstufe noch nicht reif ist.

2. Ursachen für die Unfolgsamkeit

a) Eltern überfordern das Leistungsvermögen des Kindes

Die körperliche Mobilisierung und der Forschungsdrang des Kindes beginnen am Ende des 1. Lebensjahres und nehmen bis in das 3. Lebensjahr kontinuierlich zu. Das Kind möchte alles ansehen, anfassen und erforschen. Besonders interessant sind Schubladen, der Herd, der Fernsehapparat, das Radio und die Stereoanlage.

Der Drang, diese Dinge zu besichtigen und vor allem anzufassen ist so stark, daß das Kind ihm nicht widerstehen kann. Auch wenn die Mutter es verbietet und das Kind sogar dafür bestraft, sei es durch einen Klaps auf den Po oder auf die Hände, wird es seine Forschungen weiter betreiben.

Strafen in diesem Alter bewirken in der Regel das Gegenteil. Statt Folgsamkeit provozieren sie Trotz und Auflehnung. Alles, was verboten ist, wird besonders interessant. Das Verbot, bestimmte Gegenstände zu berühren, macht diese unwiderstehlich. Läßt sich die Mutter mit dem Kind in dieser Phase der Entwicklung auf eine Machtprobe ein, wird sie mit Sicherheit verlieren. Sie hat nur eine Möglichkeit, sich mit dem Kind zu einigen: Sie muß sich dem kindlichen Forschungsdrang unterwerfen.

Am besten ist es, alle für das Kind erreichbaren Gegenstände so auszuwählen und aufzustellen, daß das Kind mit ihnen spielen kann, ohne wertvolle Dinge zu zerstören.

Schubladen sollten stabil sein und mit Gegenständen gefüllt werden, die für das Kind interessant sind, jedoch nicht zerbrechen, wenn sie das Kind „erforscht" oder damit spielt. Man kann das Kind auch einmal die Erfahrung mit dem heißen Herd selbst machen lassen, indem man es auf die nur mäßig heiße Herdplatte fassen läßt und ihm damit die Erfahrung vermittelt, daß heiße Herdplatten die Finger verbrennen, was sehr weh tut. Bei elektrischen Geräten gibt es jedoch nur die Möglichkeit, sie so anzubringen und zu befestigen, daß das Kind sie nicht erreichen kann, um sie vor dem Tatendrang des Kindes zu schützen.

Schon der angeborene Wissens- und Forschungsdrang des Kindes macht der Mutter zu schaffen. Die altersübliche Trotzphase, die am Ende des ersten Lebensjahres beginnt und im zweiten und dritten Lebensjahr ihren Höhepunkt erreicht, bringt sie häufig an den Rand ihrer Belastungsfähigkeit.

In dieser Zeit erwacht in den Kindern ihr eigener Wille, und den *müssen* sie den Eltern zeigen. Dies ist für die gesunde Persönlichkeitsentwicklung des Kindes höchst wichtig. Im 3. Lebensjahr zeigt sich diese Entwicklung darin, daß die Kinder zum erstenmal sagen: „Ich will es!" und von sich nicht mehr in der dritten Person sprechen. Gebote und Verbote werden in dieser Zeit häufig bewußt nicht beachtet, um den Eltern zu zeigen, daß man sich gegen sie durchsetzen kann, und um zu erkunden, wie weit man gehen kann.

Wenn Sie in diesem Lebensabschnitt absolute Folgsamkeit von Ihrem Kind erwarten, verlangen Sie gleichzeitig, daß es seine Persönlichkeitsentwicklung aufgeben und sich Ihnen unterordnen soll. Dies kann doch gewißlich nicht die Absicht Ihrer Erziehung sein, auch wenn es sehr viel einfacher und bequemer wäre! Da Kinder in diesem Alter trotzig sein *müssen*, um sich gesund zu entwickeln, sollten Eltern den Kindern möglichst häufig, und zwar ganz bewußt, ihren Willen lassen. Daher ist es wichtig, in diesem Zeitabschnitt wenig zu verbieten.

Wenn aber ein Verbot oder Gebot, aus welchen Gründen auch immer, unumgänglich ist, sollten Sie dafür sorgen, daß es wirklich auch befolgt wird. Andernfalls wird das Kind realisieren, daß es nur genügend lange quengeln, schreien oder toben muß, um sich doch noch durchzusetzen.

Sie haben dann das Heft aus der Hand gegeben und werden von Ihrem Kind tagtäglich tyrannisiert werden. Ihre Liebesbeziehung zu ihm wird darunter leiden und Verhaltensstörungen Ihres Kindes sind vorprogrammiert.

Vom 4. bis 6. Lebensjahr ist das Kind ungemein aktiv. Es hüpft, springt und ist ständig in Bewegung. Wenn Eltern diese altersgemäße Aktivität durch Verbote und Gebote in den Griff bekommen wollen, scheitern sie in jedem Fall.

Allerdings dürfen wir in diesem Alter erwarten, daß sich unsere Kinder an gewisse Regeln des Zusammenlebens halten. So sollten sie wissen, daß sie andere nicht absichtlich verletzen dürfen, daß sie deren Eigentum, auch das der Eltern und Geschwister, respektieren müssen und daß sie Tiere nicht quälen dürfen. Verstoßen Kindern in diesem Alter immer wieder gegen diese wichtigen Regeln des Zusammenlebens, sind Strafen sicherlich angebracht, die allerdings niemals demütigend sein sollten (siehe KAPITEL 22).

b) Eltern haben falsche Vorstellungen von Erziehung

Viele Eltern sind der Meinung, daß sie ihr Kind nur dadurch erziehen können, daß sie ihm ständig sagen, was recht und unrecht ist und es ständig ermahnen.

Schon am frühen Morgen fangen sie damit an, ihr Kind zu ermahnen: Es soll seine Zähne putzen, sich waschen, sich ordentlich anziehen, alles ordentlich wegräumen, am Frühstückstisch anständig essen, sich in der Schule gut benehmen, also immer lieb und brav sein. Sie verkennen dabei, daß Kinder von Haus aus unordentlich sind, und daß ihre ständigen Ermahnungen nur dazu führen, daß sich ihre Beziehung zum Kind verschlechtert, ja daß das Kind schließlich überhaupt nicht mehr auf ihre Ermahnungen hört.

Erziehung bedeutet, ein Kind dazu zu bringen, die Regeln der Gesellschaft anzuerkennen und sich diesen unterzuordnen. Ständige Ermahnungen, Gebote und Verbote bringen uns diesem Ziel nicht wesentlich näher. Es ist sehr viel besser, die gewünschten Eigenschaften durch Lob und Anerkennung zu verstärken und die unerwünschten möglichst nicht zu beachten. Am intensivsten wirkt jedoch das Vorbild der Eltern.

Wenn diese all die Eigenschaften, die sie von ihren Kindern fordern, selbst leben und verwirklichen, werden ihre Kinder diesem Vorbild nacheifern. Sie brauchen jedoch Zeit, bis ihre psychischen und körperlichen Fähigkeiten so weit gereift sind, daß sie in der Lage sind, ihre Vorbilder zu imitieren. Dies kann bis in das Erwachsenenalter hinein dauern (siehe auch KAPITEL 19).

c) Unfolgsamkeit führt dazu, mehr Aufmerksamkeit zu erhalten und zum Mittelpunkt zu werden

Wenn Kinder erleben, daß sie durch ihre Unfolgsamkeit ständig im Mittelpunkt stehen, werden sie mit Sicherheit nicht motiviert zu gehorchen. Im Gegenteil werden sie so oft als möglich die Gebote und Verbote der Eltern übertreten und sind sich ihres Erfolges sicher: Sie werden dauernd beachtet und stehen im Mittelpunkt.

Ich habe vor kurzem einen Jungen erlebt, der immer das Gegenteil von dem tat, was man von ihm erwartete.

Als ich ihm sagte: „Öffne bitte deinen Mund!" preßte er seine Lippen heftig zusammen. Als ich ihn aufforderte, ein- und auszuatmen, hielt er den Atem an, bis er blau anlief. Als ich die Eltern darauf ansprach, bestätigten sie mir, daß dies zu Hause ähnlich ablaufe. Sie hätten jetzt schon eine Strategie entwickelt, nach der sie vom Kind immer genau das Gegenteil von dem forderten, was sie in Wirklichkeit wünschten. Dadurch kämen sie mit ihm einigermaßen zurecht.

Man stelle sich vor, was in einem Kind vorgehen muß, wenn es, obwohl es immer das Gegenteil des Geforderten tut, feststellen muß, daß die Eltern damit sichtlich zufrieden sind!

In der Beurteilung und Einschätzung seiner Eltern muß es völlig verunsichert werden, da es nichts mehr hat, woran es sich halten kann, nicht einmal mehr seinen Widerstand, da dieser scheinbar angenommen wird, und zwar ohne Kommentar und mit offensichtlicher Zufriedenheit.

Ein solches Kind wird für sein ganzes Leben falsche Vorstellungen von Beziehungen haben.

Kinder die nicht folgen, da sie im Mittelpunkt stehen wollen, haben immer Probleme mit der Liebe ihrer Eltern.

Sie fühlen sich nicht genügend angenommen und versuchen nun, durch auffälliges Verhalten mehr Aufmerksamkeit zu erreichen, sozusagen als Ersatz für die verlorene Liebe.

Die Festhaltetherapie wirkt bei diesen Kindern meist sehr rasch und intensiv. Sie fühlen sich wieder geliebt und angenommen und können ihre Verhaltensauffälligkeiten ablegen.

Auf jeden Fall muß sich nach der Festhaltetherapie auch die Beziehung zwischen Eltern und Kind ändern, sonst wird nur ein vorübergehender Erfolg erzielt.

Die Eltern müssen versuchen, ihr Kind in anderen Situationen mehr in den Mittelpunkt zu stellen, es stärker zu beachten und sich ihm vermehrt in Liebe zuzuwenden. Auch in ihren Anforderungen an dessen Folgsamkeit sollten sie zurückhaltender werden.

Kapitel 21

Sind Strafen notwendig?

Ich persönlich glaube, daß Erziehung in unserem Gesellschaftssystem ohne jegliche Strafen nicht möglich ist und auch nicht erfolgreich sein kann.

Wie ich im vorigen Kapitel bereits ausgeführt habe, bedeutet Erziehung, ein Kind dazu zu bringen, die Regeln der Gesellschaft anzuerkennen und sich diesen unterzuordnen.

Dies gelingt einerseits durch unser Vorbild, andererseits dadurch, daß wir die gewünschten Eigenschaften des Kindes durch Lob und Anerkennung verstärken und die unerwünschten Eigenschaften durch Nichtbeachten abschwächen.

Allerdings stehen die Regeln der Gesellschaft im Widerspruch zu den eigentlichen Bedürfnissen des Kindes: Sie schränken das Bestreben des Kindes nach Macht und Unabhängigkeit ein. Unser Vorbild und unsere Autorität sind nur begrenzt in der Lage, das Kind in der Entfaltung eigener Bedürfnisse und Kräfte einzuschränken, und es wird daher immer wieder versuchen, unsere elterlichen Gebote und Verbote zu durchbrechen.

Dies geschieht häufig nur zur Probe, doch gerade da muß unsere elterliche Autorität durch Strafen wirksam werden, um dem Kind zu vermitteln, daß es sich an bestimmte Grenzen halten muß. Strafen sind daher notwendig, um die elterlichen Gebote und Verbote zu bekräftigen und auch durchzusetzen.

Unsere Kinder müssen lernen, andere Menschen, wozu auch wir Eltern gehören, zu achten, sowohl in ihrer körperlichen Unversehrtheit als auch in ihrer seelischen Befindlichkeit. Sie müssen lernen, Tiere sowie das Eigentum anderer zu respektieren.

Da sie zunächst nur sich selbst kennen und lieben und noch keinerlei Empfindung für die Bedürfnisse anderer haben, ist dieser Lernprozeß schwierig und muß gelegentlich durch Strafen unterstützt werden.

Schläge als Erziehungsmittel sind nie notwendig, sondern abzulehnen, da sie das Kind nur demütigen und nicht zu einer besseren Erkenntnis führen.

Wenn uns in einer bestimmten, vom Kind provozierten, Situation die Hand ausrutscht, kann man kaum von Schlägen als Erziehungsmittel reden. Es handelt sich dabei nicht um Erziehung, sondern um den Verlust unserer eigenen Beherrschung und um eine unkontrollierte Aggression.

Wir sollten dies auch zugeben können und den Verlust unserer Selbstbeherrschung nicht nachträglich legalisieren durch logische Argumente. Wir sollten dem Kind klar und deutlich sagen, daß wir durch sein provokantes Verhalten einfach nicht anders konnten. Das Kind lernt dabei, daß auch Eltern Menschen sind, und daß es besser ist, diese nicht zu sehr zu reizen.

Wenn ein kleines Kind in die Steckdose oder auf den Herd faßt, kann ein Klaps auf die Hand nicht als Schlagen bezeichnet werden, sondern als Bekräftigung des sonst inhaltslosen „Nein".

Es bleiben sehr viele Möglichkeiten, ein Kind zu strafen, ohne es zu demütigen. So sind die Verbote, für einen Nachmittag Fahrrad zu fahren, Tennis zu spielen, draußen zu spielen, fernzusehen, Freunde, Tanten, Großeltern zu besuchen oder ins Kino zu gehen, für das Kind empfindliche Strafen. Ein Kind, das nicht fernsehen, Fahrrad fahren und Besuche machen darf oder drinnen spielen muß, ist wütend und wird sich sehr aggressiv mit seinen Eltern aber auch mit der Ursache dieser Strafe auseinandersetzen.

Diese Art Strafe demütigt nicht, da sie das Kind nur in seinem Lustgewinn, nicht jedoch in seinen Gefühlen trifft.

Ich möchte mich nochmals dafür stark machen, daß wir unseren Kindern nur sehr wenige Grenzen setzen, diese jedoch energisch verteidigen und bei Übertretung konsequent Strafen verhängen sollten. Wir machen es uns selbst und dem Kind leichter. Es wird begreifen, daß wir das meiste zulassen und ermöglichen, jedoch nicht bereit sind, unsere wenigen Grenzen aufzugeben, auch nicht, wenn es weint, schreit, tobt und bettelt.

Es kann sich dann diese Energieverschwendung sparen und unsere Nerven schonen. Eltern, die ihren Kindern etwas verbieten und es dann nach langem Bitten und Betteln doch genehmigen, machen sich selbst unglaubwürdig. Außerdem lernt das Kind aus diesem Verhalten der Eltern, daß es alles durchsetzen kann, wenn es nur genügend lange weint, schreit oder tobt.

Dadurch lassen wir uns das Heft aus der Hand nehmen und werden zu Sklaven unserer Kinder.

Auf lange Sicht führen solche Eltern-Kind-Beziehungen zu Störungen der Liebesbeziehung, da die Eltern sich erpreßt und ausgenutzt fühlen und langsam, aber sicher die Liebe zu ihren Kindern verlieren.

KAPITEL 22

Sind Schläge in der Erziehung notwendig?

Schläge sind in der Erziehung *nicht* nötig! Eltern, die ihr Kind schlagen, drücken immer die eigene Hilflosigkeit aus. Schläge demütigen das Kind und erzeugen Gegenaggressionen. Falls den elterlichen Geboten und Verboten Nachdruck verliehen werden muß, genügen Strafen (siehe KAPITEL 21).

Da wir alle nur Menschen sind und uns unsere Kinder manchmal bis zur Weißglut reizen, wird es nur wenige Eltern geben, denen nicht einmal die Hand ausgerutscht ist. Dies ist jedoch ein Ausdruck unserer eigenen nicht beherrschten Aggressionen und nicht eine Form der Erziehung.

Warum aber werden Kinder geschlagen?

Vor allem, weil sie Dinge tun, die wir ihnen verboten haben, oder Dinge nicht tun, die wir von ihnen erwarten.

Wenn wir nun seltener Gebote und Verbote aussprechen würden, könnten diese auch nicht so oft übertreten werden, und wir müßten uns von vornherein weniger ärgern und hätten weniger Anlaß zu Strafen oder gar Schlägen.

Wenn wir von unseren hohen Erziehungsidealen, wie Höflichkeit, Sauberkeit, Ordentlichkeit, Strebsamkeit, Pünktlichkeit und guten Tischmanieren abrücken könnten, wäre Erziehung sehr viel leichter, und wir würden uns viel Ärger ersparen. Da unser Gesellschaftssystem diese Eigenschaften jedoch in mehr oder minder großem Umfang fordert, und wir uns dem nicht ganz verschließen können, sollten wir Kompromisse suchen.

Wenn wir selbst höflich, sauber, ordentlich, pünktlich und strebsam sind und unsere Tischmanieren pflegen, werden die Kinder versuchen uns nachzueifern, ohne allerdings unsere Vollkommenheit zu erreichen. Wir sollten daher nachsichtig und tolerant sein und geduldig darauf warten, daß sich diese Eigenschaften mit zunehmendem Alter von selbst entwickeln. Wiederholte Ermahnungen, ständiges Schreien oder sogar Schläge fördern die Bereitschaft zur Annahme dieser Eigenschaften mit Sicherheit nicht, sondern verschlechtern nur noch unsere Beziehung zu den Kindern. Möglichst große Toleranz scheint mir daher die beste Alternative zu sein.

Wenn wir in unseren Kindern Wesen sehen könnten, die von Natur aus schmutzig, unordentlich, unpünktlich, faul und unhöflich sind, so könnten wir uns darüber freuen, daß sie, um uns zu gefallen, wenigstens zeitweise diese Eigenschaften bekämpfen. Statt ständigen Ermahnungen könnten wir die Ansätze in der richtigen Richtung durch Lob und Belohnung verstärken und unser Leben und das unserer Kinder wesentlich glücklicher und zufriedener gestalten.

Außerdem sollten wir versuchen, unsere Kinder durch Erfahrungen lernen zu lassen: Ein Kind, das ständig auf die Herdplatte fassen möchte, wird nie begreifen, warum es dies nicht darf, wenn es nicht einmal die Wirkung am eigenen Leib gespürt hat. Warum lassen wir es nicht einmal kurz auf die Herdplatte fassen und sich ein bißchen verbrennen?

Diese Erfahrung bringt sehr viel mehr als ständige Verbote oder sogar Schläge.

Schläge sollten aus der Erziehung völlig verschwinden.

Erst dann, wenn wir unsere Kinder so achten, daß wir auf Schläge völlig verzichten, können sie ein tragfähiges Selbstwertgefühl entwickeln, das heißt, sich selbst zu schätzen und zu achten.

Kapitel 23

Liebesentzug als Strafe

In früheren Generationen galt es als völlig rechtmäßig, Kinder zu bestrafen, indem man ihnen die Liebe entzog.

Die Mutter sprach tagelang nicht mehr mit ihrem Kind, ignorierte es völlig, und das Kind litt darunter um so mehr, je jünger es war.

Inzwischen sollte es sich herumgesprochen haben, daß Liebesentzug eine unmenschliche Strafe ist, da es das Kind in seinen tiefsten Gefühlen trifft.

Kinder brauchen die Liebe ihrer Eltern wie die Luft zum Leben! Liebesentzug bedeutet, ihnen ihre seelische Luft zu nehmen. Meiner Ansicht nach ist Liebesentzug keine Strafe, sondern Erpressung und schwere Mißhandlung. Er ist in seinen Auswirkungen noch schlimmer als Schläge, da dabei nicht der Körper, sondern die Seele des Kindes getroffen und tief verwundet wird.

Ich kann mich an meine eigene Kindheit erinnern, als ich unendlich traurig und tief verletzt darum bettelte, daß meine Mutter sich mir wieder zuwenden sollte. Dieses Betteln empfand ich als tiefe Demütigung. Ich nahm sie jedoch in Kauf, um die Liebe der Mutter wieder zu erringen.

Eltern waren damals über die seelischen Bedürfnisse ihrer Kinder noch weniger informiert als heute. Sie waren selbst noch in der „Schwarzen Pädagogik" erzogen worden und fanden daher nichts Schlimmes daran, ihre Kinder ebenso zu erziehen: Sie lehrte, daß man Kinder so wie Bäume frühzeitig biegen müsse, damit daraus ein brauchbarer Erwachsener bzw. ein gerader Baum würde. Alle Mittel waren zu diesem Zweck erlaubt: Schläge, Liebesentzug über Tage, Einsperren in dunkle Kammern und noch weitere schlimme Dinge. All das erlaubte sie nicht nur, sondern forderte Eltern gerade dazu auf, sich dieser Mittel zu bedienen, da Kinder, so hieß es, nur durch solche Maßnahmen, erziehbar wären.

Heutzutage ist Liebesentzug in der früheren Form als Erziehungsmittel relativ selten geworden. Allerdings höre ich immer wieder, daß Eltern ihren Kindern androhen, sie nicht mehr zu mögen, wenn sie das oder jenes täten oder unterließen. Auch dies weckt im Kind Ängste. Erziehung sollte auf all die Mittel verzichten, die mit den Gefühlen und der seelischen Befindlichkeit des Kindes arbeiten.

Dazu gehört auch das Spiel mit der Traurigkeit der Mutter. Diese Form der Erziehung ist noch relativ weit verbreitet. Die Mutter meint, es sei besser zu sagen: „Wenn du das nicht tust, dann ist Mama ganz traurig", als das Kind auf andere Weise zu bestrafen. Das Kind weiß aus eigener Erfahrung, daß Trauer ein schmerzendes Gefühl ist. Es hat wenig Alternativen: Entweder es verletzt die geliebte Mutter tief, oder es tut, was sie will. Wenn die Mutter mit Trauer droht, erpreßt sie das Kind. Sagt sie ihrem Kind, sie sei böse oder zornig, oder sie würde ihm für einen Nachmittag das Fernsehen verbieten, läßt sie ihm verschiedene Alternativen offen.

Es kann das Gewünschte tun oder lassen und dann die Strafe auf sich nehmen. Es kann ebenfalls zornig werden und toben, aber es kann sich frei, seiner Persönlichkeit entsprechend, entscheiden.

Wie ich im KAPITEL 21 ausgeführt habe, glaube ich nicht, daß Erziehung völlig ohne Strafen möglich ist.

Sie sollten jedoch weder die Seele des Kindes verletzen, wie dies bei Liebesentzug und Demütigungen der Fall ist, noch sollten die Kinder durch Gefühle der Mutter erpreßt werden.

KAPITEL 24

Demütigungen

Unter Demütigungen verstehe ich all die Handlungen und Worte, die einen anderen in seinem Selbstwertgefühl und seiner seelischen Befindlichkeit empfindlich treffen.

Bei vielen Eltern, die ihre Erziehungsmethoden sogar als modern einstufen, sind Demütigungen des Kindes noch an der Tagesordnung. Demütigungen sind für das Kind viel schlimmer als ein kräftiger Schrei oder das Ausrutschen der elterlichen Hand.

Sie fressen sich tief in die Seele des Kindes, zerstören sein Selbstwertgefühl und beeinflussen sein Tun und Handeln bis ins Erwachsenenalter. Gedemütigte Kinder werden zu demütigenden Partnern und Eltern, weil sie ihnen zugefügtes Leid anderen wieder antun wollen.

Es scheint eine Gesetzmäßigkeit zu geben, nach der wir Dinge, unter denen wir gelitten haben, anderen wieder zufügen müssen, um durch deren Leid Erleichterung zu erfahren.

Jeder von uns hat schon erlebt, daß wir beim Mitansehen von aggressiven Handlungen im Fernsehen plötzlich empfinden: „Dem geschieht es gerade recht!" Wenn wir diese Empfindung hinterfragen, werden wir feststellen, daß uns in der Kindheit etwas Ähnliches widerfahren ist. Unser Unbewußtes wird durch das Mitansehen einer solchen Handlung entlastet. Demütigungen führen zu einem tiefen, kaum überwindbaren Schmerz, der, auch wenn er verdrängt wird, in unserem Unbewußten gespeichert und registriert wird und von dort lebenslang nachwirkt.

Demütigungen im Kindesalter sind sehr häufig. Wir alle haben unsere Kinder schon gedemütigt.

Wenn Sie glauben, daß Sie eine Ausnahme sind, lesen Sie die folgenden Zeilen, die Situationen darstellen, in denen Sie sich wahrscheinlich wiederfinden können.

Als Demütigung empfinden Kinder schon den Zwang, sich zu entschuldigen, wenn sie überhaupt keinen Anlaß dazu sehen. Nehmen wir einmal an, die Tante hat ihrer Nichte eine schöne Puppe geschenkt, die sie als außergewöhnlich teures und schönes Geschenk angekündigt hat, wodurch das Kind äußerst erwartungsvoll gestimmt wurde. Es freute sich auf einen Roller, Rollschuhe, einen Baukasten oder irgendein Geschenk, das seinen Interessen entspricht. Eine sprechende, singende und wasserlassende Puppe hatte es jedoch nicht erwartet.

Während des Auspackens ist das Kind noch äußerst gespannt und aufgeregt, doch sobald das Geschenk ausgepackt ist, zeigt es seine tiefe Enttäuschung und sagt: „Das will ich nicht, das kannst du selbst behalten!"

Die Tante, die davon ausging, daß alle kleinen Mädchen von Puppen begeistert sind, ist ihrerseits tief betroffen und enttäuscht, daß ihr Geschenk nicht angekommen ist. Zwischen diesen zwei enttäuschten Menschen steht nun die Mutter, die sehr unsicher ist, was sie nun sagen und tun soll.

Sie beschließt, ihr eigenes Kind „um des lieben Friedens willen" zu opfern und führt ihr Kind in einen anderen Raum, in dem sie ihm erklärt, daß es sich bei der Tante entschuldigen und das Geschenk annehmen müsse.

Für das Kind ist dies absolut uneinsichtig: Es wollte keine Puppe haben und will es noch immer nicht, bekommt nun eine Puppe und soll so tun, als würde es sich darüber freuen. Besteht die Mutter darauf, so hat das Kind eine sehr negative Lektion fürs Leben erhalten: Es hat erfahren, daß man seine Gefühle nicht offen zeigen darf, sondern lügen und sich verstellen muß, und sich dann wegen seiner Ehrlichkeit auch noch demütigen lassen muß, indem man gezwungen wird, sich bei der Tante zu entschuldigen.

Auch wenn die Gefühle der Tante durch die Reaktion des Kindes ebenfalls verletzt wurden, ist sie sicherlich die psychisch Stabilere, der man klarmachen kann, daß das Kind nun mal keine Puppen mag, sondern sich sehr viel lieber mit Autos, Baukästen, Dreirädern, Fahrrädern oder Rollschuhen vergnügt.

Der Umtausch des Geschenks bringt der Tante das Gefühl, dem Kind eine Freude zu machen und dem Kind ein Geschenk, das es sich schon lange gewünscht hat. Diese Lösung ist ehrlich und führt zu echten, positiven Gefühlen, während die erzwungene Annahme eines ungeliebten Geschenks bei allen einen schalen Geschmack zurückläßt. Vor allem erleidet das Kind eine schwere Demütigung.

Demütigungen von Kindern kommen in fast allen Familien vor, werden aber meist nicht als solche erkannt.

Daß Schläge, öffentliche Kritik und Lächerlichmachen demütigende Handlungen sind, weiß jeder oder ahnt es zumindest.

Viele wissen jedoch nicht, daß die kindliche Seele durch viele andere, banal erscheinende Dinge verletzt werden kann.

An einem weiteren Beispiel möchte ich dies verdeutlichen:
Zwei Kinder streiten sich. Das eine schlägt das andere. Zufällig sieht dies die Mutter des geschlagenen Kindes und berichtet es der Mutter des schlagenden Kindes. Diese besteht darauf, daß ihr Kind sich bei dem anderen entschuldigt, worauf es behauptet, das andere Kind habe zuerst geschlagen, und es habe sich nur gewehrt.

Dies mag eine Schutzbehauptung sein, kann jedoch auch der Wahrheit entsprechen. Die Mutter, die den Vorgang angeblich gesehen hat, kann nur das Ende des Streits gesehen und daher die Situation verkannt haben. In extremen Situationen, bei denen es zu Verletzungen des anderen Kindes oder zu größeren Beschädigungen von fremdem Eigentum kommt, sind solche Entschuldigungen sicherlich angebracht. In der Regel jedoch sollten Sie von Ihrem Kind solche Entschuldigungen nicht erwarten und damit Demütigungen vermeiden. Kinder streiten sich, werden dies immer tun, und es wird dabei auch gelegentlich etwas härter zugehen. Wenn wir Erwachsenen dazwischentreten, kann der Streit nicht beendet werden, der Konflikt bleibt ungelöst und wird relativ rasch wieder aufflammen. Außerdem wissen wir ohnehin nicht, wer den Streit angefangen hat, und meist erwischen wir den Falschen.

Weder die Mutter, die ihr Kind in Schutz nahm, noch die andere, die ihres zwang, sich bei dem anderen zu entschuldigen, hat dem Kind einen guten Dienst erwiesen.

Hat das geschlagene Kind wirklich zuerst geschlagen, wird es die Erfahrung machen, daß alles erlaubt ist, wenn man sich nicht erwischen läßt.

Das andere Kind aber ist von seiner Mutter enttäuscht, die es nicht in Schutz genommen hat und wird Rachegefühle gegen das Kind in sich hegen, bei dem es sich entschuldigen und damit demütigen mußte. Auch andere Situationen können für Kinder äußerst demütigend sein: Ein Kind, das aus Versehen etwas zerschlagen hat, wird nicht einsehen können, warum es sich dafür entschuldigen muß, denn es geschah nicht mit Absicht. Es wird durch sein Ungeschick betroffen sein und befürchten, daß es den Schaden von seinem Taschengeld bezahlen muß. Möglicherweise bietet das Kind dies an, aber entschuldigen will es sich nicht. Sein Gefühl sagt ihm, daß eine Entschuldigung nur dann angebracht wäre, wenn es absichtlich etwas angestellt hätte. Indem wir es zu einer solchen Entschuldigung zwingen, demütigen wir es.

Anders verhält es sich, wenn das Kind bewußt etwas zerschlägt, sei es um dem anderen eins auszuwischen, sei es aus Wut. In diesem Fall könnte das Kind die gerechtfertigte Entschuldigung akzeptieren.

KAPITEL 25

Mein Kind schlägt mich und andere

Sehr häufig kommen Eltern zu mir und berichten darüber, daß ihr Kind sowohl sie selbst als auch andere, vor allem Kinder, schlägt.

Häufig zeigt mir das Kind auch gleich, was die Eltern meinen, indem es in der Untersuchungssituation nach mir und den Eltern schlägt.

Die meisten Eltern reagieren auf das Schlagen des Kindes sehr eigenartig. Sie lächeln oder lachen sogar, wohl meist etwas hilflos und verzweifelt, vermitteln jedoch dadurch ihrem Kind, daß Schlagen etwas mit Lust, Spielen und Lachen zu tun hat.

Wenn Eltern aus Hilflosigkeit in der Öffentlichkeit über das Schlagen lachen, zu Hause jedoch aggressiv reagieren, wird das Kind völlig verunsichert. Nach seinem Verständnis lernt es, daß es zu Hause nicht schlagen darf, weil es zurückgeschlagen wird, während es in der Öffentlichkeit anscheinend als Spiel anerkannt und erlaubt wird.

Aber gerade das Schlagen in der Öffentlichkeit belastet die Eltern-Kind-Beziehung am meisten, da sich die Eltern ihres Kindes schämen und Aggressionen gegen es entwickeln.

Warum schlägt ein Kind?

Bei sehr jungen Kindern kann Schlagen ein Ausdruck ihrer nicht beherrschten Aggressionen sein. Ältere Kinder können im Rahmen einer übermäßigen Trotzreaktion ebenfalls die Kontrolle verlieren und einfach zuschlagen.

Diese beiden Ursachen des Schlagens sind in der Regel von den Eltern nachvollziehbar und nachfühlbar und sollten nicht zu irgendwelchen Strafen führen.

Viele Kinder jedoch schlagen, weil ihnen nie Grenzen gesetzt wurden. Sie erproben ihre Macht den Eltern, aber auch anderen Menschen gegenüber, die sich nicht wehren. Vor allem antiautoritär oder wenig autoritär erziehende Eltern werden so zu Prügelknaben ihrer Kinder und entwickeln langsam, aber sicher bewußte oder unbewußte Aggressionen gegen sie.

Solche Eltern sollten ihren Kindern sehr rasch Grenzen setzen, indem sie ihnen durch die Festhaltetherapie vermitteln, daß sie sie lieben, aber stärker und mächtiger sind und sich nicht mehr schlagen lassen wollen. Gleichzeitig sollten sie dem Kind vermitteln, daß Schläge wehtun und demütigen, indem sie einfach einmal zurückschlagen.

Ich lehne Schläge als Erziehungsmittel ab, doch es kann bei einem ständig schlagenden Kind wichtig sein, ihm wenigstens einmal zu vermitteln was Schlagen bedeutet.

Wie soll ein Kind erkennen, daß Schläge demütigend sind und schmerzen, wenn es diese Erfahrung noch nie gemacht hat?

Schlagen kann auch die Reaktion auf elterliches Vorbild sein. Wenn Eltern Schlagen als Erziehungsmittel benutzen, dürfen sie sich nicht wundern, wenn ihre Kinder zurückschlagen. Sie kennen es nicht anders. In solchen Fällen ist eine eingehende Aufklärung über die Ziele und Grenzen der Erziehung notwendig. Die Eltern müssen erkennen, daß Erziehung vor allem durch Vorbild funktioniert.

Eine weitere Ursache für das Schlagen ist eine spezielle Erfahrung, die vor allem intelligente Kinder machen: Sie schlagen ein anderes Kind, und stehen plötzlich im Mittelpunkt, da sie belehrt werden und neue Aggressionen erwartet werden. Die Kinder erkennen plötzlich, daß Schlagen vermehrte Zuwendung von der Mutter oder einer anderen Bezugsperson hervorruft.

Hier kann nur eines helfen: Statt das schlagende Kind in den Mittelpunkt zu stellen, muß man dem geschlagenen Kind seine Zuwendung geben.

Nehmen wir an, unser Kind schlägt ein anderes Kind, so daß dieses weinen muß. Jetzt ist es wichtig, nicht auf sein eigenes Kind loszugehen und es auszuschimpfen, sondern das andere Kind in den Arm zu nehmen und es zu trösten. Damit erlebt unser Kind, daß Schlagen nicht dazu führt, sich selbst, sondern das geschlagene Kind in den Mittelpunkt zu stellen, was nun ganz und gar nicht im Sinne des schlagenden Kindes sein kann.

Gleichzeitig muß das schlagende Kind außerhalb dieser aggressiven Aktivitäten erfahren, daß es geliebt wird. Wenn die Mutter durch die Festhaltetherapie ihrem Kind vermitteln kann, wie sehr sie es liebt, und es durch vermehrte Zuwendung in den Mittelpunkt stellt, wird das Kind nicht mehr schlagen müssen, um vermehrte Aufmerksamkeit zu erhalten.

Kinder, die andere ständig schlagen, haben immer eine gestörte Beziehung zu ihren Eltern.

Entweder setzen diese zu wenig Grenzen, schlagen selbst, oder aber sie wenden sich ihrem Kind nicht genügend zu, so daß es sich durch aggressives Verhalten in den Mittelpunkt stellen muß.

KAPITEL 26

Meine Kinder streiten sich ständig

Immer wieder kommen Eltern zu mir, die mir über die heftigen Streitereien ihrer Kinder berichten und um Rat und Hilfe bitten.

Obwohl sie ihren Kindern das Streiten verbieten und sie deswegen sogar bestrafen, ließe es sich nie über längere Zeit unterbinden.

Wenn ich diesen Eltern dann sage, daß ich das Streiten der Kinder für sehr wichtig und nützlich halte, sind sie meistens geradezu schockiert.

Kinder *müssen* miteinander streiten, denn Streiten heißt, sich mit der Meinung, dem Verhalten und den Taten des anderen auseinanderzusetzen. Sie lernen im Streit, sich selbst durchzusetzen, vor allem die eigene Meinung darzustellen und zu verteidigen. Ohne diese Auseinandersetzungen kann sich das Kind nicht vom anderen abgrenzen und wird daher auch keine eigenständige Persönlichkeit entwickeln.

Gleichzeitig erfahren sie, ob ihre Meinung von den anderen akzeptiert wird oder nicht. Wenn ihre Meinung nicht akzeptiert wird, müssen sie diese notfalls mit Gewalt verteidigen, wobei naturgemäß Hände, Ellbogen, Knie, Füße und auch der ganze Körper eingesetzt werden.

Das Streiten zeigt meiner Meinung nach eine äußerst gesunde Entwicklung der Kinder, auch wenn es nicht nur zu Wortgefechten, sondern auch zu körperlichem Einsatz kommt.

Knuffen, Stoßen, Kämpfen, Ringen, Schreien sollten erlaubt sein.

Im Kampf mit anderen können Kinder ihre Reaktionsfähigkeit prüfen und verbessern und lernen gleichzeitig ihre eigenen Kräfte, aber auch deren Grenzen einzuschätzen.

Wir Erwachsenen haben in Jahrzehnten gelernt, unsere unterschiedlichen Meinungen in Worten auszudrücken. Aber selbst uns gelingt es nicht immer, unsere Argumente sachlich und ruhig darzulegen. Auch wenn wir uns nach außen gelassen geben, hat sicherlich jeder von uns schon einmal das Gefühl gehabt, daß er dem anderen am liebsten eine runterhauen würde. Es überkommt uns meist dann, wenn der andere unlogisch, unsachlich oder aggressiv diskutiert, oder wenn man merkt, daß man selbst unrecht hat und die eigene Meinung keine Zustimmung findet.

Wie aber soll ein Kind, das Meinungen, Wünsche und Begierden hat, die die Geschwister entweder nicht teilen oder nicht erfüllen wollen, ohne Aggressionen auskommen? Es kann seinen Frust und seine Enttäuschung nicht mit wohlüberlegten Worten abreagieren, sondern muß einfach handgreiflich werden oder sich durch Schreien Gehör verschaffen.

Dazu kommt noch die Konkurrenzsituation: Jedes Kind möchte von den Eltern am meisten geliebt und beachtet werden. Jedes möchte, daß die Eltern ihm recht geben und nicht dem anderen. Außerdem versucht jedes Kind, seinen Eltern zu zeigen, daß es das schnellste, größte, stärkste und gewandteste ihrer Kinder ist. Was eignet sich dazu besser, als einen Streit vom Zaune zu brechen, um den Eltern den eigenen richtigen und den völlig falschen Standpunkt des anderen zu erklären? Die Mutter soll erkennen, daß es selbst absolut im Recht, das andere im Unrecht ist. Dadurch versucht das Kind, die Aufmerksamkeit der Eltern auf sich zu ziehen und sich in den Mittelpunkt zu stellen. Logischerweise streiten sich Kinder in Anwesenheit der Eltern am intensivsten. Wenn diese dann auch noch Stellung beziehen, nimmt der Streit kein Ende.

Der Konflikt zwischen den Kindern schwelt weiter und bricht bei der nächsten Gelegenheit wieder aus, zumal die Einmischung der Eltern verhindert hat, daß der Streit bis zu einer Entscheidung ausgetragen werden konnte.

Ich kann allen Eltern nur raten, ihre Kinder so oft und so lange streiten zu lassen wie diese wollen und sich aus dem Streit der Kinder herauszuhalten, selbst dann, wenn der Altersunterschied recht groß ist.

Auch wesentlich jüngere Geschwister können sich schon recht kräftig wehren. Nur wenn die Gefahr besteht, daß sich die Geschwister ernsthaft verletzen könnten, sollten sie eingreifen. Nach meinen Erfahrungen geschieht dies so gut wie nie. Während meiner 19jährigen Tätigkeit in eigener Praxis habe ich zwei ernsthafte Verletzungen erlebt. In beiden Fällen waren die Unfälle eher auf das Fehlverhalten der Eltern als das der Kinder zurückzuführen. Die Kinder hatten Spielzeug geschenkt bekommen, das nicht altersentsprechend war und mit dem sie nicht umgehen konnten.

Häufig weisen Mütter ihre älteren Kinder zurecht, wenn sich diese gegen die kleineren Geschwister verteidigen, und tun ihnen damit meist unrecht.

Ein Achtjähriger, dessen vierjähriger Bruder ihn gekniffen hat und dem er deswegen „eine reinhaut", wird sich sehr ungerecht behandelt fühlen, wenn die Mutter ihn deswegen anschreit. Der Kleine aber begreift, daß die Mutter ihn schützt, auch wenn er den Streit verursacht hat. Er lernt daraus, daß man den großen Bruder nur so angreifen muß, daß man dabei nicht gesehen wird oder aber besonders laut schreien muß, um recht zu bekommen. Wenn der Große zur Mutter sagt: „Du hilfst immer nur dem Kleinen!", hat er sicher recht, und die Mutter sollte ihre Reaktionsweise überdenken.

Wenn die Eltern zu angespannt sind, um den Streit der Kinder zu ertragen, dann sollten sie die Kinder auffordern, den Streit in einem anderen Raum auszutragen. Ich habe nach dieser Aufforderung immer wieder die Erfahrung gemacht, daß das Streiten dann offensichtlich keinen Spaß mehr machte:

Meist kamen meine Kinder rasch und besänftigt wieder an den Familientisch zurück.

Ohne Zuschauer zu streiten, schien nicht interessant genug zu sein. Wenn ich mich aber einmischte oder darauf bestand, daß der Streit sofort aufzuhören habe, erreichte ich meist das Gegenteil. Er wurde noch lauter, intensiver und aggressiver. Die Kinder erwarteten von mir, Stellung zu nehmen und jedes versuchte durch besonders lautes Schreien, Weinen oder Imponiergehabe mich auf seine Seite zu ziehen. Erwachsene, die als Kinder nicht streiten durften, können es auch als Erwachsene nicht. Sie können sich mit ihren Partnern nicht in Worten auseinandersetzen. Dies führt dazu, daß solche Menschen sich von vornherein unterordnen oder es gar nicht zum Streit kommen lassen, indem sie alles bestimmen, ohne eine Widerrede zuzulassen. Damit werden schon in der Kindheit Beziehungsstörungen zu späteren Partnern vorprogrammiert.

Auch Eltern sollten sich offen streiten, einander die Meinung sagen und sich dann auch wieder offen versöhnen. Sie würden ihren Kindern damit zeigen, daß Streiten normal und erlaubt ist. Die Kinder würden erfahren, daß die Gründe für die Auseinandersetzungen der Eltern meist ebenso belanglos sind wie die für ihre eigenen Streitereien.

Auf diese Weise könnten sie selbst Stellung beziehen und den Eltern Hilfen, ja sogar Lösungsmöglichkeiten anbieten.

Das heimliche Streiten der Eltern führt bei Kindern immer zu großen Ängsten. Sie erfahren nicht, worum es ging, erfühlen jedoch die feindliche Stimmung zwischen den Eltern.

Da sie auch die Versöhnung, die meist im Ehebett stattfindet, nicht miterleben, entwickeln sie tiefsitzende Ängste, die Eltern und damit die eigene Geborgenheit zu verlieren.

Kapitel 27

Mein Kind erpreßt mich täglich

Viele Mütter fühlen sich von ihren Kindern erpreßt. Sie berichten mir, daß ihre Kinder sie zu Dingen zwingen, die sie nicht tun wollen, aber auch nicht wissen, wie sie sich dagegen wehren können.

Kürzlich erzählte mir eine Mutter, daß sich ihre vierjährige Tochter seit über zwei Jahren die Treppe hinuntertragen lasse, obwohl sie schon längst allein dazu fähig wäre.

Das Mädchen zwang die Mutter durch Rufen dazu, sie immer wieder die Treppe hinunterzutragen, stieg sogar oft grundlos die Treppe hinauf, nur um dieses „Tragespiel" wieder zu spielen.

Die Mutter war ziemlich verzweifelt, vor allem, weil das Kind sie meist dann rufe, wenn sie am wenigsten wegkönne. Häufig geschehe es, wenn die Mutter koche, gerade telefoniere oder auf der Toilette sei. Sie habe schon versucht, sich zu verweigern, jedoch ohne Erfolg. Das Kind beginne dann zu schreien und zu toben, schmeiße sich auf den Boden und sie habe den Eindruck, daß es durchaus in der Lage sei, sich die Treppe hinunterzuwerfen.

Sie habe schon richtige Aggressionen gegen ihr Kind entwickelt und merke, daß sie es langsam ablehne und nicht mehr so liebe wie früher. Ich denke, daß die Ursache für diese Verhaltensstörung zunächst in der altersbedingten Angst vor Treppen zu suchen ist. Das Kind rief die Mutter, weil es Angst hatte, die relativ steile Treppe alleine hinunterzugehen. Die Mutter kam und trug das Kind hinunter. Irgendwann begriff das Kind, daß es die Mutter immer herbeilocken konnte, wenn es oben an der Treppe stand und rief vor allem dann, wenn diese beschäftigt war und sich nicht genügend um das Kind kümmern konnte.

Schließlich entwickelte die Mutter aggressive Gefühle gegen ihr Kind, das diese instinktiv erspürte und nun erst recht versuchte, die Mutter ständig um sich zu haben und sich in den Mittelpunkt zu stellen.

Als Ersatz für die Liebe der Mutter erzwang es sich ihre Anwesenheit, wann immer es Lust hatte.

Bei der Behandlung dieser Verhaltensstörung ging es zuerst darum, die Beziehung zwischen Mutter und Kind mit Hilfe der Festhaltetherapie zu verbessern. Danach habe ich der Mutter empfohlen, sich dem Kind vermehrt zuzuwenden und mit ihm sehr intensiv zu spielen.

Der wichtigste Grund für das Verhalten des Kindes fiel damit weg. Die Mutter stellte es ständig in den Mittelpunkt, so daß es sein „Treppenspiel" an sich nicht mehr gebraucht hätte. Doch es war so zur Gewohnheit geworden, daß es nicht so recht darauf verzichten wollte.

Erst, als die Mutter den Spieß umdrehte, gelang es: Sie bestand nun ihrerseits darauf, daß das Kind sie oben von der Treppe abholen sollte, wenn sie in den oberen Räumen arbeitete. Sie erklärte ihrer Tochter, daß sie künftig nur bereit sei, sie vom oberen Treppenabsatz abzuholen, wenn das Kind es auch umgekehrt täte. Dieses Spiel wurde nur einige Male gespielt. Bald war das Kind es leid, die Mutter immer abholen zu müssen und verzichtete nun seinerseits darauf, abgeholt zu werden.

In einem anderen Fall beklagte sich die Mutter, daß sie ihrem sechsjährigen Sohn nach der Stuhlentleerung noch immer den Popo putzen müßte. Auch diese Mutter fühlte sich erpreßt, da der Junge dazu durchaus alleine in der Lage war, was er im Kindergarten auch unter Beweis stellte. Er rief sie vor allem dann, wenn sie bei einer wichtigen Tätigkeit war und alles liegen und stehen lassen mußte. Die Therapie gestaltete sich recht kurz: Ich habe der Mutter empfohlen, dem Jungen zu erklären, daß sie nur dann bereit sei, weiterhin seinen Popo zu putzen, wenn er dies auch bei der Mutter tun würde. Das Kind hat von Stund an auf die Dienste der Mutter verzichtet.

Die genannten Beispiele sollen stellvertretend für viele andere Situationen stehen, in denen sich Mütter erpressen lassen. Es entstehen daraus zwischen Mutter und Kind Beziehungsstörungen, mit all den schon bekannten Folgen.

Die Behandlung ist mit der Festhaltetherapie, vermehrter Zuwendung und der Verweigerung der erpreßten Handlungen immer erfolgreich.

Allerdings ist es gelegentlich notwendig, kleine Tricks anzuwenden, um die Verweigerung nicht zu provokativ erscheinen zu lassen.

KAPITEL 28

Mein Kind benützt so schreckliche Ausdrücke

Alle Eltern werden ab dem zweiten bis dritten Lebensjahr des Kindes mit Ausdrücken wie „Du Drecksau", „Du blöde Kuh", „Du Arschloch", u. ä. konfrontiert und wissen nicht, wie sie sich verhalten sollen.

Alle diese Ausdrücke werden nur benutzt, um die eigene Macht zu zeigen: Die Kinder sagen etwas, was die Eltern nicht gutheißen und warten auf deren Reaktion. Sie wollen zeigen, daß sie sich nicht mehr an die elterlichen Vorschriften halten wollen und fühlen sich dadurch wichtig und mächtig.

Je mehr sich die Eltern gegen diese Ausdrücke wehren und sie verbieten, desto intensiver werden sie gebraucht. Die Kinder erleben, daß sie durch diese Ausdrücke wichtig genommen werden und im Mittelpunkt stehen. Sie genießen dies und finden immer wieder neue Varianten, um die Eltern zu provozieren.

Ich denke, die beste Methode, mit diesem Problem umzugehen ist, diese Ausdrücke gar nicht zu beachten. Eine weitere sehr gute Methode hat mir mein Mann gezeigt: Als unser dreijähriger Sohn ihn mehrmals als „Drecksau" bezeichnete, bestand er darauf, daß das Kind diesen Ausdruck hundertmal wiederholen sollte, um ihn richtig zu genießen. Etwa bei der vierzigsten Wiederholung fragte der Junge ganz verzweifelt: „Papa, wie oft muß ich es denn noch sagen?"

Nach diesem Erlebnis wurden die unflätigen Ausdrücke deutlich seltener. Verbote, Schimpfen und Schlagen führen mit Sicherheit dazu, daß die Kinder diese Ausdrücke immer häufiger verwenden, denn was verboten ist, macht besonderen Spaß.

Mütter die als Koseworte „mein kleines Stinkerchen", „mein kleines Scheißerchen", „mein kleines Schweinchen", „mein kleines Ärschlein", „mein kleines Ekel", „mein kleiner Quälgeist", „alter Widerling", „alter Quälmichel" benützen, dürfen sich nicht wundern, daß solche Ausdrücke dann unverkleinert zurückkommen.

Solche Mütter haben meist ihre eigene Sauberkeitserziehung nicht bewältigt.

KAPITEL 29

Mein Kind spricht nicht mit Fremden, mein Kind verstummt

Relativ häufig werden mir Kinder vorgestellt mit der Frage, wie man sie dazu bringen könnte, mit anderen Menschen zu sprechen.

Es gibt zwei Gruppen solcher Kinder: Die einen sprechen auch zu Hause recht wenig und mit Fremden überhaupt nicht. Die anderen unterhalten sich zu Hause sehr intensiv mit der Familie, geben in fremder Umgebung jedoch kein Wort von sich, weder im Kindergarten noch beim Arzt noch in anderen unbekannten Situationen.

Viele Mütter, vor allem aus der letzten Gruppe, meinen, ihr Kind spreche einfach aus Trotz nicht mit anderen Leuten, und versuchen durch Strafen oder durch Androhung von Strafen diesen „Trotz" zu durchbrechen. Dies gelingt so gut wie nie.

Nach WEBER und DÜHRSSEN sind solche Kinder im allgemeinen sehr gemütreich, weich und sensibel und ziehen sich bei heftigen Auseinandersetzungen und Bedrohungen eher still zurück und resignieren. Sie verstummen, anstatt sich aggressiv mit der Umwelt auseinanderzusetzen.

In den letzten Jahren habe ich mehrere solcher Kinder behandelt.

Auch mir fiel auf, daß diese Kinder sensibel, gemütreich und weich waren. Sie hatten ein mangelhaftes Selbstwertgefühl und wirkten verunsichert. Bei manchen Eltern hatte ich den Eindruck, daß auch sie wenig redeten, ebenfalls eher schüchtern und zurückhaltend waren.

Kinder solcher Eltern übernehmen deren Haltung, werden ebenfalls sprachgehemmt, ängstlich und zurückhaltend. Meist kamen diese Eltern zu mir, weil sie im Kindergarten oder in der Schule auf das Problem angesprochen wurden. Sie selbst waren sich der Schüchternheit und Sprachgehemmtheit ihrer Kinder überhaupt nicht bewußt geworden.

Andere Eltern waren aggressiv, fordernd und schienen in der Erziehung eher kompromißlos, teilweise auch inkonsequent zu sein. Kinder, die sensibel sind und fordernde Eltern haben, fühlen sich den Anforderungen der Eltern nicht mehr gewachsen und treten die Flucht nach hinten an. Sie verstummen, vor allem bei Fremden, weil sie häufig die Erfahrung gemacht haben, daß sie nicht akzeptiert oder sogar ausgelacht wurden.

Durch ihre Sprachlosigkeit standen sie jedoch erstaunlich häufig im Mittelpunkt, weil die Mutter jedem Fremden erklären mußte, daß das Kind wohl sprechen könne, es jedoch in fremder Umgebung nicht tue. Auch bei Verwandten und Bekannten wurden diese Kinder eher vermehrt beachtet, in der Hoffnung, daß es doch noch gelänge, sie zum Sprechen zu bringen, sei es durch Zuwendung oder Geschenke.

Dies gilt auch für den Kindergarten. Das Kind hat keinerlei Motivation zu sprechen, zumal es noch dunkle Erinnerungen daran hat, daß seine früheren sprachlichen Äußerungen nicht so gut angekommen waren.

Haben solche empfindsamen Kinder jedoch verständnis- und liebevolle Eltern, die sie fördern und ermutigen, werden sie nicht sprachlos. Ganz im Gegenteil! Sie entwickeln zum Teil eine sehr blumenreiche Sprache, sind phantasiebegabt und können schon im frühen Alter ganze Märchen und Geschichten erzählen.

Vor längerer Zeit erlebte ich ein Kind, das im Kindergarten keinen Ton von sich gab, zu Hause jedoch redete wie ein Buch. Für die Mutter bedeutete dies eine Verletzung ihres Selbstwertgefühls. Sie gab ihm zu verstehen, daß seine Sprachlosigkeit im Kindergarten sie sehr traurig mache und verletze. Die Reaktion des Kindes war sehr negativ. Es verstummte nun auch zu Hause. Die Angst des sensiblen Kindes, die Mutter zu verletzen, verstärkte die Sprachlosigkeit.

Kinder, die aufgrund ihrer empfindsamen und ängstlichen seelischen Verfassung auffällig werden, gleichgültig in welchem Bereich, kann man nicht durch Drohungen positiv verändern. Sie müssen erfahren, daß man sie liebt, man muß sie intensiv beachten, sie loben und ihre positiven Eigenschaften in den Vordergrund stellen, damit sie mehr Selbstbewußtsein aufbauen und ein besseres Selbstwertgefühl entwickeln können.

Das oben beschreibende Kind konnte zum Beispiel schon mit viereinhalb Jahren schwimmen. Ich habe den Eltern empfohlen, dies therapeutisch zu nutzen und das Kind in einem Schwimmverein anzumelden. Da es als jüngstes Kind im Schwimmverein schon besser schwimmen konnte als wesentlich ältere Kinder, wurde sein Selbstwertgefühl enorm gestärkt.

Mehrere Gespräche mit der Mutter förderten ihre Einsicht in diese Zusammenhänge. Sie änderte ihre Einstellung zum Kind und konnte dadurch und durch die Festhaltetherapie ihre Beziehung zu diesem verbessern. Das Kind begann Selbstvertrauen zu entwickeln und langsam wieder zu sprechen.

Anfänglich waren es nur Sprachversuche in heimischer Umgebung, dann jedoch wagte es auch im Kindergarten, die ersten Worte zu äußern. Diese Versuche waren zunächst noch sehr zaghaft, wurden dann immer mutiger. Heute ist das Kind völlig unauffällig.

Eine weitere Erfahrung mit der Sprachlosigkeit hatte ich mit einer Realschülerin. Ich habe ihr Schicksal im KAPITEL 38 ausführlich dargestellt, möchte jedoch auch hier noch kurz die Zusammenhänge erklären: Dieses Kind kam nach der Grundschule in die Realschule und begann, im Verlaufe der ersten drei bis vier Monate zunehmend zu verstummen. Schließlich verweigerte das Kind jede Antwort, anfänglich nur den Lehrern, dann auch den Mitschülern.

Dieses Kind hatte eine massive Schwäche im Hörgedächtnis, das heißt, es konnte sich Gehörtes nicht merken. Diese Schwäche konnte es in der Grundschule durch seine überdurchschnittliche Intelligenz ausgleichen, während die Fragen der Lehrer in der Realschule länger und komplizierter wurden. Es erlebte, wie es nach falschen Antworten ausgelacht wurde und begann schließlich zu resignieren, indem es verstummte.

Natürlich gibt es sprachlose Kinder auch auf Grund einer organischen Störung, vor allem einer Hörstörung bzw. einer Gehörlosigkeit. Solche Kinder fallen aber dadurch auf, daß sie die Sprache gar nicht erst erlernen.

Denken Sie immer daran, daß Ihr Kind, wenn es mit zwei Jahren noch nicht sprechen kann, eine Hörstörung haben könnte.
Verdrängen Sie diese Erkenntnis nicht unter dem Motto: Was nicht sein darf, kann nicht sein.

Ich habe vor vielen Jahren ein Kind betreut, von dem ich annahm, daß es hörgestört sei. Die Mutter verweigerte jedoch jegliche Untersuchung in Bezug auf das Gehör, mit dem Hinweis, sie sei absolut sicher, daß das Kind höre. Nachdem es jedoch mit dreieinhalb Jahren noch immer nicht sprach, stimmte sie dem Vorschlag zu, das Kind in eine psychiatrische Kinderklinik einzuweisen, in der dann festgestellt wurde, daß es taub war. Das Kind konnte mit seiner recht hohen Intelligenz viele Dinge wahrnehmen, von denen die Mutter meinte, dies wäre nur mit einem intakten Gehör möglich. Wenn die Mutter die Tür öffnete, drehte sich das Kind um, so daß die Mutter annahm, es habe sie gehört. Das Kind hatte jedoch nur den Luftzug wahrgenommen und sich daher umgedreht. Dieses Beispiel ist tragisch, weil hier Jahre der Therapie versäumt wurden.

Die Behandlung von „sprachschüchternen" Kindern besteht immer darin, ihr Selbstbewußtsein und Selbstwertgefühl sowie ihre Durchsetzungsfähigkeit zu verbessern. Letzteres ist am besten in der Familie möglich, indem man solche Kinder auffordert, sich gegen ihre Geschwister zu wehren, gleichzeitig ihre besonderen Fähigkeiten herausstellt und sie in Liebe annimmt.

Die Festhaltetherapie hat bei der Behandlung solcher Kinder einen hohen Stellenwert, da das Kind erlebt, daß es sich sogar gegen die Mutter wehren darf und trotzdem in Liebe angenommen wird.

Sie inaktiviert auch die unbewußten Aggressionen und Verletzungen der kindlichen Seele. Mit seinem neu erwachenden Selbstwertgefühl kann es schließlich auch einen sprachlichen Neuanfang machen.

Dieser wird zunächst noch sehr zaghaft sein, doch die Ermunterung durch die Bezugspersonen wird ihm Kraft geben, auf dem eingeschlagenen Weg weiterzugehen.

Kapitel 30

Mama, magst du mich?

Ich habe meinem Buch diesen Titel gegeben, weil so gut wie alle Kinder, deren Liebesbeziehung zur Mutter gestört ist, diese Frage stellen. Kinder, die genau wissen und fühlen, daß ihre Mütter sie lieben, stellen diese Frage nie.

Daher muß diese Frage uns Mütter alarmieren. Sie beinhaltet nicht die Ungewißheit, ob wir unser Kind lieben, sondern die Gewißheit, daß wir es *nicht* genügend lieben. Nur dann wird diese Frage gestellt.

Meist wissen die Mütter selbst nicht, daß ihre Liebe zum Kind nachgelassen hat. Diese Frage soll sie aufrütteln, darüber nachzudenken, was die Ursache für ihre nachlassende Liebe zum Kind ist. Das Kind hat ein ungeheuer feines Gespür für unsere unbewußten Gefühle und Empfindungen, die es an unserer Mimik, Körperhaltung und Sprache erfühlt. Es erkennt, daß unsere Liebe zu ihm gestört ist.

Eine solche Frage des Kindes sollte nicht verhallen oder von uns ins lächerliche gezogen werden. Die Kinder fragen aus Angst, unsere Liebe zu verlieren, und sie sollten sehr ernst genommen werden.

Die Ursachen für das Nachlassen unserer Liebe sind mannigfaltig (siehe Kapitel 5 bis 7).

Es kann uns durch unklare Schlafstörungen so sehr plagen, daß wir es schließlich ablehnen. Die Geburt eines weiteren Kindes kann uns so sehr belasten, daß wir für unser erstes Kind kaum mehr Zeit haben. Es kann auch verhaltensgestört sein, wodurch wir ebenfalls Aggressionen gegen unser Kind entwickeln können, da es uns ständig ärgert und dann auch noch in der Öffentlichkeit blamiert.

Um dem Kind rasch wieder das Gefühl zu geben, geliebt und angenommen zu sein, ist die Festhaltetherapie hervorragend geeignet. Sie führt immer zu einer Verbesserung der Beziehung, und gelegentlich können uns die Kinder am Ende des Festhaltens sagen, warum sie glauben, daß wir sie nicht mehr lieben. Da die Festhaltetherapie alleine nicht ausreicht, um die Beziehungsstörung dauerhaft zu beheben, müssen wir versuchen, deren Ursache zu finden. Gelingt uns dies nicht, sollten wir die Hilfe eines Psychotherapeuten in Anspruch nehmen.

Kapitel 31

Nur ein Mädchen

Dieses kurze Kapitel soll uns Eltern daran erinnern, daß unsere Ausdrucksweise häufig vermuten läßt, daß wir Knaben mehr schätzen als Mädchen.

Für mich ist die Antwort von Müttern und Vätern bezeichnend, wenn man sie nach dem Geschlecht eines Neugeborenen fragt.

Ist es ein Junge, so ist die Antwort klar und deutlich.

Wenn es ein Mädchen ist, so höre ich in den meisten Fällen den Ausspruch: „Es ist *nur* ein Mädchen!"

Überlegen Sie sich einmal, welche Aussage dahintersteckt! Wir sagen nicht: „Es ist ein Mädchen, auf das wir uns gefreut haben." Wir sagen: „Nur ein Mädchen", und werten damit unser Kind ab. „Nur ein Mädchen" heißt: „Leider kein Junge."

Wenn ich die Eltern darauf anspreche und sie frage, was sie denn mit dem Ausdruck: „Nur ein Mädchen", meinen, sind sie häufig sehr betroffen. Sie erkennen ganz plötzlich, daß sie ihr Kind allein durch den Ausdruck „nur" abgewertet haben, was bewußt gar nicht ihre Absicht war.

Ich denke, wenn bei einer solchen Aussage ältere Mädchen zuhören, müssen sich auch diese betroffen fragen, warum ein Mädchen eigentlich „nur ein Mädchen" ist.

Man sollte sich klarmachen, daß es sich um eine Diskriminierung handelt und künftig sehr vorsichtig mit dem Wörtchen „nur" umgehen. Daß Eltern überhaupt einen Unterschied zwischen dem Wert von Mädchen und Jungen machen, liegt an unserem männerbestimmten System, in dem der Mann nach wie vor in fast allen Bereichen mehr Rechte hat als die Frau.

Denken Sie bei der Geburt eines Kindes nicht nur daran, daß der Sohn den Namen weitergibt, was inzwischen ja ebenso die Tochter kann, sondern auch, wie sich Ihr späteres Zusammenleben gestalten wird. Mädchen sind in der Regel einfacher zu erziehen, angepaßter und pflegeleichter als Jungen.

Wenn Sie dann noch an die Zeit denken, in der die Kinder aus dem Haus gehen, kann man in der Regel davon ausgehen, daß Töchter eine sehr viel intensivere Beziehung zu ihrer Ursprungsfamilie haben werden als Söhne.

Ein altes Sprichwort sagt: „Bei der Heirat einer Tochter gewinnt man einen Sohn, bei der Heirat eines Sohnes verliert man diesen."

Wenn man all diese Dinge bedenkt, müßte die Reaktion auf ein Neugeborenes zumindest neutral sein, oder man müßte sogar sagen: „Nur ein Junge."

Natürlich propagiere ich nicht die Diskriminierung von Knaben, kann aber die von Mädchen nicht widerspruchslos hinnehmen. Ich denke, daß Mädchen in ihrer gesamten Erziehung gegenüber Knaben benachteiligt werden: Man erwartet von ihnen mehr Mitarbeit im Haushalt, Ordnungssinn, Fügsamkeit und Anpassungsfähigkeit.

Da auch ich „nur ein Mädchen" bin, frage ich mich und Sie: warum eigentlich sind wir Frauen immer „nur ein Mädchen" gewesen? Warum können wir nicht unsere Söhne und Töchter gleich erziehen, ihnen vermitteln, daß wir sie gleichermaßen lieben und nicht zulassen, daß unsere Mädchen ein bißchen minderwertig sind?

KAPITEL 32

Mein Kind ist so undankbar

In Gesprächen mit Eltern beklagen sich vor allem die Mütter häufig über die Undankbarkeit ihrer Kinder.

Sie würden sich den ganzen Tag abrackern, hätten auf vieles in ihrem Leben verzichten müssen, hätten den Kindern ihre ganze Liebe und Kraft gegeben, und zum Dank erfüllten diese die kleinsten Aufträge bestenfalls mit Widerwillen.

Wenn man ihnen dann vorhalte, was man selbst schon alles für sie getan hätte, würden sie oft nur überheblich, manchmal auch etwas gequält lächeln, als Ausdruck der Verständnislosigkeit für die Erwartungen der Mutter.

Warum sollte ein Kind dafür dankbar sein, daß die Mutter es auf die Welt gebracht hat? Es hatte daran keinen Anteil und wird in den verschiedensten Versagenssituationen seines Lebens schon gedacht haben: „Warum muß ich bloß auf der Welt sein?"

Wir haben unsere Kinder doch nicht geboren, um uns dankbare Menschen zu schaffen, sondern weil wir uns selbst verwirklichen und eine sinnvolle Lebensaufgabe haben wollten.

Eine Mutter, die ein Kind in die Welt gesetzt hat, um jemanden zu haben, der ihr später dankbar ist und alles für sie tut, hat das Erziehungsziel verfehlt.

Das „Ja" zum Kind beinhaltet eben nicht nur Glück und Befriedigung, sondern auch Enttäuschung, Arbeit, Mühsal und Verzicht. Dafür gehören die Freuden, die wir an unseren Kindern haben und die Liebe die wir ihnen schenken und von ihnen erhalten zu den schönsten Erfahrungen unseres Lebens.

Viele ältere Eltern berichten mir, daß sie die schönsten Jahre ihres Lebens zusammen mit ihren Kindern verlebt hätten und nun, da die Kinder aus dem Hause seien, nicht so recht wüßten, was sie mit ihrem Leben anfangen sollten.

Vor allem in der Jugendzeit liegen Kindern Gefühle der Dankbarkeit ferner denn je.

Ich denke, daß sie in dieser Zeit mit der Selbstfindung und Abgrenzung ihrer eigenen Persönlichkeit so viel zu tun haben, daß Dankbarkeit den Eltern gegenüber keinen Raum hat.

Oft befinden sie sich in einer Persönlichkeitskrise. Sie fragen sich, warum sie eigentlich auf der Welt sind, und hegen ihren Eltern gegenüber eher negative Gefühle, da diese ja für ihr Dasein und Elend verantwortlich sind.

Kinder, die in ihrer Kindheit uneigennützige Liebe erfahren haben und sich in der Geborgenheit einer intakten Familie entwickeln konnten, werden zu selbständigen Persönlichkeiten.

Sie werden nach vorne schauen, sich an der Zukunft orientieren, eine Familie gründen und in eigener Verantwortung und Unabhängigkeit ihre Frau oder ihren Mann stehen.

Ein solches Ergebnis unserer erzieherischen Bemühungen sollte uns zur Freude und Zufriedenheit genügen.

Erwachsene, die ihre Kindheit und Jugend genießen konnten und schließlich auch als Erwachsene glücklich sind, werden nicht in Dankbarkeit, sondern in Liebe an uns denken.

Ich denke, daß Kinder, die ihren Eltern nicht dankbar sein müssen, sondern sie nur lieben dürfen, uns sehr viel mehr geben können als pflichtgemäß dankbare Kinder.

Was Kinder aus Dankbarkeit tun, sollten sie besser lassen, weil es niemanden zufriedenstellt. Alles, was aus Liebe und Zuneigung geschieht, befruchtet unsere zwischenmenschlichen Beziehungen und gibt uns ein Gefühl der innigen Verbundenheit.

Kapitel 33

Mein Kind hat so komische Freunde

So gut wie jedes Kind hat Freunde, die den Eltern nicht behagen. Der Freund ist entweder aus einer zu niederen oder zu hohen sozialen Schicht, er ist zu alt oder zu jung, zu aggressiv oder zu ruhig, gebraucht zu viele Schimpfwörter oder kann sich nicht benehmen und hat schlechte Tischmanieren.

Wir sind besorgt, daß unser Kind all die schlechten Eigenschaften des anderen annehmen könnte und übersehen dabei, daß auch unser Kind schlechte und der Freund auch gute Eigenschaften hat.

Nach meinen Erfahrungen und der anderer Eltern, sollten wir uns nie in die Freundschaften unserer Kinder einmischen.

Tun wir es, erreichen wir damit so gut wie immer, daß die Freundschaft sich stabilisiert, denn alles, was verboten ist, wird erst recht interessant.

Wenn wir aber zu der Freundschaft unseres Kindes stehen, den Umgang mit dem anderen Kind erlauben und es in unserem Haus akzeptieren, dann wissen wir wenigstens, was die Kinder tun.

Wir können bei zu aggressiven Spielen Grenzen setzen und bei zu deftigen Ausdrücken auch einmal das andere Kind ermahnen.

Tischsitten lernt unser Kind ohnehin nicht von anderen Kindern, sondern von uns. Wenn bei uns die Tischsitten stimmen, werden sie später bei unseren Kindern auch stimmen.

Daß Kinder in früher Jugend Freude am „Ferkeln" haben, liegt in der Natur des Kindes. Statt mit Messer und Gabel zu essen, möchte das Kind lieber mit den Händen essen, besonders, wenn der Freund es tut. Wir sollten uns über solche Kleinigkeiten nicht ärgern, da es ohnehin nichts bringt und nur die Beziehung zwischen uns und dem Kind belastet.

Wir können uns an der Beziehung zu dem anderen Kind beteiligen, wenn wir die Freundschaft akzeptieren.

Die Ablehnung führt nur dazu, daß wir nichts von dieser Beziehung wissen, aus ihr ausgeschlossen werden und somit jeglichen Einfluß verlieren.

Wenn sich unsere Kinder dem Erwachsenenalter nähern und uns Freunde vorstellen, die wir nicht akzeptieren können, sollten wir ihnen zumindest sagen, daß wir diese Freundschaft respektieren werden, auch wenn wir sie nicht gutheißen können. Wir erwarten ja die gleiche Toleranz von ihnen, wenn wir Freunde haben, die unsere Kinder nicht mögen.

KAPITEL 34

Das Erstgeborene

Das erstgeborene Kind ist in fast allen Familien das Kind, das eher schüchtern und zurückhaltend ist.

Es wagt nicht, sich durchzusetzen und zu wehren, ist im Kindergarten eher still und ruhig und beteiligt sich auch häufig nicht an den gemeinsamen Spielen.

Viele Eltern suchen mich deswegen auf und fragen um Rat.

Sie wollen, daß ihr Kind sich besser wehrt und durchsetzt und sich nicht alles gefallen läßt. Häufig können sie nicht verstehen, warum ihr Kind sich so entwickelt hat. Vermutungen gehen dahin, daß es an der Vererbung liegen müsse, denn die älteste Schwester des Vaters und der älteste Bruder der Mutter seien auch so gewesen.

Um zu begreifen, warum dies nicht an der Vererbung liegt, sondern nur an der Stellung in der Geschwisterreihe, möchte ich die ersten Jahre des erstgeborenen Kindes schildern: Nach der Geburt steht es im Mittelpunkt der Familie und wird auf Händen getragen. Die Eltern leben in der Furcht, dem Kind könne etwas zustoßen. Sie sind in der Beurteilung seiner Entwicklung und seiner Krankheiten völlig unerfahren und sehen hinter jedem fieberhaften Infekt eine tödliche Bedrohung des Kindes. Schreit es, wird es dem Arzt vorgestellt, schreit es nicht, befürchten die Eltern das schlimmste und denken gleich an den plötzlichen Kindstod.

Die Eltern wenden sich diesem erstgeborenen Kind sehr intensiv zu und sagen ihm schon frühzeitig, was recht und was unrecht ist. Sie schützen es vor allem und lassen es kaum einmal eine Erfahrung selbst machen: Auf Schritt und Tritt begleiten sie es und machen sich große Sorgen um seine körperliche und geistige Entwicklung. Sie informieren sich intensiv und werden oft dadurch noch mehr verunsichert, vor allem, wenn das Kind nicht völlig der Norm entspricht.

Bei der Geburt eines zweiten Kindes erlebt das Erstgeborene einen ungeheuren Schock, denn es verliert damit zumindest die Hälfte der Zuwendung der Eltern, meist sogar mehr. Die Mutter, die vorher den ganzen Tag Zeit für das Kind hatte, es hegte und pflegte, hat plötzlich keine Zeit mehr.

Das Kind erlebt voller Entsetzen, daß die Mutter sich nun ständig mit dem Neugeborenen beschäftigt: Sie badet, pflegt und füttert es, zieht es aus und an, und dies fast rund um die Uhr. Außerdem ist die vormals ausgeglichene und fröhliche Mutter häufig unbeherrscht und fahrig und schreit ihr erstes Kind immer wieder an. Nicht nur das Schlafdefizit, verursacht durch das Neugeborene, setzt ihr zu, sondern auch die hormonelle Umstellung ihres Körpers nach der Geburt.

Viele Frauen werden leicht depressiv und in diesem Zustand auch weniger belastbar.

Vor allem in den ersten Lebenswochen des Neugeborenen, erfährt das erstgeborene Kind eine unglaubliche Veränderung seiner Welt.

Wenn es sich zwischen Mutter und Säugling drängt und auch an der Brust trinken möchte, erklärt ihm die Mutter, daß es dazu schon zu alt sei. Hat es ein Problem wie nasse Windeln, erklärt ihm die Mutter, daß es warten müsse, bis das Baby gefüttert sei. Doch danach hat die Mutter noch immer keine Zeit. Sie muß das Kleine trockenlegen, es aufstoßen lassen und je nach Schlafrhythmus anschließend auch noch herumtragen. Wenn das ältere Kind auf diese Enttäuschungen voller Wut und Zorn reagiert und massive Aggressionen gegen das Baby entwickelt, erfährt es, daß die Mutter kein Verständnis zeigt, ja sogar böse wird. Es soll, so wird ihm erklärt, zu dem Neugeborenen lieb sein und es merkt, daß von ihm Anpassung erwartet wird. Es scheint die Zuneigung der Mutter nur dann weiter erhalten zu können, wenn es so tut, als würde es das Neugeborene lieben, und es beginnt, den Eltern diese Liebe vorzuspielen. Diese berichten dann allen Verwandten und Bekannten voller Stolz, daß das ältere Kind die Geburt des Kleinen ohne Probleme akzeptiert hätte. Eltern, die mir über dieses Wunder berichten, versuche ich klarzumachen, was im Erstgeborenen vor sich geht, indem ich sie bitte, sich folgendes vorzustellen: Der Ehemann oder die Ehefrau würden sich für etwa eine Woche von der Familie entfernen, dann zurückkommen und einen neuen Ehepartner mitbringen, den sie voller Glück und Begeisterung dem schon vorhandenen vorstellen. Es gibt wohl niemanden auf der Welt, nicht einmal in polygamen Kulturkreisen, der diese neue Ehefrau oder diesen neuen Ehemann voller Begeisterung akzeptieren würde.

Ein tiefer Schmerz wird den ersten Ehepartner durchdringen, der noch stärker würde, je mehr sich der Mann oder die Frau mit dem neuen Partner beschäftigt. Schließlich wird sich der erste Ehepartner, wenn er keine andere Möglichkeit sieht, mit dem Konkurrenten nach außen hin arrangieren. Er wird es jedoch als Hohn betrachten und sich verschaukelt fühlen, wenn der ursprüngliche Ehepartner allen Freunden und Bekannten erzählt, daß der neue Ehepartner voller Begeisterung, ja mit Liebe aufgenommen worden sei.

Wenn sich Eltern diese Situation lange genug vorgestellt haben, können sie vielleicht verstehen, was ihr erstgeborenes Kind bei der Geburt seines Geschwisterchens empfindet.

Während die Ehepartner noch die Möglichkeit hätten, einander zu verlassen, hat das Kind diese Möglichkeit nicht.

Es liebt seine Eltern über alles, braucht sie lebensnotwendig, muß nun aber erleben, daß es selbst nichts mehr wert zu sein scheint. Zudem muß es als Erstgeborenes vernünftig und dem Kleinen gegenüber, das alles darf, rücksichtsvoll sein.

Dennoch beginnt es schließlich, das Geschwisterchen zu akzeptieren, ja sogar zu lieben, weil dieses durch seine Hilflosigkeit auch bei ihm Zuneigung erzeugt und später als Spielkamerad taugen könnte. Es bleibt jedoch eine tiefe Eifersucht, wenn die Eltern sich zu viel mit dem Kleinen beschäftigen.

Fällt das Kleine beim Laufenlernen einmal hin, kommt die Mutter und schimpft mit dem älteren Kind, in der Annahme, daß es das Kleine gestoßen habe. Und wenn es dies wirklich einmal tut, um sich zu wehren, weil es gezwickt wurde, wird es wieder gerügt. Schließlich paßt sich das Kind den Erwartungen an. Es versucht lieb und nett zu dem Kleinen zu sein und läßt sich fast alles gefallen. Dabei aber nimmt sein natürliches Durchsetzungsvermögen, seine Individualität, seine Aggressivität, vielleicht auch seine Persönlichkeit Schaden. Es wird während seiner frühen Kindheitsjahre zu dem gemacht, was die Eltern spätestens ab dem Kindergartenalter nicht mehr akzeptieren wollen: Ein angepaßtes, schüchternes, wenig durchsetzungsfähiges, ja sogar ängstliches Kind. Während es sich bis dahin nie wehren, seine Aggressionen nicht zeigen durfte, sich daher ständig verstellen mußte, soll es nun ein selbstbewußtes Kind sein, das sich durchsetzen und behaupten kann. Natürlich ist das nicht möglich.

Eltern sollten daher versuchen, ihr erstes Kind von vornherein freier zu erziehen. Dies ist leichter gesagt als getan, denn alle jungen unerfahrenen Eltern bringen ihre eigenen Ängste und Unsicherheiten in die Beziehung zum Kind mit ein, wodurch dieses auch ängstlich und unsicher wird. Diese Empfehlung wird also in der Regel rein theoretisch bleiben.

Wenn sich ein zweites Kind ankündigt, sollte das erste Kind auf dieses Geschwisterchen intensiv vorbereitet werden. Die Mutter sollte diesem immer wieder vermitteln, wie lieb sie es hat und auch, daß das zweite Kind diese Liebe nicht stören wird. Sie kann ihrem ersten Kind sagen, daß ein Geschwisterchen zur Welt kommen wird, das ein interessanter Spielpartner werden kann, auch wenn dies nicht gleich der Fall sein wird. Das Wichtigste für das erste Kind ist die gefühlsmäßige Nähe zur Mutter, das Empfinden, daß sich deren Liebe zu ihm durch das zweite Kind nicht verändern wird. Zu den Vorsorgeuntersuchungen beim Frauenarzt sollte das erste Kind mitgenommen werden. Das Ultraschallbild vom Ungeborenen vermittelt den ersten Kontakt zum neuen Erdenbürger. Das erste Kind kann dessen Köpfchen und Bewegungen sehen. Die Mutter kann ihm erklären, daß sich dieses Kind schon darauf freut, seinen Bruder oder Schwester kennenzulernen.

Nach der Geburt des zweiten Kindes kann das Erstgeborene eine reelle Chance bekommen, wenn die Eltern über seine seelische Befindlichkeit informiert sind. Sie können ihm am besten nachempfinden, wenn sie sich die oben dargestellte Situation ausmalen, in der ein fremder Partner eingeführt wird. Dies wird ihnen das Leid des ersten Kindes begreiflich machen und ihr Verhalten zu ihm verändern: Sie werden ihm erlauben, seine Aggressionen gegen dieses Kind auszudrücken und ihm seine Situation erleichtern, indem sie es verstehen und ihm besonders viel Liebe entgegenbringen.

Für das erste Kind ist es wichtig zu erfahren, daß sich die Mutter nicht deswegen so häufig und so lange um das zweite Kind kümmert, weil sie dieses so sehr liebt, sondern weil dieses Kind ihre Hilfe braucht. Wenn das erste Kind begreift, daß das zweite Kind für die Mutter

Arbeit bedeutet und nicht nur Vergnügen, kann es sich sehr viel schneller mit der neuen Situation anfreunden.

Am schnellsten wird das erste Kind diese Erfahrung machen können, wenn die Mutter es in die Pflege des zweiten Kindes mit einbezieht und ihm Dankbarkeit für seine Mithilfe zeigt. Je nach Alter des Kindes kann es zumindest die Flasche halten, vielleicht auch beim Windelwechseln behilflich sein oder das Badetuch und das Shampoo zureichen. Dabei wird es feststellen, daß die Pflege des Säuglings wahrhaftig Arbeit bedeutet. Außerdem wird es sich seiner eigenen Wichtigkeit bewußt und erlebt gleichzeitig eine Gemeinsamkeit mit der Mutter in der Versorgung des Kleinen.

Auch das Saugen an der Mutterbrust sollte man dem älteren Kind nicht verweigern. Es sieht, wie genüßlich das Kleine an der Brust trinkt und fühlt sich ausgeschlossen, wenn ihm, so ist es bei den meisten Müttern, dieses Ansinnen energisch verweigert wird.

Ich frage mich, warum! Die Mutter kann ihrem älteren Kind ganz selbstverständlich die Brust geben. Es wird sie nicht leertrinken, da die Muttermilch nicht besonders gut schmeckt. Außerdem geht es dem Älteren ja auch nicht darum, sich durch die Muttermilch zu ernähren, sondern darum, daß es das gleiche tun darf wie das Neugeborene.

Auch wenn das ältere Kind immer wieder an der Mutterbrust trinken möchte, kann die Mutter ihm die zuvor vom Säugling geleerte Brust anbieten, so daß beide Kinder, ohne Unterschied, trinken können. Im übrigen trinken in Entwicklungsländern auch noch zwei- und dreijährige Kinder an der mütterlichen Brust, doch nicht aus psychologischen Gründen, sondern auf Grund der mangelhaften Ernährungssituation. Die Mutter opfert sich hier für ihre Kinder, um diesen wenigstens etwas Nahrung zu geben.

Eltern sollten im Umgang mit ihrem ersten Kind berücksichtigen, daß dieses, im Gegensatz zum zweiten Kind, nicht gelernt hat, sich etwas zu nehmen, da ihm alles nachgetragen wurde, auch die Liebe und Zärtlichkeit der Mutter.

So wartet es auch nach der Geburt des zweiten Kindes auf die Zärtlichkeiten der Mutter, die jedoch häufig deutlich sparsamer ausfallen als zuvor. Die Mutter ist nach der Geburt des zweiten Kindes körperlich und seelisch so belastet, daß sie froh ist, wenn sich das erste Kind etwas distanziert verhält. Sie erkennt nicht, daß diese Distanz nur dazu da ist, um von ihr überwunden zu werden. Das Kind wartet geradezu darauf, daß die Mutter zu ihm kommt, es küßt und kost, wie sie es früher getan hatte. Tut sie es nicht, weil sie meint, das Kind könne ja selbst kommen, hat es das Gefühl, nicht mehr geliebt zu werden. Dies schmerzt um so mehr, als sich die Mutter ständig mit dem Neugeborenen beschäftigt und dieses die ersehnten Zärtlichkeiten erhält.

Wenn Mütter die Zusammenhänge erkennen, können sie das Leben des ersten Kindes erleichtern, indem sie sich diesem noch mehr zuwenden als zuvor, auch wenn dies auf Kosten des zweiten Kindes geht. Diesem fehlt anfänglich noch die Einsicht und später hält sich seine Eifersucht in Grenzen, da es allein wegen seines Alters ohnehin mehr Aufmerksamkeit und Zuwendung erhält. Um dem ersten Kind die Möglichkeit zu geben, Aggressionen und Durchsetzungsvermögen zu üben, sollte die Mutter es frühzeitig anhalten, sich gegen das zweite Kind durchzusetzen, ja es geradezu auffordern, sich nicht alles bieten zu lassen und sich zu wehren. Dies fällt manchen Eltern schwer, da sie verständlicherweise ihr jüngstes Kind schützen wollen. Auch wenn eine aggressive Handlung des älteren Kindes heftiger ausfällt als beabsichtigt, ist es wichtig, das Kind dafür nicht zu tadeln, sondern ihm liebevoll zu erklären, daß es sich wohl wehren darf, aber dem anderen nicht zu sehr wehtun sollte. Wenden Mütter dieses Wissen auch im täglichen Leben an, werden ihre ersten Kinder nicht mehr ängstlich und zurückhaltend, sondern fröhlich und durchsetzungsfähig.

Sollte das erste Kind schon ängstlich, zurückhaltend und wenig durchsetzungsfähig geworden sein, dann hilft zunächst die Festhaltetherapie, um dem Kind zu vermitteln, daß es geliebt wird. Gleichzeitig muß ihm erlaubt sein, ja es soll geradezu aufgefordert werden, sich gegen seine Geschwister zu wehren. Da das Kind bis dahin angehalten wurde, nicht aggressiv zu sein, wird es einen schwierigen Lernprozeß durchmachen. Es wird sich auch einmal zu heftig wehren und dadurch mit seinen Geschwistern in Konflikte geraten.

Dieser Lernprozeß ist langwierig und bedarf des Verständnisses und der Geduld von seiten der Eltern. Sie müssen zu Meistern der Kunst werden, zwischen ihren Kindern zu vermitteln, um allen gerecht zu werden. Wenn dem Kind erlaubt wird, sich in der eigenen Familie zu wehren, wird es langsam lernen, dies auch außerhalb der Familie zu tun.

KAPITEL 35

Das zweite Kind

Das Leben des zweiten Kindes beginnt mit Eltern, die im Umgang mit einem Neugeborenen schon vertraut sind.

Ihre Bewegungen sind gelassener und sicherer, ihre Zuwendung ist verläßlicher und ihre Angst um das Kind ist wesentlich geringer. Dadurch wird das Kind ruhiger, hat zu seinen Bezugspersonen mehr Vertrauen und seine Entwicklung gestaltet sich relativ komplikationslos. Es schläft gut, trinkt gut und ist zufrieden. Diese Zufriedenheit gibt auch der Mutter ein gutes Gefühl. Das Kind wächst problemlos heran, wird freundlich, zugewandt, strahlt seine Mitmenschen an und gewinnt die Herzen der Familie, was es sichtlich genießt.

Im Umgang mit dem ersten Kind lernt es, sich schon frühzeitig zu wehren. Es wird selbstbewußter und durchsetzungsfähiger, und wenn es zu wenig beachtet wird, schreit es laut oder macht sich auf andere Weise bemerkbar. Alein dadurch, wie sich ein Kind auf dem Untersuchungstisch verhält, kann ich schon ziemlich sicher sagen, ob es sich um das erste oder ein nachkommendes Kind handelt.

Das nachfolgende Kind schaut anders, schreit anders und wehrt sich anders. Oft muß ich über die Raffiniertheit, die Kraft und das Durchsetzungsvermögen dieser kleinen Menschen lachen. Ältere Säuglinge versuchen schon, die Langeweile auf dem Untersuchungstisch zu unterbrechen, indem sie ihre neben dem Untersuchungstisch stehenden Geschwister von hinten zwicken und an den Haaren ziehen. Wenn sich das ältere Kind dann empört umwendet, freuen sie sich über den hergestellten Kontakt und versuchen, weitere Kontakte aufzunehmen. Man merkt deutlich, daß es sich nicht um ungezielte, sondern um sehr gezielte Bewegungen des Säuglings handelt.

Während das erste Kind unter dieser Entwicklung leidet, weil es merkt, daß ihm das zweite Kind den Rang abläuft und den Mittelpunkt der Familie darstellt, genießt das zweite Kind diese Situation sehr. Dies ändert sich erst, wenn entweder ein drittes Kind kommt oder das zweite im Kindergarten und in der Schule mit der rauhen Umwelt und deren Anforderungen konfrontiert wird (siehe KAPITEL 36).

Sollte ein drittes Kind in die Familie kommen, wird das zweite Kind ähnliche Probleme haben wie das erste bei seiner Geburt. Das zweite Kind wird zunächst auf das dritte Kind eifersüchtig sein. Da es aber nie der einzige Mittelpunkt seiner Eltern war wie das erste Kind, wird es dieses dritte Kind leichter akzeptieren können, als das erste das zweite akzeptierte. Sicher ist, daß das dritte Kind sowohl dem ersten als auch dem zweiten Kind etwas von der Liebe der Eltern nimmt und daß beide Kinder mit großen Eifersuchtsgefühlen reagieren. Der Umgang mit diesen Gefühlen der Kinder ist im letzten Kapitel ausführlich dargestellt. In einer Familie mit drei Kindern entwickelt sich im Laufe der Zeit folgende Situation: Das mittlere Kind hat über sich den großen Bruder oder die große Schwester, die alles besser können. Unter sich hat es den kleinen süßen Fratz, dem man nichts tun darf, weil er ja noch so klein ist. Er wird nicht nur von den Eltern geschützt, sondern auch noch deutlich bevorzugt. Wir alle haben ein „Kindchenschema" in uns, das uns alles, was klein ist und einen großen Kopf hat, besonders schützens- und liebenswert erscheinen läßt.

Das älteste Kind hat, in den Augen des zweiten Kindes, eine ganze Reihe von Vorteilen: Es darf als erstes in den Kindergarten, dann in die Schule, später auf eine weiterführende Schule und schließlich zur Kommunion oder Konfirmation. Natürlich werden die Feste beim erstenmal noch intensiver und engagierter gefeiert als die folgenden.

Das mittlere Kind, das ursprünglich recht problemlos und pflegeleicht war, nach seiner Geburt viel Beachtung fand und im Mittelpunkt der Familie stand, wird spätestens mit der Geburt des dritten Kindes langsam, aber sicher in der Zuwendung benachteiligt. Irgendwann einmal merkt dieses zweite Kind seine Benachteiligung und wird plötzlich aggressiv, hyperaktiv oder zerstörerisch, um auf sich aufmerksam zu machen. Es tut Dinge, die es früher nie getan hätte und stellt sich dadurch in den Mittelpunkt.

Diese Entwicklung läuft nach dem schon bekannten Muster ab. Das Kind möchte, wenn es schon weniger als die anderen geliebt wird, wenigstens vermehrt beachtet werden.

Wichtig ist, daß die Eltern dies rechtzeitig erkennen und dem zweiten Kind zumindest die gleiche Aufmerksamkeit schenken wie dem ersten und dem dritten Kind.

Hat das zweite Kind seine Verhaltensauffälligkeiten schon entwickelt, kann die Festhaltetherapie das Kind zumindest davon überzeugen, daß die Eltern es noch lieben.

Wenn es dann auch noch gelingt, es vermehrt zu beachten und es unabhängig von seinen Verhaltensauffälligkeiten in den Mittelpunkt zu stellen, kann es diese oft sehr rasch wieder aufgeben.

Die für das zweite Kind dargestellte Situation gilt natürlich sinngemäß auch für das dritte, vierte und fünfte Kind, wenn nach diesen Kindern noch ein Nesthäkchen geboren wird.

KAPITEL 36

Das jüngste Kind

Das jüngste Kind in der Familie hat verschiedene Vorteile, die es redlich nützt.

Es bekommt bei der Geburt, wie seine Geschwister, einen Vater und eine Mutter, zusätzlich erhält es jedoch noch mindestens einen weiteren Menschen, der es, nach Überwindung seiner Eifersucht, liebt und zu einem herrlichen Spielkameraden wird. Die älteren Geschwister sind immer um das Kleine bemüht, informieren die Mutter sehr rasch, wenn es schreit oder die Hosen voll hat, oder sie treten selbst in Aktion. Fast ständig ist eines der Geschwister in Sicht- oder Hörweite, und das Jüngste kann versuchen, mit diesem Kontakt aufzunehmen.

Die Geschwister ziehen es herum, versuchen es zu füttern oder zu wickeln, und sie zeigen dem Kleinsten, welchen Spaß sie mit ihm haben. Dabei wird es nicht sehr geschont und früh an rauhe Sitten gewöhnt. Die Liebkosungen der Geschwister sehen eher wie Mißhandlungen aus, scheinen ihm aber wenig auszumachen. Es begreift sehr rasch, daß die Mutter ständig Angst hat, daß die älteren Geschwister es verletzen könnten, und sie sehr schnell auf sein Schreien reagiert.

Es genießt seine Stellung als Mittelpunkt der gesamten Familie. Jeder beachtet das Kleine und findet es süß, verwöhnt es mit Zärtlichkeiten und bietet ihm etwas zum Naschen an, was ihm durch sein Gewicht auch anzumerken ist.

Häufig werden die von den Eltern gesetzten Grenzen von den Geschwistern unterlaufen. Es erhält dadurch so gut wie immer, was es will, wenn es sich nur an den richtigen Partner wendet.

Zudem lassen die Eltern in der Durchsetzung ihrer Erziehungsideale deutlich nach. Sie haben oft nicht mehr die Kraft, dem Kind Grenzen zu setzen und werden zunehmend nachsichtiger, weil sie entweder schon zu alt sind oder ihre Kräfte bei der Erziehung ihrer anderen Kinder verschlissen haben.

Solche Kinder, die als Mittelpunkt der Familie aufwachsen und ihre Wichtigkeit für die Familie tagtäglich erleben, haben das Gefühl, unwiderstehlich zu sein und werden langsam grenzenlos.

Im Kindergarten erleben sie ihre erste große Enttäuschung. Sie sind plötzlich nur noch ein Kind unter vielen, nicht mehr das netteste, niedlichste, schönste und verwöhnteste wie in der Familie.

Auch das Schulalter bringt für diese Kinder große Probleme mit sich. Sie sind zwar nicht mehr oder weniger leistungsfähig als andere, können sich aber nicht unterordnen.

Dazu kommt, daß nun auch zu Hause nicht mehr alles so ist, wie es früher war: Die älteren Geschwister sind in der Schule, haben danach genügend Hausaufgaben und eigene Freunde und finden den kleinen Bruder oder die kleine Schwester keineswegs mehr niedlich und nett. Häufig erkennen sie jetzt, daß das jüngste Kind, im Gegensatz zu ihnen, alles durfte und nach Strich und Faden verwöhnt wurde. Sie wollen nun dafür sorgen, daß dies nicht so weitergeht.

Wenn das Kleine nun etwas will, muß es sich selbst helfen, was es von früher überhaupt nicht kannte. Es gab immer ein Geschwisterchen oder die Mutter, die hilfsbereit waren. Da es kaum mehr beachtet wird, kommt es zu heftigen Protesten, die sich, weil sie zu nichts führen, schnell in Verhaltensauffälligkeiten verwandeln können, wodurch die gewohnte Beachtung erzwungen wird. Die Kinder werden hyperaktiv, aggressiv, zeigen Eßstörungen, nässen oder koten wieder ein und spielen häufig den Kasper. Sie wollen unter allen Umständen auffallen und wieder zum Mittelpunkt werden. Dies verstärkt jedoch ihre Probleme. Sie werden zu Hause, im Kindergarten und in der Schule zunehmend abgelehnt, fühlen sich immer weniger verstanden und können schließlich zu Außenseitern werden.

Solche Kinder brauchen Hilfe.

Die Festhaltetherapie kann hier sehr viel Gutes bewirken. Die Kinder erfahren durch sie, daß ihre Eltern sie noch immer innig lieben, und sie können diese Liebe der Eltern verinnerlichen. Neben der Festhaltetherapie müssen diese Kinder jedoch auch im Alltag besonders beachtet werden, ohne wie früher verwöhnt zu werden. Die Eltern müssen ihnen liebevoll, aber bestimmt vermitteln, daß sie sich unterordnen und an bestimmte Grenzen halten müssen.

Die Liebe der Eltern macht es diesen Kindern schließlich möglich zu akzeptieren, daß sie nicht der Mittelpunkt der Welt sind. Sie gibt ihnen die Kraft, sich mit der für sie neuen und feindlichen Umwelt auseinanderzusetzen und schließlich sich auch durchzusetzen.

Bis dahin war ihnen dies nicht durch ihre eigene Kraft und ihren Willen, sondern nur durch die Toleranz der Geschwister und Eltern gelungen.

KAPITEL 37

Zwillinge

Als ich zum ersten Mal schwanger wurde, hoffte ich, daß es Zwillinge werden würden. Ich war ganz fasziniert von dem Gedanken, daß ich mit einer Schwangerschaft gleich zwei Kinder haben könnte, und war traurig als sich herausstellte, daß es nur ein Kind war. Dies wiederholte sich bei den zwei weiteren Schwangerschaften. Danach erst eröffnete ich meine Praxis und hatte nun häufig Gelegenheit, Zwillinge und Zwillingsmütter zu erleben. Dieses hautnahe Erleben war für mich eine abschreckende Erfahrung, und ich hätte bei einer vierten Schwangerschaft kaum mehr den Wunsch gehabt, Zwillinge zu bekommen. Ich habe allerdings gelernt, Zwillingsmütter zu bewundern. Wie schaffen sie es nur, ihre Zwillinge zu versorgen und gleichzeitig noch ein oder mehrere weitere Kinder? Bei den Vorsorge- und anderen Untersuchungen von Zwillingen war ich regelmäßig gestreßt. Einerseits mußte ich aufpassen, die Kinder nicht zu verwechseln, andererseits hatte die Mutter immer wieder Fragen zu den beiden Kindern, wobei nie so recht klar war, um welches Kind es sich handelte. Weinte ein Zwilling, so stimmte der andere gleich mit ein. Brachte die Mutter ihre weiteren Kinder auch mit zur Untersuchung, dann war das Chaos perfekt.

RITA HABERKORN und MARION VON GRATKOWSKI, beide Zwillingsmütter, haben in ihren Büchern „Zwillinge", (siehe LITERATURVERZEICHNIS) ihre und die Erfahrung von anderen Zwillingsmüttern zusammengefaßt. Da ich keine eigene Erfahrung mit Zwillingen habe, möchte ich mich in diesem Kapitel teilweise auf die Ausführungen von Frau HABERKORN und Frau von GRATKOWSKI beziehen.

Schwangere, die erfahren, daß sie Zwillinge erwarten, sind zuerst meist erschrocken, ja sogar häufig schockiert, wie eine Untersuchung von Professor Lorenzer (Fachbereich Gesellschaftswissenschaften der Johann-Wolfgang-Goethe-Universität, Frankfurt) in 35 Zwillingsfamilien ergab. Er konnte jedoch auch feststellen, daß die erste Reaktion auf diese nicht viel darüber aussagt, wie erfolgreich die Eltern in der Erziehung und im Umgang mit ihren Zwillingen sein werden. Ich denke, es ist normal, wenn Eltern, die erfahren, daß sie Zwillinge bekommen werden, darauf nicht mit Begeisterung sondern sehr verhalten reagieren. Zwei Kinder bedeuten in jedem Fall zumindest doppelte Arbeit und auch doppelten finanziellen Aufwand. Schuldgefühle, die aus dieser ersten negativen Reaktion entstehen, sollten nicht verdrängt, sondern deren Gründe immer wieder überdacht werden. Es ist einfach menschlich, sich vor einer übermäßigen körperlichen, seelischen und finanziellen Belastung zu fürchten und sich nicht auf eine solche zu freuen.

Sobald jedoch auch andere erfahren, daß Zwillinge erwartet werden, stehen die Zwillingseltern im Mittelpunkt des Interesses. Vor allem die Mutter wird bestaunt und ihr Wohlergehen ist allen doppelt wichtig. Ich denke, daß Zwillingsmütter dies zunächst genießen, wodurch der erste Schock rasch vergessen und ihre Schwangerschaft eher positiv beeinflußt wird. Hat das Ehepaar schon Kinder, so halte ich es für äußerst wichtig, daß diese sehr intensiv auf die Geburt von Zwillingen vorbereitet werden. Bedeutet für das ältere Kind schon die Geburt eines Kindes eine große seelische Belastung (siehe KAPITEL 34), wie viel mehr die Geburt von Zwillingen. Alles was ich im KAPITEL 34 über die Vorbereitung des ersten Kindes auf das zweite Kind geschrieben habe, gilt um so mehr, wenn Zwillinge erwartet werden. Das Wichtigste für die schon vorhandenen Kinder ist, ihnen immer zu versichern, daß sie sehr geliebt werden, und daß die Neuankömmlinge an dieser Liebe nichts ändern werden. Der zärtliche Körperkontakt mit dem oder den älteren Kindern ist in jeder Schwangerschaft unendlich wichtig, besonders aber, wenn Zwillinge erwartet werden.

Ich denke auch, daß eine Festhaltetherapie vor der Geburt von Zwillingen das Kind verinnerlichen läßt, daß seine Eltern es sehr lieben, und es daher keine so große Angst haben muß vor den kommenden Konkurrenten. Um durch die Kraftanstrengung während des Festhaltens die Zwillingsschwangerschaft nicht vorzeitig zu beenden, sollte der Vater das Kind festhalten, während die Mutter und der Vater gleichzeitig mit dem Kind schmusen, es streicheln und ihm ihre Liebe versichern. Die Meinung Marion von Gratkowskis, man solle den anderen Kindern nicht versprechen, daß sie neue Spielkameraden erhalten werden, teile ich nicht. Ich denke, daß gerade dies sehr wichtig ist, da sonst das ältere Kind durch die Ankunft der Zwillinge keinerlei Vorteile sieht und sie von vornherein ablehnen wird. Es werden ja auch Spielkameraden, nur nicht sofort. Das ältere Kind kann im Umgang mit den Zwillingen seine Wichtigkeit für die Mutter erleben, wenn es ihnen die Flasche geben darf oder beim Wickeln, Baden und anderen Verrichtungen behilflich sein kann. Schon früh führt der intensive Körperkontakt bei Säuglingen zu Äußerungen ihres Wohlbefindens durch Gurren, Kichern und Lachen. Das ältere Kind erlebt im Umgang mit seinen Geschwistern, daß es in der Lage ist, diese zu positiven Lebensäußerungen zu bringen, was es natürlich auch selbst stimuliert.

Das oder die Kinder müssen das Gefühl haben, daß sie genauso wie die Zwillinge von ihren Müttern geliebt werden. Dies ist natürlich leicht gesagt und schwer getan. Denn wer schon den Tagesablauf einer Mutter mit nur einem Säugling erlebt, wird begreifen, daß nur noch wenig Platz für die älteren Kinder bleibt. Dennoch sollte sich jede Zwillingsmutter bewußt sein, daß die Eifersucht des älteren Kindes nur durch ihre innige Zuwendung zu diesem in Grenzen gehalten werden kann.

Nach meinen bisherigen Erfahrungen leiden die älteren Kinder sehr viel mehr unter Zwillingen als unter nur einem Kind. Zwillinge beanspruchen die Mutter zumindest doppelt, und das Nachlassen der Zuwendung zu den älteren Kindern ist wesentlich einschneidender als nach der Geburt nur eines Kindes. Daher sind auch die Eifersuchtsreaktionen der älteren Kinder zunächst wesentlich stärker und belasten die Mutter noch mehr. Ich persönlich halte es für sehr wichtig, daß die Mutter die älteren Kinder in die Pflege mit einbindet. Dadurch können Kinder erfahren, daß es nicht eine übermäßige Liebe ist, die die Mutter bei den Zwillingen verweilen läßt, sondern Bedürfnisse der Säuglinge, die befriedigt werden müssen und die primär nichts mit Liebe zu tun haben. Wenn Kinder begreifen können, daß die Babies so hilflos sind, daß sie nichts selber machen können und daher die Familie diese Dinge übernehmen muß, werden sie der Mutter eher verzeihen, daß sie nicht mehr so viel Zeit für die schon vorhandenen Kinder hat.

Frau VON GRATKOWSKI beschreibt, daß sie nach der Geburt ihrer Zwillinge nicht so recht glücklich war und sich sogar schuldig fühlte. Es spielten dabei verschiedene äußere Umstände mit. Ich glaube, daß ein hoher Prozentsatz von Müttern das vielbeschworene Glücksgefühl nach der Geburt nicht erlebt, da die Geburt für jede Mutter belastend ist, und die emotionale Bindung erst entstehen muß. Wir bekommen einen, in diesem Falle zwei kleine Menschen in den Arm gedrückt, die wir noch nie gesehen haben, und die häufig nicht unseren Vorstellungen entsprechen. Ich kann mich an die Geburt unseres ersten Sohnes erinnern, der nach fast 48 Stunden Wehentätigkeit völlig „zerknautscht" auf die Welt kam und keinesfalls meinen Vorstellungen von meinem ersten Kind entsprach. Mein Mann hatte offensichtlich die gleichen Probleme. Es dauerte einige Tage, bis wir beide auch gefühlsmäßig unser Kind voll annehmen konnten. Die Entwicklung dieser Liebe dürfte bei Müttern, deren Kinder gleich nach der Geburt in eine Kinderklinik verlegt werden müssen, sei es weil sie zu klein sind oder andere Probleme haben, noch zögerlicher verlaufen. Solchen Müttern möchte ich raten, so oft als möglich ihre Kinder zu besuchen und sie nicht nur anzusehen, sondern einen möglichst engen Körperkontakt zu pflegen. Diese Empfehlung kann bei Zwillingsmüttern jedoch oft nicht verwirklicht werden, wenn ein Kaiserschnitt ihre Mobilität enorm einschränkt, und sie erst am achten bis zehnten Tag nach der Geburt ihre Kinder aufsuchen kann. Für eine gute seelische Beziehung zwischen Kindern und Mutter ist der möglichst frühe und intensive Körperkontakt unerläßlich.

Wenn Zwillingsmütter ihre Kinder nicht gleich nach Hause nehmen können, möchte ich mich der Empfehlung von Frau VON GRATKOWSKI anschließen, diese Zeit intensiv zu nutzen, um die älteren Kinder auf die Zwillinge vorzubereiten. Körperliche Zuwendung hilft, die sicherlich vorhandenen Ängste, die Zwillinge, könnten ihnen die Liebe der Mutter bzw. der Eltern nehmen, zu vermindern.

Wenn es der Zwillingsmutter nur irgend möglich ist, sollte sie versuchen, ihre Kinder zu stillen. Mütter, die zunächst nur teilweise stillen können, sollten wissen, daß normalerweise der Hauptmilcheinschuß erst in der dritten Woche erfolgt, bei Zwillingsmüttern, die meist vorzeitig entbinden, oft noch später. Durch das Stillen wird ein intensiver Körperkontakt möglich, der beim Füttern mit der Flasche nur dann gewährleistet ist, wenn die Kinder hintereinander gefüttert werden können, was nach der Erfahrung von Zwillingsmüttern, häufig nicht funktioniert, da beide Kinder oft zur gleichen Zeit kommen. Beim Stillen ist es jedoch durchaus möglich, beide Kinder gleichzeitig anzulegen. Falls eine Zwillingsmutter trotz intensiver Bemühungen nicht stillen kann, sollte sie nicht verzweifeln und mit allen Mitteln die Milch aus sich herauszuquetschen versuchen, sondern auf Flaschennahrung übergehen. Dabei kann sie die Kinder nacheinander in ihrem Arm füttern oder die Hilfe des Vaters oder andererer Familienangehöriger in Anspruch nehmen. Bis zum vierten bis sechsten Lebensmonat erkennt das Kind die Mutter noch nicht als eine selbständige Person, sondern erwartet von dieser nur die zärtliche Zuwendung und die rasche Stillung seiner Bedürfnisse. Körperkontakt, Nahrungsaufnahme, Wohlbefinden und Pflegeperson verschmelzen für das Kind. Daher kann auch der Vater oder ein anderer Familienangehöriger die Pflege des Kindes übernehmen, ohne die Ausbildung des Urvertrauens zu gefährden.

Nach dem sechsten Lebensmonat ist ein inniger Körperkontakt natürlich weiterhin sehr wichtig, muß aber nicht notwendigerweise mit dem Füttern verbunden sein. Das Kind hat seine Mutter als eigenständige Person erkannt und beginnt, sich von dieser abzugrenzen. Es wird fähig, Versagenszustände auszuhalten, ohne daß seelische Schäden entstehen, da es in der Lage ist, seine Seele durch Abwehrmechanismen zu schützen. Mit der zunehmenden Beherrschung seines Körpers kann das Kind dann sitzenderweise im Hochstuhl oder in der Liegewippe, je nach seiner körperlichen Entwicklung gefüttert werden.

Der Vater ist in den ersten Lebensmonaten seiner Zwillinge zur Unterstützung seiner Frau unerläßlich. Frau VON GRATKOWSKI empfiehlt einen Urlaub des Vaters auf Abruf. Ich halte diese Empfehlung für sehr wichtig und richtig, da der Vater dann helfen sollte, wenn ihn seine Frau am dringendsten braucht, und das läßt sich am Ende der Schwangerschaft oder bei der Geburt noch nicht abschätzen. Auch eine gleitende Arbeitszeit könnte sehr hilfreich sein. Nach meinen Erfahrungen ist die Umwelt an Zwillingen so sehr interessiert, daß es auch gelingen sollte, den Arbeitgeber von der Notwendigkeit eines solchen Urlaubs oder einer gleitenden Arbeitszeit zu überzeugen. Wenn Männer schon frühzeitig in die Pflege ihrer Kinder mit einbezogen werden, begreifen sie schneller, wie aufwendig und aufreibend die Pflege und Erziehung von Kindern sein kann. Außerdem wird der Streß, dem der Vater von Zwillingen auch unterliegt, ihn besser begreifen lassen, warum seine Frau nun kaum noch Zeit für ihn und seine Bedürfnisse hat.

Nach jeder normalen Schwangerschaft ist die Mutter labiler als sonst und auch weniger leistungsfähig. Dies gilt besonders für Mütter von Zwillingen, die dann auch noch doppelt belastet werden. Falls der Vater nicht zur Verfügung steht, sollten sich Zwillingsmütter Hilfe aus der Familie oder eine bezahlte Hilfe holen. Sprechen Sie mit Ihrer Krankenkasse, ob Ihr spezieller Fall nicht die Möglichkeit für eine Familienhelferin bietet. Zwillingsmütter, die ihre Kinder alleine versorgen müssen, geraten in der Regel an die Grenzen ihrer Belastbarkeit oder überschreiten sie, da sie der doppelten Anforderung nicht mehr gewachsen sind. Dies kann sich negativ auf die Ausbildung des Urvertrauens auswirken (siehe KAPITEL 1).

Mit der Abgrenzung gegen die Mutter beginnt ab dem 2. Lebenshalbjahr die Entwicklung der Persönlichkeit des Kindes. Zur Persönlichkeitsentwicklung gehört, daß das Kind sich nicht nur von seiner Mutter abgrenzt sondern auch von anderen, daß es ein eigenständiges Ich entwickelt, das zu eigenen Entscheidungen und Handlungen fähig ist und zu diesen auch stehen kann. Dies gilt natürlich auch für Zwillinge, ist aber gerade für diese, besonders für eineiige Zwillinge, extrem schwierig.

Hier sind Zwillingseltern ganz besonders gefordert. Sie müssen ihren Kindern ermöglichen, auch in der Zwillingsgemeinschaft eine eigene Persönlichkeit entwickeln zu können und zu dürfen. Dies gelingt, vor allem bei eineiigen Zwillingen, in der Regel nur dann, wenn sich die Eltern dem „Zwillingsmythos" bewußt verweigern und sich von Anfang an über ihren Erziehungsauftrag im klaren sind. Der Sinn der Erziehung im weitesten Sinne ist, Kinder zu eigenständigen Persönlichkeiten zu erziehen, die in eigener Verantwortung später wieder eine Familie gründen können und den Anforderungen von Beruf und Familie gewachsen sind. Eltern, die Zwillinge bekommen, sollten sich von Anfang an bewußt machen, daß sie nicht e i n Zwillingspaar bekommen, sondern z w e i Kinder, die eigenständige Persönlichkeiten werden wollen und sollen.

Hierbei hilft ihnen die Gesellschaft nicht. Ganz im Gegenteil. Sie erwartet, daß vor allem eineiige Zwillinge gleich gekleidet sind, sich gleich benehmen und immer wie ein Zwilling reagieren. Nur dann haben die Zwillinge und auch die Eltern die Anerkennung der Gesellschaft. Jeder findet dann die Zwillinge süß, niedlich, nett und ist bereit, sowohl Eltern als auch Zwillingen gebührende Anerkennung zu zollen.

Hier beginnt für die Eltern von Zwillingen eine schwierige Phase. Selbst wenn sie sich darüber bewußt sind, daß die eigenständige Entwicklung ihrer Kinder ihnen wichtiger ist als das Wohlwollen und die Anerkennung der Gesellschaft, tut letztere den Eltern und natürlich auch den Zwillingen gut. Frau HABERKORN berichtet über eine Szene in der ihre Zwillinge, die unterschiedlichen Geschlechts waren, in fast gleicher Kleidung zum Einkaufen gingen. Der Junge trug kurze Jeans und das Mädchen einen Jeansrock. Frau HABERKORN schildert, daß es keinen gab, der bei diesem Anblick nicht stehenblieb und sich umdrehte. Die Passanten machten sich gegenseitig auf die Zwillinge aufmerksam. Aber nicht nur sie wurden beachtet, sondern auch die Mutter, was auch dieser gut tat. Bei dieser Gelegenheit wurde sich Frau HABERKORN bewußt, daß die Zwillinge, allein durch ihre Ähnlichkeit sehr viel Aufmerksamkeit auf sich lenkten, und sie stellte fest, daß sie gänzlich andere Erfahrungen machen würden, wenn sie alleine aufträten. Genau diese Erfahrung von Frau HABERKORN ist das Schlüsselerlebnis der meisten Zwillingsmütter: Treten sie mit einem Kind auf, sind sie nichts Besonderes. Präsentieren sie Zwillinge, dann sind sie Mittelpunkt der Gesellschaft. Ich denke, es ist außerordentlich schwer, sich diesen menschlichen Strebungen nach Anerkennung und Bewunderung zu entziehen. Man wird den Eltern kaum verdenken können, daß sie nach all den Plagen der Schwangerschaft und der ersten Lebensjahre mit den Zwillingen diese Situation genießen. Auch die Kinder merken in fast jeder Situation, daß sie als Zwillinge uneingeschränkte Anerkennung ernten, als einzelne Persönlichkeiten jedoch unbedeutend sind. Was liegt also näher, als sich ständig als Zwillinge in absolut identischer Kleidung zu präsentieren.

Um jedoch diese Erfahrung gar nicht erst zu machen, halte ich es für sehr wichtig, daß Zwillinge schon ab dem ersten Lebenstag unterschiedlich gekleidet werden. Es gehört sicher Mut, Intelligenz und Stärke dazu, dies gegen die öffentliche Meinung und Erwartung zu tun und es auch durchzuhalten. Durch die unterschiedliche Kleidung machen die Eltern von vornherein jeden darauf aufmerksam, daß sie zwei Kinder und nicht primär Zwillinge haben. Auch den Kindern selbst wird die Abgrenzung zum anderen leichter fallen, wenn die Umwelt sie nicht als Zwillinge, sondern als Einzelpersonen erlebt und sie als solche anerkennt. Im persönlichen Umgang sollten Zwillingseltern ihren Kindern vermitteln, daß sie sie als solche lieben und nicht als Zwillinge. Dazu gehört auch, daß man ihre unterschiedlichen Eigenschaften besonders hervorhebt und keinesfalls ständig mit dem anderen Zwilling vergleicht. Da Zwillinge sicherlich mehr als andere Kinder in Konkurrenzsituationen geraten, sollten Eltern immer wieder darauf hinweisen, daß verschiedene Menschen auch verschiedene Eigenschaften und Fähigkeiten haben und daß dies gut so ist. Ist ein Zwilling schwächer als der andere, so sollte dieses Kind in seiner körperlichen und seelischen Entwicklung gefördert werden, aber ganz bewußt nicht so, daß es dann mit dem anderen gleichzieht, sondern, daß es seinen eigenen Weg finden kann. Auch den ältern Kindern der Familie sollten Zwillingseltern vermitteln, daß sie zwei Geschwister haben, die eigenständige Persönlichkeiten sind und nicht Zwillinge, die gleich sind.

Für die Erfahrung, eine eigene Persönlichkeit zu sein, halte ich den Vorschlag der beiden Autorinnen für wichtig, daß die Zwillinge möglichst oft die Gelegenheit haben sollten, als Einzelpersonen zu agieren. Sie sollten alleine zu nahen Verwandten oder Freunden dürfen, die sie mögen. Dies halte ich für besonders wichtig, da es bei Zwillingen immer eine stärkere Persönlichkeit gibt, die das Sagen hat und den schwächeren Zwilling unterdrückt. Wenn diese Situation nicht erkannt wird, kann der schwächere Zwilling ein Leben lang das Gefühl haben, minderwertig zu sein. Je öfter er die Erfahrung machen darf, daß er als eigenständige Persönlichkeit anerkannt und geliebt wird, desto besser ist es für seine Persönlichkeitsentwicklung und sein Selbstwertgefühl.

Wichtig für Zwillinge ist es auch, getrennte Erlebnisse und Erfahrungen zu sammeln. So schildert Frau Haberkorn, daß sie die Zwillinge immer wieder alleine zum Einkaufen mitnahm. Dabei mußte sie allerdings feststellen, daß die Umwelt es allein auftretenden Zwillingen nicht leicht macht. Ständig wurde der eine Zwilling an den anderen erinnert und auch gefragt, wo denn der andere sei und warum er nicht dabei sei.

Selbst Zwillinge, deren Eltern bewußt ihre Selbstfindung und Persönlichkeitsentwicklung fördern, haben Mühe, sich vom anderen abzugrenzen. So schildert Frau HABERKORN, daß ihre Zwillinge ihr eigenes Spiegelbild mit etwa zwei Jahren dem anderen Zwilling zuordneten. Meist fällten sie Entscheidungen erst, nachdem sie den anderen Zwilling gefragt hatten. Es gibt in den Büchern der beiden Autorinnen eine Vielzahl von Beispielen, die zeigen, wie schwierig die Abgrenzung vom anderen Zwilling ist. Daher denke ich, daß Eltern in diesen Prozeß bewußt eingreifen sollten, um ihren Kindern die Persönlichkeitsentwicklung zu erleichtern.

Dazu gehört auch die Entscheidung, die Kinder im Kindergarten nicht in die gleiche Gruppe zu tun. Es wird anfänglich nicht immer gelingen, da das schwächere Kind oft die Hilfe des stärkeren Kindes braucht, doch das Ziel, sie zu trennen, sollte nicht vergessen werden. Viele Zwillingseltern, die ich kenne, konnten sich allerdings zu diesem Schritt nicht entschließen. Sie argumentierten fast alle, daß es dem schwächeren Zwillling leichter fallen würde, sich unter dem Schutz des stärkeren durchzusetzen. Nach meiner Erfahrung ist das Gegenteil der Fall: Der schwächere Zwilling braucht überhaupt nicht zu lernen, sich durchzusetzen, da er in der Gemeinschaft mit dem stärkeren Zwilling immer stärker sein wird als ein Einzelner aus der Gruppe.

Es gibt auch noch andere Gesichtspunkte. Frau HABERKORN schreibt: *„Sind Zwillinge in getrennten Gruppen, haben sie zum erstenmal in ihrem Leben die Möglichkeit, an ihrem Geburtstag allein im Mittelpunkt bei der Gruppenfeier zu stehen. Aber was noch viel wichtiger ist: Sie erleben eine Bezugsperson, die sich nur auf einen Zwilling konzentriert."*

Die Erfahrung, als Individuum akzeptiert zu werden, ist für einen Zwilling besonders wichtig. Das Kind muß nicht mit seinem Zwilling konkurrieren, es ist zum ersten Mal ganz „es selbst" nicht mehr nur ein Teil von einem Ganzen. Manche Eltern überlassen die Entscheidung, ob Zwillinge getrennt werden sollen oder nicht, den Erzieherinnen. Aber wie soll eine Erzieherin eine Entscheidung treffen, die die Eltern nicht einmal selbst treffen wollen? Frau HABERKORN berichtete auch, daß ihre im Kindergarten getrennten Zwillinge danach ausgeglichener waren, sich weniger stritten und einander ihre Erlebnisse im Kindergarten erzählten. Auf diese Weise erlebt außerdem der stärkere Zwilling, der sich in der Gemeinschaft mit seinem Partner häufig überschätzt, daß er keinesfalls so vollkommen ist, wie er bisher meinte. Der andere Zwilling hat die Möglichkeit zu erleben, daß es auch noch schwächere gibt und erfährt eine Aufwertung.

Auch in der Schule sollten Zwillinge, wenn möglich, aus den oben geschilderten Gründen, in zwei getrennte Klassen gehen. Auch dies wird von vielen Eltern abgelehnt. Ich habe schon öfter erlebt, daß der stärkere Zwilling zurückgestellt wurde, damit er mit dem schwächeren eingeschult werden konnte. Diese Entscheidung konnte ich nie mittragen, da so der schwächere Zwilling immer in Abhängigkeit des stärkeren bleiben wird, und der stärkere Zwilling seine Selbstüberschätzung beibehält. Auch empfinden viele Kinder es als ungerecht, wenn ihrem Wunsch, eingeschult zu werden, aus Rücksicht zum schwächeren Partner, nicht nachgegeben wird.

Immer wieder teilen mir Eltern mit, daß sie peinlich darauf bedacht seien, ihre Zwillinge absolut gleich zu behandeln, damit sie keinem Unrecht täten. Gerade dadurch tun sie ihren Kindern unrecht. Keine zwei Menschen sind absolut gleich, auch nicht eineiige Zwillinge. Daher bedarf jeder Zwilling einer individuellen Behandlung entsprechend seinen Neigungen, Fähigkeiten und Eigenschaften. Die absolute Gleichbehandlung verstärkt den Eindruck des Kindes, nicht ein Individuum zu sein, sondern Teil eines sonst unvollständigen Ganzen.

Zur übrigen Erziehung verweise ich auf die entsprechenden Kapitel, die natürlich auch für Zwillinge gelten. Sicherlich brauchen Eltern bei Zwillingen in verschiedenen Situationen ein besonderes Durchsetzungsvermögen und eine besondere Standfestigkeit. Wenn es oft schon schwierig ist, einem Kind die notwendigen Grenzen aufzuweisen, wieviel schwieriger wird es, wenn die Eltern gleich zwei Kindern mit den gleichen Wünschen oder auch Verweigerungen gegenüberstehen. Aber auch für Zwillinge gilt, daß sie lernen müssen, die Grundbedürfnisse ihrer Eltern zu respektieren, damit sie von diesen verbehaltlos geliebt werden können.

Daher halte ich es bei Zwillingen für besonders wichtig, daß die Eltern ihr Bett nicht mit den Kindern teilen. Jede Mutter, die gleich zwei Kinder in ihrem Bett hat, wird in ihrem Schlafbedürfnis nachhaltig und dauerhaft gestört und beginnt, ob sie will oder nicht, die beiden Störenfriede abzulehnen (siehe unter „AUCH MÜTTER SIND MENSCHEN", Seite 138). Auch eine Zwillingsmutter kann sich diesen unbewußten Gefühlen nicht entziehen. Natürlich ist das Bett der Eltern zum Schmusen und Spielen ein idealer Platz. Aber zum Schlafen gehört es den Eltern. Bei Zwillingen sollte es fast einfacher sein, sie aus dem elterlichen Bett fernzuhalten, da sie ja immer einen Partner in ihrem Zimmer haben. Ein Doppelbett könnte bei älteren Kindern die Motivation, in ihrem Zimmer zu bleiben, verbessern.

Kaum haben die Zwillinge entdeckt, daß sie zwei unterschiedliche Menschen sind, werden sie versuchen, sich gegen den anderen durchzusetzen und abzugrenzen. Dies ist für Zwillinge besonders wichtig. Daher sollte die Mutter bei gegenseitigen Aggressionen noch toleranter sein als bei ihren übrigen Kindern und erst eingreifen, wenn der eine Zwilling dabei ist, den anderen ernsthaft zu verletzen. Alles was ich in KAPITEL 26 über den Streit von Geschwistern geschrieben habe, gilt für Zwillinge noch viel mehr, da die Abgrenzung zum anderen noch wichtiger ist als für normale Geschwister.

Sind ältere Geschwister da, sollten die Eltern eher die älteren Geschwister schützen als die Zwillinge. Meist geschieht es gerade umgekehrt. Immer wenn ein Zwilling schreit, ist das ältere Kind verantwortlich und wird getadelt, meist auch noch zu unrecht, da die Zwillinge den Streit anfingen oder das ältere Kind provozierten. Diese Reaktion der Eltern führt dazu, daß die älteren Geschwister die Zwillinge eher ablehnen als lieben. Die Zwillinge aber machen die Erfahrung, daß sie nur laut genug schreien müssen, um recht zu bekommen. Daher sollten sie sich bei Streitereien von Zwillingen mit ihren anderen Geschwistern möglichst heraushalten und eher das ältere Kind in Schutz nehmen.

Falls die Kinder die Nerven der Mutter zu sehr strapazieren, hilft die Festhaltetherapie rasch. Ich denke, daß diese bei Zwillingen besonders wichtig ist, damit beide Kinder verinnerlichen können, daß die Mutter sie sehr liebt. Gerade Zwillinge haben mit der Liebe der Mutter oft Probleme, da in der Regel niemals beide Kinder zur gleichen Zeit absolut identisch versorgt werden können. Das Kind, das zurückstehen muß, wird sich immer benachteiligt fühlen und der Meinung sein, daß die Mutter das andere Kind mehr liebt, mit all den Auswirkungen, die ich bei nachlassender Elternliebe schon vielfach ausgeführt habe. Daher sollten Mütter versuchen, niemals ein Kind bevorzugt zu versorgen, selbst wenn dieses körperlich schwächer ist, sondern immer abwechseln.

KAPITEL 38

Körperbehinderung

Ich möchte mich in diesem Buch dafür stark machen, daß alle körperbehinderten Kinder in *die* Schule gehen sollten, die ihren geistigen Fähigkeiten entspricht.

Nur Kinder, die körper- und gleichzeitig geistig behindert sind, sollten in Körperbehindertenzentren aufgenommen werden.

Ich weiß, daß diese Ansicht im Gegensatz zur derzeitigen Praxis steht, und bin mir darüber bewußt, daß ich von entsprechenden Stellen keine Zustimmung erhalten werde.

Voller Sorge betrachte ich seit Jahren die Tendenz, daß sogar Kinder, die äußerlich völlig normal erscheinen, jedoch in ihrer körperlichen Koordination gestört sind oder aber lernbehinderte Kinder ohne Körperbehinderung, in Körperbehindertenzentren aufgenommen werden.

Zur Begründung wird glaubhaft dargestellt, diese Kinder könnten dort in der Regel schulisch individueller betreut werden. Obwohl dies sicherlich zutrifft, kann es, meiner Meinung nach, die Nachteile einer solchen Einschulung nicht aufwiegen.

In vielen Einrichtungen müssen die Kinder die ganze Woche in der Schule bleiben. Falls sie doch täglich nach Hause gebracht werden können, sind sie dennoch etwa 9 bis 10 Stunden von zu Hause abwesend. Die Schulfreunde wohnen in verschiedenen Orten und sind meist nicht erreichbar.

Als größten Nachteil empfinde ich, daß solche Kinder in diesen Einrichtungen nur ihresgleichen erleben. Sie bekommen keine Anregungen von gesunden Kindern und werden nur selten Freundschaften mit ihnen schließen können. Dadurch entgehen ihnen viele Erfahrungen mit gesunden gleichaltrigen Kindern.

Wenn sie in die örtliche Schule gehen könnten, hätten sie völlig andere Bedingungen: Der Schulweg ist in der Regel nicht so weit, Mitschüler wohnen meist am gleichen Ort, und so würden Freundschaften entstehen, die auch aktiv gelebt werden könnten. Die Kinder hätten das Gefühl, so wie andere zu sein und müßten nicht zu Außenseitern werden. Sie könnten sich wie die anderen Kinder fühlen. Sie könnten in der Mittagspause meist nach Hause fahren, dort essen und vor allem auch den Kontakt mit ihren Eltern und Geschwistern pflegen. Körperlich behinderte Kinder würden lernen, sich mit gleichaltrigen nicht behinderten Kindern auseinanderzusetzen und sich, falls erforderlich, gegen diese auch durchzusetzen. Gleichzeitig würden nicht behinderte Kinder lernen, was körperliche Behinderung bedeutet und welche Probleme sie aufwirft. Der persönliche Kontakt würde das gegenseitige Verständnis und die Hilfsbereitschaft dem behinderten Kind gegenüber fördern.

Daher möchte ich alle Eltern von körperbehinderten Kindern aufrufen, sich von Behörden und Lehrern nicht überreden zu lassen, ihre Kinder in Körperbehindertenzentren einschulen, oder in deren Kindergärten aufnehmen zu lassen.

Kinder, die geistig einer Grund-, Haupt-, Realschule oder einem Gymnasium entsprechen, sollten in diesen Einrichtungen unterrichtet werden, auch wenn sie mehr oder minder körperlich behindert sind. Auch lernbehinderte Kinder mit gleichzeitiger Körperbehinderung sollten in eine normale Förderschule aufgenommen werden.

Der Widerstand unseres Systems gegen diese Art von Beschulung ist sehr groß, da die Vorstellung überwiegt, das Körperbehindertenzentrum sei das beste für die Körperbehinderten. Integrationsversuche sind daher äußerst selten.

Ich denke jedoch, daß die unbewußte Angst von Erziehern, Lehrern und Eltern dahinter steht, mit der Körperbehinderung nicht gut genug umgehen zu können und Fehler zu machen. Diese Angst sollten wir dadurch beseitigen, daß wir Körperbehinderte in unsere Kindergärten und Schulen aufnehmen und uns dieser Herausforderung stellen.

Ich erlebe zur Zeit ein kleines, querschnittgelähmtes Kind mit normaler Intelligenz, das den normalen Kindergarten besucht. Das Kind fühlt sich dort sehr wohl, wird von seinen Mitschülern voll akzeptiert und erlebt eine unglaubliche Hilfsbereitschaft, sowohl von seinen Mitschülern als auch von den Erzieherinnen. Die nicht behinderten Kinder erleben, daß auch schwer körperbehinderte Menschen dieselben Gefühle haben wie sie, genauso reagieren, geistig normal sind und ihnen in ihrer psychischen Entwicklung gelegentlich überlegen sind, weil ihr Schicksal sie seelisch reifer gemacht hat.

Sie werden mit einer Behinderung konfrontiert, die ihnen vermittelt, wie glücklich sie sein können, körperlich gesund zu sein.

Ihr künftiger Umgang mit Behinderten wird durch diese Erfahrung ganz wesentlich beeinflußt werden. Sie werden Behinderte völlig anders beurteilen und betrachten, wenn sie selbst behinderte Freunde haben und deren Lebensweg und Probleme hautnah kennengelernt haben. Kinder sollten schon im Kindergarten erfahren, daß in unserer Gesellschaft viele Menschen sind, die körperlich behindert sind und die unserer Zuwendung, Liebe und Hilfe besonders bedürfen.

Wie jedoch kann ein Kind so etwas begreifen, wenn es nie mit Körperbehinderten umgegangen ist, nie mit ihnen befreundet war und dadurch nie gefühlsmäßig engagiert war?

KAPITEL 39

Teilleistungsschwäche

Unter Teilleistungsschwäche versteht man die Schwäche einer umschriebenen Hirnfunktion bei sonst normaler Intelligenz. So kann zum Beispiel auch ein hochbegabtes Kind ein ausgesprochen schlechtes Hörgedächtnis haben.

Kürzlich suchte mich die Mutter eines fünfjährigen Jungen auf, weil sie mit ihm nicht mehr zurechtkam.

Sie erzählte mir, ihr Sohn sei geistig überdurchschnittlich weit entwickelt, könne schon bis 100 zählen, habe eine hervorragende Sprache und könne ausgesprochen schwierige Zusammenhänge verstehen. Sobald sie diesem Kind jedoch einen Auftrag erteile, verweigere er sich oder mache etwas völlig anderes. Dies mache sie wütend, weil sie der Meinung sei, daß ein Fünfjähriger schon kleine Aufträge erledigen könne.

Ich vermutete, daß das Kind ein schlechtes Hörgedächtnis hatte, was sich im durchgeführten Test bestätigte. Während alle übrigen von mir getesteten Hirnfunktionen weit über dem Normwert lagen, war das Hörgedächtnis ausgesprochen schlecht. Dies führte dazu, daß das überdurchschnittlich begabte Kind alle Aufträge der Mutter gleich wieder vergaß und somit auch nicht erledigen konnte. Da es sah, wie ärgerlich die Mutter darüber wurde, versuchte es, irgend etwas zu tun, in der Hoffnung, es sei das Richtige. Die Mutter jedoch hatte aufgrund dieses Verhaltens den Eindruck, daß das Kind sie absichtlich ärgern und verschaukeln wollte, und wurde zunehmend aggressiv.

Betrachten wir einmal das Schicksal eines solchen Kindes, wenn die Ursache für sein Verhalten nicht entdeckt wird.

Das Kind wird den Anordnungen und Aufforderungen der Eltern nicht nachkommen können, da es sie gleich wieder vergißt. Seine

Eltern, die an vielen Dingen merken, daß sie ein intelligentes Kind haben, werden wütend und aggressiv, da sie meinen, das Kind würde mutwillig ihre Anordnungen verweigern. Sie beschimpfen und bestrafen es dafür, ohne daß es selbst den Grund dafür kennt. Auf die Dauer wird ein solches Kind verhaltensauffällig. Es kann aggressiv werden, sozusagen als Flucht nach vorne, oder aber auch in frühkindliche Verhaltensweisen zurückfallen, also die Flucht nach hinten antreten. Das Kind wird vielleicht wieder einnässen, schnullern oder am Daumen lutschen. Dadurch will das Kind signalisieren: „Ich bin ja noch so klein, daß ich sogar einnässe und schnullere, daher kann ich eure Anforderungen nicht erfüllen."

Bei der aggressiven Verhaltensstörung verweigert das Kind alle Anforderungen und beantwortet diese durch Schreien, Schlagen, Wutausbrüche und Zerstörung von Gegenständen. Auch die ehemals so guten intellektuellen Eigenschaften können nachlassen, weil das Kind keine Lust mehr am Forschen und Lernen hat.

Es resigniert, da es ja ständig beschimpft und bestraft wird, ohne zu wissen, wofür. Die Beziehungsstörung zu den Eltern führt dazu, daß diese sich auch nicht mehr so intensiv um seine geistige Weiterentwicklung bemühen.

Ein weiteres Kind mit einer Teilleistungsschwäche im akustischen Gedächtnisbereich wurde mir vor einigen Jahren vorgestellt. Sein Beispiel soll zeigen, welche Auswirkungen eine solche Schwäche auf die Schulleistungen und das Verhalten haben kann. Das Kind verweigerte in der Schule plötzlich die mündliche Mitarbeit. Weder Eltern noch Lehrer konnten sich dies erklären und meinten, es müsse eine schwere psychogene Erkrankung vorliegen, da das Kind nicht nur in der Schule, sondern auch zu Hause völlig verstummte. Der durchgeführte Test ergab dann die Ursache. Das weit überdurchschnittlich begabte Kind hatte ein unglaublich schlechtes Hörgedächtnis, das im Bereich der geistigen Behinderung anzusiedeln war. Obwohl das Kind in der vierten Klasse die Durchschnittsnote Eins hatte, ließen die Eltern es nur auf die Realschule gehen. Sie begründeten dies damit, daß das Kind sich schon immer habe schlecht durchsetzen können. Es habe sich am mündlichen Unterricht kaum beteiligt und habe oft ein komisches Verhalten gezeigt. Bei genauer Befragung stellte sich heraus, daß auch dieses Kind die elterlichen Anordnungen und Aufforderungen nur sehr zögerlich und manchmal gar nicht befolgte und daß es immer wieder Dinge tat, die kein Mensch von ihm erwartete.

In der Realschule zeigte das Kind anfangs schriftlich überdurchschnittliche Leistungen, begann jedoch zunehmend zu verstummen. Es reagierte nicht mehr auf Fragen der Lehrer und zunehmend auch nicht mehr auf die der Mitschüler. Es zog sich völlig zurück und begann zu vereinsamen. Die Noten wurden schlechter, aber nicht so auffallend, daß es die Schule hätte verlassen müssen. Auch zu Hause sprach das Kind immer weniger.

Was war geschehen?

Das Kind hatte in der Grundschule mit seiner überragenden Intelligenz problemlos den Stoff bewältigt. Auf Fragen reagierte es immer sehr schüchtern, weswegen die Lehrerin in der dritten und vierten Klasse nur selten eine Frage an das Kind richtete. Dadurch fiel niemandem auf, daß es ein äußerst schlechtes Hörgedächtnis hatte. Mit seinem überdurchschnittlich entwickelten Sehgedächtnis konnte es den Grundschulstoff mit Hilfe der Schulbücher bewältigen.

Erst nachdem es in die Realschule kam und dort längere Fragen über verschiedene Probleme gestellt bekam, wurde seine Teilleistungsschwäche offensichtlich. Das hochbegabte Kind vergaß die Frage des Lehrers gleich wieder und sagte in seiner Not irgendetwas, worüber dann die ganze Klasse lachte. Die Reaktion der Mitschüler zeigte ihm, daß es etwas völlig Falsches gesagt hatte. Um nicht mehr ausgelacht zu werden, wurde es immer stiller. Die Schulleistungen blieben zunächst in den Klassenarbeiten gut, da deren Vorbereitung auch aus Büchern erfolgen konnte, wobei sein hervorragendes Sehgedächtnis voll zum Einsatz kam.

Als das Kind unter der Isolation, in die es getrieben wurde, zu leiden begann, verschlechterten sich auch seine schriftlichen Schulleistungen. Das schlechte akustische Gedächtnis wurde erst durch die größeren Anforderungen der Realschule zum Problem.

Nachdem ich erkannt hatte, daß die Ursache für die Auffälligkeiten des Kindes das ausgesprochen schlechte Hörgedächtnis war, meldete ich es bei einem Ergotherapeuten an. Nach einer etwa einjährigen Behandlung hatte sich das Hörgedächtnis des Kindes so verbessert, daß es dem mündlichen Unterricht folgen und auch aktiv daran teilnehmen konnte. Inzwischen ist das Kind eine Spitzenschülerin, die mit Lehrern und Mitschülern guten Kontakt hat und wieder voll in die Klasse integriert ist.

Ohne entsprechende Behandlung wäre dieses Kind, aufgrund seiner zunehmenden Isolierung und seines Leistungsabfalls, wieder in der Hauptschule gelandet und dies bei weit überdurchschnittlicher Intelligenz.

Man kann sich die Teilleistungsschwäche am besten in ihrer Auswirkung vorstellen, wenn man sich eine Kette mit sehr dicken Kettengliedern vorstellt, in der ein oder mehrere Glieder schwach sind: Die Kette kann nur so viel halten, wie ihr das schwächste Glied erlaubt.

Teilleistungsschwächen können kombiniert oder isoliert auftreten. So kann ein Kind ein schlechtes Hörgedächtnis, ein schlechtes Sehgedächtnis und eine verlangsamte Wahrnehmungsgeschwindigkeit haben, wodurch seine Leistungsfähigkeit noch stärker eingeschränkt wird. Es gibt zahlreiche weitere Teilleistungsschwächen, deren Beschreibung den Rahmen dieses Buches sprengen würde.

Alle Eltern, deren Kinder intelligent erscheinen, aber nicht entsprechende Schulnoten haben, sollten ihre Kinder bei einem Kinderarzt, einer psychologischen Beratungsstelle oder einem niedergelassenen Psychologen auf eine Teilleistungsschwäche untersuchen lassen. Auch sollte man immer dann eine Teilleistungsschwäche vermuten, wenn der Ausspruch fällt: „Wenn dieses Kind nur wollte, könnte es gute Leistungen erbringen, aber es will nicht." Diese Aussage verlagert das Problem in den psychologischen Bereich, verwechselt jedoch Ursache und Wirkung. Die schlechten Leistungen sind nicht die Folge psychischer Probleme, sondern deren Ursache. Ein Kind, das sich anstrengt, sein bestes gibt und dennoch wenig Erfolg hat, wird resignieren. Seine Beziehung zu den Eltern wird belastet, da diese sein Verhalten als Unfolgsamkeit oder Widerspenstigkeit deuten. Außerdem fühlt es selbst, daß etwas nicht stimmt. Es begreift alles, wird von den Eltern, seinen Lehrern und Freunden als intelligent eingeschätzt und versagt dennoch. Es wird unzufrieden und unruhig und entwickelt schließlich die verschiedensten Verhaltensauffälligkeiten, um überhaupt noch beachtet zu werden.

Teilleistungsschwächen sind wesentlich häufiger als wir denken. Sie können angeboren sein, jedoch auch durch Hirnverletzungen, Sauerstoffmangel des Gehirns, Vergiftungen und im Alter als Folge von Durchblutungsstörungen entstehen.

Die Behandlung von Teilleistungsschwächen erfolgt durch einen Ergotherapeuten, der innerhalb von Monaten bis Jahren die gestörte Hirnfunktion verbessern oder wiederherstellen und die schulischen Leistungen verbessern kann.

Es geht nicht darum, Kinder zu immer besseren Leistungen zu bringen, sondern darum, ihnen die Möglichkeit zu geben, Leistungen zu erbringen, die ihrer Intelligenz und nicht dem schwächsten Glied in der Kette entsprechen. Auch weniger begabte Kinder können durch entsprechende Förderung so weit gebracht werden, daß sie zumindest die Hauptschule durchlaufen können. Die Diskriminierung als Sonderschüler bleibt ihnen erspart.

Wir könnten unseren Kindern viel Ärger und Frust in der Schule und im Elternhaus ersparen, wenn Teilleistungsschwächen schon vor der Einschulung oder zumindest in den ersten Schuljahren entdeckt würden. Daher rate ich allen Eltern, ihr Kind schon mit fünf Jahren auf eine Teilleistungschwäche hin untersuchen zu lassen. Damit könnte man den zu erwartenden Problemen in Familie und Schule vorbeugen, zumal überdurchschnittlich intelligente Kinder häufig erst in der dritten oder vierten Klasse auffällig werden. Erst dann werden die Anforderungen an das Hör- und Sehgedächtnis, sowie die Wahrnehmungsgeschwindigkeit so groß, daß sie vom Kind nicht mehr bewältigt werden können.

Bis zum Beginn der Behandlung muß mit Wartezeiten bis zu einem Jahr gerechnet werden, so daß wertvolle Zeit nicht genützt werden kann. Eine frühzeitige Diagnostik führt zudem zu einer Entspannung der Eltern-Kind-Beziehungen.

Die Mutter eines Kindes mit einem schlechten Hörgedächtnis begreift, daß ihr Kind sie nicht ärgern möchte, wenn es das Gewünschte nicht gleich erledigt. Sie muß ihren Auftrag eben öfters wiederholen und wird durch den Erfolg belohnt.

KAPITEL 40

Minimale Hirnfunktionsstörung

Im letzten Kapitel über Teilleistungsschwächen habe ich deren Problematik aufgezeigt. Kinder mit einer minimalen Hirnfunktionsstörung haben die gleichen Probleme, da auch sie eine oder mehrere Teilleistungsschwächen haben, zudem aber auch immer eine Störung der Muskelkoordination. Diese Hirnfunktionsstörungen können durch Krankheiten der Mutter vor der Geburt, häufiger aber durch komplizierte Geburten entstehen, bei denen das Kind unter Sauerstoffmangel oder Hirnblutungen leidet. Nach der Geburt können Atemstörungen des Kindes, sowie schwere Erkrankungen, wie Hirnhautentzündung, lebensbedrohliche Brechdurchfälle, aber auch Unfälle mit Verletzungen des Kopfes oder schockbedingtem Sauerstoffmangel die Ursache sein. In seltenen Fällen findet man keine Erklärung für die minimale Hirnfunktionsstörung.

Betroffene Kinder sind daran zu erkennen, daß sie Schwierigkeiten bei komplizierten Bewegungsabläufen haben, zum Beispiel beim Einbeinstand, beim Hüpfen auf einem Bein, beim Hampelmann- oder Scherensprung. Sie verwechseln die Beine, zeigen eine steife Haltung und erscheinen verkrampft. Im täglichen Leben sind sie ungeschickt, tolpatschig, verlangsamt, bewegungsgehemmt oder hyperaktiv. Sie stolpern über ihre eigenen Beine, lernen verspätet Dreirad oder Fahrrad fahren, malen und schreiben ungern, ihre Schrift ist krakelig und zittrig. Sie können sich schlecht konzentrieren. Störungen der Sprache, wie Stottern und Stammeln sind ebenfalls häufig. Daneben haben sie Störungen der Raumwahrnehmung und häufig auch in der Wahrnehmung ihres eigenen Körpers. Sie können häufig nicht ihre Körpermitte angeben oder verwechseln die Seiten.

Die minimale Hirnfunktionsstörung kann unterschiedlich stark ausgeprägt sein, wobei der Unkundige in leichten Fällen kaum Unterschiede zwischen einem normalen und einem leicht bewegungsgestörten Kind ausmachen kann. Da diese Kinder meist eine normale Intelligenz zeigen, allerdings mit zum Teil ausgeprägten Teilleistungsschwächen, werden sie häufig nicht als organisch krank erkannt und in ihrer Leistungsfähigkeit überfordert. Es kommt daher sehr häufig zu Verhaltensauffälligkeiten, die daraus resultieren, daß man ihr Nichtkönnen für Nichtwollen hält.

Wenn Kinder, die den besten Willen haben, alles richtig zu machen, immer wieder merken, daß alles daneben geht, versuchen sie, ihre Unfähigkeit zu verbergen. Sie geben vor, es nicht zu wollen, und werden lieber faul, träge, widerspenstig, hyperaktiv oder aggressiv. All diese Eigenschaften können sie selbst und auch die Eltern besser akzeptieren als ihr Nichtvermögen.

Vielen Eltern fällt es sehr viel leichter zu sagen „Mein Kind ist faul und mag nicht", als zu sagen „Mein Kind ist fleißig und kann es dennoch nicht."

So werden diese Kinder auch häufig zum Klassenclown, da sie ihre motorische Ungeschicktheit so darstellen, als sei sie gewollt, zur Belustigung der anderen Kinder. Sie haben selten Freunde, weil sie sich aufgrund ihrer motorischen Störungen absondern und von anderen Kindern deswegen auch nicht als gleichwertig anerkannt werden.

Eine frühe Diagnostik und Therapie ist sehr wichtig, weil sonst die oben genannten Verhaltensauffälligkeiten vorprogrammiert sind. Da die Kinder weniger belastbar sind, zeigen sie vor allem unter Streß einen deutlichen Leistungsabfall. Häufig sind die ersten Zeilen im Diktat ganz gut, die weiteren werden zunehmend unleserlich und fehlerhaft. Auch im Rechnen sind meist die ersten Aufgaben recht gut gelöst, dann werden Zahlen vertauscht und schließlich die Aufgaben überhaupt nicht mehr gelöst.

Wenn Ihr Kind auffallend ungeschickt ist, häufig stolpert, nicht altersgemäß Dreirad fahren lernt, hyperaktiv oder besonders träge ist, eine verzögerte Sprachentwicklung oder einen Sprachfehler zeigt, sollten Sie möglichst früh einen Fachmann zu Rate ziehen. Die einzuleitenden Behandlungmaßnahmen brauchen Zeit bis sie zu einer deutlichen Verbesserung der Grob- und Feinmotorik, der Koordination, der Wahrnehmung und der Teilleistungsschwächen führen.

In großen Städten ist das Angebot an Therapiemöglichkeiten sehr groß, so daß besondere Kurse zur Verbesserung der Handmotorik und damit des Schreibens, der Körperkoordination, der Konzentration, der Körperbeherrschung und des sozialen Verhaltens angeboten werden. In ländlichen Gebieten ist das Therapieangebot wesentlich kleiner. Allerdings gibt es überall qualifizierte Krankengymnasten, die die Störungen der Grobmotorik verbessern oder beheben können.

Die gestörte Feinmotorik kann durch Beschäftigungstherapeuten behandelt werden, die gleichzeitig auch die Teilleistungsschwächen und Wahrnehmungsstörungen therapieren können.

Hat das Kind Schwierigkeiten mit der Sprache, wird auch eine logopädische Behandlung erforderlich werden.

Eltern, die Kinder mit solchen Störungen haben, sei zum Trost gesagt, daß diese Kinder sehr häufig ihre Interessen auf andere Gebiete verlagern und dort zum Teil weit überdurchschnittliche Leistungen erbringen. Sie wollen sich und anderen beweisen, daß sie, wenn sie schon keine guten Sportler sein können, zumindest gute Musiker, Techniker und Bastler sind.

Außerdem ist seit langem bekannt, daß unter Akademikern prozentual wesentlich mehr Menschen sind, die eine minimale Bewegungsstörung haben als unter der Normalbevölkerung. Als Kompensation ihrer körperlichen Ungeschicklichkeit, versuchen solche Menschen ihre geistigen Fähigkeiten besonders zu aktivieren.

―――――――――――――KAPITEL 41―――――――――――――

Hyperaktivität

Unter Hyperaktivität verstehen wir eine körperliche Unruhe, die deutlich über die normale kindliche Bewegungsfreude hinausgeht. Die betroffenen Kinder sind unfähig, auch nur wenige Minuten stillzusitzen. Sie sind ständig in Bewegung, steigen auf Tische und Bänke, hüpfen herunter, krabbeln überall hin, fassen alles an und sind dadurch laufend in Gefahr, sich zu verletzen. Jeder Erwachsene, der mit diesen Kindern umgeht, befindet sich ständig in höchster Alarmbereitschaft. Er darf ein solches Kind nicht aus den Augen lassen, damit es sich und anderen keinen Schaden zufügt.

Nach meiner Erfahrung gibt es vier Gruppen von hyperaktiven Kindern:

1. Kinder mit einer minimalen Hirnfunktionsstörung, die ich schon im KAPITEL 39 beschrieben habe. Auch deutlichere Hirnfunktionsstörungen mit Lernbehinderung oder geistiger Behinderung können zu einer Hyperaktivität führen.
2. Kinder, die organisch gesund sind, die aber irgendwann die Erfahrung gemacht haben, daß sie durch Hyperaktivität die gesamte Aufmerksamkeit auf sich ziehen konnten. Haben sie dann auch noch das Gefühl, von ihren Eltern nicht mehr genügend geliebt zu werden, entwickeln sie als Ersatz für die verlorengegangene Liebe eine Hyperaktivität, die ihnen Macht verleiht und sie in den Mittelpunkt stellt. In den verschiedensten Kapiteln dieses Buches habe ich über diese Kinder schon berichtet.
3. Kinder mit Allergien. Verschiedene Allergien, z. B. gegen Weizen, Milch und Eier, können zu einer Hyperaktivität führen. Solchen Kindern kann geholfen werden, indem man das allergieauslösende Nahrungsmittel wegläßt. Allerdings ist es meist äußerst schwierig, das richtige Allergen zu finden und entsprechende konsequente Diäten

im Kindesalter durchzuführen. In einer Fernsehsendung aus Amerika, die kürzlich auch bei uns ausgestrahlt wurde, wurden mehrere solcher Kinder vorgestellt. Dabei waren vor allem Lebensmittelfarbstoffe und Fluor, das viele Kinder zur Vorbeugung von Zahnkaries regelmäßig einnehmen, und das in fast jeder Zahnpasta enthalten ist, Allergieauslöser. Auch Phosphate werden immer wieder als Ursache für eine Hyperaktivität genannt.
Seit einigen Jahren gibt es die Möglichkeit, Allergien durch ein bestimmtes Verfahren zu beseitigen, so daß solche Kinder künftig auch geheilt werden können, ohne lebenslang auf das allergieerzeugende Nahrungsmittel verzichten zu müssen.
4. Zu einer weiteren, wohl auch der größten Gruppe (verschiedenen Untersuchern zufolge 2–9 % der Bevölkerung), gehören Kinder, die man seit einigen Jahren als Kinder mit einer gestörten Aufmerksamkeit bezeichnet. Knaben sind dreimal häufiger betroffen als Mädchen. Die gestörte Aufmerksamkeit stellt das immer nachweisbare Kernsymptom dar, weshalb die Fachbezeichnung ADS lautet, das bedeutet Aufmerksamkeits-Defizit-Syndrom. Viel besser ist dieses Krankheitsbild unter der Bezeichnung hyperkinetisches Syndrom bekannt. Diese Bezeichnung ist jedoch irreführend, da ein ADS in seltenen Fällen, besonders bei Mädchen, auch ohne vermehrte Unruhe auftreten kann.

Die folgenden Ausführungen sind zu einem großen Teil einem Vortrag von Ingrid Just, einer Kinderärztin und Psychotherapeutin aus Wolfsburg, entnommen, den sie am 6. April 1995 in Vips/Schweiz gehalten hat. Dieser Vortrag hat mich erst zu diesem Kapitel angeregt, das erstmals in dieser dritten Auflage meines Buches erscheint. Ingrid Just hat sich seit vielen Jahren mit dem ADS beschäftigt und zahllose Kinder und Erwachsene mit dieser Erkrankung sehr erfolgreich behandelt. Sie gehört zu den Ärzten Deutschlands, die wohl die größten Erfahrungen mit der Diagnostik und Behandlung von ADS-Patienten hat.

Bei dieser Erkrankung, die zu den häufigsten kinder- und jugendpsychiatrischen Erkrankungen gehört, ist nicht nur die Aufmerksamkeit, sondern auch die Konzentration, die Wahrnehmung, die Informationsaufnahme, deren Verarbeitung und Wiedergabe und das Gedächtnis gestört.

Diese Kinder fallen dadurch auf, daß sie ständig zappeln, nur schwer sitzenbleiben können, sich durch jede Kleinigkeit ablenken lassen, bei Spielen kaum erwarten können bis sie drankommen, oft mit der Antwort herausplatzen, schon bevor die Frage ganz gestellt wurde, und Schwierigkeiten haben, Aufträge zu Ende zu bringen.

Bei den verschiedensten Tätigkeiten und auch bei Spielen haben sie größte Mühe, auch nur für kürzeste Zeit konzentriert zu bleiben, sie wechseln häufig von einer Betätigung oder einem Spiel zum anderen. Ihr Spiel ist insgesamt unruhig und sie reden viel, wobei sie anderen nicht oder nur sehr schlecht zuhören können. Sie unterbrechen andere bei Aufgaben und im Spiel und platzen oft direkt in deren Aktivitäten hinein, wodurch sie diese auch stören und oft auch zerstören. Sie können Wesentliches von Unwesentlichem nicht unterscheiden. Oft werden sie als ungezogen, frech und böse angesehen. Sie verlieren häufig Gegenstände, die sie brauchen, wie Bücher, Spielzeug und Bleistifte und sind durch ihre Aufmerksamkeitsstörung ständig gefährdet, da sie beispielsweise direkt auf die Straße laufen, ohne Rücksicht auf den bestehenden Verkehr.

Für die Eltern stellen solche Kinder nicht nur durch ihre Hyperaktivität, sondern auch durch die Reaktionen der Umwelt, eine enorme nervliche Belastung dar. Freunde und Verwandte geben den Eltern gute Ratschläge. Sie raten ihnen, hart durchzugreifen und dem Kind „mal ordentlich den Hintern zu versohlen". Den Eltern bleibt dann schließlich kein anderer Ausweg als die Kinder ständig zu tadeln, zu ermahnen und zu bestrafen. In der Familie vergiften gegenseitige Schuldzuweisungen und Vorwürfe wegen angeblich falscher Erziehung die ohnehin angespannte Stimmung.

Nach neuesten Erkenntnissen ist diese Krankheit durch eine genetische Veränderung im Erbmaterial bedingt. Es kommt zu einer Störung der Hirnfunktion, weil die Schaltstellen zwischen zwei Nervenzellen zu wenig körpereigene Botenstoffe produzieren. Botenstoffe sind notwendig, um die Information von einer Nervenzelle zur anderen weiterzugeben. Sind diese Botenstoffe nicht in ausreichender Menge vorhanden, können Informationen nicht oder nur unvollständig weitergegeben werden. So führt eine Streßsituation, bei der sehr viel Botenstoffe produziert werden müßten, bei einem Kind mit ADS zu einer totalen

Blockade der Information und damit zu einer totalen Blockade des Kindes, das völlig abwegig reagiert.

Die mangelhafte Verfügbarkeit von Botenstoffen hat bei den betroffenen Patienten eine Beeinträchtigung der Wachheit des Gehirns zur Folge. Sie reagieren so, als seien sie völlig übermüdet. Es kommt zu Problemen in der Bewegungssteuerung und im Bewegungsablauf, aber auch in der gefühlsmäßigen Beziehung zu anderen Menschen. Die kurze Aufmerksamkeitsspanne und die verminderte Konzentration führen dazu, daß diese Kinder leicht ablenkbar sind und nicht bei der Sache bleiben können. In der Einzelsituation mit direktem Kontakt können diese Kinder einigermaßen zur Ruhe kommen und auch mit gutem Erfolg arbeiten. Dies gilt auch für das Spiel, wenn Eltern oder Geschwister sich direkt mit ihnen beschäftigen. In der Gruppe ändert sich jedoch ihr Verhalten dramatisch. Sie sind ablenkbar, unaufmerksam, führen nichts zu Ende, haben keine Ausdauer, handeln überstürzt und ohne Überlegung. Sie hören nicht zu und man hat das Gefühl, man rede durch sie hindurch. Ihre zu kurze Aufmerksamkeit und große Ablenkbarkeit läßt den komplizierten Vorgang der Gedächtnisbildung nicht zu, so daß sie rasch vergessen. Dadurch wird auch die Lernfähigkeit eingeschränkt, denn ohne Gedächtnis wird lernen unmöglich.

Schon in der Schwangerschaft kann sich die Hyperaktivität bemerkbar machen. Mütter solcher Kinder berichten, daß die Kindsbewegungen besonders heftig und intensiv gewesen seien. Etwa 60 Prozent der Kinder zeigen bereits im Säuglingsalter eine extreme Unruhe, die sich im Kleinkindalter eher noch steigert. Sie haben Einschlafstörungen und wachen bei dem kleinsten Geräusch wieder auf. Sie weinen vermehrt. Ihre Sauberkeitserziehung und die Sprachentwicklung sind häufig verzögert. Sie neigen zu heftigen Wutausbrüchen bei den geringsten Anlässen.

Um so erstaunlicher ist es, daß diese Kinder häufig erst dem Fachmann vorgestellt werden, wenn es zu Problemen mit der Außenwelt gekommen ist, wenn die Kindergärtnerin oder der Lehrer die Eltern darüber informieren, daß sie mit dem Kind nicht mehr zurechtkommen.

Solche Kinder sind nicht nur in ihrem Verhalten auffällig sondern auch in ihren Leistungen. An erster Stelle stehen Rechtschreib- und Leseprobleme, in selteneren Fällen ist auch das Rechnen betroffen. Häufig haben sie auch ein äußerst schlechtes Schriftbild. Im Unterricht stören sie immer durch ihre Unruhe, die dazu führt, daß sie durch das Klassenzimmer laufen und hüpfen, sich auf oder unter die Bank legen, husten, gähnen, rülpsen, pfeifen, quietschen, Stühle umwerfen, den Mitschülern die Kleidung anmalen oder sogar mit Bleistiften oder anderen Gegenständen nach ihnen stechen. Ihr schlechtes Hörgedächtnis läßt sie die Anweisungen der Lehrer rasch vergessen, wodurch diese sich noch mehr provoziert fühlen. Ferner ärgern sie die Lehrer noch zusätzlich dadurch, daß sie ihr Arbeitsmaterial vergessen haben oder es zerbrochen oder funktionsunfähig ist. Während die Leistungen in den ersten beiden Schuljahren noch einigermaßen zufriedenstellend sind, werden sie mit fortschreitendem Alter immer schlechter, da immer mehr Anforderungen an die Aufmerksamkeit und das Gedächtnis gestellt werden. Die Lehrer wundern sich häufig über die gute Fähigkeit, sich auszudrücken und die schlechten schriftlichen Arbeiten. Verschlechtert wird ihre schulische und familiäre Situation noch dadurch, daß sie von allen abgelehnt werden. Niemand mag sie, niemand möchte mit ihnen spielen, sie werden zunehmend isoliert.

Um die Probleme in der Schule aufzufangen, versuchen die Eltern zu Hause mit den Kindern zu üben und die Hausaufgaben zu überwachen. Dabei kommt es oft zu heftigsten Auseinandersetzungen, da die Kinder hier ebenso reagieren wie in der Schule.

Wie Ingrid Just weiter ausführt, kann die Aufmerksamkeit der Kinder durch starke Reize kurzfristig aufrechterhalten werden, wahrscheinlich durch die gesteigerte Produktion von Botenstoffen bei erhöhtem Reizpotential. Deshalb suchen diese Kinder nach immer neuen starken Reizen, was ihre Hyperaktivität noch steigert. Sie tun manchmal Dinge, ohne zu wissen warum, einfach nur, um sich einen neuen Reiz zu verschaffen. Sie handeln völlig überstürzt, ohne zu überlegen, ohne zu planen, ohne nachzudenken, ohne hinzuschauen. Die vermehrte Erregbarkeit und die starke Irritierbarkeit führen dazu, daß diese Kinder Versagenszustände nur schlecht aushalten können. Wenn etwas nicht so läuft, wie sie es wollen, werden sie ärgerlich, brausen auf oder geben rasch auf. Sie unterliegen starken Stimmungsschwankungen, neigen häufig auch zu Wutausbrüchen und aggressiven Handlungen. Sie empfinden Kritik als äußerst kränkend, teilen sie selbst hingegen gerne aus.

Wie Ingrid Just feststellt, sind sie durchaus in der Lage, das Verhalten von anderen zu erkennen und zu beurteilen, können aber ihr eigenes auffälliges Verhalten nicht sehen. Sie erleben die ablehnende Haltung ihrer Umgebung, wodurch ihr Selbstwertgefühl leidet, sie sich nichts mehr zutrauen und eine depressive Grundstimmung entwickeln, ohne zu erkennen, daß sie selbst die Ursache für die feindliche Umwelt darstellen. Freunde finden diese Kinder durch ihr unkameradschaftliches Verhalten höchst selten. Sie kritisieren sie, rempeln sie an, stellen sie bloß und wundern sich, warum der andere nicht ihr Freund sein will. Sie neigen leicht zu Streitereien, Raufereien und aggressiven Handlungen und spielen oft den Klassenclown, wodurch sie einerseits ihren vermehrten Bewegungsdrang ausleben können, andererseits Aufmerksamkeit auf sich ziehen und sich in den Mittelpunkt stellen können, nach dem schon bekannten Motto: Wenn ihr mich schon nicht mögt, dann sollt ihr mich wenigstens beachten. Sie haben eine gestörte Körperwahrnehmung, weswegen sie auch nicht das Bedürfnis haben, diesen Körper zu pflegen.

Dies gilt auch für ihr Zimmer und ihre Schultaschen, die gleichermaßen chaotisch aussehen. Sie wirken kindlicher und unreifer als normale Kinder im gleichen Alter.

Ingrid Just betont, daß die innere Unruhe für diese Kinder besonders quälend ist. Sie beschreibt einen Jungen, der zu ihr sagte: „Wenn du jetzt von mir verlangst, daß ich stillsitzen soll, dann platze ich."

Das ADS, die minimale Hirnfunktionsstörung und die Teilleistungsschwächen überschneiden sich in ihren Krankheitsbildern. Bei der minimalen Hirnfunktionsstörung und der Teilleistungsschwäche sind nur einzelne Wahrnehmungsbereiche betroffen, beim ADS sind es alle. Während Verhaltensstörungen und Störungen des Lernens und der Leistung bei der minimalen Hirnfunktionsstörung und der Teilleistungsschwäche durch psychotherapeutische, krankengymnastische und ergotherapeutische Maßnahmen verbessert werden können, besteht die primäre Behandlung des ADS in der Gabe von Stimulantien, die die gestörte Hirnfunktion wieder normalisieren.

Seit knapp 60 Jahren ist in den USA bekannt, daß Stimulantien wie Amphetamin und Ritalin die Auffälligkeiten solcher Kinder verbessern oder sogar völlig beheben können. Zunächst war nicht bekannt, wie diese Medikamente wirken. In den letzten Jahren konnte nun eindeutig bewiesen werden, daß sie die Funktion der Botenstoffe normalisieren und damit die gestörte Hirnfunktion wieder voll herstellen können, jedoch nur dann, wenn die notwendigen Medikamente sehr regelmäßig und in ausreichender Dosierung (zwischen 10 und 120 mg Ritalin pro Tag) angeboten werden. Zu dieser Erkenntnis hat Ingrid Just ganz wesentlich beigetragen. Es ist ihr gelungen, zahlreichen ADS-Patienten, die ihr als Therapieversager vorgestellt wurden, durch Erhöhung der Ritalindosis doch noch zu helfen. Außerdem konnte sie feststellen, daß es nach einer dreijährigen gut dosierten und regelmäßigen Medikation in vielen Fällen möglich wurde, die Behandlung abzusetzen, da die Botenstoffe auch für die Hirnreifung wichtig zu sein scheinen und es unter einer effektiven Behandlung zu einer Nachreifung des Gehirns kommen kann.

Da Stimulantien im Erwachsenenalter häufig als Wachmacher mißbraucht wurden, hat man sie unter das Drogengesetz gestellt. Sie können nur auf Rezept bezogen werden. Daher haben viele Eltern Angst, daß ihre Kinder abhängig werden könnten. Diese Furcht wird durch Kommentare von Verwandten und Bekannten und leider auch von Ärzten und Apothekern, die weder das Krankheitsbild noch deren Therapie kennen, verstärkt. Es konnte jedoch durch zahlreiche Untersuchungen einwandfrei festgestellt werden, daß Stimulantien im Kindesalter niemals zur Sucht führen. Ganz im Gegenteil: Mehrere Untersuchungen haben gezeigt, daß Kinder mit einem ADS ohne Behandlung später sehr viel häufiger drogenabhängig und alkoholsüchtig werden als behandelte Patienten. Außerdem mögen die Kinder das Medikament nicht und müssen zur Einnahme intensiv angehalten werden. Eichelseder, ein inzwischen verstorbener Kinderarzt aus München, der sehr viel Erfahrung mit ADS-Patienten hatte, hat die Wirkung von Drogen und Stimulantien gegenübergestellt. Bei Drogen klinkt sich der Patient aus, wird gleichgültig und hat keine Selbstkontrolle mehr, bei Stimulantien ist das Gegenteil der Fall: Der Patient hat Selbstkontrolle und ist verantwortungsbewußt.

Was ebenfalls gegen die Entstehung einer Sucht spricht, ist die Tatsache, daß Ritalin sehr rasch ausgeschieden wird und daher schon nach kurzer Zeit wieder zugeführt werden muß. Wie Ingrid Just feststellt, muß man das Medikament alle vier, spätestens sechs Stunden in einer optimalen Dosis einnehmen, um einen gleichmäßigen Spiegel zu erhalten, was oft nur dadurch möglich wird, daß die Kinder Klingeluhren verwenden. Sie betont, daß es bei nicht regelmäßiger Einnahme zu einem Abklingen der Medikamentenwirkung kommt und damit zu einem Rückschlag im Befinden des Kindes mit Verstärkung der ursprünglichen Symptomatik.

Die Therapie sollte entgegen bisherigen Vorstellungen konsequent und ohne Unterbrechung durchgeführt werden, da nur dadurch dem Gehirn die Möglichkeit gegeben wird nachzureifen. Da die Stimulantien die Funktion der Botenstoffe wieder herstellen, werden Aufmerksamkeit, Konzentration, Wahrnehmung und Gedächtnisleistung normalisiert, ebenso das Verhalten sowohl im emotionalen wie auch in anderen Bereichen. Die Hyperaktivität läßt nach, woran man den Therapieerfolg am besten sehen kann. Schon wenige Tage nach Beginn der Behandlung verbessert sich das Schriftbild.

Ingrid Just weist darauf hin, daß die plötzlich erhöhte Aufmerksamkeit und Wahrnehmung für diese Kinder zunächst nicht ganz leicht zu verkraften sind. Sie erhalten eine Flut von Eindrücken und Informationen, die sie erst zu verarbeiten lernen müssen. Sie bekommen Angst und ziehen sich, zumindest vorübergehend, in sich selbst zurück. Auf die Eltern wirkt dieses völlig ungewohnte Verhalten ihres Kindes wie ein Verstimmungszustand, und sie machen sich Sorgen, die häufig zum Absetzen des Medikaments führen. Daher müssen sie über diese Veränderung ihres Kindes informiert sein, damit sie ihm Zeit lassen können, mit seinen neuen Erfahrungen und Eindrücken umzugehen.

Da die Kinder sehr spät oder zu spät behandelt werden, haben sie bis dahin schon zahlreiche Auffälligkeiten entwickelt, sowohl in ihrer schulischen Laufbahn als auch in ihren zwischenmenschlichen Beziehungen. Hier müssen Maßnahmen wie Verhaltenstherapie, Psychotherapie, Bewegungsstherapie, Sonderpädagogik, Ergotherapie, häufig auch eine Familientherapie eingeleitet werden, um dem Kind zu helfen, seine Defizite abzubauen und sich wieder in die Familie zu integrieren. Aber auch der Familie muß geholfen werden, das Kind wieder anzunehmen.

Ingrid Just weist darauf hin, daß es auch notwendig werden kann, das Kind in eine andere Schule zu geben, um ihm einen echten Neubeginn zu ermöglichen, wenn in der bestehenden Klassengemeinschaft eine tiefgehende, nicht mehr zu überwindende Ablehnung des Kindes besteht.

Auch die Festhaltetherapie kann wichtig werden, um den Eltern die Möglichkeit zu geben, ihre verlorengegangene oder doch sehr strapazierte Liebe zum Kind neu zu beleben. Diese Liebe gibt ihm wieder das Gefühl, angenommen zu werden und auch den Mut, die neue Lebenssituation zu meistern.

Ohne medikamentöse Behandlung haben diese Kinder schlechte Zukunftsaussichten. Sie bleiben weiterhin schwer verhaltensauffällig, versagen oft in der Schule und bei der Berufsausbildung, werden später häufig kriminell oder alkohol- bzw. drogenabhängig.

Bei den Nebenwirkungen der Stimulantien steht der Appetitmangel an erster Stelle, der sich jedoch meist nach kurzer Zeit wieder verliert. Es kann auch zu Schlafstörungen, zu Kopfschmerzen und Herzklopfen kommen, die jedoch meist im Verlaufe der Behandlung besser werden oder verschwinden.

―――――――――――――KAPITEL 42―――――――――――

Schulstreß

Immer wieder höre ich von Eltern, daß die Schule ihre Kinder übermäßig stresse.

Seitdem die Kinder in der Schule seien, hätten sie sich völlig verändert, seien ängstlich, aggressiv und unruhig geworden und könnten auch nicht mehr gut schlafen.

Ich behaupte, daß der Schulstreß nicht durch die Lehrer, sondern durch uns Eltern entsteht. Die Lehrer haben ihren Stundenplan, den sie durchziehen und der den Kindern angemessen ist, weil er sich im Verlauf von vielen Jahren und Jahrzehnten bewährt hat.

Wenn die Kinder von der Schule nach Hause kommen, wollen wir berichtet bekommen, was sie erlebt haben, was der Lehrer zu ihnen gesagt hat und welche Hausaufgaben sie erledigen müssen. Wir fühlen uns verpflichtet, letztere zu überwachen und dafür zu sorgen, daß sie ordentlich, pünktlich und richtig gemacht werden. Da wir fast immer andere Maßstäbe ansetzen als unsere Kinder, gibt es Streit und Frust.

Während das Kind denkt, es habe seine Aufgaben gut erledigt und könne nun zum Spielen gehen, finden wir die Schrift schlampig, die Rechtschreibung mangelhaft und die ganzen Aufgaben dringend wiederholungsbedürftig.

Eine Mutter berichtete mir, daß sie die Hausaufgaben des Kindes für unglaublich schlampig hielt, die Lehrerin aber genau diese Hausaufgaben mit einem Fleißstempel belohnt hatte.

Offensichtlich wissen wir nicht, welche Leistungen unser Kind seinem Alter entsprechend bringen sollte und stellen zu hohe Anforderungen. Verweigert sich das Kind, sind wir ärgerlich. Unterwirft sich das Kind unserem Diktat, ist das Kind ärgerlich, weil es den Sinn des Ganzen überhaupt nicht einsehen kann. Außerdem sind wir Mütter häufig der Meinung, das Kind könnte doch ein bißchen mehr tun als nur die Hausaufgaben zu erledigen, wodurch wir uns wieder gegen unsere Kinder wenden.

Ich habe solche Mütter in letzter Zeit wiederholt beraten, und fast immer konnte der angebliche Schulstreß allein dadurch abgebaut werden, daß die Mutter sich nicht mehr um die Schulaufgaben des Kindes kümmerte.

Sie sollte sich bereithalten für Fragen des Kindes, sich ansonsten aber nicht mehr einmischen.

Das Ergebnis war eine deutliche Verbesserung der Schulleistungen sowie der Beziehung zwischen Mutter und Kind.

KAPITEL 43

Verweigerung des Schulbesuches
Psychosoziale Unreife für die Schule

Das Schulkind hat in der Regel eine so große psychosoziale Reife erreicht, daß es sich von der Mutter trennen und den Anforderungen der Schule gerecht werden kann.

Ich habe in den letzten Jahren nur wenige Kinder erlebt, die den Schulbesuch verweigerten.

Dagegen finden viele Kinder die Schule anfangs nicht besonders schön und gehen nur ungern dorthin. Meist sind sie den Anforderungen der Schule in geistiger Hinsicht gewachsen, haben jedoch die erforderliche psychosoziale Reife noch nicht ganz erreicht. Sie würden lieber spielen, statt in die zu Schule gehen.

In den letzten Jahren ist mir auf Grund von vielen Kinderschicksalen die Erkenntnis gewachsen, daß eine frühe Einschulung für Kinder eher schädlich ist. Ich neige seit den letzten Jahren zunehmend dazu, die Kinder, vor allem wegen ihrer psychosozialen Unreife, auch bei guter intellektueller Entwicklung eher zurückstellen zu lassen. Bei einer leichten intellektuellen Minderbegabung oder Teilleistungsschwächen mit gleichzeitiger psychosozialer Unreife, ist eine Zurückstellung ohnehin sinnvoller, als das Kind und die Eltern über Jahre mit Schulproblemen zu quälen. Kinder, die akut den Schulbesuch verweigern, tun dies einerseits auf Grund von Beziehungsstörungen zu Mitschülern und Lehrern, andererseits aus Angst, die Mutter könnte in ihrer Abwesenheit jüngeren Geschwistern zuviel Zuwendung geben.

Einige Kinder, die ich in den letzten Jahren als Schulverweigerer erlebte, waren in den ersten beiden Klassen und wurden durch Mitschüler seelisch und meist auch körperlich tyrannisiert und terrorisiert. Dadurch bekamen sie Angst, in die Schule zu gehen und verweigerten sich. Nach Durchleuchtung der Situation und Gesprächen mit der Klasse und dem Lehrer, konnte diesen Kindern rasch geholfen werden.

Zwei weitere Kinder, die ich erlebte, verweigerten den Schulbesuch, weil sie ein neues Geschwisterchen bekommen hatten, dem sich die Mutter in großer Liebe und Hingabe zuwandte. Sie wurden in ihrer Beziehung zur Mutter stark verunsichert. So stellten sie sich vor, was die Mutter während ihrer Abwesenheit alles mit dem Geschwisterchen tun würde, und wollten zu Hause bleiben, um die Mutter und deren Aktivitäten beobachten zu können.

Bei Kindern, die fürchten, die Liebe ihrer Mutter zu verlieren, genügt oft die Festhaltetherapie, um diese Angst zu beseitigen. Die Kinder verinnerlichen, daß die Mutter sie über alles liebt und können so, ohne Angst vor dem Rivalen, wieder in die Schule gehen. Natürlich muß sich die Mutter ihnen auch sonst vermehrt zuwenden und ihnen zeigen, wie sehr sie sie liebt.

Kinder, die in der ersten Klasse den Schulbesuch verweigern, weil sie psychosozial oder intellektuell überfordert sind, sollte man rasch aus der Schule nehmen und wieder in den Kindergarten zurückbringen. In den ersten Wochen und Monaten des Schulbesuches kommt es durch diese Entscheidung so gut wie nie zu psychischen Störungen. Die Kinder sind froh, von der Überforderung befreit zu sein. Bei der Wiedereinschulung ein Jahr später, findet sich dann ein reiferes, motivierteres Kind, das selbst Spaß an der Schule hat und den Eltern und sich selbst viele Probleme erspart.

Ganz selten verweigern ältere Kinder die Schule. In einem solchen Fall können ebenfalls die obengenannten Motive die Ursache sein. Auch ihnen sollten die Eltern vermitteln, daß sie sie innig lieben, und sie dennoch die Schulpflicht nicht unterlaufen dürfen.

Kinder müssen begreifen, daß in Deutschland Schulpflicht besteht und daß Kinder, die die Schule über längere Zeit verweigern, notfalls mit der Polizei in die Schule gebracht werden können. Sie sollten in unserem Gesellschaftssystem frühzeitig verstehen, daß sie nicht nur elterlichen, sondern auch staatlichen Forderungen unterliegen, denen wir uns alle nicht entziehen können.

Manche Eltern finden diese Aussage zu hart. Sie entspricht jedoch voll den Tatsachen. Die Eltern können es sich dadurch sehr viel einfacher machen, das Kind wieder in die Schule zu bringen.

Kapitel 44

Verweigerung des Kindergartenbesuches

Recht häufig fragen mich Eltern um Rat, weil ihre Kinder den Kindergartenbesuch verweigern. Entweder wollen sie von vornherein nicht in den Kindergarten gehen, oder sie beginnen sich plötzlich zu weigern, nachdem sie schon längere Zeit den Kindergarten besucht haben. Die Mütter berichten, daß die Kinder schon zu Hause ankündigen, daß sie nicht mehr in den Kindergarten gehen wollen. Wenn die Mütter sie dennoch dorthin brächten, fingen sie an zu schreien, zu strampeln, um sich zu schlagen und sich anzuklammern und wollten unter keinen Umständen den Kindergarten betreten. Meist müßten die Mütter ihre Kinder wieder nach Hause nehmen.

Wenn sie es dennoch schafften, meist unter Anwendung körperlicher Gewalt, die Kinder in das Gebäude zu bringen, würden sich die Kinder relativ rasch beruhigen. Die Kindergärtnerinnen berichteten den Eltern dann, daß das Kind auch danach völlig problemlos gewesen sei, es habe intensiv gespielt und sich offensichtlich wohl gefühlt. Auch die Mütter berichten, daß sie beim Abholen des Kindes ein ausgeglichenes Kind vorgefunden hätten, das sich sogar positiv über seine Erlebnisse im Kindergarten geäußert hätte. Am nächsten Tag wiederhole sich jedoch die Prozedur. Die Mütter wissen dann häufig nicht mehr, was sie tun sollen. Soll das Kind gegen seinen Willen in den Kindergarten gebracht werden oder zu Hause bleiben?

Bei Kindern, die schon in den Kindergarten gegangen sind und sich dann plötzlich verweigern, müssen die Eltern herausfinden, ob die Verweigerung des Kindergartenbesuchs durch ein negatives Erlebnis im Kindergarten ausgelöst wurde. Direkte Fragen bringen meist nichts, da die Kinder selbst nicht genau wissen, warum sie nicht mehr in den Kindergarten wollen. Ob es am Kindergarten liegt, läßt sich meist dadurch herausfinden, daß man dem Kind, zumindest theoretisch, einen anderen Kindergarten anbietet.

In all den Fällen, in denen das Kind den Kindergarten von Anfang an verweigert oder ohne ersichtlichen Grund plötzlich nicht mehr hingehen will, kann man davon ausgehen, daß das Kind Angst um seine Mutter und deren Liebe hat.

Diese Angst erreicht ihren Höhepunkt vor den Toren des Kindergartens, wenn es sich von der Mutter trennen soll. Die Ablösung von der geliebten Mutter fällt besonders schwer. Wenn die Trennung durchgestanden ist, beruhigen sich die Kinder relativ rasch wieder und können sich dann auch an den Aktivitäten des Kindergartens erfreuen.

Die Angst hat ihre Ursache immer in Beziehungsstörungen zwischen Mutter und Kind, deren Entwicklung ich in den KAPITELN 6 und 7 ausführlich dargestellt habe.

Nach meinen Erfahrungen, ist die Geburt eines Geschwisterchens der häufigste Grund für die Kindergartenverweigerung. Das Kind fühlt sich zu wenig beachtet, und erlebt andererseits, wie intensiv sich die Mutter mit dem Säugling beschäftigt. Solange es bei der Mutter ist, kann das Kind die Situation durch seine Anwesenheit noch kontrollieren. Wenn es jedoch in den Kindergarten geht, hat es Angst, die Mutter könnte es völlig vergessen oder nicht mehr lieben.

Gelegentlich verstecken sich hinter der Verweigerung des Kindergartenbesuchs auch reale Ängste um den Verlust der Mutter.

Ich erinnere mich an ein kleines Mädchen, das im Kindergarten über eine Stunde warten mußte, bis die Mutter es abholte. Die Mutter hatte einen kleinen Unfall gehabt, der sie daran hinderte, pünktlich zu sein. Danach verweigerte das Kind kompromißlos den Kindergartenbesuch.

Während der Wartezeit, hatte es sich vorgestellt, was mit der Mutter wohl geschehen sein könnte, wobei es natürlich auch an einen Unfall gedacht hatte. Es hatte sich vorgestellt, daß die Mutter verletzt, ja möglicherweise sogar gestorben sei.

Obwohl dies ja offensichtlich nicht der Fall war, steigerte sich das Kind so sehr in seine Angst hinein, daß es danach nicht nur den Kindergartenbesuch verweigerte, sondern sich auch keine Sekunde mehr von der Mutter trennte.

In einem anderen Fall hatten die Eltern am Abend zuvor eine heftige Auseinandersetzung, die darin gipfelte, daß die Mutter dem Vater schreiend sagte, daß sie sich unter diesen Umständen scheiden lassen würde. Das Kind, das fürchtete, die Mutter würde es nun plötzlich verlassen, verweigerte ebenfalls den Kindergartenbesuch und entwickelte danach die gleiche Anhänglichkeit wie das oben beschriebene.

Allen Eltern, die mir ihre Probleme schilderten, ging es darum, ihre Kinder wieder zurück in den Kindergarten zu bringen.

Als erste Maßnahme empfahl ich ihnen, die Kinder nicht mehr in den Kindergarten zu zwingen. Die Mütter sollten ihren Kindern erklären, daß sie überhaupt nichts dagegen hätten, wenn das Kind zu Hause bliebe, daß sie sich sogar darüber freuten, den Vormittag mit dem Kind verbringen zu dürfen.

So hätten sie wenigstens einen lieben Partner, der ihnen bei den langweiligen hausfraulichen Tätigkeiten Gesellschaft leisten würde.

Den Kindern soll dadurch vermittelt werden, daß sich die Mutter über ihre Anwesenheit freut, aber keine Zeit zum Spielen hat, da sie den Vormittag für Kochen, Bügeln, Putzen und Babyversorgen benötigt.

Der zweite Behandlungsschritt bestand in der Festhaltetherapie. Durch sie können die Kinder verinnerlichen, daß ihre Mütter sie über alles lieben. Häufig können die Kinder in der Endphase der Festhaltetherapie ihre Ängste aussprechen und sie mit ihren Müttern durchdiskutieren.

Im Falle des Autounfalls kann die Mutter darauf hinweisen, daß sie immer sehr langsam fährt und daß sie deswegen kaum Gefahr läuft, einen größeren Unfall zu haben. Sie kann gleichzeitig darauf hinweisen, daß auch andere, weniger aufregende Dinge, wie eine Umleitung, zu einer Verspätung führen können.

Die Mutter, die mit ihrem Ehemann Streit hatte, kann dem Kind erklären, daß auch Eltern sich streiten und manchmal dumme Sachen sagen.

Aber auch die beste Festhaltetherapie und lange Diskussionen können dauerhaft nicht helfen, wenn die angstauslösende Situation bestehen bleibt. So werden natürlich immer neue Ängste geschaffen, wenn die Mutter nach dem Verkehrsunfall immer wieder zu spät kommt oder sich auch weiterhin mit ihrem Ehemann in voller Lautstärke streitet.

Auch die Mutter, um deren Liebe sich das Kind ängstigt, muß diesem auch im täglichen Leben vermitteln, daß diese Angst unbegründet ist. Sie sollte jede freie Minute nutzen, ihr Kind in den Arm zu nehmen, zu küssen und zu kosen.

Ein Kind, das einerseits sieht, daß die Mutter den Morgen für häusliche Tätigkeiten verwendet, das andererseits aber im Rahmen der Festhaltetherapie verinnerlichen kann, daß die Mutter es liebt und das sich in Liebe angenommen fühlt, kann sich danach leichter von der Mutter trennen.

Irgendwann wird es wieder den Wunsch äußern, zurück in den Kindergarten zu gehen, da es ihm zu Hause zu langweilig wird.

Ich halte es jedoch für sehr wichtig, daß sich die Mütter darauf einstellen, daß das Kind über längere Zeit zu Hause bleiben wird. Eine Mutter, die all das tut, nur um ihr Kind möglichst rasch in den Kindergarten zurückzubringen, wird keinen Erfolg haben, da das Kind instinktiv fühlt, daß die Mutter es loswerden möchte. Es fühlt sich in seiner Angst, daß die Mutter es nicht genügend lieben könnte, bestätigt und wird weiterhin zu Hause bleiben wollen.

Wenn die Mutter sich innerlich auf Monate einstellt, während derer das Kind zu Hause voller Liebe angenommen wird, kann es sich um so leichter lösen und wird um so früher wieder zurück in den Kindergarten gehen wollen.

261

KAPITEL 45

Schlafstörungen

Schlafstörungen ihrer Kinder führen Eltern häufig zum Arzt. Zunächst muß man an organische Ursachen denken oder an rein äußerliche Gegebenheiten, wie Wohnen in einer sehr unruhigen Gegend. Sind diese Gründe ausgeschlossen, kann man davon ausgehen, daß Beziehungsstörungen zur Mutter oder zu einer anderen nahen Bezugsperson die Ursache der Schlafstörungen sind.

Im 1. Lebenshalbjahr kann es dann zu Schlafstörungen kommen, wenn die Mutter die Signale des Kindes nicht richtig erkennt. Schreit der Säugling, weil er sich nach der Zuwendung der Mutter sehnt, und erhält stattdessen Nahrung, so wird er sich damit nicht zufrieden geben. Er wird wieder schreien und wieder Nahrung erhalten. Schließlich ist er tief verunsichert, da er seine Signale von der Mutter verkannt fühlt. Er wird unruhiger und beginnt immer weniger zu schlafen und immer mehr zu schreien.

Auch die Mutter wird dadurch immer unsicherer, und schließlich entsteht ein Teufelskreis, dessen Auswirkungen und Behandlung ich in den KAPITELN 5 bis 7 dargestellt habe.

Eine weitere Ursache für Schlafstörungen in diesem Alter sind Mütter, die aus den verschiedensten Gründen in Zeitnot geraten und bei der Pflege des Kindes hektisch und unruhig sind, wodurch das Kind ebenfalls unruhig wird. Die Unruhe der Mutter überträgt sich auf das Kind, das vermehrt weint und schließlich auch weniger schläft. Auch dieses Problem habe ich im Kapitel 6 schon ausführlich dargestellt.

Im 2. Lebenshalbjahr entstehen Schlafstörungen beim Kind häufig als Folge der Unsicherheit der Mutter.

Das Kind versucht seine Allmacht aus dem 1. Lebenshalbjahr beizubehalten, ja sogar auszuweiten. Eine selbstsichere Mutter kann diesem Bestreben rasch Grenzen setzen. Eine unsichere Mutter wird dem

Schreien des Kindes nachgeben und ist schließlich Tag und Nacht unterwegs. Auch hier verweise ich auf Kapitel 6, in dem ich das Problem sehr ausführlich dargestellt habe.

Im ersten Lebensjahr und auch später, kommt es häufig auch aufgrund von organischen Erkrankungen, die nicht als solche erkannt werden, zu Schlafstörungen. Hier stehen die Nahrungsmittelallergien an erster Stelle. Das Kind kann schon in den ersten Wochen seines Lebens z. B. eine Kuhmilchallergie entwickeln, die zu starken Blähungen und zu schmerzhaften Darmverkrampfungen führen kann. Die Folge sind heftige Unruhezustände, die schließlich auch die Liebesbeziehung zur Mutter belasten (siehe KAPITEL 6).

Beziehungsstörungen zur Bezugsperson sind auch im Kleinkindesalter die häufigste Ursache für Schlafstörungen. Entweder sind sie schon in der Säuglingszeit entstanden und wirken fort, oder sie entwickeln sich, wie ich schon in KAPITEL 6 ausführte, häufig aus den typischen Entwicklungsbesonderheiten dieses Alters. So können übermäßige Trotzreaktionen, innere Unruhe und Hyperaktivität zu Beziehungsstörungen zwischen Mutter und Kind führen.

Die Folge einer solchen Beziehungsstörung ist immer die Angst um die Liebe der Mutter, selten auch um deren Leben. Mit dieser Angst wachen die Kinder nachts immer wieder auf und müssen sich ihrer Mutter vergewissern: Sie rufen nach ihr, kommen gleich in ihr Bett oder wollen von Anfang an nicht in ihrem eigenen Bett schlafen. Da dieses Verhalten des Kindes auch das Wohlbefinden der Mutter belastet, wird sie ihr Kind unbewußt noch mehr ablehnen, wodurch die Angst des Kindes wächst. Natürlich gibt es noch eine ganze Reihe anderer Ursachen für Ängste von Kindern, die zu Schlafstörungen führen: Die Abwesenheit der Mutter aus den verschiedensten Gründen in wichtigen Entwicklungsabschnitten, Unfälle, Krankheiten der Mutter, Tod eines nahen Angehörigen, Probleme in der Familie wie Zerwürfnisse zwischen den Eltern oder Scheidungsabsichten.

Im Schulkindalter können all die Gründe, die beim Kleinkind zu Schlafstörungen führen, ebenfalls wirksam werden. In diesem Alter kommt jedoch die Problematik der Schule als wesentlicher weiterer Faktor hinzu.

Schulschwierigkeiten, Probleme mit Mitschülern und Lehrern lassen viele Kinder nicht mehr richtig schlafen, zumal wir Eltern dazu neigen, die Schule überzubewerten. Durch die Überzeugung, nur durch entsprechende Schulleistungen sei auch eine gute Berufsausbildung gesichert, setzen wir die Kinder unter Leistungsdruck.

Bei lang anhaltenden und die Mutter-Kind-Beziehung belastenden Schlafstörungen kann die Festhaltetherapie sehr viel bewirken. Dennoch erscheint mir wichtig, daß die Eltern zusätzlich einen Psychotherapeuten aufsuchen, der ihnen helfen kann, die Ursachen der Schlafstörung zu erkennen und sie dadurch effektiver zu behandeln.

Häufig werde ich von Eltern aufgesucht, die mir von Schlafstörungen ihrer Kinder berichten, die in Wirklichkeit keine Schlafstörungen sind, sondern nur der Versuch, möglichst lange wach bleiben zu dürfen. Die Kinder haben die Erfahrung gemacht, daß sie die elterliche Zuwendung in besonderem Maße erfahren, wenn sie alle zehn bis zwanzig Minuten im Wohnzimmer auftauchen und den Eltern berichten, daß sie nicht schlafen könnten. Da Eltern selbst wissen, wie lästig Schlafstörungen sind, schenken sie ihnen ihr Mitgefühl, das die Kinder auszunutzen wissen.

In diesen Fällen genügt es zur Behandlung meist, dem Kind zu vermitteln, daß es gar nicht schlafen muß: Es reicht zu ruhen, um sich zu entspannen! Wenn die Eltern darauf bestehen, daß das Kind in seinem Bett bleibt, weil nur dadurch die Entspannung gewährleistet sei, wird das Kind automatisch einschlafen. Eigentlich hat es ja nichts gegen das Schlafen und auch keine Schlafstörung. Es findet es nur wesentlich unterhaltsamer, ständig bei den Eltern vorbeizuschauen, um zu sehen, was diese machen. Bei dieser Gelegenheit kann es meist auch noch ein bißchen fernsehen und ist sich zudem noch des Mitgefühls der Eltern gewiß.

Kapitel 46

Nächtliche Angstzustände

Relativ häufig berichten mir Eltern von schrecklichen Angstzuständen ihrer Kinder bei Nacht.

Die meist drei- bis sechsjährigen Kinder beginnen nachts heftig zu schreien und zeigen alle Anzeichen größter Angst. Sie lassen sich durch nichts trösten, was die Eltern am meisten beunruhigt. Ohne aufzuwachen, schreien sie weiter und schlagen gelegentlich um sich, während die Eltern sie herumtragen, küssen und kosen. Diese Zustände können fünf bis zehn Minuten dauern, und die Kinder haben am nächsten Morgen keinerlei Erinnerung mehr daran.

Man darf annehmen, daß diese Kinder im Traum angsterregende Situationen durchleben, die sie so tief erschrecken, daß sie heftig anfangen zu schreien. Wenn sie nicht aufwachen und ihre reale Umgebung wahrnehmen können, lassen sie sich nicht beruhigen, da der Traum nicht unterbrochen wird. Es ist daher wichtig, das Kind zu wecken, um ihm die Realität und seine Eltern zu zeigen.

Ein Teil der Kinder mit nächtlichen Angstzuständen scheint im Traum einen Konflikt zu verarbeiten: Sie möchten aggressiv sein und dürfen es von ihren Eltern aus nicht. Eine umfangreiche Untersuchung zeigte, daß viele Kinder mit Nachtängsten einen gefügig-braven Eindruck machten und ihre Aggressionen verdrängt hatten.

Professor BORNEMAN nimmt als Ursache der nächtlichen Angstzustände Eheprobleme an, auch wenn diese von den Eltern selbst gar nicht als solche wahrgenommen werden. Das Kind mit seinen feinen Sensoren spürt die Spannung zwischen den Eltern und verarbeitet diese im Traum, wodurch es zu heftigen Angstzuständen kommt.

Die Festhaltetherapie kann bei der Behandlung dieser Störung mit großem Erfolg eingesetzt werden, da sie dem Kind die Sicherheit gibt, daß die Eltern es lieben, wodurch es mit seinen Ängsten und Konflikten besser zurechtkommt.

Daneben müssen sich die Eltern überlegen, welche Ursachen, speziell bei ihrem Kind, die nächtlichen Angstreaktionen auslösen. Sind es Beziehungsstörungen zum Kind (siehe KAPITEL 6 und 7), ist die Erziehung zu streng, oder bestehen Eheprobleme?

Häufig werden Eltern diese Fragen nicht selbst beantworten können und sollten sich an einen Psychotherapeuten wenden.

Kapitel 47

Eßstörungen

Unter Eßstörungen verstehen wir einerseits das übermäßige Essen, andererseits das Zu-wenig-Essen.

Ein Kind, das ständig zuviel ißt, wird häufig von den Eltern dazu angehalten, weil diese glauben, daß ein gut genährtes auch ein gesundes Kind ist.

Es kann aber auch das Gefühl haben, zuwenig Zuneigung und Liebe zu bekommen und muß nun ständig essen, um eine Ersatzbefriedigung über die Geschmacksorgane und den Mund zu erhalten.

Die Behandlung der Fettleibigkeit bei Kindern ist ausgesprochen undankbar: Nach einer erfolgreichen Gewichtsreduzierung kommt es meist rasch wieder zur Gewichtszunahme, falls die seelischen Ursachen für die Fettleibigkeit nicht beseitigt werden konnten. Dies ist nur in Zusammenarbeit mit den Eltern möglich, die allerdings häufig wenig motiviert sind, einer längeren Therapie zuzustimmen, da ihr eigener Leidensdruck nicht groß genug ist. Erst wenn die Fettsucht des Kindes zu Schulproblemen oder ernsten Gesundheitsstörungen führt, sind sie zu einer Therapie bereit, die meiner Meinung nach immer von einem Fachmann durchgeführt werden muß.

Gesunde Kinder, die zuwenig essen, tun dies so gut wie immer, um sich in den Mittelpunkt zu stellen. Sie haben das Gefühl, zuwenig Zuwendung zu erhalten und erleben, daß ihnen diese durch die Nahrungsverweigerung zuteil wird. Die Mutter zerbricht sich den Kopf, was sie tun könnte, um das Kind zum Essen zu bringen. Sie kocht die besten Speisen und muß erleben, daß sich das Kind angewidert abwendet. Sie ist sogar bereit, mehrere Gerichte zu kochen. Doch das Kind ist gnadenlos. Entweder ist die Speise zu heiß oder zu kalt, zu süß oder zu salzig, zu hart oder zu weich, oder das Kind hat überhaupt keinen Hunger.

Ständig lebt die Mutter in der Angst, daß ihr Kind verhungern könnte und verspricht ihm alles, damit es nur ein paar Bissen zu sich nimmt. Es kann so weit gehen, daß eine schwere Beziehungsstörung zwischen Mutter und Kind entsteht, bei der das Kind sich konsequent weigert, während der Mahlzeiten zu essen. Die Mutter wird in große Ängste, ja fast Verzweiflung, gestürzt. Im Gegensatz zur Fettleibigkeit ist hier der Leidensdruck der Eltern sehr groß, da sie um das Leben ihres Kindes fürchten.

Zwischen den Mahlzeiten allerdings läßt das Kind sich Joghurt, Schokolade, Pudding, Bananen und weitere Dinge schmecken, die ihm die Mutter in ihrer Verzweiflung anbietet. Obwohl das Kind nach Meinung der Mutter überhaupt nichts mehr ißt, kommt es seltsamerweise nicht zu einer Abmagerung des Kindes. Manchmal sind die Kinder sogar gut genährt und eher übergewichtig, denn es gibt auch Tanten, Onkel, Großmütter, Großväter, sowie Nachbarn und Eltern von Freunden, die ständig das Nahrungsbedürfnis befriedigen können.

Man muß sich einmal die Situation des Kindes vorstellen: Es bekommt während den Hauptmahlzeiten vorwiegend Dinge, die die Mutter für eine gute Ernährung hält: Fleisch, Kartoffeln, Gemüse, Suppen, Früchte.

Wenn es jedoch diese Angebote verweigert, steht es einerseits ständig im Mittelpunkt der elterlichen Ängste, andererseits erhält es seine Lieblingsspeisen zwischen den Mahlzeiten, wie Joghurt, Schokolade, Milchschnitten, Fruchtzwerge und Bonbons. Welches Kind könnte dem widerstehen? Es müßte doch dumm sein, wenn es diese Vorteile zugunsten einer guten, vitaminreichen Ernährung aufgeben würde.

Für die Eltern ist es wichtig zu wissen, daß kein geistig gesundes Kind an vollen Tischen verhungert. Die Mutter sollte sich darum keinerlei Sorgen machen.

Für mich als Kinderärztin ist es immer wieder erstaunlich, wie stark Eltern auf das Essen des Kindes fixiert sind. Es scheint bei den Müttern die Vorstellung vorzuherrschen, daß ein Kind dann optimal versorgt und betreut ist, wenn es gut ißt. Dann kann dem Kind ja nichts fehlen!

Ein Kind das schlecht ißt, scheint für die Mütter unerträglich zu sein. Sie meinen, es sei krank und versuchen mit allen Mitteln, dieses Kind zum „guten Esser" zu machen.

Dies gelingt ihnen in der Regel nicht, da die meisten Kinder ein gesundes Empfinden für die Menge ihrer Nahrungszufuhr haben. Sie brauchen bei weitem nicht so viel wie die Eltern meinen. Aus kinderärztlicher Sicht sind schlanke, auch sehr schlanke Kinder, wesentlich widerstandsfähiger und gesünder als gut genährte oder sogar dicke Kinder. Außerdem sind solche Kinder leistungsfähiger, da sie nicht auch noch unnötiges Fett mit sich herumschleppen müssen.

Vernünftige Mütter, die zunächst keine Probleme mit ihrem schlanken Kind haben, werden häufig durch ihre Bekannten und Verwandten verunsichert.

Die Großeltern und Nachbarn fragen, was dem Kind denn fehle, da es so dünn sei. Sie empfehlen, das Kind dem Arzt vorzustellen und geben den Hinweis, daß dahinter schwere Krankheiten stecken könnten, wie Lebererkrankungen, Herzerkrankungen, Nierenerkrankungen oder sogar Leukämie.

Die verunsicherte Mutter stellt ihr Kind dem Kinderarzt vor, der das Kind für völlig gesund erklärt. Er bestätigt ihr, daß ein so schlankes Kind viel weniger gefährdet ist als ein übergewichtiges. Sie solle froh darüber sein. Die Mutter ist beruhigt, kommt nach Hause und erlebt weiterhin Verwandte und Bekannte, die sie laufend auf das Untergewicht des Kindes ansprechen. Schließlich glaubt sie, daß es an ihr liege, daß das Kind so wenig ißt, denn eine gesundheitliche Störung hat der Kinderarzt ja ausgeschlossen.

Sie fühlt sich als Versagerin und beginnt, sich intensiv auf das Essen des Kindes zu konzentrieren, mit dem Erfolg, daß das Kind, das früher so viel gegessen hat wie es brauchte, nun tatsächlich anfängt, weniger zu essen, nur um die Mutter damit zu erpressen. In manchen Fällen kommt es dadurch zu einer schweren Beziehungsstörung zwischen Mutter und Kind.

Das Kind erkennt, daß es die Mutter durch sein Nichtessen völlig in der Hand hat und daß es alles versprochen bekommt, wenn es nur einen Happen ißt. Da das Kind, wie ich schon ausführte, durch Zwischenmahlzeiten, die die Mutter aber nicht als Essen betrachtet, genügend Kalorien zu sich nimmt, leidet es keinen Mangel und hat keinen Hunger. Es genießt dieses Gefühl der Macht. Die Mutter dagegen fühlt sich dem Kind völlig ausgeliefert und entwickelt langsam, aber sicher unbewußte Aggressionen. Sie fühlt sich völlig hilflos, erpreßt und verunsichert, zumal ihr alle Verwandten und Bekannten gute Ratschläge geben, wie sie es besser machen könnte, um ihr Kind richtig zu ernähren.

Ich möchte hier eine Erfahrung aus meiner eigenen Familie zum besten geben, die aufzeigt, wie man schlechte Esser in den Griff bekommen kann: Alle meine Kinder waren, nach Aussage der Großmutter, die die Kinder tagsüber versorgte, ausgesprochen schlechte Esser.

Um sie überhaupt am Leben zu erhalten, glaubte sie, zum Mittagessen oft mehrere Gerichte kochen zu müssen. Meine Einwände blieben fruchtlos, da wir uns geeinigt hatten, daß nur sie für das Essen der Kinder zuständig sei.

Als diese Großmutter einmal für vierzehn Tage in Urlaub fuhr, mußte ich für meine Kinder selbst kochen. Schweinebraten mit Kartoffelpüree war ihr Leibgericht, und ich wollte ihnen damit eine Freude bereiten. Zu meiner Überraschung erklärten sie mir jedoch, daß sie dieses Gericht verabscheuten und daher nicht gewillt seien, es zu essen. Trotz meiner Überraschung fiel mir glücklicherweise eine gute Antwort ein. Ich erklärte den Kindern, daß ich über ihre Entscheidung sehr froh sei, denn nun könnten mein Mann und ich uns so richtig am Fleisch sattessen. Die völlig verdutzten, ja fast entsetzten Gesichter meiner Kinder sehe ich noch heute. Sie konnten es nicht fassen, daß ihr Wunsch nach einem anderen Gericht nicht erfüllt wurde und ihre Mutter fast glücklich erschien, obwohl sie sich geweigert hatten zu essen. Ich hatte im ganzen Haus Obst verteilt und forderte sie auf, sich daran zu bedienen, falls sie doch noch Hunger bekämen.

Die schon geschilderte Situation wiederholte sich über drei volle Tage. In dieser Zeit verweigerten die Kinder meine Gerichte und bekamen nichts anderes als Obst zum Essen und natürlich Getränke ihrer Wahl. Am vierten Tag bemerkte ich eine Wandlung in ihrer Einstellung. Sie strichen um den Herd, erzählten mir, wie hungrig sie seien, und sagten mir, daß sie sich auf das Essen freuten.

Ich hatte das Gericht des ersten Tages eingefroren und servierte es meinen Kindern am vierten Tag ihrer Nahrungsverweigerung erneut. Sie stürzten sich geradezu auf dieses Essen und erklärten mir übereinstimmend, daß ich noch nie so gut gekocht hätte.

Dieses Beispiel zeigt, daß sich Eltern, was das Essen anbetrifft, nie auf ein Kräftemessen mit den Kindern einlassen sollten. Es ist eine altbekannte Tatsache, daß Hunger noch immer der beste Koch ist.

Wenn die Mutter das Essen dem Geschmack des Kindes anpaßt und es diesem selbst überläßt, wieviel und was es essen möchte, dann wird es nie zu diesem Kräftemessen zwischen Mutter und Kind kommen, bei dem die Mutter in der Regel den kürzeren zieht. Sie bringt sich dadurch in Abhängigkeit von ihrem Kind und erlaubt diesem, sie ständig zu erpressen.

Eine für mich wunderschöne Geschichte, die ich in ähnlicher Weise auch schon erlebt habe, berichtet JIRINA PREKOP in ihrem Buch „DER KLEINE TYRANN".

Sie schildert die Geschichte eines Kindes, das das Essen verweigert. Ich gebe im folgenden diese Geschichte so kurz wie möglich wieder.

Kurz nachdem dieses Kind ein Jahr alt geworden war, verweigerte es das Essen. Es nahm die Nahrung nicht einmal in den Mund, und wenn die Eltern es doch überlistet hatten, spuckte es diese Nahrung wieder aus. Das einzige, was es zu sich nahm, war etwas Wasser. Weder Zureden noch Schläge noch Drohungen halfen. Das Kind verweigerte jegliche Nahrungszufuhr. Am dritten Tag der Verweigerung brachte der Vater den Brei in das Zimmer, das mit einem Gatter verschlossen war und in dem sich die Mutter mit dem Kind aufhielt.

Das Kind hörte den Vater, rannte an das Gatter und schaute begierig zum Teller hinauf. Der Vater begann nun über das Gatter hinweg das Kind zu füttern, und das Kind aß den Teller leer. Da das Kind keine Nahrung von der Mutter annahm, mußte der Vater dieses Kind auch weiterhin füttern.

Fast täglich hatte das Kind neue Ideen, wie es gefüttert werden wollte: Der Vater mußte dabei einen Hut tragen, dann bestand es darauf, daß die Mutter anwesend sei, dann mußte sie ein Nachthemd anziehen und sich auf den Schrank setzen. Schließlich wollte es nur durch das offene Fenster gefüttert werden, von einem Vater, der auf einer Leiter stand, da sich das Zimmer im ersten Stock befand. Nachdem der Vater wegen eines Regenschauers einen Regenschirm zum Füttern auf die Leiter mitgenommen hatte, bestand das Kind von nun an darauf, daß es nur noch vom Vater mit Regenschirm gefüttert werden wollte. Als die Eltern schließlich ein Dienstmädchen engagierten, verlangte das Kind, daß dieses ebenfalls bei der Fütterung anwesend sein und gleichzeitig mit der Rassel Lärm machen mußte. Schließlich verweigerte das Kind das Essen auch auf diese Weise. Der Vater mußte sich auf eine Bockleiter stellen und dem Kind das Essen mit dem Löffel, der an einem Bambusrohr befestigt war, reichen. JIRINA PREKOP schreibt am Ende dieser Szene:

„Ein Nachbar, der zu diesem Zeitpunkt seinen Feldstecher auf das Haus gerichtet hat, sieht nun folgendes: Der Vater reicht dem Kind den Brei in einem an einer Bambusstange befestigten Löffel von einer Bockleiter außerhalb des ersten Stockes durchs Fenster. Dazu trägt er einen Hut und einen Regenschirm, den er an einem Drahtgestell über der Schulter festgemacht hat. Die Mutter liegt im Nachthemd auf dem Schrank und das Dienstmädchen steht vor dem Gatter, das im Türrahmen eingeklemmt ist. Beide schauen zu, wie das Kind ißt, und das Dienstmädchen schüttelt zusätzlich bei jedem Löffel, den das Kind schluckt, eine Rasselbüchse."

Diese Geschichte erscheint recht unwahrscheinlich, ich kann sie jedoch durch ähnliche Erfahrungen in meiner Praxis ohne Vorbehalte glauben.

Solche Situationen entstehen immer dann, wenn die Kinder merken, daß sie durch die Ablehnung des Essens in den Mittelpunkt der ganzen Familie gestellt werden. Diese unglaublich intensive Erfahrung der Kinder ist für sie wesentlich wichtiger und wertvoller als das Essen, zumal sie durch die Anstrengungen der Eltern ohnehin genügend Essen zu sich nehmen. Mütter, die das Essen der Kinder ganz locker betrachten, werden damit niemals Probleme haben.

Äußere und innere Einstellung müssen dabei natürlich übereinstimmen. Ein Kind dem die Mutter sagt, es brauche ja nicht zu essen, und die dann ganz schockiert wirkt, wenn das Kind wirklich nicht ißt, ist schon Opfer ihres Kindes geworden. Sie braucht sich nicht zu wundern, wenn das Kind ihrer Aussage nicht glaubt, sondern ihre wahren Ängste wahrnimmt.

Die gesamten bisherigen Ausführungen gelten nur für Eßstörungen bis zur Pubertät. In der Pubertät kann es dann zu einer speziellen Eßstörung kommen, die völlig anders zu bewerten ist. Es handelt sich um die Pubertätsmagersucht, die vor allem Mädchen betrifft. Unter anderem können sie ihre Weiblichkeit nicht annehmen und wollen knabenhaft schlank bleiben. Sie wollen die Entwicklung ihrer weiblichen Geschlechtsmerkmale unterdrücken, was ihnen auch gelingt.

Mädchen, die ihre Regel schon bekommen haben, verlieren sie wieder, wenn das Gewicht eine bestimmte Grenze unterschreitet. Durch die extreme Abmagerung werden auch die Brüste kleiner, da die gesamten Fettreserven verlorengehen.

Bei der Pubertätsmagersucht spielen unbewußte Vorgänge die Hauptrolle. Die Mädchen wissen nichts von ihrer unbewußten Abneigung gegen ihre weibliche Entwicklung und sind der Meinung, sie wollten abnehmen, um schön und schlank zu sein.

Daher nützen alle Vorhaltungen der Eltern und gutgemeinten Ratschläge nichts. Die einzig wirksame Therapie besteht in einer dringend erforderlichen psychotherapeutischen Behandlung. Wenn Eltern merken, daß ihre pubertierenden Töchter ganz plötzlich massiv abnehmen, sollten sie nicht nach irgendwelchen Gründen fahnden, sondern, nach Ausschluß organischer Ursachen so rasch wie möglich die Hilfe eines Psychotherapeuten in Anspruch nehmen.

KAPITEL 48

Sauberkeitserziehung

Um zu verstehen, warum sich eine frühzeitige Sauberkeitserziehung negativ auf die seelische Entwicklung des Kindes auswirkt, möchte ich nochmals kurz die normale Entwicklung darstellen (siehe KAPITEL 1). Im 2. und 3. Lebensjahr sind Empfindungen in der After- und Harnröhrengegend mit Lustgefühlen verbunden. Sowohl das Absetzen von Stuhl und Urin als auch das Zurückhalten des Stuhls und des Urins werden lustvoll erlebt.

Aber nicht nur diese Funktionen und die dazu gehörenden Regionen werden lustvoll erlebt, sondern auch deren Produkt, also Stuhl und Urin. Vor allem der Stuhl nimmt eine große Bedeutung im zweiten Lebensjahr ein. Die Kinder erleben ihn als erstes von ihnen selbst hergestelltes Produkt und haben dadurch auch eine besondere Beziehung zu ihm. Sie kneten und spielen mit ihm, bemalen Wände und freuen sich über diese ersten künstlerischen Fähigkeiten. Gleichzeitig empfinden sie ein Gefühl der Macht, da es nur von ihnen abhängt, ob sie den Stuhl absetzen oder zurückhalten.

Reagieren die Eltern auf diese vom Kind lustvoll erlebten Betätigungen mit Ekel, Zurückweisung oder gar Schlägen, wird das Kind völlig verwirrt und verliert den gesunden Bezug zu seinen Ausscheidungen. Die Sauberkeitserziehung wird dadurch erschwert, und es kann später zu den verschiedensten Störungen der seelischen aber auch der sexuellen Entwicklung kommen. Das gleiche gilt für die Reinigung der Kinder und später das Entfernen des Töpfchens nach dem Stuhlgang. Eltern, die voller Ekel die Windel entfernen oder das Töpfchen wegtragen, zeigen ihren Kindern, daß sie deren Ausscheidungen nur mit Ekel annehmen können. Die Kinder, die dazu eine völlig andere Beziehung haben, verstehen dieses Verhalten nicht und fühlen sich von den Eltern um ihr erstes eigenes Produkt betrogen. Die meisten Eltern beginnen mit der

Reinlichkeitserziehung im zweiten Lebensjahr, zum Teil auch schon im ersten, sobald das Kind sitzen kann.

Die Kontrolle der Ausscheidungsfunktionen ist jedoch eine äußerst schwierige Sache. Die Entleerung des Darms erfolgt durch das Zusammenziehen des Enddarms, was zunächst vom Willen unabhängig ist. Das Kind muß nun langsam lernen, seine Ausscheidungen bewußt zurückzuhalten oder zu produzieren. Dieser Lernprozeß läßt sich nicht nur durch regelmäßiges Training erreichen. Es spielen, wie ich schon ausgeführt habe, auch psychische Faktoren mit.

Bestehen die Eltern auf der frühzeitigen Sauberkeit des Kindes und versuchen sie diese durch „Dressur" zu erzwingen, gelingt es meist, das Kind frühzeitig trocken zu bekommen. Dadurch kann jedoch die Persönlichkeit des Kindes gebrochen werden, häufig bis an sein Lebensende. Hier ist Sauberkeit als Folge von Angst vor Strafe und Liebesentzug entstanden, also erzwungen worden. Die erzwungene Reinlichkeitserziehung wird vom Kind als Versuch empfunden, ihm die Verfügungsgewalt über seinen eigenen Körper zu nehmen. Außerdem wird ihm dadurch das Gefühl der Macht, die es mit dem Hergeben oder Behalten des Stuhls ausüben konnte, genommen, ohne ihm dafür einen Ersatz zu geben.

Die Reinlichkeitserziehung des Mädchens birgt noch mehr Gefahren als die des Jungen. Wenn die Mutter dem Mädchen klarmacht, daß der Kot schmutzig ist, wird häufig auch die angrenzende Region des Scheideneingangs in diese Schmutzvorstellung einbezogen, wodurch später Sexualität ebenfalls als schmutzig angesehen wird und schwere Störungen im sexuellen Kontakt entstehen können.

Wird das Kind aber sauber aus Liebe zu den Eltern, indem es diesen seinen Stuhl zum Geschenk macht, dann ist dies nicht eine erzwungene, sondern eine vom Kind aktiv erbrachte Leistung. Sie zeigt eine tiefe Liebe zur Mutter bzw. zu den Eltern und ist ein weiterer Schritt in der Persönlichkeitsentwicklung.

Mit der Aufgabe des Machtgefühls, das mit dem lustvollen Absetzen oder Verweigern des Stuhls verbunden war, entsteht nun ein neues Gefühl. Das Kind lernt, daß es durch seine Anpassung an die Forderungen der Mutter deren Lob und Anerkennung erringen kann.

Aber auch, wenn das Kind aus Liebe zu seiner Mutter sauber geworden ist, kann es sehr rasch wieder anfangen einzukoten und einzunässen, wenn die Mutter aus irgendwelchen Gründen nicht mehr ständig anwesend ist (z. B. bei einem Krankenhausaufenthalt).

Das Kind reagiert dabei so, als wolle es sich für die Abwesenheit der Mutter rächen. Wahrscheinlich liegt der tiefere Grund darin, daß das Kind aus Liebe zur Mutter sauber geworden ist. Ist diese Kontrollperson nun nicht mehr vorhanden, wird auch die nur für sie erbrachte Leistung der Sauberkeit nicht mehr erforderlich.

Bei der etwa gleichzeitig mit der Darmkontrolle beginnenden Blasenkontrolle sind die Probleme ähnlich. Die Blasenentleerung erfolgt jedoch wesentlich öfter als die Darmentleerung, wodurch das Kind seine Blasenkontrolle auch früher erlernen, jedoch auch häufiger dabei versagen kann.

Dies gilt vor allem für die Nacht. Viele Kinder, die tagsüber schon lange sauber sind, nässen nachts regelmäßig ein. Da auch die Blasenkontrolle eine sehr schwierige Sache ist, sollten sich die Eltern auch hierbei Zeit lassen.

Je weniger die Eltern auf die Reinlichkeitserziehung achten, desto früher wird ein Kind sauber. Mädchen sind in der Regel früher sauber als Knaben. Am besten Sie überlassen es dem Kind, wann es trocken werden möchte und kann.

Beginnen Sie spielerisch mit der Reinlichkeitserziehung mit Beginn des dritten Lebensjahres, indem Sie dem Kind einfach ein Töpfchen anbieten. Nimmt es dieses an, so ist es gut, falls nicht, ist es auch gut. Vermeiden Sie Versprechungen und vor allem Drohungen. In diesem Alter ist das Kind für keins von beiden reif. Erst im weiteren Verlauf des dritten Lebensjahres können Sie das Kind direkt auffordern, auch einmal das Töpfchen zu probieren, doch sollte es immer nur bei der Einladung oder Aufforderung bleiben, niemals sollten Strafen angedroht werden.

Lassen Sie sich in der Sauberkeitserziehung Ihres Kindes von niemandem beeinflussen. Wenn Ihre eigene Mutter voller Erstaunen feststellt, daß Ihr Kind noch nicht sauber ist, während Sie selbst schon mit einem Jahr sauber gewesen seien, machen Sie ihr klar, daß dieses Ziel heute nicht mehr angestrebt wird.

Früher hatten die Mütter auch noch ein anderes Motiv, ihre Kinder möglichst früh trocken zu bekommen. Sie hatten meist keine Waschmaschinen und auch keine Wegwerfwindeln, wodurch jeder Tag, den die Kinder früher sauber wurden, einen Tag weniger Arbeit bedeutete.

KAPITEL 49

Ständiger Harndrang

Manche Kinder beginnen plötzlich, alle 5 Minuten auf die Toilette zu laufen, weil sie einen heftigen Harndrang verspüren. Sie gehen zur Toilette, entleeren einige Tropfen und müssen dann spätestens nach 15 oder 20 Minuten wieder auf die Toilette gehen, wobei sich das gleiche wiederholt. Die häufigste Ursache dafür, nämlich eine Harnwegsinfektion, kann vom Kinderarzt durch Untersuchung des Urins rasch festgestellt oder ausgeschlossen werden.

In all den Fällen, in denen keine organische Ursache festgestellt werden kann, handelt es sich um eine psychogene Erkrankung, bei der meist unbewußte Ängste der Kinder die Hauptrolle spielen. Diese beziehen sich häufig auf die Eltern. Meist ist es die Angst um den Verlust ihrer Liebe und Zuneigung. Es kann jedoch auch die Angst dahinterstecken, die Eltern als solche zu verlieren, z. B. nach einem Unfall, einer schweren Erkrankung oder in Scheidungssituationen.

Weiterhin können Ängste um die Zuneigung eines Freundes, aber auch die Angst vor dem Kindergarten, der Schule, einer Prüfung oder einem Krankenhausaufenthalt dahinterstecken.

Jeder von uns kennt die Situation vor einer Prüfung: Man steht vor der Tür des Prüfers und hat einen heftigen Harndrang, obwohl man soeben erst von der Toilette zurückgekommen ist.

Bei all den geschilderten Situationen kommt es durch die Angst zu einer erhöhten Spannung im Bereich der Blasen- und Beckenbodenmuskulatur. Dadurch wird die Harnblase verkleinert, wobei gleichzeitig auch die Nerven, die die Blasenfüllung registrieren, empfindlicher werden. So führen schon kleinste Mengen Urin zu einem unwiderstehlichen Harndrang. Bei allen Kindern, die unter einer solchen Symptomatik leiden, muß intensiv nach verborgenen Ängsten gesucht werden, damit diese entweder im Gespräch mit den Eltern, dem Arzt oder einem Psychotherapeuten abgebaut werden können.

KAPITEL 50

Einnässen

Von Einnässen als Verhaltensauffälligkeit kann man tagsüber ab dem vollendeten vierten Lebensjahr, nachts erst nach dem vollendeten fünften Lebensjahr sprechen. Bis dahin ist das Einnässen normal.

Nach der Statistik sind:
unter 4jährigen Kindern noch	10 – 15 Prozent Bettnässer
unter 5jährigen Kindern noch	5 – 10 Prozent Bettnässer
unter 7jährigen Kindern noch	etwa 5 Prozent Bettnässer
unter 9–14jährigen Kindern noch	bis 3 Prozent Bettnässer.

Im Vorschulalter ist das Geschlechterverhältnis 1 : 1, im Schulalter sind Buben dreimal häufiger betroffen als Mädchen.

Wie ich schon im KAPITEL 48 ausgeführt habe, sollte die Sauberkeitserziehung erst ab dem 3. Lebensjahr erfolgen, da erst dann auch die seelischen Voraussetzungen gegeben sind.

Nach neueren Untersuchungen, die vor allem aus der Universitätsklinik für Kinder- und Jugendmedizin in Essen, unter Leitung von PROF. DR. HERMANN OLBING und der dortigen Urologischen Klinik stammen, müssen die Vorstellungen über die Ursachen für das Einnässen neu definiert werden.

Obwohl sich dieses Buch vorwiegend mit seelischen Problemen beschäftigt, möchte ich die neuen Vorstellungen kurz zusammenfassen, zumal PROFESSOR OLBING und seine Mitarbeiter durchaus der Meinung sind, daß einnässende Kinder seelische Probleme haben, daß diese aber nicht die Ursache des Einnässens, sondern eher dessen Folge sind. Ich habe sie dem Buch „ENURESIS UND HARNINKONTINENZ BEI KINDERN" entnommen, das von PROF. OLBING herausgegeben wurde (siehe LITERATURVERZEICHNIS).

PROFESSOR OLBING unterscheidet verschiedene Formen von Einnässen, deren wichtigste ich im folgenden darstellen möchte:

1. Primäres nächtliches Einnässen:

Diese Kinder waren noch nie trocken, nässen also seit Geburt ein ohne einen trockenen Abschnitt. Es finden sich keine organische Ursachen für das Einnässen, wie Harnwegsinfektionen oder Mißbildungen im Harnwegssystem. Sie haben als Hauptmerkmal einen überaus tiefen Schlaf, der dazu führt, daß das Kind weder durch den Harndrang und Harnabgang noch durch das nasse und kalte Bett geweckt wird. Auch durch Geräusche, Berührungen, ja sogar Schütteln sind diese Kinder schwer erweckbar. Außerdem scheiden sie im Gegensatz zu Gesunden nachts meist mehr Urin aus als tagsüber, wodurch die Blase große Urinmengen aufnehmen muß und dann auch entleert. Dies führt dazu, daß diese Kinder in der Regel geradezu in ihrem Bett „schwimmen".

Ferner läßt sich bei solchen Kindern ein Erbfaktor nachweisen (in deren Familien leiden oder litten gehäuft weitere Familienangehörige unter dieser Art von Einnässen).

Die Behandlung dieser Patienten besteht zunächst darin, daß sowohl Eltern als auch Kinder erfahren, daß es sich um eine erbliche Störung handelt. Dann sollten diese Kinder nachts eine Windel tragen, damit sie selbst für ihr Einnässen verantwortlich sein können, ohne daß die Mutter täglich mit eingeschaltet werden muß. Sie sollten gegen Abend nicht unmäßig viel trinken. Sehr wichtig ist, daß wegen des Einnässens keinerlei Strafen verhängt werden. Es nützt aber nichts, wenn die Mutter äußerlich das Einnässen akzeptiert, mit ihrer Körpersprache dem Kind jedoch vermittelt, daß sie sein Einnässen nach wie vor für schlimm hält. Die Mütter müssen das Symptom als gegeben akzeptieren lernen, was ihnen sicher leichter gelingt, wenn sie es als eine angeborene Erkrankung betrachten können. Für trockene Nächte sollte das Kind besonders gelobt werden. Sie sind ein Beweis dafür, daß es trocken werden kann. Prof. Olbing empfiehlt morgens in eine vorbereitete Liste ein Symbol eintragen zu lassen – eine Sonne für trockene Nächte, Wolken für feuchte Nächte und Wolken mit Regen für nasse Nächte.

Falls diese Maßnahmen nicht zum Erfolg führen, empfiehlt er die Anwendung einer Klingelhose. Diese wird nachts angelegt und beginnt dann zu klingeln, wenn das Kind einnäßt. Sie bewirkt, daß das Kind immer dann aufgeweckt wird, wenn seine Blase so voll ist, daß sie sich entleert. Das Gehirn des Kindes registriert dann diesen Zeitpunkt, und das Kind kann schließlich auch aufwachen, wenn es noch nicht geklingelt hat, diese Blasenfüllung jedoch gerade erreicht ist.

Allerdings wachen die meisten Kinder mit primärem nächtlichem Einnässen wegen des tiefen Schlafes beim Klingeln nicht auf, so daß ein Familienangehöriger neben dem Kind schlafen sollte, um es dann sofort zu wecken. Da das abrupte Aufgewecktwerden aus tiefem Schlaf sehr unangenehm ist, sollte den Kindern sehr eindrücklich vermittelt werden, daß dies keine Strafe für das Einnässen sein soll, sondern eine Hilfe zum Trockenwerden. Prof. Olbing empfiehlt, daß die Eltern jeden Abend vor dem Anlegen der Klingelhose mit dem Kind besprechen sollten, was in der Nacht zu erwarten ist, und welchen Sinn das Aufstehen hat. Außerdem empfiehlt er, daß sich Eltern und Kind auf ein Geschenk einigen, welches nach 4 Wochen mit aufeinanderfolgenden trockenen Nächten überreicht werden soll.

Im Durchschnitt dauert es bei einem Kind mit primärem nächtlichen Einnässen 18 Tage bis es trocken wird. Bis dahin sollten die Eltern nicht verzagen, wenn die Windel naß ist. Nach 2 Monaten sind durchschnittlilch 60 % der Patienten trocken, nach 4 Monaten 80 %. Die Klingelhose wird so lange getragen, bis der Patient 4 Wochen trocken ist. Ist er nach 4 Monaten noch nicht trocken, sollte diese Behandlung als erfolglos beendet werden.

Als weitere Behandlungsmöglichkeit kommt ein Hormon in Frage, das am Abend 2–4 Mal in die Nase gesprayt wird und zu einer deutlich geringeren Urinproduktion führt. Dieses Medikament wirkt rasch, hat jedoch den Nachteil, daß es häufig nach Absetzen zu Rückfällen kommt. Es ist jedoch sehr geeignet, um dem Kind an wichtigen Tagen, wie Schullandheimaufenthalten, Ferienaufenthalten bei Freunden oder Verwandten, kurzfristig zu helfen.

PROFESSOR OLBING ist sogar der Meinung, daß bei manchen Patienten eine lebenslange Anwendung angebracht ist.

2. Ungewollter Harnabgang am Tag bei plötzlichem überstarkem Harndrang

Diese Form des Einnässens betrifft fast nur Mädchen, beginnt nach dem 5. und hat ihren Höhepunkt im 9.–10. Lebensjahr. Man unterscheidet eine Form des Einnässens, bei der organische Ursachen verantwortlich gemacht werden können, wie Blasenentzündungen, Entzündungen der Scheide, Anomalien in der Harnröhre oder Nervenschäden. Eine weitere Form dieses Einnässens wird durch eine gestörte Blasenfunktion bedingt, die erst durch eingehende Untersuchungen entdeckt werden kann. Vordergründig scheint sie keine organischen Ursachen zu haben. Das Einnässen am Tag tritt ausschließlich in Zusammenhang mit plötzlichem, nicht unterdrückbarem Harndrang auf. Die Kinder haben das Gefühl, die Toilette nicht mehr rechtzeitig erreichen zu können. Eine bewußte Hemmung des Harndrangs gelingt nicht. Um die drohende Blasenentleerung zu verhindern, versuchen sie verschiedene Mechanismen einzusetzen. Sie spannen die Beckenbodenmuskulatur an, pressen die Oberschenkel im Stand aufeinander, hüpfen von einem Bein auf das andere oder gehen in den Fersensitz. Obwohl sie damit den plötzlich auftretenden Harndrang schließlich doch noch in den Griff bekommen, geht etwas Urin ab, meist jedoch nur kleine Mengen. Bei manchen Patienten nehmen diese ungewollten Harnabgänge im Verlaufe des Tages zu, da sie ermüden, und ihre Haltemechanismen nicht mehr so gut funktionieren. Zusätzlich zu diesem ungewollten Harnabgang, können diese Kinder auch nachts einnässen. Häufig berichten die Mütter nur von dem nächtlichen Einnässen, da dieses durch die große entleerte Urinmenge wesentlich eindrucksvoller ist. Die Ursache für dieses nächtliche Einnässen ist ebenfalls eine Störung der Blasenverschlußfunktion.

Im Unterschied zu den Kindern mit primärem Einnässen, sind diese Kinder wesentlich leichter erweckbar, nach dem Einnässen stehen sie oft auf, um sich umzuziehen, sie machen unterschiedlich intensiv naß gelegentlich auch mehrfach bei Nacht. Häufig neigen sie auch zu Harnwegsinfektionen, wobei nicht klar ist, ob die Infektion den Harnabgang, oder aber die wiederholten Harnabgänge die Infektion verursachen.

Zur Behandlung dieses ungewollten Harnabgangs empfiehlt PROFESSOR OLBING bei Harnwegsinfektionenen eine antibiotische Behandlung. Bei Kindern, die schon einen Harnwegsinfekt durchgemacht haben eine vorsorgliche Behandlung über drei Monate. Dadurch alleine wird ein Teil dieser Patienten geheilt. Wenn sich keine Besserung einstellt, empfiehlt er ein Blasentraining und setzt ein Medikament ein, das die Blasentätigkeit normalisiert, indem es die Blasenaufnahmefähigkeit vergrößert und die Schließfunktion der Blase verbessert. Gelegentlich wird ein stationärer Aufenthalt zum Erlernen des Blasentrainings erforderlich.

3. Eine weitere wichtige Form des Einnässens bei Tage ist bedingt durch eine Verhaltensauffälligkeit.

Diese Kinder haben einen normalen rechtzeitigen Harndrang. Sie schieben jedoch die Blasenentleerung so lange wie möglich auf. Sie tun dies meist, um eine angenehme Tätigkeit weiter ausüben zu können oder eine unangenehme Tätigkeit oder ein unangenehmes Ereignis zu vermeiden. Solche Kinder warten so lange, bis sie ihren Harn nicht mehr halten können und dann auf den letzten Metern zur Toilette diesen in unterschiedlichem Umfang verlieren. Bei diesen Kindern ist die wichtigste Behandlungsmaßnahme, sie aufzufordern, die Toilette aufzusuchen, sobald ein Harndrang bemerkbar wird. Bei angenehmen Tätigkeiten sollte die Mutter zwischendurch immer wieder an das Harnlassen erinnern. Verhindern unangenehme Eindrücke, wie z. B. eine schmutzige Toilette in der Schule, oder aber die Belästigung durch Mitschüler beim Toilettengang die normale Blasenentleerung, sollte über die Lehrer eine Lösung gefunden werden. Falls diese Maßnahmen ohne Erfolg bleiben, wird eine psychotherapeutische Behandlung erforderlich, um die Ursache für dieses Verhalten aufzuspüren.

4. Manche Kinder werden fälschlicherweise als einnässend betrachtet, da sie nach dem Harnlassen immer eine nasse Hose haben.

Bei Buben kann es sich um eine lange Vorhaut handeln, die den Urin zurückhält, bei Mädchen kann es zu einem Rücklauf des Urins in die Scheide kommen. Nach dem Wasserlassen entleeren sich dann in aufrechter Haltung diese Urinspeicher wieder.

Obwohl die meisten einnässenden Kinder ursprünglich keine seelischen Probleme haben, werden sie aufgrund der Reaktion ihrer Umwelt auf das Einnässen seelisch belastet und entwickeln psychische Auffälligkeiten. Die sichtbare Enttäuschung, vor allem der Mutter über das vermeintliche Fehlverhalten des Kindes, aber auch die Hänseleien durch Mitschüler und Familienangehörige, führen oft zu erheblichen psychischen Problemen, die sich häufig nach Beseitigung des Symptoms Einnässen verringern.

Dennoch gibt es eine Reihe von Kindern, die aus ursprünglich seelischen Ursachen einnässen und dann auch durch eine psychotherapeutische Behandlung gesunden.

Diese Kinder haben fast immer unbewußte Ängste. Diese können sich auf zu hohe Leistungsanforderungen durch die Eltern, eine zu strenge Erziehung, auf Probleme im Kindergarten, in der Schule oder mit Freunden beziehen. Am häufigsten haben die Kinder jedoch Angst die Liebe ihrer Eltern, besonders der Mutter, zu verlieren.

Das Sprichwort: „Er macht vor lauter Angst in die Hosen" trifft hier den Nagel auf den Kopf. Diese Angst bewirkt eine erhöhte Blasenspannung und ein vermindertes Aufnahmevermögen der Blase, wodurch es zu gehäuften Blasenentleerungen kommt.

Das Einnässen führt nun seinerseits zu einer vermehrten Unsicherheit und Ängstlichkeit des Kindes, was die ganze Situation noch verschlechtert. Häufig sind diese Kinder besonders leistungsbereit und sensibel und wollen alles für ihre Mütter tun, um deren Liebe zu erhalten oder wiederzugewinnen.

Werden solche sensiblen Kinder nun auch noch früher als andere oder für ihr seelisches Gleichgewicht zu früh mit Sauberkeitsanforderungen konfrontiert, wollen sie diesem Wunsch der Mutter nachkommen, ohne ihn erfüllen zu können. Sie sind seelisch noch nicht reif genug und werden dadurch, daß sie den Wunsch der Mutter nach Sauberkeit nicht erfüllen können, noch unsicherer und ängstlicher.

Ein weiterer wesentlicher Punkt ist, daß diese unsicheren und ängstlichen Kinder tief in ihrem Inneren den Wunsch hegen, wieder zurück in die Säuglings- und Kleinstkinderzeit zurückversetzt zu werden, in der sie sich geborgen fühlten und keinerlei Leistungsanforderungen ausgesetzt waren. Diese Kinder nässen ständig ein, da ihr Unbewußtes ihnen vermittelt, daß sie durch ihr Einnässen klein bleiben können, mit all den Vorteilen des Säuglings- und frühen Kleinkindalters.

Weitere Ursachen für das Einnässen sind verschiedene andere Ängste. So kann neben der Angst, die Liebe der Mutter zu verlieren, auch die Angst stehen, die Mutter als solche zu verlieren.

Solche Ängste entstehen am häufigsten bei Krankheiten der Mutter, nach einem Unfall oder bei einer gestörten Beziehung der Eltern zueinander. Kinder die schon trocken waren, beginnen wieder einzunässen, wenn ein Geschwisterchen zur Welt kommt.

Sie begeben sich auf eine tiefere Stufe der Entwicklung zurück, da sie hoffen, daß sie dann wieder intensiver, etwa so wie das Baby, angenommen und geliebt werden. Das Gegenteil ist meist der Fall, und die Kinder verstehen die Welt nicht mehr. Wie kann ein Kind auch verstehen, daß die nasse Windel des Geschwisterchens ein Geschenk für die Mutter ist, daß aber die eigene nasse Hose zur Bestrafung oder zumindest zum Tadel führt.

Eine weitere Gruppe von einnässenden Kindern sind solche, die zu früh zur Reinlichkeit erzogen wurden und sich später dafür rächen, daß ihnen die Reinlichkeit abgezwungen wurde.

Die Behandlung des Einnässens, das seelische Ursachen hat, besteht zunächst darin, daß dem Kind nicht das Gefühl gegeben wird, durch sein Einnässen noch minderwertiger zu sein, als es sich ohnehin schon fühlt. Daher sind Vorwürfe, abwertende Bemerkungen oder sogar Schläge absolut ohne Erfolg, sondern bewirken das Gegenteil.

Sie sollten Ihrem Kind sagen, daß viele Kinder in diesem Alter noch einnässen und daß der eine die Blasenkontrolle eben früher erlernt als der andere. Die Eltern sollten am besten das Kind so akzeptieren, wie es ist. Sie sollten ihm, wie einem Säugling, nachts eine Windel geben. Ab dem 5. Lebensjahr können sich die Kinder die Windel selbst anlegen und am Morgen selbst beseitigen. Damit fällt die Angst weg, die Mutter könnte sehen, daß es eingenäßt hat.

Je weniger Streß das Kind durch sein Einnässen erlebt, desto früher wird es schließlich doch noch sauber werden.

Bei einnässenden Kindern hat sich die Festhaltetherapie besonders bewährt. Sie vermittelt ihnen wieder das Gefühl, geliebt zu werden, was ihr Selbstwertgefühl verbessert und ihre Ängste abbaut. Eltern einnässender Kinder müssen begreifen, daß ihr Kind nicht einnäßt, weil es böse und trotzig sein will, sondern weil es nicht anders kann. Es leidet unter Ängsten, also einer seelischen Krankheit, für die die Eltern häufig selbst die Ursache sind. Wenn die Eltern nicht selbst herausfinden können, warum ihr Kind diese Ängste hat, sollten sie die Hilfe eines Psychotherapeuten in Anspruch nehmen. Außerdem sollten sie die allgemeine Lebenssituation des Kindes ändern. Es muß dauerhaft vermehrte Zuneigung und Zuwendung erfahren, seine positiven Eigenschaften müssen besonders herausgestellt werden, es muß sich angenommen und geliebt fühlen.

Wie wir oben gesehen haben, können Medikamente die Blasenspannung vermindern und die Blasenaufnahmefähigkeit vergrößern. Auch bei Kindern mit nur seelischen Problemen können diese wirksam sein, da Ängste das Blassenfassungsvermögen vermindern und die Blasenspannung vergrößern. Allerdings werden auch diese Medikamente nur von kurzer Wirksamkeit sein, wenn nicht gleichzeitig die seelische Situation des Kindes verändert wird.

Auch ich setze sowohl Medikamente als auch die Klingelhose ein. Ist die Behandlung erfolgreich, wird sich das Selbstwertgefühl des Kindes verbessern, was ihm auch bei der übrigen Lebensbewältigung hilft. Ist sie nicht erfolgreich, habe ich bessere Argumente, um die Eltern von der Notwendigkeit einer Psychotherapie zu überzeugen.

Kapitel 51

Selbstbefriedigung

Auch Kinder, die sich intensiv selbst befriedigen, sind absolut gesund und normal. Die normale sexuelle Entwicklung eines Kindes habe ich ausführlich in Kapitel 2 dargestellt.

Immer wieder werden mir jedoch Kinder vorgestellt, die sich in aller Öffentlichkeit selbst befriedigen und daher die Eltern, und gelegentlich auch Erzieher, in Verlegenheit bringen. Die meisten Kinder begreifen spontan, daß Selbstbefriedigung nicht in die Öffentlichkeit gehört.

Kinder, die diesen Instinkt offensichtlich nicht haben, wollen mit der Zurschaustellung ihrer Sexualität mehr Aufmerksamkeit erreichen, das heißt, sie fühlen sich zu wenig beachtet. Wenn Sie als Erzieher oder Eltern meinen, das Kind merke nicht, daß alle heimlich auf es schauen, irren Sie sich.

Jedes Kind, das etwas tut, was die Öffentlichkeit nicht annimmt, merkt dies an der Reaktion der anderen sofort. Wenn es in seiner Absicht lag, die Aufmerksamkeit zu erregen, werden diese Aktivitäten verstärkt. Ist dies nicht der Fall, wird das Kind erschrocken seine Aktivitäten einstellen. Die Behandlung dieser Störung muß an ihrer Ursache, der fehlenden Beachtung, ansetzen. Eltern und Erzieher müssen sich dem Kind verstärkt zuwenden, jedoch nicht bei seiner unerwünschten Selbstbefriedigung, sondern im täglichen Leben.

Außerdem sollte das Kind durch die Festhaltetherapie erfahren, daß es geliebt und angenommen wird.

Schließlich wird man dem Kind klarmachen können, daß Selbstbefriedigung etwas Schönes ist, was jedoch nicht in die Öffentlichkeit gehört, genausowenig wie die Nacktheit. Selbst wenn die Familie sehr ungehemmt mit ihrer Nacktheit umgeht, wird ein Kind nur selten nackt auf der Straße herumlaufen wollen. Man muß ihm verdeutlichen, daß Selbstbefriedigung, wie Nacktheit, etwas ist, was in die eigenen vier Wände gehört. Die meisten Kinder begreifen dies und stellen ihre öffentliche Zurschaustellung ein.

KAPITEL 52

Nacktheit

Je weniger wir ein Geheimnis aus unserer Nacktheit machen, desto offener und ehrlicher erziehen wir unsere Kinder und desto intensiver kommen wir ihrem Bedürfnis nach sexueller Aufklärung nach.

Eltern, die nackt durch die Wohnung laufen, Toilette und Bad benützen, ohne die Türen abzuschließen und auch ihre Schlafzimmertüre offen lassen, erwecken wenig Neugier. Tätigkeiten, die hinter diesen Türen vor sich gehen, werden von den Kindern als natürlich empfunden. Eltern dagegen, die ihre Bade-, Schlafzimmer- und Toilettentüre verschließen, regen die Neugier des Kindes bis ins unerträgliche an.

Hätten die Eltern den Kindern nicht ausdrücklich verboten, sie während der Nacht im Schlafzimmer zu stören, wären die Kinder nie dahintergekommen, daß dort etwas ausgesprochen Interessantes geschieht, was ihnen vorenthalten werden soll.

Kinder, die den Penis des Vaters berühren dürfen, ohne daß der Vater sich voller Entsetzen abwendet, und die die Brust der Mutter anfassen und tätscheln dürfen, ohne daß diese verlegen wird und dies verbietet, werden auf natürlichem Wege an die Sexualität herangeführt. Für solche Kinder ist Sexualität von Anfang an natürlich und nicht mit dem Geruch des Schmutzigen und Verbotenen behaftet.

Die Kinder sehen so die Geschlechtsorgane ihrer Eltern und können Fragen dazu stellen.

Ein kleiner Junge, der sein eigenes kleines Glied betrachtet und es voller Neid mit dem großen des Vaters vergleicht, kann von diesem zwanglos erklärt bekommen, daß mit dem Längenwachstum des Körpers auch ein Wachstum des Gliedes verbunden ist. Dadurch wird dem kleinen Buben die Angst genommen, minderwertig zu sein, weil er im Gegensatz zum Vater nur so ein kleines Glied besitzt. Auch das Mädchen, das voller Neid die mehr oder weniger großen Brüste der Mutter betrachtet, kann von der Mutter beruhigt werden. Sie kann ihrem Kind vermitteln, daß das Brustwachstum nicht eine Frage der

Weiblichkeit ist, sondern eine Frage des Wachstums und des Älterwerdens. Für das Kind ist es wichtig zu begreifen, daß Größe und Form der Sexualorgane der Eltern nur mit der Reife und dem Alter der Eltern zusammenhängen. Sie müssen erfahren, daß mit dem Wachstum sich sowohl die Brüste des Mädchens als auch der Penis und die Hoden des Knaben in Form und Größe denen der Eltern annähern, ja diese sogar übertreffen können.

Dies trägt ganz wesentlich zur Verbesserung ihres Selbstwertgefühles bei.

Nach Professor BORNEMAN ist es nicht als Zeichen des natürlichen menschlichen Schamgefühls zu werten, wenn Kinder ihre Eltern aus dem Badezimmer und der Toilette aussperren. Es ist der Protest des Kindes gegen das Verhalten der Eltern und tritt nie auf, wenn die Eltern sich frei und ungezwungen benehmen.

Kürzlich fragten mich Eltern um Rat, da ihr Sohn sie plötzlich aus dem Badezimmer, der Toilette und auch aus seinem eigenen Zimmer aussperrte. Sie glaubten sich sicher zu sein, daß sich ihr Verhalten, das sehr offen und frei gewesen sei, nicht verändert habe. Bei der Besprechung der Situation stellte sich heraus, daß das Kind seit einem Besuch bei den Großeltern so reagierte.

Hier kann man fast sicher annehmen, daß die Großeltern die offene und freie Art des Kindes, mit seiner Nacktheit und seinem Toilettengang umzugehen, nicht annehmen konnten.

Auf Grund ihrer eigenen Gehemmtheit vermittelten sie dem Kind, daß Nacktheit und alles, was damit zusammenhängt, nicht natürlich, sondern schmutzig ist.

Es dauerte fast ein Jahr, bis das Kind seine Schamhaftigkeit verloren hatte.

KAPITEL 53

Verstopfung

Die Verstopfung kann verschiedene Ursachen haben. Eine der häufigsten Ursachen ist die fehlende Zeit zum Entleeren des Darmes. Dadurch kommt es zu einer Eindickung des Kotes, der dann nur noch unter Schmerzen entleert werden kann. Das Kind, das mehrfach die Erfahrung gemacht hat, daß die Stuhlentleerung mit Schmerzen verbunden ist, wird den Kot so lange zurückhalten, bis es nicht mehr geht, und ihn erst dann, unter noch stärkeren Schmerzen, ausstoßen.

Zwischendurch kommt es jedoch zum Abgang von dünnem Stuhl, der sich aus dem After entleert, weil sich die unteren Teile der Kotsäule zersetzen und verflüssigen. Dieser flüssige Darminhalt kann dann nicht mehr zurückgehalten werden und geht wie Durchfall ab. Diese Art der Verstopfung ist durch den Kinderarzt durch Einläufe und abführende Medikamente leicht zu beheben.

Die Verstopfung, um die es in diesem Kapitel geht, ist die psychogen bedingte, bei der es sich um einen Machtkampf zwischen Mutter und Kind handelt.

Immer ist eine Beziehungsstörung zwischen Mutter und Kind die Ursache. Das Kind hält seinen Kot zurück und gewinnt damit Macht über die Mutter. Es macht die Mutter einerseits wütend, andererseits bringt es sie dazu, daß sie sich ständig um das Kind kümmern muß. Es steht im Mittelpunkt, denn es hat nun wieder tagelang keinen Stuhl entleert. Das Kind wird zum Kinderarzt gebracht, der einen Einlauf macht und damit den Stuhl erzwingt.

Nachdem Mutter und Kind wieder zu Hause sind, beginnt jedoch das gleiche Spiel.

Die einzige Möglichkeit, diese Störung der Mutter-Kind-Beziehung zu durchbrechen, ist, dem Kind eine tiefe, innige Liebe zu geben, die ihm gestattet, auf das Gefühl der Macht zu verzichten. Die Lust, die durch Macht vermittelt wird, ist immer nur ein Ersatz für die Lust und Befriedigung, die ein Kind durch echte Liebe erhält.

Da Verstopfungen oft über lange Zeit die Mutter-Kind-Beziehung belasten, fällt es der Mutter oft nicht leicht, das Kind vermehrt zu lieben und anzunehmen, da es sie ständig mit ihrer eigenen Hilflosigkeit konfrontiert.

Hier ist die Festhaltetherapie oft ungeheuer wirksam. Mutter und Kind empfinden ein Gefühl der innigen Liebe zueinander, das beiden ermöglicht, ihre Reaktionsweisen zu verändern. Das Kind kann der Mutter aus Liebe seinen Stuhl schenken, die Mutter kann in diesem neuen Gefühl der Liebe ihre Aggressionen vergessen und sich auch sonst dem Kind vermehrt zuwenden.

KAPITEL 54

Stuhlessen

Im 2. Lebensjahr haben die Kinder ein besonderes Verhältnis zu ihrem Stuhl. Sie betrachten ihn als ihr erstes, selbstgemachtes Produkt und sind sehr stolz darauf.

Sie nehmen den Stuhl aus der Windel, kneten ihn voller Lust und bemalen damit die Wände. Alle diese Dinge sind normal.

Eltern sollten ihren Kindern unter keinen Umständen vermitteln, daß sie Stuhlkneten oder Stuhlschmieren für abscheulich halten. Überraschen Sie Ihr Kind dabei, wie es voller Freude die Wand mit Stuhl bemalt, so sagen Sie ihm, daß sie sein Gemälde sehr schön finden, es dennoch von der Wand waschen müssen, da die Wände nicht bemalt werden sollten.

Eltern, die sich voller Entsetzen vom Kind abwenden und dann auch ausdrücken, wie schrecklich der Gestank ist, verunsichern ihr Kind in seiner Selbstfindung und Selbstverwirklichung sehr, da der Stuhl ja sein erstes eigenständiges Produkt ist.

Ganz anders verhält es sich mit dem Stuhlessen.

Obwohl Kinder im 1. und 2. Lebensjahr so ziemlich alles in den Mund stecken und es probieren, schmeckt ihnen der Kot in der Regel nicht. RENÉ SPITZ, ein bekannter Kinderpsychotherapeut, der das Kotessen im 2. Lebensjahr eingehend untersucht hat, stellte fest, daß kotessende Kinder so gut wie immer Eltern haben, deren Beziehung zu ihren Kindern gestört ist.

Diese Eltern sind einerseits überbesorgt und verwöhnend, andererseits vernachlässigend und desinteressiert. Solchen Kindern gelingt es nicht, den Übergang von der „oralen Phase" in die „anale Phase" zu schaffen. Sie bleiben in der oralen Phase stehen.

Diese Kinder haben keine Freude am Stuhlausstoßen, sondern mehr daran, den Stuhl zu essen.

Ich halte es für äußerst wichtig, daß Eltern, deren Kinder Stuhl essen, sich möglichst rasch an einen Psychotherapeuten wenden, der die Beziehungsstörung aufdecken und den Eltern zu einer neuen guten Beziehung zu ihrem Kind verhelfen kann.

Es handelt sich hier immer um eine ernste Beziehungsstörung, die der Behandlung eines Psychotherapeuten bedarf.

Kapitel 55

Einkoten

Von Einkoten kann man erst sprechen, wenn das Kind entweder schon sauber war oder vom Alter her sauber sein müßte. Die Beherrschung des Darmes sollte spätestens mit vier Jahren erreicht sein.

Das Einkoten als psychische Störung hat so gut wie immer aggressiven Charakter und bedeutet in die Sprache übersetzt: „Ich scheiß' dir eins."

Häufig ist das Einkoten das Ergebnis einer durch Strafe erzwungenen Sauberkeitserziehung. Am häufigsten beginnen die Kinder ein Jahr nach dem Sauberwerden wieder einzukoten. Natürlich kann dies auch noch wesentlich später auftreten.

Immer steckt eine Beziehungsstörung zu den Eltern dahinter, die besonders auf Sauberkeit und Ordnung bedacht sind, ständig moralisieren, dabei jedoch ängstlich und unsicher sind. Aus Protest beginnen die Kinder wieder einzukoten.

Bei einer gesunden Entwicklung lernt das Kind, den Darm aus Liebe zur Mutter zu beherrschen. Es schenkt ihr aus Liebe sein erstes selbstgemachtes Produkt, unterwirft sich aus Liebe ihrer Forderung nach Sauberkeit und produziert seinen Stuhl auch noch zum gewünschten Zeitpunkt. Damit hat das Kind einen ganz wesentlichen Fortschritt in seiner Persönlichkeitsentwicklung gemacht.

Wird die Sauberkeit zu früh erzwungen, hat das Kind das Gefühl, daß ihm die Verfügungsgewalt über seinen eigenen Körper entzogen wurde. Die Kontrolle über den Afterschließmuskel und das Absetzen des Stuhls gibt dem Kind ein Gefühl der Lust, auch der Macht, da die Mutter den Stuhl nicht einfach einfordern kann. Auf dieses Gefühl der Lust und Macht wird das Kind nur dann verzichten, wenn es dafür etwas Wertvolleres bekommt, nämlich Liebe.

Wenn Dressur und Zwang dazu führen, daß das Kind sauber wird, fühlt es sich von den Eltern, vor allem von der Mutter, betrogen, und trägt ihnen dies unbewußt nach.

Mit dem Einkoten beginnt dann erneut das Gefühl der Macht, das auf dieser Stufe nicht mehr altersgemäß ist, die Eltern aber zur Verzweiflung treiben kann. Das Kind kotet ein, wo und wann es ihm gefällt. Es genießt es, wenn die Eltern ihm seinen Stuhl durch Belohnungen und Versprechungen entlocken wollen.

Es läßt sich jedoch weder durch Strafen noch durch Belohnungen dauerhaft daran hindern, einzukoten.

Das Kind wird sich von diesem neu erworbenen Gefühl der Macht ausschließlich durch Liebe abbringen lassen. Einem Kind, das den Eltern ständig vor Augen hält, daß es mehr Macht hat als diese, und daß nichts es dazu bringen kann, seinen Stuhl in die Toilette oder den Topf zu entleeren, werden die Eltern nur schwerlich liebevolle Gefühle entgegenbringen können. Sie haben daher auch wenig Chancen, die Situation zu ändern.

Hier kann die Festhaltetherapie wieder Unglaubliches leisten, da sie sowohl den Eltern als auch dem Kind die Liebe zum anderen zurückgibt.

KAPITEL 56

Daumenlutschen – Schnuller lutschen

Das Saugen und Lutschen ist ein angeborener Mechanismus und dient einerseits der Aufnahme von Nahrung, andererseits der Befriedigung des Kindes.

Die rhythmischen Bewegungen des Mundes beim Lutschen am Daumen oder am Schnuller steigern sein Wohlbefinden und spenden ihm Trost.

Lassen Sie Ihr Kind daumenlutschen oder schnullern so viel es will und erlauben Sie ihm, sich selbst Trost zu spenden!

Nach zahnärztlichen Beobachtungen ist der Schnuller die bessere Alternative, und Sie sollten versuchen, das Kind an den Schnuller zu gewöhnen. Wenn das Lutschen nach dem 4. Lebensjahr eingestellt wird, sind keine wesentlichen Veränderungen des Kiefers und der Zahnstellung beim bleibenden Gebiß zu erwarten. Der Schnuller ist hygienischer und kann später viel leichter aufgegeben werden, sei es, daß ihn der Nikolaus mitnimmt, oder daß er zu einem Geburtstagsgeschenk für die Mutter wird.

Der Daumen jedoch bleibt immer verfügbar und wird so oft noch bis ins späte Schulalter als Seelentröster mißbraucht. Daher haben Daumenlutscher deutlichere Veränderungen ihres Gebisses als Schnullerlutscher.

Kinder, die wesentlich länger intensiv schnullern oder daumenlutschen, können dagegen sehr auffallende Fehlstellungen des Oberkiefers zeigen. Aus dieser Erkenntnis heraus sollten Eltern mit Beginn des 5. Lebensjahres versuchen, dem Kind langsam und behutsam das Schnullern abzugewöhnen.

Beim Daumen wird ihnen das weniger leicht gelingen.

In jeder belastenden Situation wird er seinen Weg wieder in den Mund finden. Da das Kind diesen Trost offensichtlich braucht, sollten

Sie ihm diesen gönnen. Notfalls ist eine Fehlstellung der Zähne, die später wieder reguliert werden kann, besser als eine Beziehungsstörung zu den Eltern, die aus dem ständigen Kampf mit dem Kind um das Daumenlutschen entsteht. Das Bestreichen des Daumens mit übelschmeckenden Essenzen hat nach meinen Erfahrungen überhaupt keinen Wert. Die Kinder lutschen dennoch am Daumen, werden sich dabei jedoch bewußt, daß ihre Eltern ihnen ihren Seelentröster offensichtlich verekeln wollen. Dies führt zu ablehnenden Gefühlen den Eltern gegenüber. Wenn es Eltern gelingt, das Kind so zu motivieren, daß es den Daumen nur noch als Seelentröster benutzt, wird das bleibende Gebiß wenig verändert, und das Kind kann sich in belastenden Situationen selbst helfen.

Kapitel 57

Stottern

Stottern ist eine recht häufig auftretende Störung der Sprache. Bei zwei- bis dreijährigen Kindern findet man es häufig als sogenanntes „Entwicklungsstottern". Dabei denkt das Kind schneller als es sprechen kann und kommt mit der Sprache nicht mehr nach. Wenn man diese Art von Stottern absolut nicht beachtet, wird es bald verschwinden, da es dem Kind gar nicht bewußt geworden ist. Wird es jedoch auf sein Stottern aufmerksam gemacht, so wird es bewußt versuchen, richtig zu sprechen, wodurch sich das Stottern meist verstärkt. Dies funktioniert nach dem gleichen Mechanismus, nach dem unser Gang auffallend unharmonisch wird, wenn wir versuchen, bewußt besonders elegant zu gehen.

Hält das Stottern länger als ein halbes Jahr an, ist nicht zu erwarten, daß es sich von alleine verliert. Solche Kinder brauchen dringend Hilfe.

Nach meinen Erfahrungen mit stotternden Kindern ist die häufigste Ursache eine gehemmte Aggression. Das heißt, das Kind möchte aggressiv sein, kann oder darf es jedoch nicht. Die Eltern unterdrücken seine natürliche Aggressivität und verbieten ihm seine Trotzreaktionen. Es wird dadurch anschmiegsam, folgsam und freundlich. Die einzige Möglichkeit, seine Aggressionen zu leben, ist das Stottern.

Vor Jahren habe ich ein solches Kind behandelt, das von der Mutter ganz spontan als pflegeleicht bezeichnet wurde. Es sei lieb und brav, tue was man ihm sage und sei bis auf sein Stottern der reinste Sonnenschein. Ich habe dieses Kind im Spiel aggressiv sein lassen und es in seiner Aggressivität bestärkt. Der Erfolg war überwältigend. Das Kind hörte nach einer etwa zwei Monate dauernden Behandlung auf zu stottern, wurde aber äußerst aggressiv. Die Mutter, die ich auf diese Gefahr schon von Anfang an hingewiesen hatte, rief mich wohl nach einem Wutausbruch des Kindes an. Sie teilte mir recht erbost mit, daß ich den Auftrag gehabt hätte, das Kind vom Stottern zu befreien, es jedoch nicht zum Teufel zu machen.

Sie ließ mich wissen, daß ihr das Stottern sehr viel lieber gewesen sei als der jetzige Zustand und daß sie auf meine Therapie verzichtet hätte, wenn sie wirklich gewußt hätte, was aus dem Kind werden würde. Ich konnte sie beruhigen und ihr sagen, daß das Kind so nicht bleiben würde. Da es bis dahin nie aggressiv sein durfte, konnte es mit seiner Aggression auch nicht umgehen und schoß damit anfangs weit übers Ziel hinaus. Inzwischen hat dieses Kind gelernt, angepaßt aggressiv zu sein.

Weitere Ursachen für das Stottern zeigt ANNEMARIE DÜHRSSEN auf. Nach ihr sind Mütter von Stotterkindern sehr häufig Frauen, die als typische Verhaltensweise einen ganz besonders lebhaften Redeschwall aufweisen. Sehr oft neigen sie dazu, naiv und unbekümmert, ihren Gesprächspartner mitten im Satz zu unterbrechen, um selbst weiterzureden.

Macht man solche Mütter auf ihren Redeschwall aufmerksam, so reagieren sie teils beschämt, teils gutmütig und versprechen, sich zu ändern. Doch schon nach wenigen Minuten reden sie erneut ohne Unterbrechung. Es ist klar, daß diese Mütter beim Umgang mit ihren Kindern, ihren Redefluß erst recht nicht beherrschen können.

Das Kind einer solchen Mutter erlebt also von klein auf, daß es nie einen Gedanken aussprechen kann, da die Mutter ihm ständig ins Wort fällt oder ihm gar nicht zuhört. Es erlebt, daß die Vitalität der Mutter sein eigenes Sprachbedürfnis unaufhörlich unterdrückt und seine Sprache unterbricht.

ANNEMARIE DÜHRSSEN stellt noch eine weitere häufige Familiensituation bei Stotterkindern heraus: Es herrscht eine oberflächliche Friedfertigkeit. Hinter verschlossenen Türen dagegen hetzen die einzelnen Familienmitglieder heftig gegeneinander. Folgende Situation ist typisch: Ein Familienmitglied, zum Beispiel die Mutter, befindet sich gegen die Schwiegermutter stark im Hintertreffen. Sie läßt sich von dieser herumkommandieren und ausnützen, wagt keinen offenen Widerspruch, sondern dient und bleibt gefügig.

Ist diese Mutter jedoch mit ihrem Kind allein, ergeht sie sich dann in zornigen, wütenden Anklagen und versucht, das Kind auf ihre Seite zu ziehen. Das Kind, das sich mit der Mutter identifiziert, wird gelegentlich in naiver Wut dem vermeintlichen Peiniger ihrer Mutter gegenüber frech und wütend, gibt vorlaute Antworten und hat einen sogenannten frechen Mund. Dann erlebt es aber, wie die gleiche Mutter, die sich soeben noch in Hetzreden erging, plötzlich Gehorsamkeit, Nachgiebigkeit und Bravheit verlangt.

Diese Situation verwirrt das Kind und auch seine Sprachäußerungen. Wie soll es verstehen, daß die Mutter ihm etwas völlig anderes sagt als der Schwiegermutter?

Auch Eltern, die ihren Kindern auf ihre berechtigten Fragen widersprüchliche, zum Teil falsche Antworten geben, laufen Gefahr, daß ihre Kinder anfangen zu stottern. Auch hier hat das Kind keine verläßlichen sprachlichen Aussagen und wird in seiner eigenen Sprache verwirrt.

In der Vorgeschichte stotternder Jungen findet sich häufig der Wunsch der Eltern, ein Mädchen zu haben.

DÜHRSSEN berichtet von einem fünfjährigen Jungen, der wegen seines Stotterns zur Untersuchung gebracht wurde und der auf die Frage, ob er ein Bub oder ein Mädchen sei, antwortete: „Unten ein Junge, oben ein Mädchen."

Er hatte diesen Ausdruck von seiner Mutter gehört und übernommen. Man kann sich vorstellen, welche Verwirrung in einem Jungen entsteht, wenn er über seine eigene Persönlichkeit in dieser grotesken Art Auskunft geben muß.

Stotterer sind häufig durch widersprüchliche Eindrücke sowohl in ihrer Sprache als auch in ihrer Selbstfindung verwirrt und wissen daher häufig nicht, was sie fragen dürfen und was nicht. Daher haben sie oft die Eigenart, immer wieder das gleiche zu fragen. In Wirklichkeit wollen sie etwas ganz anderes wissen, trauen sich jedoch nicht, dies zu fragen.

Häufig äffen Eltern ihre Kinder nach oder werden ihren Kindern gegenüber barsch und herrschen sie heftig an. Dadurch leben die Kinder auch ständig in der Angst, etwas Falsches zu sagen oder zu fragen.

Die Therapie des Stotterns erfordert neben einer logopädischen Behandlung vor allem eine Änderung der Familiensituation.

Die oben dargestellten Auffälligkeiten in der Beziehung zum Kind, aber auch in der Beziehung zu anderen Menschen, müssen verbessert werden. Nach meiner Erfahrung gelingt dies den Eltern selten alleine, so daß ein Psychotherapeut in jedem Fall hinzugezogen werden sollte. Die Festhaltetherapie kann beim stotternden Kind sehr viel verbessern, da sie dem Kind zumindest vermittelt, daß die Eltern es lieben und daß es angenommen wird. Außerdem darf das Kind gegen die Mutter aggressiv sein, ohne bestraft zu werden, was eine völlig neue Erfahrung ist. Wenn die Eltern dann auch noch erkennen können, was sie falsch machen und ihre Beziehung zum Kind verändern, hat ein solches Kind ein gute Chance, sein Stottern abzulegen.

Stotternde Kinder werden sehr häufig viel zu spät zur Therapie gebracht. Man kann sich vorstellen, daß ein Prozeß, der schon sehr lange anhält, auch lange braucht, bis er beseitigt werden kann. Die meisten Mütter von Stotterkindern hoffen, daß das Stottern schon aufhören würde. Erst, wenn es zu ernsten Schulproblemen kommt, suchen sie Hilfe.

Daher die dringende Empfehlung an alle Eltern von Stotterkindern, daß sie das Kind spätestens im 4. Lebensjahr einem Fachmann vorstellen.

KAPITEL 58

Lügen

Ein Kind kann erst dann lügen, wenn es ein ausreichendes Wirklichkeitsbewußtsein entwickelt hat.
Dieses kann für bestimmte Bereiche schon mit vier bis fünf Jahren, in manchen anderen Bereichen jedoch erst mit acht bis neun Jahren genügend ausgebildet sein.
Bis dahin muß man sich immer fragen, ob das Kind überhaupt lügt. Es könnte doch auch sein, daß das Kind, von seiner Fantasie beflügelt, Dinge erzählt, die wohl nicht wahr sind, vom Kind jedoch als wahr empfunden werden.
Hier können Träume, Vorstellungen und Wünsche als Wirklichkeit betrachtet werden, ohne daß das Kind dies erkennt.
Weitere Ursachen für das Lügen können Abwehrvorgänge sein, die beim Kind dazu führen, daß es Dinge, die es getan hat, einfach verdrängt, vergißt oder ins Gegenteil verkehrt (siehe KAPITEL 4). Das Kind hat daran keine bewußte Erinnerung mehr. Wenn es eine vorgeworfene Tat abstreitet, empfindet das Bewußtsein des Kindes diese Aussage als wahr. Ein Kind, das wegen seines Lügens von den Eltern geschimpft, bestraft oder sogar geschlagen wird, kann die Gründe dafür nicht verstehen. Nach seinem Empfinden wird es unrechtmäßig bestraft. Wenn ein Kind mehrfach solche Erfahrungen macht, verliert es das Vertrauen zu seinen Eltern und glaubt, sie liebten es nicht, da sie es grundlos bestrafen.
Die Angst um die Liebe der Eltern kann, nach dem schon bekannten Muster, zu den verschiedensten Verhaltensauffälligkeiten führen, die die Beziehung zu den Eltern noch mehr belasten.
Natürlich kann ein Kind auch schon im Kindergarten- und frühen Schulalter lügen, das heißt bewußt die Unwahrheit sagen. Haben wir unser Kind bei einer Lüge ertappt und erkennt auch das Kind seine

Aussage als Lüge, sollten wir uns vor jeglicher Bestrafung immer fragen, warum unser Kind lügen muß.

In der Regel lügt es, weil es etwas getan hat, das wir nicht gutheißen werden oder weil es erwartet, daß die Strafe zu hart ausfällt. Daher sollten wir bei Lügen der Kinder zunächst darüber nachdenken, ob wir nicht zu strenge Eltern sind und dazu neigen, unangemessene Strafen zu verhängen.

In den ersten sieben bis acht Lebensjahren sollten wir unsere Kinder wegen ihrer Lügen überhaupt nicht strafen. Es genügt die Feststellung der Eltern: „Ich habe es anders gesehen und erlebt. Wenn du sicher bist, daß du recht hast, dann lassen wir es dabei." Auch Kinder, die älter als sieben bis acht Jahre sind und beim Lügen ertappt werden, sollten wir zuerst fragen, warum sie gelogen haben, bevor wir sie bestrafen. Wir sollten ihre Antwort sehr ernst nehmen und darüber nachdenken.

Sollte das Kind dann beteuern, nicht gelogen zu haben, ist es sicher besser, dies zu glauben und ein Auge zuzudrücken als harte Strafen zu verhängen. Auch in diesem Alter spielen Abwehrvorgänge eine große Rolle.

Läßt sich eine Strafe nicht umgehen, sollten wir das Strafmaß nicht zu hoch ansetzen.

Kapitel 59

Stehlen

Das Ansichnehmen von Gegenständen, die einem nicht gehören, ist im Kindesalter, besonders im Kleinkindesalter, recht häufig und hat überhaupt nichts mit einer kriminellen Handlung zu tun. Das Kind wünscht sich etwas sehnlichst, sieht den begehrten Gegenstand bei anderen und nimmt ihn einfach mit.

Das Gefühl von mein und dein ist noch nicht ausgebildet und muß erst langsam vermittelt werden. Dazu gehört viel Verständnis und die liebevolle Führung des Kindes, das nicht gleich wegen des Mitnehmens eines Gegenstandes zum Dieb erklärt werden sollte. Das Kind muß langsam lernen, daß es nicht alles, was ihm gefällt, einfach mitnehmen kann.

Wir Eltern können dies dem Kind am besten beibringen, wenn wir ihm ausmalen, wie es sich fühlen würde, wenn sein Freund sein Lieblingsspielzeug oder sein Lieblingstier mitnehmen würde.

Auch wenn Kinder schon zwischen mein und dein unterscheiden können, kann der Wunsch nach etwas so heftig sein, daß er stärker ist als die Furcht vor Strafe. Ist dieser Wunsch einerseits sehr stark und das Unrechtsbewußtsein schon entwickelt, können solche Kinder ihr Delikt auch verdrängen oder vergessen. Sie können so mit Fug und Recht behaupten, sie könnten sich nicht erinnern und auch nicht vorstellen, wie der Gegenstand, um den es geht, in ihre Tasche geraten sei. Sie denken dann ernsthaft darüber nach, ob nicht die Tante, der Onkel, der Freund oder die Freundin den Gegenstand absichtlich in ihre Tasche geschoben hat, um sie zu beschuldigen.

Daher ist es auch in diesem Alter wichtig, das Kind nicht gleich des Stehlens zu bezichtigen, sondern es zu fragen, wie es selbst die Dinge sieht. Wenn das Kind unter Tränen behauptet, es habe nicht gestohlen, ist es sicher besser, wenn wir ihm sagen, daß wir versuchen würden, ihm zu glauben, daß dies aber sehr schwierig für uns sei. Weiß das Kind um sein Delikt, wird es sich beim nächsten Mal sicher überlegen, ob es noch einmal beschuldigt werden möchte. Es ist vielleicht ein bißchen beschämt, daß es gelogen und gestohlen und nicht dazu gestanden hat.

Hat das Kind sein Handeln verdrängt oder vergessen, so fühlt es sich von uns verstanden und angenommen, und wir können mit ihm die Problematik des Stehlens erörtern, ohne ihm weh zu tun. Gleichzeitig können wir sein Verständnis für das Eigentum anderer verbessern.

Wenn wir erfahren, daß unser Kind gestohlen hat, sollten wir zuerst das Kind fragen, warum es dies getan hat, ohne gleich zu bestrafen. Dann sollten wir uns fragen, ob nicht unser Verhalten zu dieser Verfehlung geführt hat. Wichtig erscheint mir, daß wir dann, wenn unsere Kinder etwas entwenden, uns nicht empört gegen unsere Kinder wenden, sondern uns selbst fragen, ob wir das Stehlen nicht durch unser Verhalten provoziert haben.

Häufig stehlen Kinder Geld, und man erfährt dann, daß sie es nur getan haben, weil ihr Taschengeld so gering ist, und sie sich dafür nichts kaufen können.

Eltern, die ihren Kindern Taschengeld in einer Größenordnung geben, die nicht einmal für ein Eis reicht, dürfen sich nicht wundern, daß die Kinder gelegentlich Geld entwenden. Dies geschieht häufig auch dann, wenn die Eltern sehr geizig sind und den Kindern nichts gönnen, mit dem Hinweis, daß sie selbst in ihrer Jugend noch weniger hatten und auf fast alles, was sie sich wünschten, verzichten mußten.

Da sich die Kinder heutzutage in der Regel recht viel kaufen können, fühlt sich ein solches Kind in der Gesellschaft der anderen benachteiligt und versucht diesen Nachteil durch gelegentliches Stehlen auszugleichen.

Wenn die anderen auch nichts haben, ist es überhaupt nicht schlimm, nichts zu haben. Dagegen ist es sehr schlimm, wenn die anderen Kinder sehr viel haben, das Kind jedoch auf all diese Dinge verzichten muß.

Ich kenne dies noch aus den Jahren der Entbehrung im und nach dem Krieg. Niemand hatte etwas. Daher hat man seine eigene Armut auch nicht, besonders schlimm empfunden. Heute jedoch, da die meisten alles haben, empfinden wir unsere relative Armut schon als Abwertung.

Wir sollten unsere Kinder über ihre Motive befragen und ihre Antwort sehr ernst nehmen. Wir sollten unsere Kinder fragen, was denn bewirken könnte, daß sie nicht mehr stehlen und mit ihnen in diesem Sinne ein Abkommen schließen.

Wenn es darum geht, daß sie mehr Taschengeld haben wollen, sollten wir nicht sagen, jetzt belohnen wir auch noch das Stehlen des Kindes mit einer Erhöhung des Taschengeldes, sondern mit dem Kind einen vorübergehenden Kompromiß aushandeln.

Dieser könnte so aussehen: Das Kind berichtet davon, daß alle anderen Klassenkameraden sechs Mark Taschengeld in der Woche haben, es selbst jedoch nur zwei Mark hat. Als Kompromiß könnten wir ihm vier Mark geben. Der Hinweis, daß es mehr bekommen könnte, wenn es niemals mehr etwas entwende, wird seinen Willen zur Ehrlichkeit bestärken. Außerdem könnten wir mit dem Kind eine Abmachung treffen, daß es künftig bei starken Wünschen diese zunächst mit uns bespricht und wir dann gemeinsam darüber entscheiden können, ob und wie wir diese Wünsche erfüllen können.

Kinder können auch stehlen, um sich selbst in den Mittelpunkt zu stellen.

Ich selbst habe als sechsjähriges Kind meiner Mutter fünf Mark gestohlen, um damit Brause zu kaufen, mit der ich dann das ganze Dorf versorgte, in der Hoffnung, anerkannt und geliebt zu werden. Diese Hoffnung hat sich nicht erfüllt, dafür bekam ich jedoch kräftig Prügel.

Natürlich waren im Jahre 1949 fünf Mark viel Geld, vor allem für eine alleinstehende Witwe wie meine Mutter.

Wichtiger als Prügel wäre jedoch die Frage gewesen: „Warum stiehlt mein Kind?" Die Antwort war damals sehr einfach zu finden. Ich war als Kind einer lettischen Mutter und eines volksdeutschen Vaters, der im Krieg gefallen war, ein verachtetes und wenig anerkanntes Kind und litt sehr darunter. Ich wollte unter allen Umständen die Liebe und Zuneigung meiner Spielgefährten erringen und habe daher mit dem gestohlenen Geld Brause gekauft, die damals ein Luxusgut war. Ich wollte wenigstens einmal in meinem Leben im Mittelpunkt stehen.

Dieser Wunsch ging auch in Erfüllung, zumindest für die Zeit der

Verteilung der Brause, endete aber mit dem letzten Päckchen, das ich weggab. Eines der Kinder sagte danach: „Die muß das Geld ja gestohlen haben, so arm wie die sind!" Darauf suchten alle Kinder das Weite und ließen mich in meiner Not allein.

Diese endete mit kräftigen Prügeln, wie es damals üblich war. Man war der Meinung, daß man einen kleinen Baum eben rechtzeitig gerade biegen müßte, damit daraus später ein großer aufrechter Baum werden könnte.

In höherem Alter kann regelmäßiges Stehlen bedeuten, daß das Kind in seiner psychosozialen Entwicklung abrutscht.

Ist das Elternhaus nicht intakt, werden von ihm auch keine Hilfen angeboten werden können. Ist das Elternhaus jedoch intakt, ist es sehr wichtig, auch in diesem Alter das Kind zu befragen, warum es stiehlt, und auch diese Aussage sehr ernst zu nehmen.

Häufig wird es dann notwendig werden, die Hilfe eines Psychotherapeuten in Anspruch zu nehmen.

Kapitel 60

Weglaufen

Viele Kinder laufen weg oder drohen ihren Eltern damit. Immer ist die Androhung wegzulaufen oder das Weglaufen ein Hilfeschrei des Kindes. Es möchte seinen Eltern auf diese Art und Weise sagen, daß es ihm so schlecht geht, daß es am liebsten weglaufen möchte, oder es sogar tut. Es signalisiert, daß es irgendwo hinlaufen möchte, wo es schöner ist und es seine Probleme nicht mehr hat.

In einer solchen Situation ist es am wichtigsten, das Kind zu fragen, warum es denn weglaufen möchte und was ihm an uns oder der Familiensituation nicht gefällt. Die Antwort des Kindes sollten wir sehr ernst nehmen und sie nicht mit einigen oberflächlichen Worten entkräften. Wir sollten das Kind fragen, was es denn geändert haben möchte, damit es nicht weglaufen muß. Das Kind wird uns dies sagen, und wir können uns dann mit den Wünschen und Leiden des Kindes auseinandersetzen.

Die Antwort des Kindes wird uns meist sehr überraschen. Es sind häufig Dinge, von denen wir uns gar nicht vorstellen können, daß sie für das Kind so wichtig sind. Es kann der ständige Streit mit unserem Ehepartner sein, die Bevorzugung eines Geschwisterchens, die häufige Abwesenheit der Eltern von zu Hause oder eine insgesamt überfordernde, lieblose Atmosphäre. Häufig sagen die Kinder dann: „Mich mag ohnehin keiner, dann kann ich ja auch weggehen!" Wenn wir Eltern auf diesen Aufschrei der kindlichen Seele damit reagieren, daß wir sagen: „Das stimmt ja gar nicht", dann sind wir in der Beziehung zum Kind keinen Schritt weitergekommen. Ein Kind, das den Eltern vorwirft, sie würden das Geschwisterchen mehr lieben, hat immer recht. Vielleicht empfindet es dies stärker, als es in Wirklichkeit ist, es entspricht jedoch immer den Tatsachen. Ein Kind bemerkt die größere Zuneigung zum Geschwisterchen durch die Körpersprache der Eltern, und diese ist sehr viel verläßlicher als das gesprochene Wort.

Unter keinen Umständen sollten wir schimpfen oder Strafen androhen. Strafen helfen mit Sicherheit nicht, sondern führen im Gegenteil dazu, daß das Kind sich in seinem Wunsch wegzulaufen, bestärkt fühlt. Wir Eltern sollten viel eher darüber nachdenken, was wir an unserer Situation und der Situation des Kindes ändern können.

Zusätzlich kann die Festhaltetherapie sehr wertvolle Dienste leisten, da sie dem Kind vermittelt, daß es geliebt und angenommen wird.

KAPITEL 61

Haare ausreißen

Kinder die sich die Haare ausreißen, wollen sich selbst wehtun, weil sie andern nicht wehtun dürfen. Sie werden gegen ihren eigenen Körper aggressiv, weil ihre Erziehung ihnen nicht erlaubt, gegen andere aggressiv zu sein.

Eltern solcher Kinder sind entweder selbst aggressionsgehemmt oder haben einen sehr strengen Erziehungsstil, der Gehorsam und Unterwerfung fordert.

In beiden Fällen lernen die Kinder keine gesunde Aggression. Die einen Eltern können eine gesunde Aggression nicht vermitteln, da sie sie selbst nicht kennen, die anderen lassen sie erst gar nicht zu.

Wie ich schon im KAPITEL 9 ausführte, gehört aggressives Verhalten zum Leben. Ein Kind, dem dieses Verhalten untersagt wird, beginnt seine Aggressionen an seinem eigenen Körper auszuleben.

Aggression bedeutet Auseinandersetzung mit der Umwelt und mit dem anderen zum Zweck der Abgrenzung. Wenn ein Kind nicht aggressiv sein darf, kann es sich auch nicht abgrenzen, kann sich nicht als Mensch fühlen, sondern empfindet sich als eine unbestimmte, fühllose Masse.

Solche Kinder können dann nur durch den Schmerz, den sie sich selbst zufügen, erfahren, daß sie noch fühlen, daß sie Menschen sind. Dies klingt zwar schrecklich, entspricht aber den Tatsachen.

Daher haben die Kinder beim Haareausreißen nicht nur Schmerzen, sondern auch ein positives Gefühl. Da sie sich selbst nicht mehr fühlen, bedeutet, sich selbst Schmerzen zuzufügen, sich selbst wieder zu spüren, zu fühlen und wahrzunehmen, was mit einem Lustgefühl verbunden ist.

Ich denke, daß Eltern, die ein solches Kind haben, unbedingt einen Psychotherapeuten aufsuchen sollten, um die Gesamtproblematik zu durchleuchten und sich und ihrem Kind helfen zu lassen.

Auch hier kann die Festhaltetherapie Wertvolles leisten, da das Kind dadurch verinnerlichen kann, daß die Eltern es trotz ihrer einschränkenden Erziehung noch lieben. Gleichzeitig beginnt es, im Kampf mit der Mutter auch wieder seinen Körper wahrzunehmen. Es darf seinen Haß und seine Wut hinausschreien und wohl zum ersten Mal erleben, daß es dennoch angenommen und geliebt wird. Die Festhaltetherapie kann der Anfang einer gesunden aggressiven Entwicklung sein und der Beginn, sich als eigenständiger Mensch fühlen und abgrenzen zu dürfen.

Kapitel 62

Nägelbeißen

Nach meiner Erfahrung beißen, kauen, knabbern fast alle Kinder im Verlaufe ihrer Kindheit irgendwann einmal an den Nägeln.

Man sieht jedoch selten einen Erwachsenen, der an seinen Nägeln kaut.

Ich denke, daß sich daraus folgern läßt, daß es eine „normale" Unsitte von Kindern ist.

Unsere hektische Zeit erzeugt in unseren Kindern viele Aggressionen und Spannungen, die sie auf harmlose Art durch Nägelbeißen abreagieren können, ohne jemand anderen zu schädigen.

Auch sich selbst schädigen sie nicht, denn sie beißen nur an Nägeln herum, die ohnehin schon abgestorben sind.

Wenn Kinder allerdings ihre Nägel bis in den noch lebenden Nagel hinein abkauen und sich Wunden zufügen, ist das Nägelbeißen nicht mehr eine harmlose Durchgangsphase der Kindheit, sondern hat etwas mit Selbstaggression zu tun.

Hierbei handelt es sich um eine ähnliche Situation wie beim Haareausreißen, die ich im letzten Kapitel schon geschildert habe.

Ich betrachte das Nägelbeißen der Kinder als Blitzableiter für ihren Streß. Daher denke ich, daß wir unsere Kinder nach Herzenslust Nägelbeißen lassen sollten und ihnen nicht noch mehr Streß aufbürden, indem wir es ständig verbieten.

Ich selbst habe vor Jahren einem meiner Kinder das Nägelbeißen untersagt, mit dem Erfolg, daß es stattdessen Löcher in seine Pullover nagte. Als ich dies realisierte, habe ich ihm das Nagelbeißen sehr rasch wieder erlaubt.

Kapitel 63

Kleidung

In verschiedenen Kapiteln habe ich schon über die Kleidung gesprochen.

Ich halte es für äußerst wichtig, daß ein Kind die Kleidung tragen darf, die es selbst tragen möchte und sich nicht nach den Modevorstellungen der Eltern richten muß.

Da Kleiderfragen in den meisten Familien noch ein großes Ärgernis darstellen, möchte ich mich in diesem Kapitel nochmals damit befassen.

Nur dann, wenn ein Kind die Kleidung trägt, in der es sich wohlfühlt und die seinen Vorstellungen entspricht, kann es sich selbstbewußt und unbeschwert benehmen.

Da unsere Vorstellungen von schicker und angepaßter KLeidung um so weiter von der unserer Kinder entfernt ist, je älter wir sind, sollten wir uns in Kleiderfragen völlig neutral verhalten.

Ich selbst hatte in meiner Kindheit ein sehr eindrückliches Erlebnis: Beim Eintritt ins Gymnasium hatte mich meine Mutter geradezu herausgeputzt. Ich trug Lackschuhe, ein Taftkleid und mußte zudem noch eine Schleife im Haar tragen. Ich hatte mich gegen diese Kleidung zunächst heftig gewehrt, doch meine Mutter überzeugte mich davon, daß das Gymnasium eine solche Kleidung erfordere. Sie selbst habe ein Gymnasium besucht, dessen Kleidervorschrift ähnlich aussah. Als ich nun in diesem Aufzug die Klasse betrat, schauten die Kinder mich ganz fassungslos an und begannen zu lachen. Ich habe das Lachen dieser Kinder noch heute in den Ohren. Ich fühlte mich in diesem Augenblick beschämt und empfand einen tiefen Haß gegen meine Mutter, die mich in diesem Aufzug in die Schule geschickt hatte.

Bei meinen eigenen Kindern machte ich ähnliche Erfahrungen. Immer dann, wenn ich meinte, sie seien schick und sportlich gekleidet, kamen sie entsetzt von der Schule zurück und erklärten mir, sie würden diese Hose oder diesen Blouson nie mehr wieder tragen. Ich habe im Laufe von Jahren begriffen, daß Kinder sich genauso kleiden wollen, wie es die Gruppe tut und nicht wie wir Eltern es wünschen. Auch wenn das, was sie anhaben, in unseren Augen „scheußlich" aussieht, ist es absolut „in", wenn die herrschende Mode in der Gruppe es akzeptiert. Unsere Kinder wollen unter keinen Umständen Außenseiter werden. Dies ist nur möglich, wenn sie sich so kleiden, so geben und so reden wie die Gruppe.

Viele Eltern lehnen Turnschuhe bei kleinen Kindern ab. Auch ich war ursprünglich nicht begeistert, konnte mich jedoch dem Argument meiner Kinder, daß sie bequem und sicher seien, auf die Dauer nicht verschließen. Der einzige Nachteil ist das vermehrte Schwitzen im Turnschuh mit der entsprechenden Geruchsbildung. Doch dies geschieht auch in anderen Schuhen und hat keine dauerhaften Folgen, während das Laufen in schicken, harten und oft zu engen Schuhen dauerhafte Folgen, wie Fußdeformierungen, haben kann.

Auch Löcher in den Hosen und Flicken darauf, sowie absichtliche Schmutzflecken, gehören zur heutigen Mode, und ich muß mich oft zusammenreißen, um nicht doch meinen negativen Kommentar abzugeben.

Ich möchte allen Eltern hiermit den Rat geben, den Kindern völlig freizustellen, welche Kleidung und Wäsche sie sich kaufen wollen, sofern es sich in einem vorgegebenen finanziellen Rahmen bewegt.

Selbst die Empfehlung eines Kleidungsstückes kann sich fatal auswirken. Ich habe immer wieder erlebt, daß Kleidungsstücke, deren Kauf ich anregte, schließlich von meinen Kindern nicht getragen wurden. Die Begründung war, daß sie sich dieses Kleidungsstück nie selbst gekauft hätten, sondern nur, um mir einen Gefallen zu tun, dem Kauf zugestimmt hätten. Seitdem habe ich jeglichen Kommentar unterlassen, und selbst wenn ich gefragt wurde, ob ich es denn gut fände, habe ich mich herausgehalten und darauf hingewiesen, daß nur das gekauft werden sollte, was dem Kind selbst gefällt.

Häufig berichten mir Eltern von morgendlichen Kämpfen mit ihren Kindern wegen der Kleiderfrage.

Auch hier kann ich nur dazu raten, sich absolut neutral zu verhalten, um sich nicht schon am Morgen den ganzen Tag zu verderben. Wenn es am Morgen eilt, empfehle ich, am Abend zuvor gemeinsam mit dem Kind die Kleidung für den nächsten Tag bereitzulegen. Überläßt man diese Arbeit dem Kind ganz allein, bleibt bei der Suche nach dem geeigneten Kleidungsstück meist ein riesiger Haufen Kleider auf dem Boden zurück, vermischt mit Unterwäsche und Socken, deren Beseitigung sicher länger dauert, als die unterstützende Hilfe.

Wenn Sie sich so verhalten, fahren Sie am besten und brauchen nicht zu befürchten, daß sich auf Grund von Bekleidungsfragen Beziehungsstörungen zwischen Ihnen und Ihrem Kind entwickeln.

KAPITEL 64

Taschengeld

Das Taschengeld ist nach meinen Erfahrungen eine häufige Ursache von Beziehungsproblemen zwischen Eltern und Kindern.

Immer wieder erfahre ich von Eltern, daß sie ihren Kindern vorschreiben, was diese mit ihrem Taschengeld machen sollen. Dadurch kommt es häufig zu heftigen Auseinandersetzungen und zu ernsten Zerwürfnissen.

Wenn wir uns nur am Namen *Taschen*geld orientieren, so sagt schon die Bezeichnung sehr deutlich, daß dieses Geld in die Tasche des Kindes gehört und nicht auf ein Sparbuch.

Wenn Eltern für das Kind sparen wollen, sollten sie das Geld, das sie dafür ausgeben wollen, direkt auf einem Sparbuch anlegen.

Sollten Sie immer entscheiden wollen, was das Kind mit seinem Taschengeld anzufangen hat, empfehle ich, auf das Taschengeld ganz zu verzichten, und die Wünsche des Kindes nach Ihren Vorstellungen zu erfüllen.

Das Taschengeld sollte dem Kind voll zur Verfügung stehen. Es sollte damit machen können, was immer es mag. Der ständige Kampf der Eltern mit dem Kind über die Verwendung des Taschengeldes ist nicht Sinn dieser Einrichtung und belastet ihre Beziehung unnötig. Das Kind soll lernen, eigenverantwortlich mit seinem Geld umzugehen und dessen Wert zu erkennen. Es muß auch die Erfahrung machen, daß es bei raschem Verbrauch den Rest des Monats oder der Woche nichts mehr hat.

Als Erwachsener wird es mit seinem Einkommen besser haushalten als Menschen, die in ihrer Kindheit den Wert des Geldes nie kennengelernt haben.

Meiner Ansicht nach sollte das Kind so früh wie möglich Taschengeld erhalten, am besten schon im Vorschulalter. So kann es sich seine kleinen Wünsche erfüllen und gleichzeitig spielerisch den Umgang mit Zahlen lernen.

Das Taschengeld sollte so bemessen sein, daß das Kind etwas damit anfangen kann und sollte auch bei einem Vierjährigen zumindest dem Gegenwert einer Eistüte entsprechen.

Ich denke, daß ein Kind mit sieben bis acht Jahren etwa drei Mark und mit zehn Jahren etwa fünf Mark pro Woche erhalten sollte. Später sollte das Kind sein Taschengeld monatlich erhalten, um zu lernen, sich das Geld einzuteilen.

Meiner Meinung nach sind 25 Mark pro Monat im Alter von zwölf Jahren und etwa 30 Mark pro Monat mit fünfzehn Jahren angemessen. Ob man im einzelnen Fall nach oben oder unten abweicht, ist eine Frage des Geldbeutels der Eltern.

KAPITEL 65

Scheidung der Eltern

Eines der größten Probleme für Kinder ist die Scheidung der Eltern. Schon in der Vorphase der Scheidung, also in der Phase der häßlichen Auseinandersetzungen und der gegenseitigen Aggressionen, werden Kinder massiv verunsichert und entwickeln große Ängste. Diese können sich bis in das Erwachsenenalter hinein in Form von psychogenen Erkrankungen auswirken.

Wenn sich Eltern trennen wollen, weil die Ehe so zerrüttet ist, daß an eine Fortsetzung nicht mehr zu denken ist, sollten sie die Sorge um ihre Kinder in den Mittelpunkt stellen.

Die Kinder können am wenigsten für die Probleme der Eltern und müssen am meisten unter der Situation leiden.

Es gibt einige wichtige Punkte, die beachtet werden sollten, um die Kinder vor zu großen seelischen Schäden zu bewahren.

Eltern sollten ihren Kinden frühzeitig sagen, daß ihre gegenseitige Beziehung nicht mehr stimmt, daß jedoch das Kind von beiden Partnern nach wie vor geliebt wird.

Sie sollten sich frühzeitig darauf einigen, wer das Sorgerecht für die Kinder bekommt, und den Kindern auch sicherstellen, daß sie den anderen Elternteil, wann immer sie wollen, besuchen können. Die Verantwortung für das oder die Kinder sollte beide Partner befähigen, dem sorgeberechtigten Partner die finanzielle Grundlage zu geben, soweit dies möglich ist.

Ich erlebe häufig, daß der Vater, der nach meinen Erfahrungen häufiger die Trennungsabsicht ausspricht, anfänglich alles verspricht, später jedoch nicht mehr dazu steht.

Außerdem möchte ich an die Vernunft aller Eltern appellieren, ihre Kinder nicht dazu zu benützen, um sich am Partner zu rächen.

Die Besuchsregelungen, die bisher üblich sind, halte ich für ausgesprochen fatal. Fast immer ist der Vater der besuchende Partner, da die Mutter meist das Sorgerecht erhält, unabhängig von der Schuldfrage.

Ich denke, es wäre für alle Kinder das beste, wenn der Vater das Kind besuchen dürfte, wann immer er will. Dann könnte das Kind seinen Vater häufig sehen, mit ihm seine Probleme besprechen und sein Leben würde in ähnlichen Bahnen verlaufen wie vor der Trennung der Eltern. Diese ideale Besuchsregelung für das Kind läßt sich jedoch meistens nicht verwirklichen, da die gegenseitige Abneigung der ehemaligen Ehepartner oft auch über die Scheidung hinaus weiterbesteht.

Außerdem wäre der neue Partner wohl kaum begeistert, wenn der frühere Ehemann ständig im Haus herumlaufen dürfte.

Daher müßte ein Kompromiß gefunden werden, der allen Teilen einigermaßen gerecht wird und der vom Alter des oder der Kinder abhängt. Kleinkinder brauchen eine ruhige, liebevolle, Grenzen setzende Bezugsperson und eine gleichbleibende ruhige Umgebung, um sich störungsfrei zu entwickeln.

Daher ist für die meisten Kleinkinder die übliche Besuchsregelung fatal, nach der der Vater das Kind alle 14 Tage zu sich holen darf. Da die Väter in den ein bis zwei Tagen, während derer sie ihr Kind haben, dieses für sich gewinnen wollen, setzen sie meist keine oder nur wenige Grenzen: Es darf essen, was es will, fernsehen, soviel es will, wird mit vielen, oft nutzlosen Dingen beschenkt, darf in Freizeitparks, ins Kino, zu McDonald's und in die Eisdiele. Schließlich kommt es, einen oder zwei Tage später, völlig aufgelöst nach Hause zurück. Es ist überreizt, erbricht sich häufig, kann nicht schlafen, schreit und wird aggressiv. Die Mutter muß die Verhaltensstörungen des Kindes dann ertragen, wodurch ihre Beziehung zum Kind belastet wird. Kaum hat es sich nach zwei Wochen wieder gefangen, geht das ganze von vorne los.

Häufig haben die Väter nicht einmal mehr Zeit für das Kind. Sie erledigen ihre Besuchspflicht dadurch, daß sie das Kind abholen und zu den Großeltern bringen, die es noch mehr verwöhnen.

Kleinkinder, die dies erleben, werden in ihren seelischen Beziehungen völlig verwirrt.

Außerdem fragt sich das Kind, warum die Mutter es nicht auch so verwöhnen kann und beginnt an der Liebe der Mutter zu zweifeln.

Es findet sein Zuhause zunehmend fad und langweilig. Das Kind erhält eine völlig falsche Vorstellung von seinen Bezugspersonen und der realen Welt.

Es muß bei der erziehenden Mutter bleiben und darf nur alle zwei Wochen zu dem verwöhnenden Vater, der in der Vorstellung des Kindes der Inbegriff von Lust und Wonne ist. Die Mutter jedoch wird abgelehnt und zum Teil massiv angegriffen, vor allem auch deswegen, weil der Vater dem Kind zu verstehen gibt, daß er selbst wenig Anteil am Zerwürfnis der Ehe hatte. Diese Situation verbessert sich erst, wenn dem Vater und vor allem dessen neuer Partnerin die Lust vergeht, das oder die Kinder immer auszuführen und zu verwöhnen.

Dies kann jedoch Jahre dauern, während derer die Mutter immer mit dem verwöhnenden Vater verglichen wird und dabei schlecht wegkommt. Das Kind muß nun jedoch erneut leiden: Während es über Jahre den verwöhnenden Vater geliebt hat und geglaubt hat, daß auch dieser es über alles liebt, muß es nun tief enttäuscht feststellen, daß dies offensichtlich nicht der Fall ist.

Diese Enttäuschung wirkt sich natürlich auch auf das Verhalten des Kindes aus, das die Mutter wiederum auffangen und aushalten muß.

Ich möchte durch dieses Buch sowohl Eltern als auch Richter auffordern, die Besuchsrechte und deren Vollzug dem Wohle des Kindes anzupassen. Ein Kleinkind sollte vom Vater in seiner eigenen Umgebung aufgesucht werden und nur für Stunden von zu Hause weggebracht werden dürfen.

Größere Kinder sollten selbst entscheiden, ob sie zum Vater wollen oder nicht und nicht der Diktatur des Besuchsrechtes unterworfen werden. Häufig haben größere Kinder etwas anderes geplant und müssen dann alles nach den Wünschen des Vater ausrichten, wodurch wiederum Störungen der seelischen Befindlichkeit des Kindes entstehen.

KAPITEL 66

Mein Kind wird mit dem Tod konfrontiert

1. Tod eines Menschen

Wir alle werden irgendwann mit dem Tod konfrontiert, sei es durch den Tod eines nahen Familienangehörigen, eines Freundes oder eines Arbeitskollegen. Je nach unserer gefühlsmäßigen Bindung zum Toten, werden wir mehr oder weniger verzweifelt und traurig sein. Diese Gefühle sind tief in uns, lassen uns erstarren, führen aber sehr häufig nicht zu einer Verarbeitung der Trauer. Beim Verlust von nahen Angehörigen wird diese innere Verzweiflung und Trauer oft so stark, daß man sich völlig leer und ausgehöhlt fühlt. Man ist zunächst gar nicht in der Lage, zu weinen und sich seinem Schmerz hinzugeben. Freunde und Verwandte sind meist auch keine Hilfe, da sie oft selbst mit betroffen sind und meinen, sie könnten etwas falsch machen, wenn sie mit uns über unseren Verlust reden. Häufig geben sie sogar den Ratschlag, nicht mehr daran zu denken, sich anderem zuzuwenden oder in eine Kur oder in Urlaub zu fahren, um dadurch schneller zu vergessen.

Wenn Kinder einen Todesfall erleben, sind wir im Umgang mit ihnen meist noch hilfloser als mit erwachsenen Freunden und Verwandten. Wir wissen nicht, wie wir uns verhalten sollen, ob wir mit dem Kind über den Tod reden oder möglichst keinen Ton darüber verlieren sollten. Meist sind auch wir betroffen und mit unserem eigenen Schmerz genügend beschäftigt.

Dieses Kapitel über den Tod kann nur Anregungen geben für unser Verhalten. Sehr ausführlich beschäftigen sich zwei Bücher, die ich wärmstens empfehlen kann, mit dem Problem: GINETTE RAIMBAULT: KINDER SPRECHEN VOM TOD, KLINISCHE PROBLEME DER TRAUER – Edition Suhrkamp und REGINE SCHINDLER: TRÄNEN, DIE NACH INNEN FLIESSEN – Edition Kemper im Verlag Ernst Kaufmann.

Im folgenden möchte ich anhand einer eigenen Erfahrung aufzeigen, wie wichtig das Gespräch über den Tod für die Trauerarbeit ist.

Ich habe vor Jahren ein neunjähriges Mädchen erlebt, das seine Mutter ganz plötzlich und auch völlig unerwartet verlor. Die Mutter starb an einem Herzfehler, der bis dahin noch nicht bekannt gewesen war. Weil der Zustand der Mutter sich plötzlich massiv verschlechterte, wurde der Notarzt gerufen. Als das Kind aus der Schule zurückkam, war seine Mutter im Krankenhaus verstorben. Die Angehörigen des Kindes wagten dem Mädchen zunächst nicht zu sagen, daß die Mutter tot war. Sie verheimlichten ihren Tod bis zur Beerdigung und waren auch der Meinung, daß das Kind daran besser nicht teilnehmen sollte. In den folgenden Wochen sprach das Kind von seiner Mutter, als sei sie noch am Leben und würde gleich wieder nach Hause kommen. Allerdings veränderte sich das Wesen des Kindes. Es sprach ausschließlich von seiner Mutter und verweigerte andere Gespräche fast völlig. Es reagierte auf seine Umgebung kaum mehr, spielte nicht mehr, aß kaum mehr etwas und verweigerte sich in der Schule völlig. Es saß wohl da, machte auch bei Klassenarbeiten mit, verweigerte jedoch jegliche mündliche Mitarbeit und schrieb eine Sechs nach der anderen.

In dieser Situation wurde mir das Mädchen vorgestellt. Auch bei mir schwieg das Kind beharrlich, schaute in eine Ecke und verweigerte jegliche Mitarbeit. Schließlich fragte ich das Mädchen, ob es denn wisse, wo seine Mutter sei, worauf es mir sagte, sie sei verreist. Ich fragte es, ob denn niemand mit ihm über seine Mutter gesprochen habe und warum es denke, daß seine Mutter es so lange alleingelassen habe. Das Kind antwortete, daß zu Hause niemand über seine Mutter rede. Als ich es fragte, ob ihm denn niemand gesagt habe, daß seine Mutter für immer von ihm gegangen sei, begann das Kind bitterlich zu weinen. Es weinte zunächst leise, dann immer lauter und konnte zum ersten Mal seiner Trauer und seinem Schmerz Ausdruck verleihen. Es weinte fast zwei Stunden lang, rief dabei immer wieder nach seiner Mutter und fragte sie, warum sie es alleine gelassen hatte. Ich mischte mich nicht in seinen Schmerz und seine Verzweiflung ein. Ich saß neben ihm und hielt ihm die Hand.

Als es sich beruhigt hatte, konnte ich mit ihm über seine Mutter reden. Es berichtete mir, daß es schon gewußt habe, daß seine Mutter gestorben sei. Seine Angehörigen hätten es ihm gesagt, und auch die

Mitschüler hätten es darauf angesprochen. Es habe ihnen aber nicht glauben können, habe nur ein großes Loch in sich gefühlt, und nichts habe ihm mehr Spaß gemacht.

Den nächsten vereinbarten Termin nahm das Kind nicht mehr wahr. Die Tante rief mich an und teilte mir mit, daß eine weitere Therapie nicht erforderlich sei, da sich das Mädchen jetzt wieder so wie vor dem Tod der Mutter verhalten würde. Ich bedauerte diese Entscheidung der Angehörigen sehr, da ich der Meinung war, daß dem Kind noch einige Stunden, in denen es Trauerarbeit hätte leisten können, gut getan hätten.

Für mich war dieses Mädchen ein Beispiel dafür, wie man mit der Trauer eines Kindes nicht umgehen sollte. Das Mädchen war nach dem Tod der Mutter wie versteinert. Niemand gab ihm die Möglichkeit, seiner Trauer auf eine andere Art und Weise Ausdruck zu geben, als durch diese Versteinerung und die völlige Abschottung gegen seine Umwelt. Es lebte in seiner eigenen Welt, in der die Mutter noch existierte, und sie war auch sein einziger Gesprächspartner. Es hatte sich ja von ihr auch nicht verabschieden können, da es sie weder tot gesehen hatte noch ihre Beerdigung miterleben konnte. Erst als ich es direkt auf seine Mutter angesprochen hatte, fiel seine ganze, mühsam errichtete Scheinwelt zusammen. Es konnte sich zum ersten Mal eingestehen, daß seine Mutter gestorben war und über diesen Verlust bitterlich weinen. Im Gespäch mit ihr konnte es sich von ihr verabschieden. Als das Kind mich dann verließ, forderte ich es auf, immer dann, wenn es an seine Mutter denken müsse und das Gefühl habe, weinen zu müssen, sich nicht zu genieren, sondern seinen Tränen freien Lauf zu lassen.

Für mich war dieses Erlebnis bestimmend für Ratschläge beim Umgang mit dem Tod von nahen Angehörigen oder nahen Freunden von Kindern.

Allerdings muß man unterscheiden, wie alt das Kind beim Verlust der Mutter ist. Bis zum sechsten Lebensmonat erlebt das Kind die Mutter noch als einen Teil seiner selbst. Es kann daher den Verlust der Mutter nicht bewußt wahrnehmen und wird auch wenig Schaden an seiner Seele nehmen, wenn übergangslos eine andere Person die Funktion der Mutter übernimmt. Dabei geht es jedoch nicht so sehr um die Pflege und Fütterung des Säuglings, sondern um den liebevollen Körperkontakt. Natürlich kann der Übergang von der gewohnten Pflege der Mutter zu der neuen Pflegeperson zu Unruhe und Unausgeglichenheit beim Kind führen, die sich aber wieder legen werden, wenn das Kind die neue Bezugsperson voll annehmen kann.

Nach dem sechsten Lebensmonat, wenn das Kind die Mutter als eigenständige Person erkannt hat, bis etwa zum 18. Monat führt jede längere Trennung von der Mutter zu den verschiedensten Symptomen. Zunächst wird das Kind unruhig und zornig, es schreit viel und läßt sich kaum beruhigen. Diese Phase wird nach Wochen von einem Zustand der Verzweiflung, der Teilnahmslosigkeit und des hilflosen Weinens abgelöst. Das Kind fühlt sich von seiner Mutter verlassen und versucht, sich jetzt durch Verleugnung (siehe Kapitel ABWEHRMECHANISMEN) selbst zu helfen, das heißt, nicht mehr an sie zu denken. Die Dauer und Stärke der verschiedenen Auffälligkeiten hängt davon ab, ob es eine Ersatzbezugsperson gibt, und wie lange es nach der Abwesenheit der Mutter dauert, bis diese Person die Pflege und vor allem die emotionale Zuwendung zum Kind aufnimmt. Sie sollte auch die Traurigkeit des Kindes verstehen und auf sie eingehen können. Das Kind in diesem Alter kennt den Tod noch nicht, aber es kennt die Abwesenheit.

Dies gilt vor allem für Kinder, für die die Mutter die einzige Bezugsperson war. Hat ein Kind weitere Bezugspersonen, so können diese die Stelle der Mutter einnehmen und schlimme seelische Schäden durch intensive liebevolle Zuwendung und intensiven Körperkontakt verhindern.

Vom Beginn des Spracherwerbs an, das heißt etwa ab 18 Monaten, besitzt der Tod nach GUITE GUERIN für das Kind eine Bedeutung, die man schwerlich von der für einen Erwachsenen unterscheiden kann. Die Autorin schreibt, daß Erwachsene meinen, ein Kind verstehe nicht, was der Tod ist. Es sei unbeteiligt und zu klein, um mit ihm darüber zu reden. Auf diese Weise wird das Kind jedoch von uns Erwachsenen im Stich gelassen. Es muß jetzt in seiner Not versuchen sich selbst zu helfen. Es sucht Befriedigung im Hin- und Herschaukeln und Daumenlutschen und entwickelt verschiedene Verhaltensauffälligkeiten, wie Bettnässen, Eßstörungen, Schlafstörungen, oder kann verstummen. Es kann Angstymptome entwickeln und hat nachts häufig Alpträume. Dadurch entstehen weitere Probleme, wie Schulschwierigkeiten, Aufmerksamkeits- und Sprachstörungen. Es nimmt immer weniger Anteil an der Welt.

Wie beim Erwachsenen können auch beim Kind Schuldgefühle wesentlicher Bestandteil der Trauer sein. Das Kind glaubt, es sei durch seine schlechten Gedanken oder auch Handlungen direkt schuld am Tod des geliebten Menschen und verdiene daher, selbst zu sterben. Diese Vorstellung erzeugt den Wunsch bestraft zu werden und dem Toten zu folgen. Der Wunsch nach Bestrafung kann dazu führen, daß die Kinder unverschämt und aggressiv werden, nur um die Eltern oder den verbliebenen Elternteil zu einer Bestrafung zu zwingen.

Da das Kind meist den Tod erlebt, der nach einem Krankheitszustand eintritt, kann es auch eine große Angst entwickeln, selbst zu sterben. Sobald die geringsten Krankheitssymptome auftreten, fürchtet es, sie seien tödlich. Das Kind hat Krankheit mit Tod gleichgesetzt.

Für mich war es in der Beratung der Angehörigen von Kindern immer wichtig, sie zu motivieren, mit dem Kind über den Tod zu sprechen. Man darf es natürlich nicht mit der Todesnachricht konfrontieren und dann sagen: So jetzt reden wir über den Tod. Man kann das Kind jedoch fragen, welche Gedanken ihm kommen, welche Fragen es hat, und kann dadurch verhindern, daß das Kind mit seiner Trauerarbeit alleine bleibt.

Ich denke, es ist wichtig, daß die Nachricht vom Tod des geliebten Menschen von jemandem überbracht wird, der gefühlsmäßig ebenfalls engagiert ist, und der dem Kind in seinem Schmerz beistehen kann, weil er den Schmerz aufgrund seines eigenen Leidens versteht. Gleichzeitig sollte dieser Mensch bereit sein, Fragen des Kindes wahrheitsgemäß, dem Alter des Kindes jedoch angepaßt, zu beantworten und es niemals auf später zu vertrösten. Ganz im Gegenteil, wenn das Kind nach dem ersten Schmerz bereit ist, über den Tod des geliebten Menschen zu sprechen, sollte man die Situation nützen und mit dem Kind über den Tod und den Toten zu reden. Später sollte man das Kind immer wieder fragen, welche Gedanken ihm kommen, welche Ängste es hat und vor allem ob es denkt, daß es in irgendeiner Form schuld am Tode des geliebten Menschen ist. Gerade mit dieser Schuld sollte man ein Kind nie alleine lassen.

Verweigern Kinder das Gespräch, so kann es äußerst hilfreich sein, wenn man sie auffordert ein Bild zu malen oder einen Brief zu schreiben. Anhand des Bildes oder des Briefes, der auch an den Toten gerichtet sein kann, kann es dann doch zu einem Gespräch kommen.

Gleichzeitig ist es eine Art Therapie, da sich das Kind beim Schreiben des Briefes mit dem Toten auseinandersetzen und beim Malen eines Bildes seine Ängste und seine Trauer in dieses hineinprojizieren kann.

Kinder fragen fast immer, wohin der Tote denn gegangen ist. Daher sollte das Kind bei der Beerdigung anwesend sein und sehen, daß der Tote begraben wird.

Für uns Erwachsene – und noch mehr für Kinder – ist es hilfreich sich vorstellen zu dürfen, daß der Tote nicht nur aus dem Körper besteht, den wir begraben, sonden auch aus einer Seele und einem Geist, die in irgendeiner anderen Welt weiterleben werden. Je nach seinem Glauben, kann der Tote zu Gott, in den Himmel, zu den Engeln oder einfach von uns in ein anderes Reich gegangen sein.

Lassen Sie das Kind über den erlittenen Verlust weinen, ermutigen Sie es zu seinen Tränen, stehen Sie ihm bei, wenn es körperliche Nähe sucht, aber zwingen Sie ihm diese nicht auf! Trauerarbeit muß von jedem ganz alleine geleistet werden, und wir können nur anbieten mitzuhelfen, sollten uns aber nicht aufdrängen.

Ich habe im Verlaufe meiner Praxistätigkeit immer wieder Trauerfälle in Familien erlebt und wurde manchmal sogar gebeten, der Überbringer der Todesnachricht an das Kind zu sein. Es war für mich immer ein schwerer Weg. Da ich aber sehr mitfühlend bin, konnte ich in den meisten Fällen nicht verhindern, daß ich mitweinte. Dabei habe ich die Erfahrung gemacht, daß mein Weinen half, den Verlust besser und schneller zu verarbeiten. Es geht nicht darum, daß man Mitleid mit dem Kind zeigt, sondern daß man mit ihm mitleidet. Ich erinnere mich an ein Kind, das seine Mutter auf tragische Weise bei einem Verkehrsunfall verlor. Die Angehörigen, vor allem der Vater, trauten sich nicht, dem Kind die schreckliche Nachricht zu überbringen. Ich erklärte mich bereit, diese schwierige Aufgabe zu übernehmen. Da ich die Mutter selbst über viele Jahre gekannt und sie auch sehr geschätzt hatte, konnte ich dem Kind die traurige Nachricht nicht überbringen, ohne selbst zu weinen.

Wir lagen uns beide sicherlich eine Stunde in den Armen und weinten. Das Kind stellte zwischendurch immer wieder Fragen, die ich wahrheitsgemäß beantwortete. Ich hatte den Eindruck, daß das gemeinsame Leid dem Kind half, seinen schrecklichen Kummer zu verarbeiten, was mir der Vater später auch bestätigte.

Natürlich sollten Psychotherapeuten mit ihren Patienten nicht weinen. Ich denke aber, daß der Tod eine so exteme Situation darstellt, daß auch extreme Gefühle erlaubt sein müssen. Dieses Kind suchte die körperliche Nähe, nachdem ich ihm den Tod seiner Mutter mitgeteilt hatte. Das obige Mädchen, das seine Mutter durch eine Herzschwäche verloren hatte, lehnte diese Nähe ab, suchte jedoch meine Hand, die es in seinem Schmerz festhielt.

Ich habe die Erfahrung gemacht, daß kleine Kinder den Körperkontakt in ihrer Not suchen, größere Kinder ihn hingegen eher ablehnen.

In einer solchen Situation ist das Feingespür von uns Erwachsenen gefragt, das uns vermittelt, was das Kind braucht.

2. Tod eines Tieres

Auch der Tod von Tieren kann zu heftigsten emotionalen Reaktionen führen. In meiner Familie haben wir immer mit vielen Tieren gelebt. Mäuse, Ratten, Vögel, Hunde, Katzen, Schildkröten und Meerschweinchen waren alle schon unsere Freunde. Jeder Todesfall war ein erneutes einschneidendes Erlebnis für unsere Kinder, aber auch für uns Erwachsene. Meist haben wir gemeinsam geweint und dann das Tier begraben. Als unser kleiner Yorkshireterrier nach langer Krankheit im Arm meines Mannes starb, war dies für uns alle besonders schmerzhaft, obwohl wir auf den Tod des Hundes vorbereitet waren.

Bei den vielen Gelegenheiten, bei denen unsere Kinder mit dem Tod ihrer tierischen Freunde konfrontiert wurden, konnten wir mit ihnen über den Tod sprechen und ihnen vermitteln, daß der Tod zum Leben gehört.

KAPITEL 67

Arztbesuch

In den vielen Jahren meiner Tätigkeit als Kinderärztin habe ich zahlreiche Kinder erlebt, für die der Arztbesuch mit großen Ängsten verbunden war.

Ich wage zu behaupten, daß dies vor allem auf die Haltung der Eltern zurückzuführen ist.

Fast jedes Kind fällt vom Fahrrad, vom Dreirad oder auf den Boden und verletzt sich dabei mehrfach, teilweise sogar ganz erheblich, ohne daß es künftig panische Angst vor dem Dreirad oder Fahrrad hat. In einer solchen Situation verhalten sich die Eltern richtig, indem sie das Kind trösten, ihm jedoch gleichzeitig vermitteln, daß die Folgen dieses Sturzes rasch wieder vorbei sein werden.

Bei Säuglingen, die beim Arzt fremdeln, verhält sich die Mutter völlig anders, als sie sich verhalten würde, wenn eine Tante des Kindes zu Besuch käme. In diesem Fall würde sie das weinende Kind trösten, ihm sagen, daß dies die liebe Tante sei, und das Kind würde begreifen, daß diese Person nicht gefährlich ist. Selbst wenn es sich in der Fremdelphase nicht auf den Schoß der Tante setzen würde, würde es diese Tante aus der Ferne annehmen können.

Wenn der Säugling jedoch beim Arzt fremdelt, meint die Mutter, sie müsse ihm besonders beistehen, indem sie ihn intensiv an sich drückt, streichelt und ihm, durch diese ungewohnte Art mit Fremden umzugehen, vermittelt, daß der Arzt gefährlich ist.

Erfolgt dann noch eine Impfung, ist die mütterliche Zuwendung überschießend. Sie sagt ihm nicht, wie üblicherweise bei kleinen Schrammen, daß alles gleich wieder gut ist. Sie nimmt das Kind in die Arme, küßt und kost es überschwenglich, zittert vor Mitgefühl, und das Kind registriert, daß dies wohl eine gefährliche Situation war, an die man sich erinnern muß.

Ich denke, daß bei den meisten Müttern eigene, unbewußte Ängste vor dem Arztbesuch bestehen, die sie auf ihre Kinder übertragen und dadurch auch deren Ängstlichkeit bewirken.

Bei älteren Kindern, die schon verstehen, worum es geht, werden durch die Mütter geradezu Ängste geschürt.

Häufig erlebe ich, daß die Kinder schon Wochen vorher auf einen Arztbesuch und die dann fällige Impfung vorbereitet werden. Irgendwo haben diese Mütter gelesen, daß ein Kind immer über einen Eingriff informiert werden sollte. Aber kein Psychotherapeut hat jemals geschrieben, daß diese Information am besten schon Wochen vorher gegeben werden sollte.

Stellen Sie sich doch selbst vor, wie Sie sich fühlen würden, wenn Sie über einen operativen Eingriff schon Wochen vorher informiert wären. Sie würden immer wieder daran denken, sich fragen, ob alles gut geht, und Ängste entwickeln.

Einem kleinen Kind geht es genauso. Es erfährt, daß es eine Spritze erhalten soll und versucht, sich dies auszumalen. Seine Ängste vergrößern sich von Tag zu Tag, seine Phantasie läßt es Horrorsituationen erleben, und wenn es schließlich soweit ist, dreht das Kind durch. Es schreit, tobt, schlägt um sich und ist nach der Injektion erstaunt, daß es ja gar nicht wehgetan hat. Es genügt in einem solchen Fall, dem Kind kurz vor der Injektion zu sagen: „Jetzt gibt es einen Piek, der kaum wehtut, und dann ist alles vorbei." Da das Kind erleben wird, daß diese Information richtig ist, wird es bei Spritzen keine Angst mehr entwickeln.

Häufig erlebe ich Erwachsene, die eine Spritze erhalten sollen und mich dann mehrfach voller Angst fragen, ob dies denn auch wirklich notwendig sei. Diese Menschen erinnern sich offensichtlich noch an die Begleitumstände von Spritzen aus ihrer Kindheit und haben dann wahrhaftig Angst.

Dies scheint auch bei vielen Müttern so zu sein. Die Kinder spüren deren Angst und übernehmen sie. Nach der Spritze jedoch berichten mir sowohl Kinder als auch Erwachsene übereinstimmend, sie hätten sich das viel schlimmer vorgestellt. Dies allein beweist schon, daß es nicht die Spritze sein kann, die Angst macht, sondern die von außen als gefährlich und schmerzhaft suggerierte Vorstellung.

Eine Mutter, die voller Ängste sagt: „Heute wirst du geimpft", dabei eine zitternde Stimme bekommt, das Kind intensiv streichelt und an sich drückt, vermittelt ihrem Kind, daß das Impfen eine ganz schreckliche Sache ist. Eine Mutter die jedoch sagt: „Heute wirst du geimpft, weil alle Kinder geimpft werden müssen, damit sie gesund bleiben, es tut aber kaum weh", gibt ihrem Kind Vertrauen und Sicherheit und bekämpft dessen Angst.

Auch die allgemeine Untersuchungssituation wird für viele Kinder zum Angsterlebnis, wenn die Mutter ihnen dieses Gefühl vermittelt. Während der Untersuchung klammern sie sich an die Mütter und weinen heftig. Statt daß die Mutter nun klar und bestimmt sagt: „Du brauchst keine Angst zu haben, ich bin bei dir, und daher geschieht dir nichts", legt sie ihre Arme um das Kind, küßt und kost es, drückt es intensiv an sich und flüstert ihm Koseworte ins Ohr. Damit vermittelt sie ihrem Kind, daß das, was nun kommt, viel Kraft erfordert und nur gemeinsam durchgestanden werden kann. Dies macht das Kind natürlich unsicher und ängstlich.

Oft sage ich den Kindern sehr bestimmt und laut genug: „Beruhige dich, ich tue dir nichts, deine Mama ist ja bei dir und paßt auf dich auf!" Siehe da, das Kind schaut mich ganz erstaunt an und läßt sich problemlos untersuchen. Auch ältere Säuglinge reagieren so.

Grundsätzlich kann man sagen, daß Kinder nur dann beim Arzt toben, kratzen, spucken, beißen und angstvoll schreien, wenn die Mütter ihnen vermittelt haben, daß sie in dieser Situation Angst haben müssen, weil sie gefährlich ist.

Ich denke, alle Eltern könnten einen großen Beitrag zur besseren Beziehung zwischen Arzt und Kind leisten, wenn sie den Arzt nicht verteufeln, sondern ihn als Helfer für die Familie darstellen würden. Wenn die Mutter dem Kind erklärt, daß es jetzt zum Arzt muß, weil es krank ist, damit der Arzt es wieder gesund machen kann, wird die Beziehung zum Arzt eine ganz andere werden. Das Drohen mit dem Arzt muß völlig aufhören.

Selbst in der Praxis wird Kindern, vor allem von Vätern, immer wieder gedroht, daß sie eine Spritze erhalten würden, wenn sie nicht sofort aufhören würden zu schreien. Solche Drohungen haben natürlich nicht den gewünschten Erfolg, sondern bewirken eine Steigerung der kindlichen Angst.

Wenn Mütter den Arztbesuch so angstfrei gestalten wie den Einkauf beim Bäcker, dann können Kinder künftig locker auf dem Schoß der

Mutter sitzen und den Dingen, die da kommen werden, entgegensehen. Da die meisten Kinderärzte irgendein Geschenk für das Kind haben, kann der Arztbesuch für das Kind zu einem kleinen Erlebnis werden, statt zu einem Horrortrip.

Natürlich kann ein Kind auch schlechte Erinnerungen aus der Praxis mitnehmen: Es kann hören, wie im Nachbarzimmer ein anderes Kind furchtbar schreit oder sehen, wie ein Kind blutüberströmt in die Praxis gebracht wird, oder selbst im Rahmen einer Wundversorgung oder einer Abszeßspaltung Schmerzen aushalten müssen.

Das Kind wird natürlicherweise Ängste entwickeln, die jedoch wiederum von der Mutter abgebaut werden können. Sie kann ihrem Kind erklären, daß der Arzt auch in diesen Situationen geholfen und die Kinder wieder gesund gemacht hat.

Kapitel 68

Eltern sollten Hilfen annehmen

Immer wieder erlebe ich, daß Eltern oft jahrelang ernste Verhaltensstörungen ihrer Kinder verschweigen, weil sie sich schämen, darüber zu sprechen.

Sie meinen, daß ihr Problem besonders ungewöhnlich und daher beschämend sei und wollen ihr Kind und sich nicht bloßstellen. Häufig aber hindert sie auch der Gedanke, daß der Arzt oder Psychotherapeut annehmen könnte, sie selbst seien schuld an den Verhaltensauffälligkeiten ihres Kindes.

Kürzlich suchte mich eine verzweifelte Mutter auf, die mir von den massiven Verhaltensstörungen ihres Kindes berichtete. Bei der Erhebung der Vorgeschichte zeigte sich, daß diese Mutter schon mehrfach Fachleute um ihre Hilfe gebeten hatte. Immer aber hatte sie die Therapie abgebrochen, wenn die Sprache auf ihre Mitschuld an der Störung des Kindes kam.

Sie sagte, sie habe es jedesmal als Unverschämtheit empfunden, daß man ihr die Hauptschuld an den Verhaltensauffälligkeiten des Kindes zugewiesen habe. Mit solchen Leuten wollte sie nichts mehr zu tun haben. Als ich in dasselbe Horn blies, wollte sie ebenfalls wieder aufstehen und gehen. Ich konnte ihr jedoch begreiflich machen, daß sie wohl die Ursache für die Verhaltensauffälligkeiten ihres Kindes war, sie jedoch keine Schuld traf im Sinne eines bösartigen Verhaltens.

Sie hatte alles so gemacht, wie sie es für richtig gehalten hatte. Da sie aber nicht wußte, was für das Kind richtig war, entwickelte es massive Verhaltensstörungen, die es schließlich auch in der Schule unerträglich werden ließen.

Als diese Mutter dann eine solche Sicht der Dinge annehmen konnte, war es leicht möglich, ihr zu zeigen, wie die Probleme ihres Kindes entstanden waren. Sie konnte aktiv bei deren Bewältigung mitarbeiten. Mutter und Kind befinden sich inzwischen auf einem sehr konstruktiven Weg zur Bewältigung ihrer gemeinsamen Probleme.

Die Tragik des geschilderten Falles, zuletzt mit Schulverweis, ist die, daß die Mutter die Hilfe von Therapeuten nicht annehmen konnte. In diesem Fall war es ihr Stolz, der nicht zulassen wollte, daß sie selbst Fehler bei der Erziehung gemacht hatte.

Wir alle haben diesen Stolz. Wir alle wollen alles richtig machen und unter keinen Umständen zugeben, daß wir etwas falsch gemacht haben könnten. Dies gilt vor allem für die Erziehung unserer Kinder, weil die meisten von uns inzwischen wissen, daß sich hier Fehler noch über Jahre und Jahrzehnte auswirken können.

Aber gerade dadurch, daß wir bei Verhaltensstörungen unserer Kinder vermuten oder ahnen, daß wir selbst nicht unbeteiligt sind, nehmen wir die Hilfe von Fachleuten nicht in Anspruch, um uns nicht sagen lassen zu müssen, daß wir selbst die Ursache für diese Verhaltensauffälligkeiten sind. Dadurch nehmen wir unseren Kindern die Chance, seelisch wieder gesund zu werden.

Uns selbst nehmen wir die Chance, wieder eine neue glückliche Beziehung zu unseren Kindern aufzubauen, denn jede Liebesbeziehung zum Kind wird durch dessen Verhaltensstörungen mehr oder minder stark beeinträchtigt.

Ich möchte Sie durch dieses Buch aufrufen, die Hilfe von Fachleuten in Anspruch zu nehmen!

Denken Sie daran, daß auch diese Fachleute nur Menschen sind, die die gleichen Probleme haben wie Sie selbst. Der Unterschied zu Ihnen besteht nur darin, daß sie gelernt haben, mit diesen Problemen besser umzugehen. Aber genau dies sollten Sie auch lernen. Wer könnte es Ihnen besser vermitteln als Menschen, die wie Sie Betroffene sind, jedoch durch ihre Ausbildung in die Lage versetzt wurden, einen Weg aus dem Irrgarten zu zeigen.

Ich selbst habe in den vielen Jahren meiner kinderärztlichen und psychotherapeutischen Arbeit feststellen müssen, daß alle Probleme, die ich selbst hatte, in anderen Familien gleich oder ähnlich auftauchten. Ich mußte feststellen, daß wir Menschen uns ungeheuer ähneln, sowohl in unserem Seelenleben als auch in unseren Reaktionen. Viele von uns sind noch von den alten Erziehungsidealen bestimmt: Gehorsam, Sauberkeit, Ordnung, Pünktlichkeit und Höflichkeit waren Trumpf. Um diese Eigenschaften bei uns zu erzwingen, kämpften unsere Eltern einen für beide Teile schweren Kampf, der unsere gesamte Jugend überschattete.

Außerdem galt das Zeigen von Gefühlen als weich und unmännlich. Aber nicht nur Jungen waren davon betroffen. Auch Mädchen wurde suggeriert, daß Gefühle keinen Platz in der Öffentlichkeit hätten. Man durfte in seinem Kämmerchen weinen, mußte in der Öffentlichkeit jedoch zeigen, daß man sich zusammennehmen konnte.

Nach modernen psychologischen Erkenntnissen sind Gefühle für unser Seelenleben sehr wichtig. Erst dann, wenn wir all unsere Gefühle zeigen und leben dürfen und auch dazu stehen können, wird das Leben schön. Nicht das Unterdrücken, sondern das Ausleben unserer Gefühle macht uns froh und glücklich.

Denken Sie auch daran, daß Sie ohne fachmännische Hilfe nur das leisten können, was Ihnen Ihre Eltern vermittelt haben. Sie können nur das sehen, was Sie gelernt haben zu sehen. Sie können nur das fühlen, was Sie gelernt haben zu fühlen. Sie können nur so erziehen, wie Sie selbst erzogen worden sind. Erst wenn ein Fachmann, der selbst psychotherapiert sein sollte, Ihnen zeigt, was es noch zu sehen und zu fühlen gibt, können Sie Ihre Scheuklappen ablegen.

Daher sollten Sie sich, auch bei den kleinsten Verhaltensauffälligkeiten Ihrer Kinder nicht scheuen, fachmännischen Rat zu suchen. Denken Sie nicht, Sie hätten ein besonders ausgefallenes Problem. Alle die Themen, die in meinem Buch angesprochen wurden, gehören zur täglichen Routine eines Psychotherapeuten. Ausgefallene Verhaltensstörungen, die nur einzelne Kinder betreffen, habe ich in dieses Buch gar nicht aufgenommen.

Ein Therapeut wird Sie niemals schräg ansehen oder verachten. Er wird Ihnen helfen, Ihr Problem in den Griff zu bekommen, und Sie und Ihr Kind darin unterstützen, wieder glücklich und zufrieden zu werden.

KAPITEL 69

„Nachwort"

Zahlreichen Eltern habe ich dieses Buch vor der Veröffentlichung zum Lesen gegeben, um zu erfahren, wie Eltern dieses Buch erleben. Sie nahmen es sehr positiv auf, hatten jedoch häufig nach der Lektüre das Problem, Schuldgefühle zu entwickeln.

Sie wollten wissen, wie sie damit umgehen sollten.

Ich denke, daß wir alle dieses Gefühl der Schuld empfinden werden, wenn wir feststellen, daß wir in unserer Erziehung Fehler gemacht haben. Nach meiner Vorstellung und Erfahrung köne durch die Festhaltetherapie bei jungen Kindern die von uns verursachten Verletzungen der kindlichen Seele inaktiviert werden. Die Kinder haben danach wohl noch eine Erinnerung an unser Fehlverhalten, aber es tut nicht mehr weh und beeinträchtigt auch nicht mehr die Beziehung zu uns.

Eltern von älteren Kindern, die diese Möglichkeit nicht mehr haben, müssen sich fragen, warum sie Fehler gemacht haben.

Die meisten Eltern werden feststellen, daß sie es nicht besser wußten und ihre Kinder nach bestem Wissen und Gewissen erzogen haben. Häufig sogar haben sie ihre eigenen Bedürfnisse zurückgestellt, um ihren Erziehungsaufgaben nachzukommen.

Ich erinnere mich noch sehr gut daran, daß ich jeden Abend müde von der aufreibenden Praxistätigkeit nach Hause kam und mich dann nicht ausruhte, wie ich es mir gewünscht hätte, sondern mich intensiv um die Schulaufgaben meiner Kinder kümmerte. Ich war der Meinung, daß ich als Mutter die Pflicht hatte, mich persönlich darum zu kümmern. Das Ergebnis dieser Pflichterfüllung waren weinende Kinder und eine völlig frustrierte Mutter.

Erst als ich im Rahmen meiner eigenen psychotherapeutischen Ausbildung lernte, die Dinge anders zu sehen, konnte ich davon ablassen. Ich versuchte damals, eine Fülle von Erziehungsidealen zu verwirklichen, auch wenn meine Anstrengungen sich gegen mich selbst richteten. Meine Kinder waren davon ohnehin nicht begeistert.

Eltern, die auf Grund ihrer fehlerhaften Erziehung Schuldgefühle entwickeln, möchte ich Mut machen zu ihren Fehlern zu stehen. Sie sollen wissen, daß wir alle nur so erziehen können, wie wir es gelernt haben, so wie unsere eigene Erziehung war. Während jede andere Berufsgruppe eine mehr oder weniger umfangreiche Ausbildung erhält, werden wir Eltern, die für mich die wichtigste Berufsgruppe der Gesellschaft sind, völlig ohne Vorkenntnisse auf unsere Kinder losgelassen.

Wenn wir uns dann um Fortbildung auf diesem Gebiet bemühen, werden wir eher verwirrt als informiert, da die verschiedensten Autoren auch verschiedene Meinungen haben und diese zudem noch in kaum verständlicher Sprache darstellen.

Dieses Buch gibt Eltern die Möglichkeit, sich so viel Wissen über die normale und gestörte seelische und sexuelle Entwicklung von Kindern anzueignen, daß sie künftig nicht mehr nur auf ihre eigenen Erfahrungen angewiesen sind.

Es ist ein Buch, das Kindern helfen soll, ihre natürlichen Bedürfnisse zu leben, das aber auch uns Müttern und Vätern helfen soll, diesen Kindern Grenzen zu setzen und neue Erziehungsideale zu verwirklichen.

Literaturverzeichnis

BORNEMAN, ERNEST: Reifungsphasen der Kindheit. Sexuelle Entwicklungspsychologie, Band I. Jugend und Volk Verlagsgemeinschaft m. b. H., Wien–München 1981.
BRAZELTON, T. BERRY: CRAMER, BERTRAND G.: Die frühe Bindung. Die erste Beziehung zwischen dem Baby und seinen Eltern. Klett-Cotta Verlag, Stuttgart 1991
BURMEISTER, W.: HEIMANN, G.; SITZMANN, F. C.: Psychologie für Kinderärzte. Enke Verlag, Stuttgart 1985
DÜHRSSEN, ANNEMARIE: Psychotherapie bei Kindern und Jugendlichen. Ein Lehrbuch für Familien- und Kindertherapie. Verlag für Medizinische Psychologie im Verlag Vandenhoeck & Ruprecht, Göttingen 1980
DÜHRSSEN, ANNEMARIE: Psychogene Erkrankungen bei Kindern und Jugendlichen. Verlag für Medizinische Psychologie im Verlag Vandenhoeck & Ruprecht, Göttingen und Zürich 1982
ELHARDT, SIEGFRIED: Tiefenpsychologie. Eine Einführung. Kohlhammer Verlag, Stuttgart, Berlin, Köln 1990.
FEDERN, ERNST: Grundlagen der Psychoanalyse und Neurosenlehre, Ernst Reinhardt Verlag, München 1982.
FEDERN, ERNST: Einführung in die Ichpsychologie. Ernst Reinhardt Verlag, München 1984
FREUD, ANNA: Psychoanalyse für Pädagogen. Eine Einführung. Hans Huber Verlag, Bern 1971
FREUD, ANNA: Das Ich und die Abwehrmechanismen. Kindler Verlag, München 1977
FREUD, SIGMUND: Gesammelte Werke. London 1952
GRATKOWSKI, MARION VON: Zwillinge. Georg Thieme Verlag, Stuttgart 1988
GUERIN, GUITE: In GINETTE RAIMBAULT: Kinder sprechen vom Tod. Seiten 154–164. Suhrkamp Verlag, Frankfurt am Main 1981

HABERKORN, RITA: Zwillinge. Rowohlt Taschenbuch Verlag GmbH, Reinbek bei Hamburg 1986

JÖRGENSEN, MARGOT; SCHREINER, PETER: Kampfbeziehungen. Wenn Kinder gegen Erwachsene kämpfen: Erklärungen und Lösungen. Rowohlt Taschenbuch Verlag GmbH, Reinbek bei Hamburg 1992.

JUST, INGRID, Wolfsburg, Vortrag gehalten am 6. April 1995 in Vips/ Schweiz

LAPLANCHE, J; PONTALIS J.-B.: Das Vokabular der Psychoanalyse. Suhrkamp Verlag, Frankfurt am Main 1986

LEVITT, EUGENE E.: Die Psychologie der Angst. Kohlhammer Verlag, Stuttgart, Berlin, Köln, Mainz 1987

LIACOPOULOS, ILIAS: Tiefenpsychologie der frühen Kindheit. Ernst Reinhardt Verlag, München 1982

LUKESCH, M.: Psychogene Faktoren der Schwangerschaft, mit einer Untersuchung über die Bedeutung der Partnerbeziehung für die Einstellung der Mutter zur Schwangerschaft. Dissertation, Salzburg 1975

MASCHMEIER, GISELA; FRÖHLICH, ANDREAS D.: Minimale Cerebrale Dysfunktion. Informationsschrift. Bundesverband für spastisch Gelähmte und andere Körperbehinderte e.V. (Dez. 1984)

MERTENS, WOLFGANG: Psychoanalyse. Kohlhammer Verlag, Stuttgart, Berlin, Köln 1992

MILLER, ALICE: Am Anfang war Erziehung. Suhrkamp Verlag, Frankfurt 1990

MILLER, ALICE: Das Drama des begabten Kindes und die Suche nach dem wahren Selbst. Suhrkamp Verlag, Frankfurt am Main 1981

NUNBERG, HERMANN: Allgemeine Neurosenlehre. Hans Huber Verlag, Bern 1975

OLBING, HERMANN: Enuresis und Harnkontinenz bei Kindern. Hans Marseille Verlag GmbH, München 1993

PREKOP, JIRINA: Der kleine Tyrann. Welchen Halt brauchen Kinder? Deutscher Taschenbuchverlag GmbH & Co. KG, München 1991

PREKOP, JIRINA; SCHWEIZER CHRISTEL: Kinder sind Gäste, die nach dem Weg fragen. Ein Elternbuch. Kösel Verlag GmbH & Co, München 1991

PREKOP, JIRINA: Hättest Du mich festgehalten. Grundlagen und Anwendung der Festhaltetherapie. Goldmann Verlag, München 1992

REMSCHMIDT, HELMUT: Kinder- und Jugendpsychiatrie. Thieme Verlag, Stuttgart 1979

RAIMBAULT, GINETTE: Kinder sprechen vom Tod. Klinische Probleme der Trauer, Suhrkamp Verlag, Frankfurt 1981

RIEMANN, FRITZ: Grundformen der Angst. Hans Marseille Verlag, München 1974

SCHENK-DANZINGER, LOTTE: Entwicklungspsychologie. Österreichischer Bundesverlag, Wien 1981

SCHINDLER, REGINE: Tränen, die nach innen fließen. Edition Kemper im Verlag Ernst Kaufmann

SPITZ, RENÉ: Vom Säugling zum Kleinkind. Naturgeschichte der Mutter-Kind-Beziehungen im ersten Lebensjahr. Stuttgart 1979

STEINHAUSEN, HANS-CHRISTOPH: Hyperkinetische Störungen im Kindes- und Jugendalter. Kohlhammer Verlag, Stuttgart, Berlin, Köln, 1995

TROTT, GÖTZ-ERIK: Das hyperkinetische Syndrom und seine medikamentöse Behandlung. Johann Ambrosius Bart Verlag, Leipzig, Berlin, Heidelberg, 1993

WOODWARD, SHEILA C. ET AL., FACULTY OF MUSIC, UNIVERSITY OF CAPE TOWN, RONDEBOSCH, SOUTHAFRICA, BRITISH JOURNAL OF OBSTETRICS AND GYNECOLOGIE, VOL. 99, NR. 10, 1992, S. 787–789, KURZINHALT IN MEDICAL TRIBUNE NR. 9, S. 52: Wenn der Uterus zum Konzertsaal wird.

ZAUNER, JOHANN: Familiendynamik und analytische Kindertherapie. Methoden und Probleme. Verlag für Medizinische Psychologie im Verlag Vandenhoeck & Ruprecht, Göttingen 1976

ZÜBLIN, WALTER: Das schwierige Kind. Einführung in die Kinderpsychiatrie. Georg Thieme Verlag, Stuttgart 1972